ショスタコーヴィチ
と
スターリン

ソロモン・ヴォルコフ
亀山郁夫・梅津紀雄・前田和泉・古川哲 訳

慶應義塾大学出版会

Solomon Volkov
Shostakovich and Stalin

Соломон Волков
Шостакович и Сталин

This translation published by arrangement with
Alfred A.Knopf, an imprint of The Knopf Doubleday Group,
a division of Random House, Inc.
through The English Agency (Japan) Ltd.

目次

凡例

・〔 〕は訳者による補足説明を表わす。

・原書（露語版と英語版）の脚註は（ ）付きの番号で示し、各章末にまとめた。原書の英語版巻末にある出典註は、＊付きの番号で示し、巻末にまとめた。

・「人名解説」は日本語版であらたに加えた。

・索引は英語版原書を参考にして作成した。

序文

ギリシャ神話の歌い手オルフェウスをのぞけば、ソ連の作曲家ドミトリー・ショスタコーヴィチ以上に自分の音楽で苦しんだ者はいないだろう。彼は「反人民的な」音楽家との烙印を押され、[*1]彼のオペラは「意図的に不調和で、音の流れは荒唐無稽」だと糾弾された。[*2]「旋律の断片、音楽的フレーズの芽生えは、かき消され、とぎれ、轟音、きしみ、金切り声の中にふたたび消え去っていく」。彼の音楽に対する壊滅的批評の典型はこうしたものだった。多年にわたって、ショスタコーヴィチとその家族は、絶えず逮捕や追放、そして「まったくの身の破滅」の危険におびえながら、破局の淵にあったのである。

これは、そうした暴言が、彼の祖国の全能の指導者、ヨシフ・スターリンから直接来たものだったからにほかならない。こうした破壊的な叱責に続いてスターリン賞や名誉ある称号が授与されたのも確かである。不幸にも、いつ雷が落ちるのかを知ることはできない。弾劾されるのではないかという思いがショスタコーヴィチの人生につきまとい、その生涯を生きる地獄にしたのである。

スターリン時代は、きわめて過酷な時代であり、ショスタコーヴィチの友人や仲間、保護者、家族が突然消え去り、スターリン主義の抑圧の動乱に引き込まれていった。こうした状況の下で、いかにしてショスタコーヴィチは、正気を維持するのみならず作曲を続け、二十世紀の最も永続的で、ほとんど衝撃的なほど表現力に富み、それと同時に感動的なほど人情味のある音楽を書いたのか。それがこの本の物語の本質である。これは、作曲家とその抑圧者、ヨシフ・スターリンとの前例のない対決の、今日ににおける最も完全な記述である。そればかりか、本書はあらゆる言語において初めて、もっぱらこの問題を扱った書となる。

私は、一九七六年にアメリカ合衆国にやってきてから、ショスタコーヴィチの作品が西側のコンサート・ホールで演奏されるのを聴くたびに、しばしば不思議に思ったものである。なぜこの音楽が人々を夢中にするのだろうか。この苛まれた音、苛むような音がつくりだされた非人間的な状況についてほとんど何も知らないような聴衆が、明らかに緊張に包まれているのは、なぜだろうかと。

私たちは、ソ連でショスタコーヴィチの音楽を肌身に感じながら、それとともに育った。その陰鬱な旋律や虐げるようなリズム、とどろくような管弦楽の手法は、私たちがソ連当局の用心深い眼差しや注意深い耳から隠そうとした、私たちの気分や内面の考え方に合致していた。

しかし、ここ民主的な西側では、ショスタコーヴィチの音楽は、しつこく、素朴で、大げさなものとして容易に否定されうる。そして実際、多くの専門家たち（とくに作曲家や音楽学者たち）は、そうした軽蔑的なショスタコーヴィチ観を表現し、その表面的な古めかしさを厳しく批判した。究極的にこの作曲家の評判を守ったのは、主として演奏家であり、聴衆であった。聴衆は、ショスタコーヴィチの作品の演奏に夢中になり、自分たちが必要としていた「心のビタミン」を明らかにそこに見いだしていたのである。

最近、アメリカの作家ローレンス・ハンセンが、こうした反応について洞察力ある説明を行なった。ショスタコーヴィチの音楽は、「私たちの最も基礎的な、原始的な恐怖に作用する。外的な力によって自己が破壊されることや、人生が無駄になり、無意味になること、そして同胞の中にも見いだせるようなまったくの悪人に対する恐怖である」。彼はさらに、ショスタコーヴィチは「恐ろしいけれどもカタルシスを得られる、ジェットコースターのような情緒的経験を与える」と付け加えている。*3

しかしながら、この力強く直接的な作品の背後にいる作曲家は、スターリン主義の状況で消え去っていった芸術家の曖昧なイメージ、あるアメリカのSF小説のように観察者次第で変わってしまうイメージのごとく、謎のままである。

私は、ショスタコーヴィチとスターリンを結びつけた二つの中核的な出来事を、これまでで最も詳細に再構成したい。それは、ショスタコーヴィチの偉大なオペラ『ムツェンスク郡のマクベス夫人』に対する一九三六年のスターリンの弾劾、そして、ショスタコーヴィチやその他の指導的なソ連の作曲家たちを批判した一九四八年の中央委員会共産党の決議である。特に綿密に分析されるのは一九三六年の事件であり、それは、二十世紀の歴史の中で抑圧的な国家が文化をどのように操作しうるかを象徴している。

私はまた、ショスタコーヴィチを乱暴に攻撃した、一九三六年の『プラウダ』紙の悪名高い論説「音楽ならざる荒唐無稽」は、他ならぬスターリンが書いたか、口述するかしたことを示したい。そして、他の重要な無署名のテキストも、スターリンのものであることを初めて主張しようと思う。私は、ソ連文化一般、とくにショスタコーヴィチに関して、スターリンがいかに個人的に、そして時折執拗なほど関与していたことを強調してもしすぎることはないと考える。

今日支配的な考え方では、政治的・文化的な問題をもっぱら誰か一個人の責任に帰すことは好まれず、顔のない官僚機構の影響を過大評価する傾向がある。だからこそ、こうしたすべてが重要なのである。つまり、個人崇拝の概念には根拠がないわけではないのだ。

私は、ショスタコーヴィチの伝記を書くよう長年にわたって勧められて断ってきたのだから、こうしたプランを持っていたわけではなかった。最終的に私が考えを改めたのは、ショスタコーヴィチのイメージが歪められているからだった。

たとえばアメリカの学界では、ショスタコーヴィチは「おそらくソヴィエト・ロシアの最も忠実な音楽の息子」[*4]であり、彼のオペラ『ムツェンスク郡のマクベス夫人』について「犠牲者の人間性を奪うその技法は、ジェノサイドを犯してそれを正当化する者どもの不断の手法であり……もしオペラが禁じられるに値するならば、それはこの作品であった」と酷評しながら「まったく非人間的な芸術作品」であると（皮肉を込めてと称して）主張されている。[*5]

このように断固として表現されてはいるけれども、ショスタコーヴィチを究極的に「反人民的」な作曲家だとするような、時代遅れにも、スターリン主義的なショスタコーヴィチ観と大差ない評価があっては、他の識者が彼を単に「意気地なし」[*6]、「臆病者」[*7]であり、「平凡な人物」[*8]だと描写し、彼の「倫理的な無力と隷属的な共犯」[*9]を嘆いても、ほとんど無害である。

しかしながら私は、彼らは一様に誤っていると感じる。こうしたショスタコーヴィチ観は、客観的と称しており、それゆえ、彼の公的な声明にひどく依拠しており、私や多くの私の同胞の音楽家たちには、この作曲家についてソ連ででっち上げられたことと同様に、歪んで見える。これは私たちが知っているショスタコーヴィチの肖像ではなく、イデオロギー的にバイアスがかかった、珍妙な考案にすぎず、彼の実像にはほとんど似ていない。表面的には弱々しく控えめな男だが、それでもなお、コンプレクスや矛盾を断って、究極的には勇敢な人物であり、世界で聴衆に衝撃を与えている。厳しい試練によって決定的に人生を損なわれているとはいえ、犠牲者というよりは、むしろ勝利者なのである。

ショスタコーヴィチのイメージと彼の作品をめぐる論争は、彼の生前に劣らず今日も激しく行なわれている。これは偶然ではない。私たちは強度に政治化された時代を生きている。ショスタコーヴィチをめぐる対立は、今なお、美的な問題に始まりながら、すばやく政治的な論争に変わっていくのである。しばしば指摘されることだが、この作曲家の信条は、悪との対決と人間の擁護である〔同じことは、同様にひどく政治化された人物であるドストエフスキーにも言える〕。四半世紀以上も前に私が西側にやってきたとき、そうした創作信条は絶望的なまでに時代遅れだったが、いまやふたたびアクチュアルになっている。

今日の混乱した情勢を見渡してみると、私たちは、ショスタコーヴィチの音楽という色眼鏡を用いて、彼とともに、苦悩や悲痛、解消されない不安の圧倒的な波のただ中を泳ぐことができよう。ここに私たちが現代文化の舞台の中心にショスタコーヴィチの音楽を据えつづけている理由の、少なくとも一つがある。彼の音楽は、今後長い間にわたって、政治に関与した最も優れた芸術の最良の例を果たすだろう。

私が、彼の生涯の最後の数年間、彼の回想録『ショスタコーヴィチの証言』〔以下『証言』〕のために彼と協同作業を行ないながら、彼を身近に観察することができたのは私の特権であった。この時期、私はショスタコーヴィチについて、彼の人格の極端な両義性に合致し、〔ウォルト・ホイットマンのしばしば引用される自称のように〔代表作『草の葉』中「ポーマノクをあとにして」の一節「私自身が善であると同時に悪でもある」〕〕彼の人格が含んでいる多面性を包括するような、総合的な叙述の仕方を編み出しはじめた。

それが、十七世紀から十八世紀末までの歴史の舞台に存在した、ロシア独特の人格である、聖愚者〔ユロージヴィ〕のパラダイムである。研究者たちが述べるように、聖愚者とは、じっと苦しんでいる抑圧された大衆として、大胆にはっきりと声を上げる、民衆の「人格化された良心」であり、イワン雷帝のように恐れられたロシアの圧政君主に対してさえ、あえて対決しようとした。支配者に対する彼らの非難は、一風変わっていて予期せぬものであったが、力強く記憶に残るものであった。

私は、ショスタコーヴィチがどのように今日の聖愚者なのかを（一九七九年に英語で出版された）〔邦訳に含まれない〕『証言』の序説[*10]と、一九八〇年に発表したショスタコーヴィチとドストエフスキーに関するエッセイ[*11]の中で練り上げた。『証言』は、今日も終結することのない論争を招き、そのことは何年にもわたって聖愚者のアイデアをより正確に定義することを私に促した。私は、十中八九、ショスタコーヴィチは現実の聖愚者に影響を受けたのではなく、アレクサンドル・プーシキンが悲劇『ボリス・ゴドゥノフ』（一八二四）で最初に提示し、モデスト・ムソルグスキー（一八六九〜七二）による同名のオペラで拡大された虚構のモデルに従っているとの結論を得た。

私がこの本で示すように、プーシキンとムソルグスキーは、聖愚者の人格を自分たちの作品で、わずかに偽装された、主として芸術家自身の自伝的な化身として扱っていた。その化身は、踏みにじられた民衆の名において、危険だが必要な真実を皇帝の目前で語るのである。これは、ショスタコーヴィチが自分のライフ・モデルとして仮定した役割であり、そこには、年代記作者と〔皇位継承者と偽った〕詐称者という、『ボリス・ゴドゥノフ』のもう二つの虚構の「仮面」が含まれていた。ショスタコーヴィチは、これら三つの仮面のすべてをそれらが自分に合うように適応させ、多年にわたってそれらを操ることで、芸術的対話と皇帝との対決という、プーシキンやムソルグスキーによるロシアの伝統の真の後継者に位置づけたのである。

苦悩に満ち、理解しがたいショスタコーヴィチの人格についてのこのような解釈は、〔邦訳に含まれない〕『証言』への序説で示したものより、包括的であって、それと同時に、ニュアンスに富んでいると私は考える。この解釈が提示されるのはこれが初めてである。

何年もの間、私が『証言』に忠実に記録したショスタコーヴィチの見解は、ある者たちには意図的に、別の者たちからはいい加減に、私自身の見解や立場と混同されてきた。たとえば、スターリンを文化問題全般にわたって無教養だとするショスタコーヴィチの軽蔑的な描写は、ときおり、私に帰されてきた。この本を読めばわかるように、私は作曲家のこの問題や別の問題に関する（理解できるとはいえ）極端な意見を共有していない。他方で、私自身、アメリカの公共ラジオ局で音楽解説者が陽気に「ショスタコーヴィチは生涯を通じて自分は聖愚者だと述べてきた」と言うのを耳にしたことがある。決してそんなことはない。

こうした混乱に歯止めをかけ、『証言』とこの本とを区別するために、私は『証言』からの引用は最小限にとどめた。だが、もちろん、この書のすべては、それらの会話や、またそれが可能にした、作曲家の知性や世界観、生き方についての洞察に基礎づけられている。

こうした理由で、私は、ショスタコーヴィチの同時代人である、詩人オーシプ・マンデリシタームの未亡人ナジェージダの慎ましくも誇り高い以下の言葉をこの本に対するモットーとして掲げる。「内的自由、記憶と恐れを持つ者は、急流の流れを変える一本の茎、一個の木っ端である」。この言説はいつも、なぜショスタコーヴィチの生涯と作品が彼の同時代人に切実な重要性を持ったのか、ということを想起させてくれる。

これは文化史の本である。それゆえ、私はショスタコーヴィチの音楽の分析に携わらず、その代わりにスターリン時代の政治的文化的環境、独裁者と当時の指導的な芸術家たちとの関係に注意を集中した。これらはいまだ十分に研究され理解されていない領域であるからだ。

ショスタコーヴィチ自身に加えて、多くの重要な文化人たちがこの時代を明らかにする私の努力を助けてくれた。スターリンの文化政策の運営を理解し、公刊された決議や文書の迷宮を紐解くにあたっては、アンナ・アフマートワ、リーリャ・ブリーク、セルゲイ・ユトケーヴィチ、グリゴーリー・アレクサンドロフ、リタ・ライト＝コヴァリョーワ、ヴィクトル・シクロフスキー、アナトーリー・ルィバコフ、ユーリー・リュビーモフ、マーヤ・プリセツカヤ、エルンスト・ネイズヴェスヌイとの会話は、計り知れない価値があった。スターリン時代のロシアの文書館はまだ十分に研究されていないが、私は、かつて機密扱いだった文書で近年公刊された重要なものはすべて最大限に活用した。

ショスタコーヴィチの思考様式や性向についての貴重な洞察を惜しみなく私に提供してくれたのは、ベルタ・マリコ、ガヴリイル・グリークマン、エヴゲニー・エフトゥシェンコ、そして彼の最も偉大な作品の初演した音楽家であるダヴィード・オイストラフ、キリル・コンドラシン、ムスチスラフ・ロストロポーヴィチ、ルドリフ・バルシャイ、エヴゲニー・ネステレンコである。私はまた、ショスタコーヴィチ現象の重要な側面について私と議論してくれたことに対して、クルト・ザンデルリング、ラーザリ・ゴスマン、ウラジーミル・アシュケナージ、ユーリー・テミルカーノフ、ワレリー・ゲルギエフ、マリス・ヤンソンス、ウラジーミル・スピヴァコフやギドン・クレーメルにも感謝したい。

また私は、彼の父についての独自の知識を共有してくれたことに関して、マクシム・ショスタコーヴィチにも多くを負っている。とくに意義深いのは作曲家たち、ゲオルギー・スヴィリドフやアラム・ハチャトゥリャーン、ロジオン・シチェドリーン、アルフレート・シュニトケ、ギヤ・カンチェリ、アレクサンドル・ラビノーヴィチやペテリス・ヴァスクスの観察と意見であった。

二十世紀は、プロパガンダの世紀と呼びうる。出版され、放送された文化的なコンテンツは、有力な政治的武器として影響力を発揮した。言葉は政治的な通貨となった。公的に公表されたことと、私的な場で語られたこととのギャップは、以前よりもずっと大きくなった。

それゆえに、ソ連の公文書と定期刊行物の解釈は、とくに入り組んでいて繊細な扱いを要する。私にとって模範となったのは、ラーザリ・フレイシマンの著書『三〇年代のボリス・パステルナーク』（エルサレム、一九八四年）であった。偶然幼なじみだったフレイシマン教授には、ティモシー・ジャクソン、アラン・B・ホー教授、ドミトリー・フェオファーノフ、イアン・マクドナルド、ウラジーミル・ザーク博士、アンドレイ・ビートフと同様に、補助的な助言と助力を与えてくれたことに感謝したい。

この本の多くの側面は、最初に親愛なる友人グリーシャとアレクサンドラ・ブルースキンとの間で初めて議論された。そして、私の心からの感謝は、この本のための多くのインタヴューを記録し、筆記してくれたわが妻マリアンナに捧げられる。私はまた、いつもすばらしい協同作業をしてくれる私の翻訳者アントニーナ・W・ブイスにも、原稿に対してたゆまぬ援助と博識のある助力をしてくれる手強い編集者アシュベル・グリーンとその助手ルーバ・オスタシェフスキーにも大変感謝している。

ショスタコーヴィチとスターリン

プロローグ　皇帝と詩人

一八二六年九月八日水曜日、モスクワは祝祭の鈍いざわめきに包まれていた。その昔ロシア帝国の首都だったこの街では、新帝の戴冠を祝う壮麗な祝典が続いて、もう二ヶ月だったのだ。新しい君主のニコライ一世がペテルブルグからモスクワにやってきたのは、デカブリストの乱に関わった貴族出身の革命家のうち幹部五名を処刑したあとのことだった。この者たちは一八二五年十二月十四日に、ニコライが帝位につくのを妨げようとして失敗した。かくして一八二六年七月十三日にパーヴェル・ペーステリ、コンドラーチー・ルイレーエフ、セルゲイ・ムラヴィヨフ゠アポストル、ミハイル・ベストゥージェフ゠リューミン、そしてピョートル・カホーフスキーは、絞首刑に処された。ペテルブルグ総督はニコライ一世に報告する。「当方の死刑執行人がこれまで絞首刑台を設置したことがなく手間取ったせいで最初はルイレーエフ、カホーフスキー、ムラヴィヨフの三人が落下したものの、まもなく再度の執行が行なわれ、しかるべき死を遂げました。以上のことを陛下に謹んでご報告いたします」[*1]。ニコライ一世の母であるマリヤ・フョードロヴナは処刑が執行されたあと安らぎを覚えつつ、親友に手紙で以下のように伝えた。「おかげさまでみんな無事に済みました。受刑者にも神のあわれみがあることでしょう。

これもみな神様のおかげです。神様のご加護でニコライは、これからつつがなくお務めを果たせるでしょう」*2。

ニコライ一世にとってこの反乱は、人生の最も恐ろしい出来事、何度も繰り返し思い出される悪夢となった。なにしろそのとき彼は敗北し恥辱を受けるかどうかの瀬戸際にいたのだから。後に皇帝は語っている。「最も驚いたのは、その日に私が殺されなかったことだ」。毅然としてこのロシアを率いて、法による秩序、勝利、そして名誉をこの国にもたらせるように、神意によって救われたのだと彼は確信していた。彼は神に権力を授けられた正真正銘の皇帝だったのだ。

季節は秋になっており、その水曜日に皇帝は、いつものように過密な予定をこなしていた。朝にはプロシアの王子とともにイワノフスカヤ広場で警備隊の閲兵を行ない、次にモスクワ総督の報告を受けた。そのあとクレムリンでニコライ一世はモスクワ貴族会の有力者と面会した。つづいて憲兵隊長アレクサンドル・ベンケンドルフなどの政府高官が報告のために現われた。ちょうどこの日に、ロシア秘密警察の近代化をはかるべく、『モスクワ報知』を通じて政府は公式に「皇帝官房第三部」をベンケンドルフの指揮のもとに設立する旨の勅令を出していた。

こうした公務のなか、プロシア王子との昼食と、フランス大使が外国出身の要人向けにクラーキン公爵の豪邸でもよおした舞踏会とのあいまに、アレクサンドル・プーシキンとの接見が予定されていた。若いが、ロシアにあまねく知られた詩人である。このプーシキンという人物に対して、ニコライ一世の兄ですでに故人のアレクサンドル一世は強い怒りをもっていた。放埒、無礼、そして傲慢であって、ロシアによからぬ詩をあふれさせている。事実アレクサンドル一世は詩人を二度流刑に処している。最初は帝国の南部、そして次に両親の領地があったプスコフ県の人里離れた村に監視付きで。デカブリストの乱に参加して逮捕された者たちの多くは、プーシキンの反政府的な詩を書き写して所持していたことが捜査によって明らかにされていた。少なくとも十名のデカブリストが取り調べにおいてプーシキンが思想的には共犯者だと供述していた。このような精神的指導者は危険をもたらしえた。そして彼について注意深く、公平に、しかし毅然としてしっかりと決着を付ける必要があった。

ニコライ一世の命令により僻地への流刑から突然モスクワに呼び出されたプーシキンが(彼は馬車で四昼夜かけて到着した)、クレムリンにある皇帝の執務室に通されたのは午後四時を過ぎた頃だった。専制君主と詩人ははじめて向かい合った。これは歴史的な瞬間であって、その重要性を双方ともわかっていた。

プーシキンの運命に危険が迫っていた。これほどに異なった二人の人物はありえなかった。背が低く美男でもないが生き生きと表情豊かな顔をして、縮毛の浅黒い(彼はアフリカ系の出自だった)二十七歳のプーシキンは、とくに伊達男というわけでもなく、しかも旅のあいだ着ていた服にはしわがより埃だらけになっていて、髭も剃っていず、悪寒もしていた。彼が向かい合ったのは彼より三歳だけ年上で背が高く、すらりとして体格がいい、古代ローマ風の顔立ちをした美男の皇帝だ。いつも堂々とした態度を取り、他人を評価する際は引き締まったからだつきをしていることを何より重んじた。二人が衝突するのは避けがたいことのように思われた。

しかし起こったのはすべて正反対のことだった。差し向かいでの長時間にわたる対話のあと皇帝と詩人が執務室から出てきたとき、詩人は目に涙をためていた。詩人は感動、深い動揺、そして幸福を覚えていた。ニコライ一世はというと、プーシキンが「ロシアで最も賢い人物」だという結論に達していた。[*3]いまや彼は詩人を「私のプーシキン」と呼んでいた。

二人は何について話し合ったのだろうか。皇帝は次のような質問からはじめた。「もし貴方《あなた》が十二月十四日にペテルブルグにいたとしたら、何をしていたでしょうか」。「反乱に加わっていたでしょう」と、口ごもることなくプーシキンは返事した。この言葉は詩人に破滅をもたらすかもしれなかった。しかしプーシキンは直感で正しい道を選びとった。ニコライ一世は率直で隠しごとをしない人を高く評価していたのだ。皇帝がプーシキンをますます尊敬したのは、彼の思想が変化したかどうか、そして考え方や振る舞い方を今後は改めると誓うかどうか皇帝が問いかけた際に、詩人がためらったときのことだった。長い沈黙のあとでようやく彼は皇帝に手を差し伸べ、「改めます」と約束した。

プーシキンの同時代人の一人が羨望をこめて次のように書いている。「彼が聡明かつ率直に、大胆なかにも敬意をこめて話をしたのが陛下のお気に召したのだ。彼は住みたいところに住み、出したい本を出す許しを得た。陛下はおんみずから彼の検閲官をお引き受けになった。彼が自分の賜った完全な自由を悪用せず、死ぬまでツァーリおんみずからの庇護のもとにとどまることが条件だ」[*4]。

この意義深い会談については瞬く間にモスクワじゅうの知るところとなった。皇室官房第三部の諜報員が特別報告で伝えている。「ロシア文学に最も幸福な結果を必ずやもたらすであろう、皇帝の寛大で情け深いお沙汰にみな喜んでいる」[*5]。だが、それ以後いかにニコライ一世が「ロシアで最も賢い人物」に対して寛大ではなく、情け深さなどかけらも見せなくなるか、いかに何かと口うるさく執念深く、他人の栄光に対して嫉妬深く、詩的洞察に対して無関心で、支配欲にみちて残酷か、プーシキンは知るよしもなかった。一言で言えば皇帝は政治家、それも本物の政治家で、彼にとって文化は自分の目的を達するための手段の一つでしかなく、しかも当てにならない見掛けだおしの怪しげな手段だった。プーシキンは決闘で殺され、彼の死に対してはつねにニコライ一世が非難されることになる。詩人の葬儀は異例の当局の監視のもとで行なわれた。教会での葬儀の際、憲兵と警官の人数は参列者よりも多かったと言われている。プーシキンの告別式は国家的な茶番になってしまった。しかし一八二六年の華やぎ歓喜にみちたモスクワで誰がそこまで思いいたっただろうか。苦しみにさいなまれ孤独だったプーシキンが非業の死を遂げたのは、それから十年ほど後のことだった。

＊＊＊

それから百十七年後、一九四三年の秋には、モスクワはまったく別の都市となっていた。プーシキンがかつて名づけた「亡き先帝の后妃」ではなく、強大な国家の本物の首都だった。とはいえ、それは「専制国家のドン・キホーテ」たるニコライ一世がかつて空想していた理想の帝国には似ても似つかなかったが。一九一八年に、二百年あまりの時をへてボリシェヴィキの指導者であるウラジーミル・レーニンは政府をクレムリンに戻し、その後継者たるヨシフ・スターリンはクレムリンを自分の権力のシンボルとした。いまやモスクワは、かつてのように豪華な戴冠式の風情溢れる背景ではなく、躍動する巨大な国家の中枢であった。

何という飛躍、そして何という運命の皮肉だろうか。ニコライ一世がプーシキンを迎えた当時のモスクワは、無数の灯りがともり、はた目には祝祭的な装いをみせていた。一九四三年のスターリン支配下のモスクワは戦時下の都市であって、食料が不足しており、薄暗く、人影もまばらで、そして困難に満ちていた。しかし何か共通するものがあった。それは第一に、二人の権力者の心理的な傾向においてである。ニコライ一世も、スターリンも、人生最大の危機にみまわれようとしていた。彼らはその恐怖をおそらく完全に克服することはついぞなかった。それはニコライ一世にとってはデカブリストの乱であって、スターリンにとってはヒトラー政権下のドイツとの戦争において敗北するという、現実味を帯びた脅威であった。

この戦争は、一九四一年六月二十二日の夜に始まり、ソ連の領内に侵入したヒトラーの部隊は数日のあいだにソ連軍を破局の瀬戸際に陥らせた。ドイツ軍は制止できない機械のようにバルト海から黒海までの広大な空間を進撃していた。スターリンは我を失っていた。めったに落ち着きを失わない彼も絶望のあまり激怒して、ひどくおびえて呆然とした同志たちに、こんな言葉を投げかけたことがあった。「レーニンがわれわれの国家をつくって、われわれみんなでそれを台なしにしている」[*6]。

十月にドイツ軍はモスクワの間近に迫っていた。首都の陥落が間近に迫っていることを皆が理解していた。十月十六日にモスクワは大混乱に陥った。その様子は何年も経ってから舞台監督のユーリー・リュビーモフが私に生き生きと描写してくれたところによれば次のようだった。「書類が燃えていて、黒い雪のようだった。ミハイル・ブルガーコフが書いているようにね、飛んでいるんだよ。要するに、黙示録の一場面のようだった」[*7]。モスクワからは最重要の官公庁や組織が緊急に避難させられ、そのなかにはボリショイ劇場も含まれていた。特別な飛行機がスターリンをロシアの奥地であるクイブイシェフに移動させるために待機していた。しかしスターリンは首都にとどまった。ニコライ一世同様、彼は自分で手本を示すことの値打ちを心得ていたのだ。

デカブリストの乱の最も危険な局面において、ニコライ一世が自分の側を優位に立たせることに成功したのは、多くの点でみずからの勇敢な振る舞いによるものだった。壊滅の危機に直面して、つかの間のあいだ呆然とした後、スターリンもまた抵抗を組織するために必要な覚悟と無慈悲さを誇示することによってふたたび自分たちを戦争へと駆り立てることができた。ソ連軍の兵士は「祖国のために! スターリンのために！」と叫びながら敵に立ち向かっていった。奇跡が起こり、ドイツ軍はモスクワから撃退された。しかし戦争に本当の転機が訪れたのは一九四三年のはじめであり、それは戦略的に重要な都市であるスターリングラードでドイツ軍が壊滅したときのことだった。ちなみにスターリンは個人的な会話では、一生のあいだこの街を昔風にツァリーツィンと呼んでいた。

スターリングラードの戦いは現代の軍事史において伝説的な地位を獲得している。この戦い以降、スターリンをよく知る人たちの回想によれば、ソヴィエトの指導者である彼はこの国を指揮しつづけることの負担による疲労困憊にもかかわらず（彼は一日に十六時間以上執務していた）、血色がよくなり一息つけた様子だった。スターリンの背筋は伸び、彼はよく微笑んで冗談を言っていた。

スターリンは、いまやソ連が救われただけではなく、戦争が首尾よく終わったあかつきには、世界の超大国の一つになるであろうことがわかっていた。それにふさわしい、連邦の記号体系を考えておくときが来ていた。鉄道員と法律家のための制服が導入された。ソヴィエトの外交官はパレードの際には銀色の肩章、および衣服前面の打ち合わせ部分と袖口に金色の刺繡の付いた黒い服を着るように指示された。モスクワでは、近いうちに詩人も制服を着させられ、袖口には授与された称号に応じて一つ、二つあるいは三つの竪琴が描かれることになるだろうと陰口を叩く者もいた。

革命の当時からすでにボリシェヴィキにとってロシアの国歌の役割を果たしてきたのはフランス由来の「インターナショナル」だった。いまやスターリンが決断したのは、ソ連には、その状況と変化した政治的な野望によりふさわしい、別の国歌が必要だということだった。クリメント・ヴォロシーロフ元帥を長とする（彼が音楽を愛していて、一流とはいえないとしても快いテノールの持ち主であることはよく知られていた）特別な政府委員会がつくられ、新しい国歌の歌詞と音楽のコンクールが開催されることになり、このために多額の資金が費やされた。委員会には数百の応募作が届きはじめ、そのなかにはデミヤン・ベードヌイ、ミハイル・イサコフスキー、ニコライ・チーホノフ、ミハイル・スヴェトロフ、エヴゲニー・ドルマトフスキーなど、この国の著名な詩人によるものもあった。作曲者のリストのなかで特筆されるのは、セルゲイ・プロコーフィエフ、ドミートリー・ショスタコーヴィチ、アラム・ハチャトゥリャーンといった名前であった。

一九四三年の晩秋、コンクールに応募のあったすべての歌詞のなかから、この事業を一貫して注意深く観察してきたスターリンは若い詩人たちによって書かれた詩を選び出した。ロシア出身のセルゲイ・ミハルコフとアルメニア人のガブリエリ・ウレクリャーン（ただしエリ・レギスタンというペンネームを使用）である。歌詞にスターリンによる注意深い編集が施されたうえで、すべての作曲家に対してはこの歌詞への音楽を作曲するように求められた（スターリンには詩作の経験があることを当時知る者は多くはなかった。まだ彼が神学校の生徒だった十六歳の頃、年相応に素朴ではあるが心がこもり情熱に満ちた数篇の詩がチフリスの新聞に掲載されている）。

応募のあった国歌の最終審査はボリショイ劇場で行なわれた。楽団員たちはこのときまでにはすでにクイブイシェフへの疎開から戻ってきていた。審査はスターリンと他の政治局のメンバーの臨席のもとで進行した。それぞれの国歌は最初に合唱で（演奏は、赤軍赤旗歌謡舞踊アンサンブル。指揮は、権威のある作曲家でスターリンの寵愛を受けていたアレクサンドル・アレクサンドロフによる。彼はモスクワ音楽院の教授と陸軍少将の称号を同時にもっていて、それに加えてソ連人民芸術家の肩書きもあった）、次にボリショイ劇場のオーケストラで、そして最後にオーケストラ演奏付きの合唱によって奏でられた。国歌の応募作に加え、比較のために「インターナショナル」、「ラ・マルセイエーズ」、英国の国歌が演奏された。

そして最も興味深いことには、きわめて厳しく禁じられていた革命前のロシアの象徴であった「神よ、ツァーリを護り給え」も演奏された。一八三三年にニコライ一世みずからの委嘱により、アレクセイ・リヴォフによって作曲された国歌である。彼はベンケンドルフ伯爵の副官を務めたことがあり、のちに宮廷声楽隊の責任者となる。

がらんとした観客席に、最終選考まで自作が残ったショスタコーヴィチとハチャトゥリャーンが座っていた。彼らはいらいらしていた。少し前に修理が済んだ劇場の、真紅のベルベットや金箔が施された装飾（戦争の初期にボリショイ劇場はドイツ軍の爆撃により損傷を受けていた）も、彼らの気分をよくさせることはなかった。ショスタコーヴィチは神経質な様子で、みすぼらしい青空を背景にアポロンに率いられて滑空する九人のミューズが描かれた天井画を見上げていた。「私の国歌が採用されればいいのに。そうすれば投獄されないという保証ができる」と、憂いとともにこの瞬間に考えていたと、彼は後に回想している。[*8]

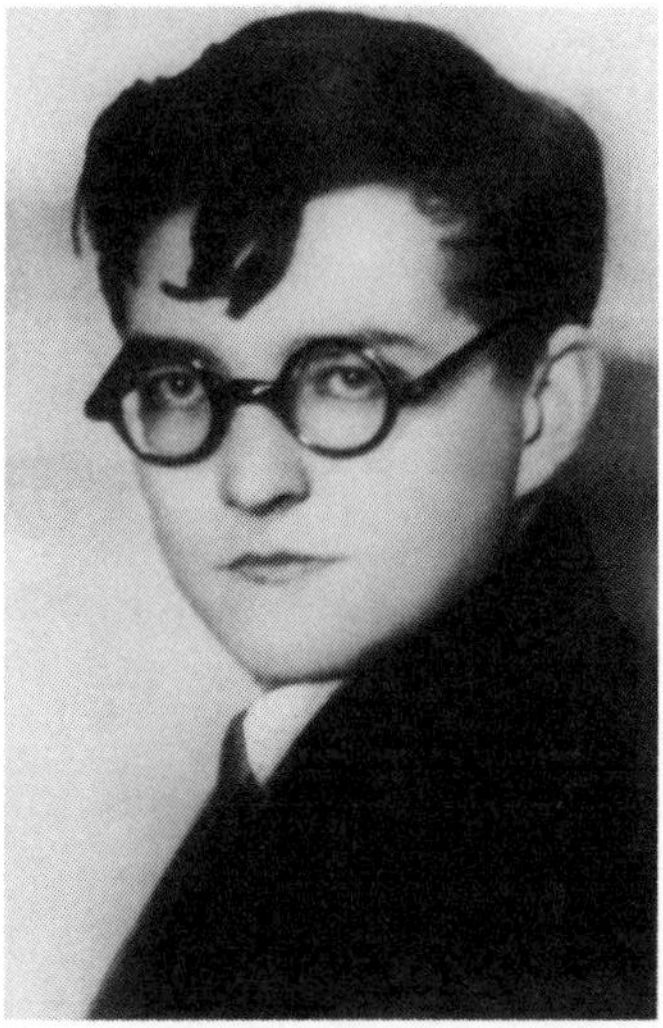

若き日のドミートリー・ショスタコーヴィチ

ボリショイ劇場は一八五六年にニコライ一世自身の承認によって建てられた本物の帝室劇場であった。スターリンはこの劇場がとても好きでよく訪れており、オペラもバレエも初演を一つ残らず観ていた。ロシアの古典をはじめとするいくつかの演目には何度も通った。以前ツァーリが着席していた中央のボックス席に着くことは避けていた。事情に通じた一部の人間は、スターリンが左側にある、オーケストラピットのすぐそばの、幕で目隠しされたボックス席Aにいることを知っていた。この席は暗殺を防ぐために特別に予約されていた。スターリンがいつボリショイ劇場に現われるか誰も正確には知らなかった。しかし出演者たちにとってはそれを推し量ることは困難ではなかった。そうした日には、スターリンの警護を直々に担当しているニコライ・ヴラーシク将軍がめかし込んだ副官たちとともに劇場に突然現われるのだ。彼は誰とも挨拶を交わさず、萎縮しているスタッフたちをきつく疑り深い眼差しで刺し貫きながら、ボリショイ劇場の隅々まで歩いて回るのだった。

　ホールと舞台の袖は私服の警備員でひしめいていた。彼らがぬかりなく統制しているせいで出演者たちは恐怖を感じながら舞台へ飛び出ていったのだが、それは氷にくりぬかれた穴のなかに飛び込むのに似ていた。ある歌手は、チャイコフスキーのオペラ『スペードの女王』の舞台に出て、座席にスターリンが座っているのがわかると、恐ろしさのあまり「声が裏返って」しまった。なんということだろう。スターリンはと言うと『スペードの女王』をよく知っていた。説明を求めるために彼がボリショイ劇場の責任者を呼ぶと、座席まで責任者は卑屈にも走ってやってきた。「この歌手には何か名誉ある称号があるのか」との問いに、「人民芸術家です、同志スターリン」と回答があった。これに対してスターリンは首を横に振りながらこんなふうに言っただけだった。「わが国の人民も親切なものだ[*9]」。

　ボリショイ劇場の歌手の多くをスターリンは個人的に厚遇していた。そんなお気に入りの一人が偉大なるバス歌手のマクシム・ミハイロフで、教会の輔祭を先祖にもつ、個性的な、さほど背の高くないがっちりした男だった。彼はグリンカのオペラ『イワン・スサーニン』の主役スサーニンがはまり役だった。スサーニンがフィナーレで歌う有名なアリアを聴くために、スターリンはときおり特別に、政治局での夜の会議を中断したと言われている。ミハイロフには指揮者のキリル・コンドラシンだけに打ち明けていた秘密があった。この歌手は時々夜中にクレムリンに呼び出され、スターリンの話し相手をしていたのだ。スターリンは執務室に一人でいて椅子に座っていた。おいしいグルジアワインのボトルがあった。「なあマクシム、ちょっと座ってゆっくり休もう」。そんなふうにして数時間が過ぎていった。朝が近づくとスターリンは別れを言った。「ありがとう、マクシム、お話しできて楽しかった」[*10]。

応募作の演奏者のなかには劇場で指導的な地位を占める歌手もいた。そうした歌手の一人が後に証言したところによれば、プロコーフィエフ、ショスタコーヴィチ、そしてハチャトゥリャーンの国歌は委員会によい印象を与えなかった。実際には状況はもっと複雑だった。スターリンはすぐにショスタコーヴィチとハチャトゥリャーンの国歌を選り分け、十段階評価で最高の点を付けた。彼らはいくつかの異稿を書き、作業を共同で進めるという方法の有効性を信じている指導者の求めに応じて、特別に共同制作による国歌さえ一曲作った。スターリンは、ショスタコーヴィチとハチャトゥリャーンの国歌にだけ何か独自の独創的なものを聴いたという趣旨の発言をした[*11]。他の国歌は大部分が伝統的な行進曲のようなものだった。しかしスターリンは国歌において独創性が最も重要なものではないということも理解していた。国歌は何よりもまず、国家の政治的な方針を簡潔に表現したものでなければならず、またそれは記憶しやすくそして演奏しやすいものでなければならなかった。新しい国歌は誰もが理解できるものでなければならなかった。スターリンの表現を借りれば、「ピオネールから年金生活者まで」である。

このような構想においてスターリンを満足させたのは荘厳な「ボリシェヴィキの党歌」だったが、この曲はすでに戦争が始まる前にアレクサンドロフによって作曲されていて、言うなれば、試用期間が過ぎていた。スターリンはこの歌を「弩級戦艦」と呼んでいた。彼の想像によれば、この歌は、偉大なルーシ、レーニン、そして民が選びしスターリンを取り上げたミハルコフとエリ・レギスタンの愛国的な歌

詞と合わせられることにより、強力に「効く」にちがいなかった。[(1)*12]

スターリンは重要な決定を行なうにあたって急ぐことがまれだった。彼は、専門的なことに関しては、まず尊敬する人々からできるだけ幅広い意見を得るようつとめていた。審査の合間に舞台の前のほうから「ショスタコーヴィチとハチャトゥリャーンは座席に来るように！」とアナウンスがあった。二人とも警備員の同行のもとで速やかにスターリンらが待ちかねていた座席に案内された。

ボックス席に隣接する小さな赤い応接室（歌手たちはそれを「脱衣場」と呼んでいた）にいたのは指導者、そして少し離れて他の政治局のメンバーだった。モロトフ、ヴォロシーロフ、ミコヤン、フルシチョフら、十人から十五人の人間がいた。ショスタコーヴィチは彼ら全員を写真で知っていて、傑出した記憶力をもっていたので、礼儀正しく一人ひとりに対して名前と父称で挨拶をした。「こんにちは、ヨシフ・ヴィサリオノヴィチ！　こんにちは、ヴャチェスラフ・ミハイロヴィチ！　こんにちは、クリメント・エフレーモヴィチ！　こんにちは、アナスタス・イワノヴィチ！　こんにちは、ニキータ・セルゲエヴィチ！」これがスターリンの気に入った。「われわれは内気な人間を好まない、われわれはずうずうしい人間もまた好まない」と彼はよく言っていた。[*13]

いまや彼らは好奇心をもってお互いを見た。身長の低い、肩幅の広い、あばたの残る顔をした、すでに白髪が混じった名高い口髭を撫でつけた指導者。そして彼の指導する国で最も著名な「本格的」作曲家のほうは、眼鏡をかけていて、髪の毛は永遠の青年よろしくとさかのように立っていて、習ったレッスンをきちんと演奏しようと神経質に準備してきた優等生が落ち着かないでいるような様子だった。スターリンは、明るいカーキ色の、幅広の赤いストライプがついた新しい元帥の制服を着て、お決まりのパイプを手にしていた。

ショスタコーヴィチのほうを向いてスターリンは言った。「あなたの音楽はとてもよいが、仕方なかった。荘厳な響きがあったから、アレクサンドロフの曲のほうが国歌には向いていた」。次に彼は自分の戦友たちに向き直って言った。「私はアレクサンドロフの曲を採用する必要があると思うが、ショスタコーヴィチは」(ここで指導者は一呼吸置いた。作曲家が後に自分の知人の一人に明かしたところによれば「ショスタコーヴィチは外に連れ出して銃殺」という言葉を聞く心の準備ができていたという)。しかし指導者の結論は違っていた。「ショスタコーヴィチは感謝されてしかるべきだろう[*14]」。

次にスターリンはアレクサンドロフに向かって言った。「しかしあなたの編曲には何かよくないところがある、教授」。アレクサンドロフは弁解をはじめた。彼の言うには、時間が足りなかったのでオーケストレーションを自分の代理人のヴィクトル・クヌシェヴィツキーに依頼した。この人物はどうやらいい加減な仕事をしたらしい。ショスタコーヴィチは突然怒り出してアレクサンドロフを遮った。「あなたは恥ずかしくないのですか、アレクサンドル・ワシリエヴィチ! クヌシェヴィツキーがその道の巨匠で、すばらしい編曲をするということはあなたもよくご存じでしょう。あなたが目下の人間を非難するのは不公平です。しかも、彼があなたに反論できないときに陰口を言ったりして。恥を知りなさい!」

沈黙が訪れた。これほど異常な感情の爆発にスターリンはどう応えるか、一同は凍りつく思いでその反応を待った。スターリンはときおりパイプから煙を吐き出しながら、興味深そうな様子でショスタコーヴィチを見たり、うろたえているアレクサンドロフを見たりしていた。そしてついにこう言った。「教授、どうもまずいことになりましたね[*15]」。

ショスタコーヴィチの目的は達せられた。クヌシェヴィツキーは降格処分をまぬがれた。へたをすると彼はこのとき逮捕される可能性すらあった。モロトフがショスタコーヴィチに尋ねた。「あなたの国歌も編曲はクヌシェヴィツキーによるものですか」。それに対する確信に満ちた回答は、作曲家は自分の曲のオーケストレーションを自分でしなければならないというものだった。音楽家たちが部屋を退出した後、スターリンはモロトフのほうを向いて、言った。「あのショスタコーヴィチという人は、どうやらなかなかきちんとした人らしい」[*16]。時代、気質、そして状況の違いを考慮に入れれば、これはニコライ一世がプーシキンに関して言った「ロシアで最も賢い人物」という宣告と同等のものと考えることができる。

政府の決定によってアレクサンドロフの曲をソ連の国歌とするという宣言がなされた。一九四四年の一月一日にモスクワのラジオではじめて国歌は放送された。その前日にショスタコーヴィチは、いたるところにいる「権限のある組織」が自分をつねに注意深く観察して「尾《つ》けている」と知っており、そしてまた自分の手紙が開封され検閲されていると推測していたので、一語一語に気を遣いながらタシケントにいる友人に宛てて手紙を書いた。しかしそれでも、あまりに政府の立場を踏まえているがゆえに不自然なまでに穏当な言葉遣いの行間から、ほとばしる悲しみを隠しとおすことはできなかった。「いま、一九四三年の最後の日だ。十六時だ。窓の向こうにはもう吹雪が吹いている。一九四四年がまもなく訪れる。幸福の年、喜びの年、勝利の年だ。この年はぼくらに多くの喜びをもたらしてくれる。自由を愛する人民はついにヒトラーの軛《くびき》を払いのけ、平和が全世界に訪れる。そしてふたたびぼくらは平和な生活を送る。スターリン憲法という太陽のもとで。ぼくはこのことを確信していて、だからきわめて大きな喜びを経験している。ぼくは君と一時的に離れ離れになっている。偉大なる司令官である同志スターリンが率いる赤軍の名誉ある勝利をともに喜べないから、君がいなくてとても寂しい」[*17]。

その翌日に芸術家であり写真家であるアレクサンドル・ロトチェンコは、自分もその指導者の一人であったロシアにおける前衛芸術の終わりを悲しみながら、彼がモスクワでつけていた秘密の日記にこう書き込んだ。

「今日アレクサンドロフが作曲した新しい国歌が演奏されていた。とても興味深い。他の作曲家がお呼びでないということが、だ。

ショスタコーヴィチあるいはプロコーフィエフに頼めなかったのか。

しかもこの国歌は「真に」ロシア的だぞ……。

偽のリアリズムと剽窃の帝国だ。

リアリズム、移動展派、ロシア芸術を芸術上の指針とするように準備が進んでいるらしい。

どうしようか。

自分の、みんなの、左翼芸術の終《しま》い支度をしようか。

神様そして未来の人々、私を許してくれ！

生まれてくるのが遅すぎたことを。

もうやっていけない。

ここでは生きていくのがとても退屈だ。

なぜわれわれは生きてきて、みんなずっと待って、信じていたんだろう。

われわれがやってきたことは誰にも必要ではなかった」[*18]

＊＊＊

すでに、スターリニズムに関して最も透徹した観察と解釈を行なった人物の一人ゲオルギー・フェドートフが一九三六年にパリのロシア移民が発行していた雑誌に発表したエッセイで、ニコライ一世と指導者としてのスターリンの振る舞いにおける驚くべき共通点についてこう指摘している。「ニコライ一世をそのまま模倣したように思われる身振りもある」[*19]。

この類似は、目にとまることはなかったと言わねばならない。より正しく言えば、スターリンはそれを覆い隠そうとした。イワン雷帝とかピョートル一世といった専制君主たちとは事情が異なる。スターリンによる統治との類似はソヴィエトの報道と芸術において戦争が始まる前から強調されていた。この時代の辛辣な冗談がよく知られている。一九三〇年代の終わりになって封切られた(そしてその後でスターリン賞を授与された)映画『ピョートル一世』を観終わって出てきた男の子が父親に尋ねる。

「それで、お父さん、ツァーリたちってみんなボリシェヴィキの味方だったの?」

このような新しい政治的路線はその当時多くの者たちを困惑させていた。というのもこれら二人の不快きわまる君主に対する革命前や、ましてソヴィエト政権初期のロシアのリベラルな歴史家たちの態度は、控えめな言い方をしても、けっしてこれを擁護するといったようなものではなかったからだ。たとえば、『ソヴィエト小百科事典』は、ピョートル一世を彼の極端な精神的な錯乱、残酷さ、アルコール依存、そして押さえのきかない性的放縦を理由におとしめている。イワン雷帝の評価も同様である。そのような調子がはっきりと変化したのは、——スターリンの直接の指示によってつくられた——、これらのツァーリの政策と個性を称える本、戯曲、映画が出はじめてからのことである。しかしニコライ一世は以前と同様とくに敵意をもって論じられていた。

その一方で、ニコライ一世の政策は確実にスターリンにとっての手本となっていた。しかも私たちに何よりも興味のあるまさにその分野、つまり文化の領域においてそうだったのである。イワン雷帝もピョートル一世も文化と芸術の問題には多くの注意を払わなかったが、しかしニコライ一世はもはやそれらを無視して済ませることができなかった（ただしウラジーミル・ソログープ伯爵の意見によれば皇帝は「文人がそもそも好きではなかった」）。[*20]

ほかならぬニコライ一世の治世にロシアの教育と文化における最も重要なものとして宣言されたのが、以下の三つの原理である。すなわち、正教、専制、そして民族性。この伝統的な三原則（「信仰、ツァーリ、そして祖国」という、ナポレオンとの一八一二年の祖国戦争の時代の、戦争における有名な標語を変化させることによって）をわかりやすい謳い文句に変えたのは、一八三三年にニコライ一世のもとで教育大臣を担当したセルゲイ・ウヴァーロフ伯爵であった。この三原則は長年にわたってロシアのすべての文化的動向の基礎とされ、リベラル派知識人のこれに対する抵抗は増大し続けた。(2)

スターリンはロシア史をよく知っていたので、疑いもなく、この有名なイデオロギー上の三原則についてたくさんの本を読んでいた。この三原則について、革命前の時代にとても有名だった多作の文学史家のアレクサンドル・プイピンが書いている。彼は革命家たちが崇拝していたニコライ・チェルヌイシエフスキーのいとこだった。プイピンはこれについて本まで出版した。『二〇年代から五〇年代にかけての文学思想の特徴』という題で、一八九〇年に初版が刊行され、一九〇九年にかけて四刷まで出ている。この本のなかでプイピンは、ウヴァーロフの三原則を、ニコライ一世時代の社会と文化の動向における、あらゆる形態を規制していた官僚的な教理問答として説明している。興味深いのは、第三の教義である民族性についてプイピンがとくに否定的な解説を施していることだ。彼の考えでは、これは現状維持を意味する婉曲語法にすぎない。プイピンにとってはこれは歪められた「公認の民族性」であって、専制的な体制を正当化するものだった。このような理論全体が、「現状のいきすぎた賛美となった」と彼は書いている。[*21]

しかし革命前のリベラル派を激怒させたことが、スターリンの心にとっては好ましいものであったにちがいない。というのも三〇年代の初めに彼は、それまでのレーニン的な「プロレタリア的」国家から自分の主導のもとで「全人民的」な国家へと移行することを決めていたからである。それにともなって、イデオロギー的な道標も転換しなければならなかった。ここにおいてニコライ一世時代の基本的な信条がスターリンに大いに役立った。その治世、またニコライ一世という当の人物にまつわる多くのものに、彼は総じて惹きつけられたにちがいない。

もちろん、背が低くしかも美男でもなかった（同時代人の多くがスターリンのあばた面、土気色の顔色、狭い額について指摘している）共産主義者の独裁者は、背が高くて均整の取れた美男である皇帝に嫉妬したにちがいない。しかしピョートル大帝の背の高さもスターリンにとってこのロシアのツァーリを尊敬する妨げとはならなかった。それに対してニコライ一世と彼とのあいだには似ているところがたくさんあった。それはまず第一に、自分にあらかじめ定められた役割があるということ、そして自分が余人をもってはかえがたい国家の指導者であることについて、個人的な経験に基づいて絶対的な確信をもっていた点である。

それゆえにこそ、どちらの支配者も、文化を含めたあらゆる領域において注意深く上から下まで序列が規定されていることにより理想的に機能するようなメカニズムとして、自分の構想に基づいて国家をつくりあげたいと欲したのである。ニコライ一世のシステムにおいても、スターリンのそれにおいても、規律がつねに目指されていて、従順さと実行力は備えるべき最も徳の高い性質であった。すべてにおいて最も重んじられなければならなかったのは秩序であった。「われわれは技師である」と好んでニコライ一世は繰り返した。スターリンはあるとき作家までも「人間の魂の技師」に比した。彼が自分をもそのようなものとして思い描いていたことは間違いない。

ニコライ一世もスターリンもロシアの人民は主人つまりツァーリを必要としていると考えていた。[3] みずからの人民を輝ける未来へと導くには具体的にはどうすればいいのか、主人は誰よりもよく知っている。しかし主人は自分の配下に熱心さと勤勉さを要求するだけではなく、他のものに手本を示しながら彼自身が働かなければならない。ニコライ一世も、スターリンも、仕事中毒であって、一日に十六時間から十八時間を執務室で過ごした。彼らは国家機関のきわめて些細な細部にも首を突っ込み、吟味した。ニコライ一世を間近で観察していた女官のアレクサンドラ・チュッチェワの回想によれば（彼女は偉大な詩人チュッチェフの娘だった）、「彼は、自分がすべてを自分の目で見ることができ、自分の意思ですべてを変革できる状態にあると心から信じていた」。文字どおり同じことをスターリンについても言うことができた。

どちらの支配者も暮らしぶりは質素だったが、偉大な国家のイメージをつくるために荘厳さと祝祭性が必要であることをよく理解していた。ニコライ一世もスターリンもかなり吝嗇な支配者ではあったもののの、プロパガンダの目的のためには金を惜しまなかった。西欧ではすでに黒い燕尾服が主流になっていた時代に、ニコライ一世はまばゆいばかりの軍服の意匠に格別の注意を払った。このことについても、他の多くのことと同じように、スターリンは彼の直接の信奉者だった。

ニコライ一世が目指したのはロシアと西欧のあいだに鉄のカーテンを建設することだった。この点において彼は驚くほど、自分の曽祖父であるピョートル大帝と異なっていた。他の点では生涯を通じて彼に倣おうとしたのだが。ピョートル一世は比較的広くロシアを西側の影響に開こうとする意向をもっていた。デカブリストの乱の後ニコライ一世が出した最初の勅令の一つで定式化されたのは正反対の課題だった。「外から持ち込まれた病原菌を洗い落とし、聖なるルーシ〔ロシア〕をきれいにする」というのがそれである。同様に人民に対して推奨されたのは、「祖国での、自然の、他国のものでない教育」であった。[*22] この問題についてもスターリンはニコライ一世に追随し、ピョートル一世を、彼のもとでロシアに「あまりにも多くのドイツ人が入ってきた」として批判した。[*23]

　スターリンと親しかった作家のコンスタンチン・シーモノフの回想によれば、一九四七年に彼は作家たちとクレムリンで会話していて、ロシアにおける正当化しえない西欧文化の崇拝はピョートル一世に始まるということを力説しはじめた。「最初にドイツ人、次にフランス人。やつら外国人《ガイコクジン》〔inostranets 外国人の意〕に対する崇拝があった」とスターリンは言い、そして突然、狡猾に目を細めつつ、ほとんど聞き取れないほどの早口で韻を踏んだという。「汚塵《オジン》〔zasranets「いまわしい奴」の意。韻を踏ませるために、「クソ野郎」と近い意味の汚塵とした〕といってもいい」。薄笑いを浮かべたあとでスターリンはふたたびまじめな顔になったという。[*24]

　一八三一年にニコライ一世は、若者が外国で勉強することを禁じる命令を発した。これは、知られているようにロシアの若者ができるかぎり西欧で教育を受けられるようにと主張したピョートル一世の理念に真っ向から逆らうものだった。スターリンはこの問題についてもピョートル一世ではなくニコライ一世に追随した。しかし公に彼はピョートル一世とイワン雷帝を自分の政治的な面での先駆者として喧伝し、その一方で皇帝ニコライ一世については沈黙した。デカブリストに対する悪名高い抑圧者であり、革命的な文化の弾圧者である彼とのイデオロギー的類似に注意を向けさせる理由などないというわけである。

しかし、「正教、専制、そして民族性」の公式をそのまま使うことは当然できなかったとはいえ、ニコライ一世によるこの三原則は、手袋が手にはまるようにスターリンにぴったりだった。スターリン治世、ボリシェヴィキたちによって「民衆たちの阿片」と暴露されていた正教の位置を占めたのが、新しい宗教すなわち共産主義のイデオロギーである。君主に対する崇拝は、実質的に同じ政治的、イデオロギー的機能を果たしていた指導者への崇拝と替えられた。この場合、スターリンへの崇拝である。最後に、最も曖昧でそして不明確な公理である「民族性」は、新しいが、やはり曖昧ではっきりしない「社会主義リアリズム」という用語を構成することになった。

社会主義リアリズムに関しては、すでに膨大な数の本や小冊子、そしてさまざまな言語で無数の論文が書かれている。これらのすべての学問的著作はソ連時代においてはいずれにせよ一九三四年にスターリン、マクシム・ゴーリキー、ニコライ・ブハーリン、そしてアンドレイ・ジダーノフらが参加してつくり、同じときにソヴィエト作家同盟の規約として決められた最初の定義を変形したものだった。「社会主義リアリズムは、ソヴィエト文芸と文芸批評の基礎的な方法論であって、現実の誠実なそして歴史的に具体的な再現をその革命的な発展において行なうことを芸術家に要求する。このとき、現実を芸術的に再現することにおける誠実さと歴史的な具体性は、勤労者を社会主義の精神において理念的につくり替え養育するという課題と一つになっていなければならない」[*25]。

この比較的簡潔な記述は、スターリンに固有な官僚主義的同語反復の文体という特徴を明確にもっているが、それでもかなり言葉を濁したように響く。社会主義リアリズムの本質は、はるかに率直かつ正確に、しかしいささか皮肉なやり方で、その百年前にニコライ一世時代の憲兵隊長ベンケンドルフによって定式化されていたように思われる。「ロシアの過去は驚くべきもので、ロシアの現在はきわめて荘厳であり、ロシアの未来はどれほど情熱的な想像力であっても思い描けないほどすぐれている。これがロシアの歴史が考察され描かれるとき踏まえられなければならない視点である」[*26]。

ニコライ一世時代とスターリン時代の文化的な理念と問題群の類似は繰り返し確認される。しかしスターリンがとくに個人的な関心を呼びさまされたのはプーシキンと皇帝の関係であった。スターリンの文学的趣味はその多くが十九世紀末期にチフリスの神学校で教育を受けていた時期に形成された。これはちょうどツァーリの政府がプーシキンを最も重要な国民的詩人だとする見方を最終的に形成した時期だった。

一八九九年に、プーシキン生誕百周年が大々的に祝われた。この記念すべき年は、その当時新聞が書いていたように「太平洋からバルト海まで、そして北極海からアフガニスタンとの国境までの広大な空間で」数え切れないほどの講義、記念シンポジウム、コンサート、そして演劇の上演によって祝われた(学校の生徒には詩人の肖像をあしらった板チョコレートの無料配布さえも行なわれた)。正教会もこれに参加した。記念祭にちなんだ祈禱が国中で行なわれたが、そのなかにはチフリスの神学校も含まれていたのである。

プーシキンについてスターリンは、その回想によれば、若いときから熱狂的に読んでいた。この時期には詩人の作品は教育機関において基本的には「正教、専制、そして民族性」というニコライ一世の三原則の見地に照らして教えられていた。プーシキンとニコライ一世の特別な関係については特に力点がおかれていた。たとえばニコライ一世の「ロシアで最も賢い人物」という言葉は何度も繰り返され、ツァーリが寛大な態度で接してくれることに対するプーシキンの感謝も強調された。

スターリンはこの頃にはすでにマルクスの『資本論』を読み終えていて、みずからを社会主義者と考えつつ、神学校の生徒たちによる非合法のマルクス主義者サークルを指導していた。革命家となった彼はもちろんツァーリと詩人とのあいだの幸福な関係について広く流布していた伝説を懐疑的に評価していた。しかし彼はニコライ一世がプーシキンに接するにあたって採った狡猾な文化的戦略を認めないわけにはいかなかった。皇帝にへつらってある者が書いたように、「賢い者が聡明な者を魅了した」のである。皇帝は詩人を魅惑し、政府が本質的なイデオロギー的かつプロパガンダ的な利益を得られるような作品を書くように彼を仕向けることができた。

ニコライ一世の特別な注文を受けてプーシキンは彼に幅広い内容をもった秘密の覚書である『民衆の教育について』を書き上げて献呈した。これに並ぶものとして、プガチョフの乱およびピョートル一世を論じた、ロシア史に関するプーシキンの重要な研究がある。このすべてがまず皇帝が目を通すために書かれ、ツァーリは、鉛筆を片手に注意深く読んだ。『民衆の教育について』という覚書の余白に彼は三十五の疑問符と一つの感嘆符を付けている。[*27] みずからの覚書のなかでプーシキンは、他の事柄と一緒に、学童への体罰の廃止を提案している。ロシアの教育機関で共和制の理念を教えることが必要であるということも彼は提案した。この箇所に反対してニコライ一世は五つの疑問符を付けて、それでも例によってベンケンドルフにプーシキンに対して「大変感謝している」と伝えるように命じている。(4)

ベンケンドルフは、陛下の考えを伝えながら、プーシキンが「それでもやはり相当な怠け者だが、しかし彼が描くことや話すことを方向づけることに成功するなら、それは有益だ」と考えていた。この詩人は、他の何人かの有名な文学者たちとともに、官房第三部の秘密の協力者にならないか打診されたことがあった。プーシキンは礼儀正しくしかし固く断った（しかしながら何回かにわたってさまざまな人々に関する覚書を官房第三部に提出することを余儀なくされた。そのなかには自分の友人で偉大なるポーランドの詩人であるアダム・ミツキェーヴィチも含まれていた。もっとも、どの覚書も人を助けるという目的をもっていた)。

しかし仮に詩人を直接雇うことが失敗に帰したとしても、彼の作品は皇帝に対して一定の利益をもたらした。ここで問題となっているのは、ニコライ一世に対する個人崇拝(仮にこういう言い方ができるとして)をつくりだすのに何らかの方法で力を貸したいくつかのプーシキンの詩である。というのもニコライ一世が一八二五年に皇位に就くことを拒否した兄のコンスタンチンを追い越し、皆の予想に反して皇帝の座に就いたとき、彼を知っているのはごく狭い範囲の人々に限られていたからである。そのときに、新しいロシアの当事者をその偉大なる祖先のピョートル一世と比較する、プロパガンダマシーンが始動したのだった。

プーシキンはこのキャンペーンに、皇帝の許しを得て公表された一八二六年の「スタンザ」という詩によって参加した。この詩のなかで彼はピョートル一世とニコライ一世の類似を示し、後者に対してはデカブリストの乱の参加者に対して寛大であれと呼びかけた。

名誉と善を期待して
恐れをもたず私は前をみる
ピョートルの栄えある時代が始まるとき
反乱と処刑で暗闇が訪れた

しかし彼は真実でもって心を引き寄せた
しかし道徳を科学でもって馴致した
(後略)

この詩を公表したことでプーシキンの評判は著しく損なわれた。それまでロシアの文化人たちのあいだで崇拝されていた彼を、いまとなっては何人かの最も親しい友人たちまでが魂を売った卑劣漢と非難した。「スタンザ」はニコライ一世に頼まれてそのままクレムリンの彼の執務室で十五分で書かれたとか、いまやプーシキンは政府の政治的な敵を監視しているとかいう噂が広がった。許しがたい内容の匿名の短い諷刺詩が手から手へと回し読みされた。

私は以前は自由を布教していたが、
ツァーリが裁きを受けるべきだと民とともに語ったが
しかし皇帝と同じスープを飲み、
宮廷の茶坊主になっただけだった。

プーシキンは深く傷ついたが、自分の立場を放棄することはなかった。「左派」からの批判と攻撃に対する回答となったのが、彼の『友人たちへ』という詩であり(「いや、私は茶坊主ではない、それに／書いているのは自由な賛美だ」)、このなかでプーシキンはニコライ一世に対するリベラル派の助言者としての自分の役割を主張した。

奴隷と茶坊主
だけが皇帝に近づき、
天に選ばれた賛美者が
目を伏せて黙っている国は災いだ。
この詩が皇帝に献上された後、ベンケンドルフはプーシキンに「陛下は詩に完全に満足なさっているが、しかしそれが出版されることはお望みではない」と伝えた。文字どおりには以下のとおりだった。「Cela peut courir, mais pas être imprimé」(「読まれるのはよい、しかし出版はならぬ」[*28])。そのようにして、プーシキンのこの作品は公式の許可のもとその当時の「サミズダート〈地下出版〉」で流通していたのだ!

ニコライ一世に関するプーシキンの詩については、革命前のロシアでは倦むことなく語り継がれ、スターリンももちろんそれらをよく知っていた。しかしもっとよく彼の記憶に刻み込まれたにちがいないのは、チフリスの神学校のカリキュラムに含まれていたプーシキンの二つの愛国的な作品である。それは『ロシアの中傷者たちへ』と『ボロジノを記念して』である。神学校ではそれらに特別な注意が払われていた。プーシキンのそれらの詩は、ポーランドで一八三〇〜一八三一年に起こったロシアへの蜂起に対する反応だった。彼はそれらの詩を、ロシア軍がポーランド人の抵抗を容赦なく鎮圧しワルシャワに入った後すぐに書き終え、即座に皇帝のニコライ一世とその家族に朗読した。君主直々の命令により、どちらの作品も『ワルシャワ占領のために』という特別な小冊子に掲載され、軍の印刷所から電撃的に発表された。

ニコライ一世にとって重要だったのは、ロシアの軍事行動を強い敵意をもって迎えた西欧との対立に対して世論を準備しておくことだった。ツァーリが、プーシキンによるナショナリスティックな顕揚がプロパガンダにおいてもつ高い価値を評価した理由はそこにある。

ロシアの皇帝の言葉はもはや無力なのだろうか？
　われわれはヨーロッパと新たな論争をはじめなければならないのだろうか？
　ロシア人は勝利を忘れたのだろうか？
われわれの軍勢が不足しているのだろうか？　あるいはペルミからタヴリーダまで、
ミンスクの冷たい切り立った岩山から燃えるようなコルヒーダまで
　奮い立つクレムリンから不動の中国の長城まで
　鋼鉄の剛毛を輝かせながら
　ロシアの大地が立ち上がらないのだろうか？

ロシア社会でプーシキンのこの詩は活発な論争を呼びおこした（しかし無理もないことだがその論争は印刷媒体には現われなかった）。プーシキンの友人の一人は歓喜して次のような手紙を書いた。「これでついに君も国民的な詩人だね。君はついに自分の使命を悟ったんだ」。他の友人は反対に、厳しくこんなふうに言った。「この問題は国家的にはとても重要だ、しかしここには少しも詩はない。（中略）政治にできて、そしてやらなければならないことはたくさんあるだろう。政治には死刑執行人が必要だとしても、あなたはそれを賛美するべきではない*[29]」。百年以上経ってこの詩が依然としてプロパガンダの目的で使われるだろうとは、プーシキン自身を含めてこの時点で予想できたものはいなかっただろう。しかし実際にはまさにそのとおりになったのである。スターリンの命令によりヒトラーとの戦いの時代にプーシキンのこの詩行は広く再版された（もちろん、ツァーリに関しての言及は削除されたうえで）。

　プーシキンの作品と人生のもつ巨大なプロパガンダの潜在力をスターリンは評価しており、それを現実のものとしはじめたのはまだ戦争前、三〇年代のことであった。彼は一九三七年のプーシキン生誕百周年記念祭を前代未聞の規模をもった政治的なスペクタクルにした。この記念すべき日付にちなんで、詩人の作品は二千万部近く出版された。新聞はプーシキンに関する資料でいっぱいになり、そうした資料は重要な政治的ニュースとして示されていた。こうした報道姿勢の先頭に立っていたのは『プラウダ』紙で、プーシキンに関する社説を連載しており、それらは党指導部の指令として受けとめられた。

　工場で、コルホーズで、学校で、軍の部隊で、会議、研究会、講義、コンサート、展覧会など、無数のプーシキン関連の「行事」が行なわれた。スターリンはプーシキンの名をいくつかのきわめて野心的な課題を解決するのに利用した。第一にプーシキンの作品は広い大衆に対する「社会主義的教育」のカリキュラムの基礎にあった。スローガンは「プーシキンをあらゆる家庭に！」というものだった（これにあたってはプーシキンの作品はソヴィエト連邦を構成する他の民族の多数の言語に翻訳され、多くの部数が刷られた。それら諸民族にとっても文化への参加はプーシキンをとおして実現されなければならなかった）。

　次にプーシキンの人物像は「新しいソヴィエト人」を育成するためのモデルとして用いられた。ここでスターリンは、明らかに、プーシキンに関するゴーゴリの有名な見解を考慮に入れている。それは彼が「発展しつつあるロシア人であり、この発展のなかでロシア人は二百年かけてできあがる」というものだ。しかし、国民経済を発展させるための悪名高いスターリンの「五ヶ年計画」がその第二次の計画実行を前倒しでちょうど一九三七年に終えたように、指導者は「新しいプーシキンたち」の育成の過程を加速させることを決めた。彼らも期限より早くに現われなければならなかった。

スターリンによるプロパガンダのシステムにおいてはつねに、肯定的な例には、否定的な例よりもはるかに重要な役割が割り当てられていた。敵が舞台の中央に位置を占めてはならなかった。それこそが、ヒトラー政権下で一九三七年に開催された「頽廃芸術展」のような展覧会をスターリンが決して開催しなかった理由である。「肯定的な」愛国者プーシキンの結晶のように純粋なイメージが、スターリンの支配下にあった報道機関によってつくりだされ、粉砕された反対派のみすぼらしい顔ぶれを貶《おとし》めるのに役立つはずだった。つまりジノヴィエフ、カーメネフたちを、出来損ない、私生児、裏切り者、西欧の帝国主義者の追従者として提示する役に立つはずだった。スターリンは彼らを銃殺刑に処したが、重要だったのは彼らが国民の記憶から完全に忘却され消滅することであり、プーシキンこそが永遠に記憶されるべきだった。

ニコライ・チーホノフはボリショイ劇場で行なわれたプーシキン祝賀会議で実に喜ばしげに次のように予言している。「われわれが全世界で最終的に勝利し、すべての人民が友情のための大宴会で自分たちの天才的な詩人や作家の喜ばしい名前を述べ伝えるとき、プーシキンよ、全世界のわれわれの祭典のなかで最初に、われわれはあなたを思い出すだろう」（割れんばかりの拍手、出席者は全員「全世界での勝利」が必ずや実現するであろうと満ち足りた気分で楽しみにしながら起立した）。

ソヴィエト政権下にあってプーシキンの運命は、文化も含めてすべての領域において、ツァーリの時代がいかに重苦しく閉塞感に満ちていたかをつねに思い起こさせるものでもあった。プーシキンは、追跡され、流刑になり、侮辱され、貶められ、ついには三十七歳の若さで、宮廷がけしかけて皇帝が黙認った。

した決闘で殺されてしまったのだ。そして殺したのは一時的に滞在していた「汚塵のような外国人」だった。

スターリンは自分の関わったプロパガンダの計画を大概は注意深く、計画的にそして道筋立てて準備し実行したが、しかしそれでもその際に個人的な感情を完全に断ち切ってしまったわけではなかった。間違いなく、彼はプーシキンを心から愛していて、彼のことを模範的な国民詩人だと考えていた。スターリンが創造的な人物、そして文学者としてのプーシキンと意識的に「競っていた」ということはありそうもない（とはいえ彼は、周知のように、「作家」だと自分のことを考えてはいた）。しかしロシアの新しい統治者として彼は、間違いなく自分をニコライ一世と比較し、このとき自分の優位を何らかのかたちで感じていたにちがいない。スターリンが皇帝とその文化政策をどう評価していたにせよ、彼はプーシキンの死の責任は皇帝にあると考えていた。仮にこの偉大な詩人がスターリンのもとで生きていたなら、この指導者は詩人に対して非業の死は遂げさせなかっただろう。

この強い感情が、疑いもなくスターリンの彼と同時代の文化の担い手たちに対する関係を彩っている。そうした担い手たちを彼もまた偉大なる創造者だと、自分の仕事の比類のない「巨匠たち」だと彼は考えていた。作家のマクシム・ゴーリキー、舞台監督コンスタンチン・スタニスラフスキー、そしてウラジーミル・ネミローヴィチ＝ダンチェンコである。彼らをスターリンは尊敬しており、自分のやり方で愛していて、ゴーリキーに関しては少し恐れてさえいた。いずれにせよ、彼はそうした文化の担い手たちのなかに庇護者として、厳しくも公正な後援者であり助言者として、そして友人としてさえ入っていきたいと欲していた。もしプーシキンがスターリンの同時代人だったなら、きっとスターリンはこの詩人の友人になっていたことだろう。人民たちは直感的に、指導者と詩人のあいだのこの親密な関係を理

皇帝ニコライ１世（1796－1855年）は、共産主義の独裁者ヨシフ・スターリンにとってのロールモデルだった？

解していて、それはプーシキン没後百周年を記念する彫像を選定するコンクールについてのこの時代のよく知られたアネクドートに反映されている。「第三位、プーシキンがプーシキンを読んでいる。第二位、スターリンがプーシキンを読んでいる。第一位、プーシキンがスターリンを読んでいる」。

スターリンによって組織されたプーシキン没後百周年にまつわるどんちゃん騒ぎは三十歳のショスタコーヴィチにも及んでいた。それは必然的なことだった。この時期には皆がプーシキンの名を口にしていて、プーシキンの名にかけて誓いを立て、プーシキンに鼓舞されて敵を攻撃したり自分の身を守り、ときとして正反対の方向性をもった文化の巨匠たちが彼を霊感の源とした。

詩人のボリス・パステルナークは、たとえば、すでに一九二二年の時点でこんなふうに反ソヴィエト的な感情をもっている知人をどぎまぎさせることを好んだ。「ピョートルも、プーシキンも、共産主義者だった。だから今も、ありがたいことに、プーシキン時代だということだよ」[*30]。当時、これは狭い付き合いのなかでの挑発的な振る舞いとして受け止められえた。しかしその十年後、パステルナークは雑誌『新世界』にプーシキンの一八二六年の「スタンザ」を自分なりにパラフレーズした詩を発表した。これはまさに、反乱者たちに対するツァーリからの慈悲を呼びかけた、ニコライ一世に向けて書かれた、その詩である。パステルナークは自分の詩において明らかにそして勇敢にも同様の呼びかけをスターリンに発したのだ。

百余年は昨日ではない
そして名誉と善を期待して
恐れずに物事を見るという誘惑には
以前と変わらぬ力が備わっている。
〔『新世界《ノーヴィ・ミール》』五号（一九三二年）より。のちに詩集『第二の誕生』（一九三二年）に収録〕

猜疑心、追跡そして逮捕があまねく行きわたっていたソヴィエト時代、公共の場に示されたこの身振りはむしろ自由思想という政治的な色彩を帯びており、多くの者に記憶された。スターリンとこのように話すことは、詩のなかであっても、警戒され避けられていた。プーシキンはパステルナークにとって政治的な詩を通じて権力と対話するという振る舞いの手本となったのである。

アンドレイ・プラトーノフは、記念祭の時期に筆名で発表した論文に次のように書いた。「プーシキンが直面していた危険はとても大きなものだった。周知のように、彼は『災いの小道』を一生を通じて歩いたのであり、ほとんどつねに自分が戦いあるいは投獄される前のように感じていた。孤独、忘却、そして作品が発表できなくなるかもしれないという切迫した状況などがもたらす悲しみのせいで、プーシキンの心は傷ついていた」[*31]。そして彼が引用した詩がプーシキンの『予感』である。

ふたたび暗雲が私の上で
静かに集まった。
嫉妬深い宿命が災難をもって
また私を脅かす

プラトーノフは自分が何について書いているのかわかっていた。スターリンが一九三一年にプラトーノフの中編小説『ためになる』が掲載された雑誌の余白に「馬鹿」「洒落がおもしろくない」「ろくでなし」などの言葉を書き連ねたあと、この作家は、こんにち二十世紀のロシア文学の誉れとされる、自己の最高の作品群を発表する可能性を奪われたのだ。この後プラトーノフは最終的に作家としての生命を絶たれ、そして彼は一九五一年に、流刑から戻ってきた息子に結核を移されて、まだ若くして亡くなった。大きな損失だったが、その当時には、終わりつつあったスターリン時代の重苦しい空気のなかでそれを気に留める者はいなかった。

ショスタコーヴィチ自身がプーシキンの作品の世界に触れたのは子ども時代のことで、それ以降変わらずプーシキンは彼の一番好きな詩人の一人だった。そうでないはずがなかった。アンドレイ・ビートフの言葉によれば「プーシキンがわれわれの国民的詩人であるというよりもむしろ、プーシキンへの態度があたかもわれわれの国民的な特徴となったのである」。しかし、子どもの頃から病的なまでの鋭さで音楽からの印象を吸収していたショスタコーヴィチにとって、プーシキンの理解はおそらく、大部分は音楽を通じてなされたと思われる。『エヴゲニー・オネーギン』『スペードの女王』『ボリス・ゴドゥノフ』の場合はそうだった。これらはプーシキンの作品に題材を取ったチャイコフスキーやムソルグスキーのオペラである。プーシキンの詩の多くがショスタコーヴィチの意識に最初に入ってきたのは、グリンカ、ダルゴムイシスキー、リムスキー＝コルサコフ、ラフマーニノフらの有名な歌曲を通じてだった。三十歳のショスタコーヴィチが最初に書いたオペラはプーシキンの『ジプシー』を基にしたものだったが、しかし数年後になって発作的に気分が落ち込んだとき（彼自身がそのように表現している）、その楽譜を燃やしてしまった。このことを彼は後悔している（奇跡的にそのうち何曲かだけは無事に残っている）。

ふたたびプーシキンの詩に作曲家が取り組んだのは十七年後で、彼にとって他の多くのソヴィエトの人々と同様に悲劇的な年となった一九三六年のことである（ジノヴィエフ、カーメネフらがこの年に処刑されている）。スターリンはボリショイ劇場の別館で見たショスタコーヴィチのオペラ『ムツェンスク郡のマクベス夫人』がまったく気に入らなかった。ソヴィエト芸術における「形式主義」に対してさまざまなジャンルで非難が高まっていく状況のもとでこのオペラは、ボリショイ劇場で上演されたショスタコーヴィチのバレエ『明るい小川』と同様に、有害な作品としてレパートリーから排除され、ショスタコーヴィチ自身は追放の憂き目にあった。彼は友人の多くから絶交された。彼は、自分の未来、自分の作品の未来、自分の家族の運命に危惧の念を抱いた。しかし彼は作曲をやめなかった。こうしたことのなかにショスタコーヴィチの全人格が現われている。

一九三六年八月一日に作曲家はプーシキンの詩を歌詞にした歌曲を作曲する作業をはじめた。最初に彼が注目したのはプーシキンの詩のなかでも最も不吉なものの一つである「悪霊」という詩だった。ショスタコーヴィチの注意を引いたのが正気をうしなったような悪魔の踊りであることは明らかで、それは彼自身の評判の悪かったオペラをめぐる状況とあまりにも酷似していた。

くすんだ月の光がちらつくなかで
無数の醜い
有象無象の悪魔たちが踊りだした。

しかしショスタコーヴィチはこのロマンスの作曲を中断した。どうやらネガティヴな経験はあまりにも強烈であり、一方で彼はプーシキンの詩のなかに、何らかのポジティヴな教訓と希望の光を見つけたかったようである。だから彼は「復活」に曲を付けたのだった。これは、無学な人によって台なしにされてしまった「天才の創造物」である古い絵に関するプーシキンの小さな寓話である。長い年月の後にその絵はうっとりとしている観衆へと「元の美しさを備えて出た」。「天才の絵」に直接自分の無学な指示を「意味もなく付け足す」スターリンとの類似はここで明らかである（文中の引用は「復活」からとった言葉である）。

この作品群の第三曲「予感」がもつ同時代へのほのめかしも同様に明らかである。これはプラトーノフがプーシキンに関する自分の論文のなかで引用したちょうどその詩である。これは魂の叫びだ。

私は運命に対する軽蔑をまだもっているだろうか？
運命に対して示せるだろうか
毅然として耐え忍ぶさまを
私が傲慢で若かった頃のように？

しかし、ショスタコーヴィチの場合、いつもそうであるように、個人的な悲劇と政治的なそれとが音楽のなかに驚くべき芸術的な力となって結晶化している。そこでは情熱があたかも内側から湧き上がり、驚くべき表現力をもったモノローグ的な叫び声となってほんの時たま表面に弾け出るのだ。

『プーシキンの詩による四つのロマンス』は、ショスタコーヴィチの声楽による抒情的作品の傑作の一つであり、現在にいたるまで十分に評価されているとは言えない。作曲家の友人のなかにさえ、はじめのうちはこの作品群に「どことなく乱暴なところ」を見出す者もいたことは注目すべきである。しかしもちろん、このような個人的な付き合いのなかでの反応のせいでショスタコーヴィチはこの作品の初演を四年半遅らせたのではない。彼は頭上の雷雨をはらんだ暗雲が晴れるのを待っていたのだ。一九三六年にはこれほどまでに挑発的に響く歌詞をもった作品を（たとえそれがプーシキンのものとはいえ）公の場で演奏することは、ショスタコーヴィチにとって高くつくかもしれなかった。というのも彼に期待されていたのは自己批判だけ、懺悔《ざんげ》と自分を責めることだけだったからで、それがその時代の残酷な儀式だったのである。

ショスタコーヴィチのオペラとバレエがボリショイ劇場とその別館で巻き起こした国家的なスキャンダルの後、スターリンはそれらおのが帝室劇場に秩序をもたらすことを決めた。歌劇団とバレエ劇団を含む、ボリショイ劇場全体の芸術監督の職務がはじめて公式に確立された。奇妙なことに、この「音楽界の小スターリン」の地位に就いたのはショスタコーヴィチの旧友にして崇拝者だった指揮者サムイル・サモスードで、彼は一九三六年にレニングラードからモスクワに転任させられたのだった。

一九三〇年にサモスードはショスタコーヴィチの前衛的なオペラ『鼻』を最初に指揮し、一九三四年には彼の『ムツェンスク郡のマクベス夫人』の初演を実現した。しかしスターリンはこのことをもって指揮者に牙を剝くことはなかった。現実主義者であった指導者はサモスードの才能、エネルギー、そして熱意を評価し、彼に壮大な課題を与えた。ボリショイ劇場を、ソヴィエト連邦だけではなく全世界で一流のオペラとバレエの劇場にすることである。

スターリンは「飴と鞭」を政策において実行することに揺るぎない自信をもっていた。彼が好んで繰り返したのは次のような言葉だ。「私は良心をそれほど信じない。真の利害関係がないところでは真の成功も決してないだろう」。雲上にそびえる文化的な高みを征服する前に指導者は自分の音楽分野の部隊を少し励ますことに決めた。一九三七年にボリショイ劇場は国の芸術関係の組織ではじめて最高の勲章、つまりレーニン勲章を授与されたのである。サモスードと劇場の選り抜きのグループもまたレーニン勲章と、そして制定されて間もなかったソヴィエト連邦人民芸術家の称号が授与された。さらに百人ほどの劇場のメンバーは他の勲章を受け取った。こうした勲章は大いなる名誉と考えられていて、授与にあたっては壮麗な全国民的祝典が催された。

鼓舞されたサモスードは一九三七年六月四日付の『プラウダ』で自分の計画を示したが、そのなかで重要な位置を占めていたのは、グリンカの『イワン・スサーニン』とムソルグスキーの『ボリス・ゴドゥノフ』の新演出である。これは指令書のような記事で、注意深く読めばスターリンがどのような指導をし、命令をしたのか、そして指揮者がそれに対してどのように反応したのかを読み取ることは難しくない（おそらくは彼らの話したことの速記録が最低限の「手直し」を経て、ほとんど言葉どおりのかたちで公表されたのだろう）。

『プラウダ』の記事は文体的にはっきりとした対照をなす二つの層からなっている。それは権威があり説得力がある断固としたスターリンの言葉と、敬意のこもった早口で語られるサモスードの返答である。スターリンいわく「われわれはオペラ『イワン・スサーニン』を深く愛国的で人民的なドラマとして理解している。この作品のもつ鋭さは偉大なるロシア人民の敵へと向けられている」。サモスードいわく「ボリショイ劇場は、台本から要らないものを適切に取り除き、グリンカの音楽と本当の歴史的真実に台本を近づけるためにすべてのことをします」。スターリンいわく「われわれの考えによれば『ボリス・ゴドゥノフ』のオペラでの古い演出でもロシア人民が不正確に示されていた。彼らは概していくぶん抑制された形で提示されていた。オペラの本筋はボリスの個人的なドラマだと考えられているが、これは正しくない」。サモスードはもちろん完全に同意する。「われわれの演出では発展しつつある出来事のなかでの人民の役割は顕著に高められ、人民が登場する場面は鮮明に示されることでしょう」。

スターリンとサモスードとのあいだのこのような会話が実際にはどのようなものだったかについては、最近出版された、詩人エヴゲニー・エフトゥシェンコに宛てたショスタコーヴィチの手紙から裏付けられる。その手紙は一九六二年に書かれたもので、ショスタコーヴィチはその当時、無理もないことではあるが、スターリン個人について率直に語るつもりはなかった。そのため彼は、はなはだ見え透いた言い方ではあるが、「学界の重鎮」という、スターリンの生前に卑屈なソヴィエトの新聞で使われていた呼び名を用いた。ショスタコーヴィチによれば（この会話を彼に話してくれたのはサモスード本人なのだが）、指導者は指揮者にこう言った。「オペラ『ボリス・ゴドゥノフ』を上演してはならない。プーシキンも、その後に続いてムソルグスキーも傑出した国家的な人物であるボリス・ゴドゥノフの形象を歪曲している。彼はオペラで何やら愚痴っぽい意気地なしの人物として描き出されている。彼が誰か男の子を殺したということのせいで、彼は良心の呵責を感ずる、しかしすぐれた人物であるボリス・ゴドゥノフは、このようにすることがロシアが進歩と本当の人道主義の道を歩むために必要だということをよく理解していた」。そしてショスタコーヴィチは皮肉たっぷりに付け加える。「サモスードは指導者の並々ならぬ聡明さを歓喜して受けとめた[*32]」。

　ショスタコーヴィチは、しかしながら、サモスードがスターリンに対して『ボリス・ゴドゥノフ』を新しい演出で上演することが必要であると確信させることに成功したことについては沈黙している。指揮者はムソルグスキーもプーシキンも「名誉回復」させることができると確信していた。これは容易ではない課題だった。オペラと、悲劇を描いた戯曲は、とても異なった作品だったが、しかし両方とも複雑で困難な運命をたどっていた。

　プーシキンが自分の『ボリス・ゴドゥノフ』を書き終えたのは一八二五年の秋も深まった頃で、デカブリストの乱の少し前のことだった。シェイクスピアの史劇に範を取り、ニコライ・カラムジンの『ロシア国家史』という素材に依拠しつつ、プーシキンが語るのは、名誉心に燃えた貴族であるボリス・ゴドゥノフが、自分よりも家柄がよい皇位請求者をよそに一五九八年にロシアの皇位に就いたことについてである。しかし民衆の共感を勝ち取るためのゴドゥノフのすべての努力は徒労となった。ゴドゥノフが皇位に就くうえで妨げとなった幼い皇子ドミートリー、つまりイワン雷帝の息子の非業の死について彼を咎《とが》める噂が絶えなかったからだ[5]。加えてモスクワは飢饉と伝染病の流行にみまわれ、民衆は不満をあらわにした。そこに現われたのが、自分は奇跡的に助かった皇子のドミートリーだと称する僭称者である。実際にはこれは逃走中の若き修道僧グリゴーリー・オトレーピエフであった。みずからの旗のもとにツァーリのボリスに対して不満を抱く者たちを集め、あらかじめポーランドの支援を取り付けて、僭称者はモスクワへと進軍した。一六〇五年にゴドゥノフの政権と勢力が瞬く間に崩壊していく様子を、プーシキンは簡潔かつ力強い天才的なタッチによって描き出した。皆が彼を呪い、誰も彼を信用しなかった。良心の呵責にさいなまれるゴドゥノフは瀕死に陥る。偽ドミートリーが勝利を寿《ことほ》ぐ。

シェイクスピアに倣いつつプーシキンはみずからの悲劇において、高貴なものおよび熱情的なものを、喜劇的なものおよび無作法なものと統合した。『ボリス・ゴドゥノフ』の筋は結末へと緊迫感をもって発展していき、いささかも感傷に堕することがない。ロシアの演劇にとってこれは革命であり、プーシキンは有頂天になって自分の友人であるピョートル・ヴャーゼムスキー公爵に、ついに清書した戯曲について伝えている。「私はそれを声に出して読み上げました。一人でね。そして手を打って、これがプーシキンだ、バカヤローと叫んでいました」。

『ボリス・ゴドゥノフ』のこの清書原稿をプーシキンは、一八二六年に即位したばかりのニコライ一世が彼を呼び寄せたときにモスクワにもっていった。彼は皇帝と自分の悲劇について話し、皇帝にこの作品を承認してもらおうとした。はじめのうちはニコライ一世は戯曲を「ウォルター・スコットのような歴史小説」につくり替えることを提案したが、しかし後になって憤怒を鎮め好意的になった。一八三一年に『ボリス・ゴドゥノフ』はついに出版されたが、しかし舞台にかけられたのはプーシキンの死後三十三年経ってから、つまり一八七〇年秋のことである。

その当時ペテルブルグの新聞と観衆はプーシキン作の悲劇の上演をはなはだ冷淡に迎えた。それはおそらく、同じ年の秋に若き作曲家モデスト・ムソルグスキーによる歌劇『ボリス・ゴドゥノフ』が帝室マリインスキー劇場のオペラ委員会の審査にかけられた際、これを拒否した委員会の決定に影響を与えている。委員会によって拒否されたことで、ムソルグスキーはひどく驚き悲しんだが、友人たちはこの労作が好きだったので、つくりなおすように彼を説得した。オペラの新しい版が生まれ、それとともに全世界の劇場にとっての永遠の難問が生まれた。二つの版のうちどちらが（あるいはそれらを折衷したものが）よいかという問題である。そしてまたどのオーケストレーションを取るべきかという問題である。ムソルグスキー本人によるものか、あるいはこの作者の死後になってなされた新しいオーケストレーションのいずれを取るか。そうした新しい編曲をした作曲家のなかにリムスキー＝コルサコフやショスタコーヴィチがいる。

こうしたすべての困難にもかかわらず、『ボリス・ゴドゥノフ』は最も有名で人気があるロシアのオペラの一つであり続けている。ロシアにおいてすら（西欧においては言うまでもないことだが）このオペラは、プーシキンによる悲劇とは比較にならないくらい頻繁に上演されている。ムソルグスキーは、プーシキンよりも情熱的でロマンティックな作者だった。ムソルグスキーのオペラは、むしろ耳で聞くドストエフスキーである。このことは部分的にはオペラというジャンルの本質そのものから生じている。音楽と歌唱は登場人物を大きく見せ、ロマン主義的に「下駄を履かせる」のである。ましてやそれはムソルグスキーの原・表現主義的な音楽がつくりだす、激しく揺れ動く空間のなかでは不可避なことでもあった。

ショスタコーヴィチはムソルグスキーを最も愛する作曲家として生涯尊敬していたし、ムソルグスキーの『ボリス・ゴドゥノフ』を彼はまだ学生時代から徹底的に研究していた。このオペラは二〇年代の終わりには、モスクワとレニングラードでの新しい演出に関連して、激しい社会的な議論の中心にあった。ボリシェヴィキはつねに『ボリス・ゴドゥノフ』を革命の宣言とみなしていた。ボリシェヴィキ政権における初代の教育人民委員であったアナトーリー・ルナチャルスキーは、ムソルグスキーのこの作品に「憤慨し、暴動に賛同するナロードニキ運動」の機運がイメージとして表現されたものを見ていた。

プーシキンは自分の悲劇の結末に「人民は沈黙していた」という象徴的なト書きを付けたことがよく知られているが、それに比べてムソルグスキーは政治的にはるかにラディカルであると考えられていた。ムソルグスキーにおいては人民は『ボリス・ゴドゥノフ』における主役級の登場人物であるが、作曲家は彼らを美化してはいない。そうではなく、ルナチャルスキーの言うような「何百年にもわたって民主主義のあらゆる機能を束縛してきた、反人民的体制という条件のもとで必然的にそうであるような、打ち捨てられ、打ちのめされた、臆病で、残酷な、弱々しい群衆」として描き出した。[*33]

プーシキンとムソルグスキーの（ひとえにプーシキンのというわけではなく）『ボリス・ゴドゥノフ』こそが、ロシアが社会的な大変動の度に自分を見つめ返す鏡に何度もなったのである。このオペラをめぐってはつねに欲望がうずまき、誰も無関心ではいられなかった。そして若きショスタコーヴィチは、かなり早くからこの作品に対する自分自身の態度を確立した。それはプーシキンの構想とその後のムソルグスキーによる変更からの影響のもとに形成され、ショスタコーヴィチの倫理と美学にとても強力な作用を及ぼした。

君主制主義者のニコライ・カラムジンはみずからの著書『ロシア国家史』の序文に「人民の歴史はツァーリに属する」と書いた。プーシキンはこれに同意しなかった。「人民の歴史は詩人に属する」と彼は言う。これはその当時においても、その後の時代においてもロシアの言論においてはとても勇敢で、挑発的でさえある発言だった。

プーシキンはみずからを、敵対し合う二つの陣営のあいだに位置づけた。カラムジンに反対する革命主義者の陣営が主張したのは、人民の歴史は人民に属し、つまり人民により規範づけられ提示されるということだった。それ以降これはロシアのナロードニキ、そしてそのあとでマルクス主義者のドグマとなるだろう。プーシキンの立場ははるかに先を行っていた。彼が主張したのは、歴史はそれを解釈するものに属するということで、これは二十世紀の終わりに影響力をもつようになった視点である。

プーシキンが守りつづけた、国民的な歴史を解釈するにあたっての詩人の中心的な役割についての理念を具現化したのが、まさに『ボリス・ゴドゥノフ』であったのだ。このためにプーシキンは、普遍的な詩人というものを体現する自分自身の自伝的なイメージをこの戯曲のなかに導入したが、それはあまりにも複雑であり多面的であって、彼はその多様な機能を何人かの登場人物に振り分けることを余儀なくされた。

最も明確なかたちで『ボリス・ゴドゥノフ』において詩人を代表しているのは年代記作者であり隠遁僧のピーメンである。これは一般化された人物であって、特定のモデルから石膏像のように写しとられたものではないが、しかしプーシキンのおかげで、ロシアにおけるすべての年代記作者と、歴史家さえも、総じてしばしばピーメンと呼ばれている。「ピーメンの人物像は、私がつくりだしたものではなく、私にはこの人物像がロシア人の心にとって全体として新しいと同時に親しみのあるものでもあるように思われた」とプーシキンは書いて、年代記作者としての詩人に典型的であると彼が考えるいくつかの特徴を列挙している。せわしない様子をしていないこと、「どこか子どもっぽくて同時に聡明なところ」がそれである。

しかしプーシキンは、みずからがつくりだした登場人物を理想化しているわけではない。現実の年代記作者が、あたかもみずからの描写する出来事を上から俯瞰するような、客観的な記述を行なうものではまったくなかったことを、彼はよく理解していた。彼自身がそんなふうではなかったのだから[6]。彼が描き出す年代記作者（それは詩人でもある）は目撃者と裁判官の役割を果たしている。ツァーリは自分が法律の外にいると考えるかもしれない、というのも彼は権力の頂点に存在しているからである。しかしプーシキンは君主に次のようなことを思い出させる。

一方、隠遁者は暗い僧房で
ここであなたについて恐ろしい密告を書いている
この世の裁きから逃れられぬのは
神の裁きから逃れられぬのと同じこと。

プーシキンが自分の悲劇のなかで、はっきりとみずからを投影しているもう一人の登場人物が、聖愚者である。このことについては、すでに引用したプーシキンからヴャーゼムスキーに宛てられた手紙の、次のような一節がはっきりとした証明となるだろう。「ジュコフスキーは、ツァーリが悲劇のことでぼくを許してくれると言っていますが、そんなことはほとんど見込みがありません。あれはよく書けたけれど、聖愚者という名の帽子で私の耳を全部かくしてしまうことがぼくにはできませんでした。どうしてもはみ出してしまうのです！」

プーシキンにおける聖愚者は年代記作者にと同じように一般化された人物像である。どちらの登場人物も中世のロシアにおいて典型的であった。年代記を書くという文化は全ヨーロッパに存在したが、しかしロシアの地において、年代記は特別に政治化され、それゆえに影響力をもった。聖愚者についても同様である。「聖なる馬鹿」はヨーロッパにおいてかなりの程度の広がりをみせているが、彼らと現世の有力者との対決があれほど広い社会的な反響を獲得したのはロシアにおいてだけだ。この意味で、年代記作者と聖愚者の形象がロシアの歴史と文化においてもつ独特の意義について語ることは可能である。そしてプーシキンが『ボリス・ゴドゥノフ』において彼らを自分の「分身」として選んだことは偶然ではない。彼らの口を借りることで、彼は皇帝に直接真実を語るという行為に打って出ることができたのである。

アレクサンドル・プーシキン(1799−1837年)の戯曲『ボリス・ゴドゥノフ』は、詩人の分身としての聖愚者、年代記作者、僭称者を表わしている。

プーシキンの悲劇の最も重要なテーマの一つは、皇子を殺すことによって受け継がれた政権が、不道徳かつ犯罪的で、長く続く見込みがないということであった。これについて注意を促しているのがプーシキンの聖愚者である。「ダメだ、ダメだ! ヘロデ王のために祈ってはならない。マリア様がお許しにならない」。皇帝ボリスの側近の者たちは歯に衣着せぬ聖愚者に対して腹を立てる。「馬鹿者、そこをどけ! あの馬鹿をとらえよ!」しかしプーシキンが描いたツァーリは彼らを制止する。「放っておくがよい。哀れなニコールカよ、私のために祈ってほしい」。

この痛ましい台詞のやりとりは、ツァーリと聖愚者の関係に関する歴史的な伝説と、そして詩人と権力とのあいだの対話についてのプーシキンの考えに合致している。詩人が礼儀正しく、堂々たるピーメンの役割を演じることを望まなかった（あるいはそうする可能性がなかった）箇所では、彼は狂っているがゆえに不可侵である聖愚者の仮面を選ぶことができた。どちらの登場人物も神と直接言葉を交わしていて、それゆえにツァーリを裁く権利をもっていた。そしてプーシキンによれば、ツァーリはそれを理解していた。

しかし、詩人が社会で果たせるし果たさなければならないとプーシキンが考える複雑で重大な役割を完全に表象し描写するためには、これら二つの仮面だけでは足りなかった。詩人は国の歴史を書きとめ、それによって歴史をつくり上げるだけではないし、ツァーリに直接真実を語るだけでもない。彼は、周囲に要求されれば、出来事への積極的な参加者の役割を、つまりドラマの主人公の役割を演じることができるのだ。ここから、運命の首根っこをつかむことを夢見る大胆な冒険家である僭称者に対する、プーシキンの注目と逆説的な共感が由来している。

僭称者は（年代記作者と聖愚者同様）ロシア史の典型的な登場人物である。隷属状態に苦しんでいた人民は次から次へと「すり替えられた皇帝たち」とか「救済者としてのツァーリ」に関する伝説をつくりだしてきた。これらの伝説には大きな爆発的潜在力が含まれており、そのことは驚くべき偽ドミートリーの躍進、そして後にはロシアの農民指導者であったステパン・ラージン（「皇子アレクセイ」）やエメリヤン・プガチョフ（「皇帝ピョートル三世」）たちの伝説的な冒険によって証明されている。[*34]

プーシキンは明らかにみずからがつくりだした僭称者の勇敢さ、機転、自信満々であるさまに惚れこんでいた。プーシキンの僭称者は「運命」という言葉をよく使う。これは、作者自身が好きな言葉の一つだった。僭称者は自分で自分の運命や自分の伝記を練り上げている。ここには、「詩人の伝記」というロマン主義的な理念との直接の類似があるが、こうした理念はプーシキンの時代に形成されはじめたのだった。

　プーシキンは僭称者に、自分が心に秘めているいくつかの考えを表現させている。「私は詩人風情の予言を信じている」と僭称者は語る。プーシキンが愚かな弟に接するように僭称者に接していると思えるときもある。たとえば僭称者に対して悲劇の登場人物で大貴族のプーシキンが与えている性格描写である（下記の箇所における筆致には、訳知り顔の賢い著者の薄笑いがある）。「馬鹿な子どものように彼はのんきだね。もちろん神様が守ってくださるのだよ」。ここですぐに想起されるのは有名なプーシキンの「いやはや、詩とは、ばからしくあらねばならないのです」という言葉と、そして同じ彼の、詩人が自分の生活でときにはどのようなふうでありうるのか、ということについてのため息にも似た結論なのである。「この世界の取るに足らない子どものなかで、もしかしたら、彼が一番取るに足らないかもしれない」。

　若きショスタコーヴィチは、『ボリス・ゴドゥノフ』の内容と問題群を、明らかに、ムソルグスキーのオペラの助けを借りて理解したのであって、プーシキンの悲劇によってではなかった。というのもムソルグスキーはオペラの舞台をつくる必要から、原作を著しくつくり変えていたからである（そのことで彼は同時代の批評家たちから批判されている）。

　私たちにとってとくに重要なのは、プーシキンの悲劇において詩人に関する普遍的な形象を表わしている三人の登場人物を、ムソルグスキーがどのように扱っているかということである。彼ら全員ともに、より格調高く、より大きな存在とさせられており、著者の、したがって観衆のより大きな注目を浴びている。年代記作者ピーメンは告発者そして裁判官としての役割が前面に押し出されている。まさに彼こそが（プーシキンによる原作での総主教ではなく）、殺された皇子に関する奇跡についての自分の話によってボリスに対して最後の致命的な一撃を与えるのだ。

僭称者さえもムソルグスキーにおいては高貴にさせられている。このオペラにおける僭称者のテーマは、皇子の主題と共通した明るく高貴なものだからだ。この輝かしい主題はオペラでおよそ四十回演奏され、僭称者という人物像に肯定的な、音楽による後光を与えている。このようにしてムソルグスキーは僭称者を皇子の生まれ変わりとしてつくり上げ、プーシキンが言い切らなかったことを言い切っている。これはとても重要な、芸術上のそしてイデオロギー上の転位である。

また、オペラにおいては聖愚者の重要性がはるかに強まっている。ムソルグスキーの聖愚者は、良心の苦しみであり、すべての人民の叫び声である。ゆえに作曲者はオペラを、恐ろしい暗黒の時代の訪れを予言する聖愚者の切々たる叫び声で締めくくったのである。

悲しみ、ロシアに悲しみあれ！
泣きなさい、泣きなさい、ロシア人よ、
腹を空かせた民よ！

この純朴で果てしない旋律（ロシア音楽の偉大なる一ページである）に乗せて歌われる詩はムソルグスキー自身によってつくられた。これは偶然ではない。ムソルグスキーのことを彼の最も近しい友人たちでさえしきりに、「お馬鹿さん」とか「聖愚者」と呼んでいたからである。『ボリス・ゴドゥノフ』における聖愚者との彼の自己同一化は、疑いもなくプーシキンのそれよりも強いものだった。そのため私はかつてムソルグスキーを偉大な、ロシアの聖愚者的な個性をもった最初の作曲家だと言ったことがある。そのとき、私が二人目と考えていたのがショスタコーヴィチだった。[*35] これについては私には確かな根拠がある。ショスタコーヴィチもまた、ムソルグスキーと同じように、親しい人々からときおり、とくに激怒したときなど「聖愚者」呼ばわりされていたのだ。ムソルグスキーの奇抜な振る舞いに影響を与えていたのは、彼をよく知るニコライ・リムスキー＝コルサコフによれば「一方では、誇り高い自信過剰と自分が選んだ芸術上の方向性こそが唯一確かなものであるという確信であって、他方ではまったくの堕落、アルコール依存症、そしてそのあとつねに訪れる朦朧とした頭の状態であった[*36]」。ショスタコーヴィチの奇矯な振る舞いは、一方ではより自然なものであり、そして他方ではムソルグスキーより「つくられた」ものであった。この方面では彼にはお手本があった。

モデスト・ムソルグスキー（1839－1881年）
プーシキンの戯曲に基づく彼のオペラ『ボリス・ゴドゥノフ』は、ショスタコーヴィチに影響を与えた。

二〇年代の終わりから三〇年代の初めにかけてレニングラードにおける「芸術左翼戦線」を作曲家とともに戦った仲間たちのなかに、挑発的な振る舞いと奇抜さが芸術上の綱領の重要な部分を占める一団がいた。それは、オベリウー（「リアルな芸術の結社」の意味）という名の、ロシアのダダイスト、不条理文学の初期の代表的グループである。古い世界は戦争と革命で破壊され、その理想と価値観はうち捨てられた。事物の新しい秩序をオベリウーのメンバーたちはグロテスクというプリズムをとおして知覚した。彼らのリーダーである、ハルムスというペンネーム（英語のcharmとharmからなっている）を名乗っていたダニール・ユバチョーフは次のように書き記している。「私が興味があるのは「ばかげたこと」だけで、いかなる実践的な意味ももたないものだけだ。私が関心があるのは人生が馬鹿げた現われ方をするときだけだ。勇敢さ、熱情、豪胆さ、道徳、衛生、道徳、感動、そして熱中、こうしたものは私の嫌いな言葉であり感情である。だが、有頂天と感激、ひらめきと絶望、激情と冷静さ、ふしだらさと純潔、悲哀と悲しみ、喜びと笑いといったものは十分に理解し、尊重している*37」。

この宣言において目立っているのは彼の説教じみたニュアンスである。ハルムスはここで現代における逆説の唱導者として、「新しい聖愚者」の役割を担って説教を行なっている。この路線を彼は実行し、ソヴィエト時代のレニングラードにおいて想像もつかないような、道化役者、「この世のものならぬ」変人のイメージをつくりだした。

ハルムスはこの街の通りで見かけることができたが、そのいでたちはといえば、シャツを身につけずに明るい色のジャケットを羽織り、軍用のズボンをはき、裸足に夜用のスリッパを履いていた。首から下げた大きな十字架と手にしていた虫取り網が装いに華を添えていた。女友達の証言によれば、この格好でハルムスはレニングラードをたいそう落ち着き払って、威厳をもってゆっくり歩きまわり、そのために通行人は笑いすらせず、「馬鹿者が」と後から言うのはどこかのおばあさんくらいのものだった。

当局はもっと神経質に反応した。『コムソモリスカヤ・ガゼータ』紙は、芸術学高等学校での文学の夕べにおいてハルムスが椅子によじ登り杖を振りながら「私は馬小屋と娼館では朗読しない」と宣言したあと、彼に対して敵対的になっていた。この聖愚者に典型的な声明はソヴィエトの高等教育機関の名誉に対する攻撃とみなされた。しかしオベリウーのメンバーたちは懲りることなく、レニングラード大学の学生寮での夕べにおいて、「われわれはパイではない！」と書かれたプラカードをもって現われ、集まった者たちを「野蛮人」呼ばわりした。事ここに及んで、政権寄りの同紙はオベリウーのメンバーたちの件でにわかに正真正銘の政治的な告発を行ないだした。「彼らが行なっている人生からの逃避、彼らの無意味な詩、彼らの意味不明な曲芸、こうしたことはプロレタリア独裁に対する異議申し立てである。ゆえに彼らの詩は反革命的なのだ。これはわれわれに縁がない人々の詩であり、階級的な敵の詩なのだ」[*38]。ほどなくしてオベリウーの主なメンバーたちは逮捕された。

聴衆に広くみずからの革新的な作品を提示しつつ、ショスタコーヴィチは、オベリウーのメンバーたちのように、危険と戯れていた。彼による最初のオペラ『鼻』をソヴィエトの新聞は「無政府主義者の手榴弾」と表現した。ショスタコーヴィチの初期の作品の多くは体制から「音楽による乱暴狼藉」と評価されていた。そしてついに、一九三六年に党の機関紙『プラウダ』は悲しくも有名となった社説「音楽ならざる荒唐無稽」で、ショスタコーヴィチに最終的なものとなるにちがいなかった判決を下した（もちろん控訴などできなかった）。「この音楽は、故意に「あべこべ」につくられている。これは左翼急進主義者の荒唐無稽だ」（以下に示されるように、これらの恨みのこもった評価は、この国の文化を裁く主審たるスターリン個人によるものだった）。スターリンによるこの「あべこべ」という評価は、激怒した支配者が聖愚者の振る舞いに対して示す典型的な反応である。同じ理由からあの悪名高き「荒唐無稽」という言い回しも出てくる。聖愚者による啓示が伝統的に体制から理解しがたい「荒唐無稽な」ものとして評価されてきたのも故なきことではない。『プラウダ』は憤慨してショスタコーヴィチの音楽を「無意識的で激しく、発作的な」とか「故意に不協和音を用いた、荒唐無稽な音の奔流」であって、そのなかで作曲家が「すべての響きをごちゃまぜにしている」と描写した。ちょうど同じようにして、故意に不格好で、無意識的で激しく動き、発作的であると、いにしえの伝説的な聖愚者たちの振る舞いも同時代人たちによって描写されてきたのだ。体制側が激しく非難する際に時代が違っても同じ言い回しが用いられることは、驚きでありまた象徴的である。

一方、日常生活においてショスタコーヴィチが被っていた仮面は、彼と考えを同じくするオベリウーのメンバーたちほどに明白に挑発的なものではまったくなかった。作曲家は、反対に、レニングラードでのいま一人の彼の友人であった作家のミハイル・ゾーシチェンコのように、可能なかぎり最大限自分の身なりと振る舞いを目立たないものにする方向に向かった。作家としてのみずからの諷刺的な文体をゾーシチェンコは皮肉をこめて次のように描写している。「私はとても簡潔に書く。私のフレーズは短い。貧乏人にもわかる」。

この、わざと貧しくされた「裸の」ゾーシチェンコの言語（これは聖愚者の最も重要な特徴の一つであるむきだしなありさまと比較することができる。イワン雷帝を告発したことで有名な聖愚者の聖ワシーリーが裸のワシーリーとも呼ばれていたことには理由がある）は、マリエッタ・チュダコーワが示したように、作品のなかでモラルを示す必要から新しく効果的な方法を作家が長い時間をかけて探求した結果である。ゾーシチェンコが作品のなかでモラルを説いたり、生きる道を説教したりしていたことは、現在は疑いを容れない。ここで注目すべきなのは別のことである。文体上の配慮によって過度に単純化されたゾーシチェンコの作家としての方法は、段階的に彼の生活の上での振る舞いにも及んでいったのだ。

このような単純化が進む様子はゾーシチェンコの私信からたどることができるが、そうした書簡は時が経つにつれていっそう彼自身の「裸の」散文作品からの抜粋に似ていった。芸術上の課題に合致するような文学と生活の上での仮面を意識的に、かつ苦しみながら探求したと、ゾーシチェンコ自身が語っている。「私は知識人の家庭に生まれた。私は本質的には新しい人間でもなければ新しい作家でもない。そして文学において私がもっている新しさは、私が一からつくりだしたものだ。私が採用した、そして最初は批評家たちにおかしくてわざと間違ったものとして受け取られた言語は、本質的には、きわめて素朴でさりげないものなのである」。

同時代人を驚かせたのは、聖愚者の早口、彼らの不明瞭な話し方、同じことが何度も繰り返される短く神経質で辻褄の合わないフレーズだった。プーシキンの『ボリス・ゴドゥノフ』では、聖愚者は「金、金、金をくれ」と言いつのる。これは、ショスタコーヴィチにそっくりである。彼といちどでも話したことがある人間なら誰でも知っている、「しつこく同じことを繰り返す」、取り付かれたように特定のフレーズとか、言い回しとか、単語を反復する話し方である。おもしろいのは、そうした表現の方法が優れて子どもの作文に特有のものであるということだ(7)。

彼に接しているとすぐ察しのよい者ならたいていは、明らかに子どもっぽいということがショスタコーヴィチの際立った特徴の一つであることに気がつく。彼のよき知人であった作家のマリエッタ・シャギニャーンはゾーシチェンコ宛ての書簡において三十四歳のショスタコーヴィチを次のように描写している。「無反応で、ひ弱で壊れやすく、かたつむりみたいに自分の殻に閉じこもっていて、果てしなく無邪気で純粋な子どもという印象です。どうしていままで生きてこられたのか、信じられないくらいです*39」。

以下に見ていくように、この時期の(そしてその後の時期もそうだが)ショスタコーヴィチに特徴的だったひ弱で壊れやすいという印象は、心理的な面とか、とりわけ創作の面に関しては単に見せかけのものにすぎない。まさにこのような、ショスタコーヴィチの振る舞いの外面的な子どもっぽさこそが、経験豊富で賢いシャギニャーン（私が彼女と七〇年代の初めに会っていたときはそのような女性だった）をして、一九三六年に『プラウダ』がスターリンにそそのかされて行なったこの作曲家に対する一斉攻撃の後で生じたスターリンのテロルにおける大量殺戮をいったいどのようにして彼が生き延びたのかと驚かせたのだ。しかしこのような子どもっぽさが頼りがいのある防御用の鎧となることもある。そのことは、皮肉屋のエラスムスがすでに著書『痴愚神礼讃』で書いている。「子どもたちは愛され、キスされ、愛撫され、よその敵ですら彼らを助けるのを厭わない」。

「彼は永遠の子ども時代とでも言うべきものを授けられている」とアンナ・アフマートワはパステルナークについて語った。この「永遠の子ども時代」とは、どうやら、詩人のイメージを構成する不可欠な要素の一つのようだ。パステルナークが語っていたことだが、大テロルの時代に彼は逮捕されそうになったのだが、それに対してスターリン自身が反対したという。「この天上の住人に触れるな、この佯狂の者に」[*40]。スターリンにとって、プーシキンにとってと同じように、聖愚者と詩人（「天上の住人」たる創作者というものは総じて）は、互いに置き替え可能な概念であった。

そしてもう一つ重要な事情があった。スターリンが、かつての神学校生徒としてよく知っていたロシアの宗教的・文化的な伝統においては、ツァーリと聖愚者は専門家が指摘するように「見えないが強い絆で結ばれていた」。スターリンは自分がロシアのツァーリだと考えていたので、明らかにこのつながりを感じていた。そこには感情と打算が混じり合っていた。文化の領域における「新たな聖愚者」との接触を開始し、またそれをうまく利用しながら、スターリンは、間違いなく、自分の何らかの深い心理的な衝動を実現していたのだ。しかし彼はそれに加えてイワン雷帝をはじめとする自分の前任者たちの経験を考慮に入れていた。彼らのようにスターリンは絶対的な統治者でありつつも、依然として民衆の噂を完全に無視する決心はつかなかった。それが有する力を意識していたからである。スターリンは、この噂というものの力を過小評価した結果その犠牲となった実在のボリス・ゴドゥノフが犯した致命的な誤りを繰り返すつもりはなかった。

そこにこそ、瞬く間にソヴィエトの知識人のあいだで神話的な地位を獲得したスターリンと、ミハイル・ブルガーコフやパステルナークとの接触のエピソードが、きわめて特徴的である所以《ゆえん》がある。これらの事例については後で話そう。ここで思い出してほしいのは、スターリンと音楽の分野における高名なロシアの聖愚者であるマリヤ・ユージナにまつわる伝説である。(8) ユージナはもしかしたら、ロシア音楽の歴史を通して最も奇抜な人物であったかもしれない。彼女は一八九九年にユダヤ人の家庭に生まれたが、しかし若い頃に洗礼を受け、生涯をつうじて熱狂的な正教徒でありつづけた。このようなことはそれ自体としてかなりドラマティックなことではあるが、しかし公式に無神論を掲げるソヴィエト連邦においては、ユージナの経歴と運命を台なしにしてしまう危険をともなっていた。

レオニード・ニコラーエフ教授によるピアノのクラスで指導を受け（この教授にショスタコーヴィチも師事していた）、ペトログラードの音楽院を一九二一年に卒業した後、ユージナはすぐに当時の最も著名なロシア人の演奏家の一人となった。彼女がいつもの格好で舞台に出る。ピラミッドのようなかたちをした黒くて長いドレスで、その袖はゆったりとした、司祭の袖と言われるもので、細いチェーンで大きな十字架を胸に下げている。そしてピアノの前に腰をおろし、極度の集中をうかがわせる姿勢を取り、その次に両手を天に差し上げ、突然それを鍵盤の上に落とすと、強力な音の突風に衝撃を受け、会場は静まり返るのだった。ユージナは十人分の男性の力で演奏していると言われていた。彼女の演奏曲目は著しく通常と異なっていた。バッハとベートーヴェンから、ユージナは、人気があったショパン、リスト、チャイコフスキー、そしてラフマーニノフらの曲を素通りして、ストラヴィンスキー、ヒンデミット、そしてショスタコーヴィチに移った。そして晩年はピエール・ブーレーズとカールハインツ・シュトックハウゼンらの前衛的な作品に熱中していた。

　ユージナによる音楽の解釈は聴衆から、極度に興奮した説教のようなものとして受けとめられていたが、しかし彼女自身にとっては音楽だけでは不十分で、彼女は頻繁に、自分のコンサートを中断しては、聴衆に向かって当時は禁じられていたパステルナークやかつてのオベリウーのメンバーだったニコライ・ザボロツキーらの詩を朗読するのだった。このことは、聴衆をさらなる興奮状態へと追い込んだが、しかしユージナと国家首脳部との関係をきわめて複雑なものにした。彼女は長期間にわたって演奏会への出演を禁じられ、教職から追われたが、頑固に自分の考えを曲げなかった。ユージナを打ちのめし貶めるにはその身体を痛めつけるほかなかったが、当局がこの著名なピアニストの逮捕に及ぶことは決してなかった。

　ユージナに対する「安全通行証」となったのは彼女へのスターリンの寛容な態度だった。彼はユージナを聖愚者とみなしていたのだ。伝説の伝えるところによるとスターリンは、ラジオでユージナが演奏するモーツァルトのピアノ協奏曲の一つを聴いて、この演奏の音源を所望した。指導者に対して、彼が聴いていたのは生放送で録音されてはいなかったと言えるものは、誰もいなかった。ユージナは急遽スタジオに呼び出され、一晩のうちに何人かの指揮者を交代させながらオーケストラと緊張に満ちた仕事を行ない、レコードを吹き込み、それはその後スターリンに届けられた。この唯一無二の原盤からのレ

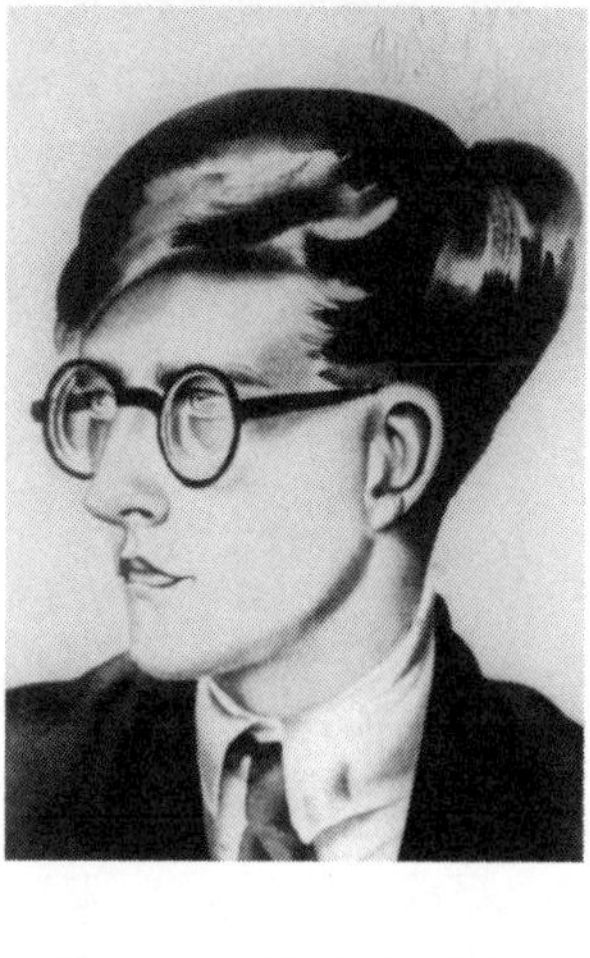

ロシアの「新しい聖愚者たち」――ピアニストのマリヤ・ユージナ（上）、ダダイスト作家ダニイル・ハルムス（左下）、そして27歳のショスタコーヴィチ（右下、ニコライ・アキーモフの肖像画、1953年）。彼もまた年代記作者と僭称者の立場を選んだ。

コード制作枚数は、たったの一枚だったという。

　レコードを受け取るとスターリンはユージナに多額の金を報奨として与えた。ユージナは彼に礼状を書き、受け取った金は自分の教会のために寄付したと伝えた。そして、スターリンがみずからの犯したひどい罪から許されるように神に祈ると付け加えた。このような手紙は自殺にも等しかったが、しかしユージナへの抑圧はその後に起こることはなかった。スターリンが死んだとき、まさにこのモーツァルトのレコードが指導者のベッドの隣りにあったプレイヤーの上で発見されたと言われている。

　こうした話において重要なのは、それが本当なのか、あるいは伝説にすぎないのかという問題ではなく、むしろそれが知識人のあいだで比較的広く知れわたったという事実のほうである。懐疑的な性格のショスタコーヴィチですら、それが本当だと主張していた。彼もまたユージナを聖愚者とみなしていた。彼女がなけなしの金を困窮している者たちに分け与えていたことや、一九五〇年にショスタコーヴィチとライプツィヒに一緒に行き、バッハが埋葬されている聖トマス教会に向かい、まるで本当の聖地巡礼者のように裸足で歩いていたので道路で足にひっかき傷がついて出血するほどだったことなどを、彼は回想していた（この奇抜な振る舞いについては、もちろん、スターリンに即座に報告されていた）。

　ショスタコーヴィチにとって、ツァーリと聖愚者が「壁越しに」対話しうるかもしれないという問題はきわめて重要だった。一九三六年の破局、つまり公の場で侮辱されたこと、逮捕される危険があったこと、友人たちに裏切られたこと、そうしたことは作曲家を新しい生活上の、そして創作上の戦略を選びとることとの必要性に直面させた（その際、この戦略は必然的に、ショスタコーヴィチのそれ以前からのすべての社会的、心理的な経験を考慮に入れていなければならなかった）。

　無意識にというよりはむしろ意識的に、ショスタコーヴィチは、プーシキンによって最初に提示され、次にムソルグスキーによって継承され発展させられたロシア詩人の（そしてより広く言えば、文化人一般の）創作上の、そして個人的な振る舞いの三位一体の公式を適用した。プーシキンの原作に基づいてムソルグスキーが作曲した『ボリス・ゴドゥノフ』において詩人は三つの役割をもつ。彼はまず、歴史そのものの視点からツァーリに裁きを下す年代記作者ピーメンである。次に彼は、民衆の裁きそして民衆の良心の化身であるところの聖愚者である。彼はまた、ただの証人であることに飽きたらない僭称者でもあり、能動的な参加者として歴史の過程に突入しようとする。

ショスタコーヴィチは自然の成り行きとしてこれら三つすべての役割の仮面を身につけることへと向かっていた。一九三六年の危機はこのプロセスを激しく加速した。これら三つの役割は彼にとって創作の上においても、生活の上においても互いに取り替え可能なものとなった。スターリンには、この命がけの芝居においてツァーリの役割が割り振られていた。彼はこれについてわかっており、そして自分からもこの役割をシェイクスピア的な（あるいはプーシキン的な）スケールで演じようとした。私たちの物語は、彼ら双方が、つまり新時代の詩人とツァーリとが、自分たちの役割を演じるまでに成熟し、そして（ほとんどスタニスラフスキー的に）いかにその役になりきっていくか、ということにまつわるものである。

(註)

（1）興味深いのは、スターリンが最終的な歌詞から「民が選びし」という言葉を取り除いたことだ。というのも彼は一度も全人民的な選挙で立候補したことがないからである。彼は歌詞のなかにあった「来るべき」という語も削除したが、農民はこの単語がほとんどわからないからだという。

（2）すでに一八四一年に有名な批評家のヴィッサリオン・ベリンスキーがこの公式を嘲笑している（実際には、ジャーナリズムではなく、皮肉をこめた個人的な書簡においてではあるが）。「われわれの文学は繁栄している、というのも明らかに狡猾な西欧の破滅的な影響が回避されはじめているからだ。聖骸の香りが漂い下級役僧の鳴らす鐘が鳴りゆくほどに正教的で、密告だけでできているほど専制的で、卑猥な言葉以外では表現されていないほどに民主的であるからだ」（V. G. Belinsky, *Sobranie sochinenii*, 9 vols., vol. 9 (Moscow, 1982), p. 476）。

（3）興味をそそるのは、ロシアの「進歩的」思想を象徴する人物だった前述のベリンスキーがすでに同じ考えを支持していたことである。その際彼は「ツァーリの権力への絶対的な服従はわれわれにとって役に立ち必要であるだけではなく、われわれの生活の最高の詩情、われわれの民族性だ」と言っている（以下より引用。O. Feldman, *Sud'ba dramaturgii Pushkina* (Moscow, 1975), p. 148）。

（4）プーシキンは後に友人との会話において次のように言っている。「期待にそって書くほうが私には楽だったが、善をなすためにはこのような機会を逃すわけにはいかなかった」。

（5）プーシキンは、カラムジンと伝統的な口承文芸にならって、ゴドゥノフが殺しに手を染めたと考えていた。最近の歴史家たちはこの説について疑義を呈している。

（6）歴史家たちは、古代ロシアの年代記作者の筆を動かしていたのが「政治的な欲望と世俗的な関心」であったことを裏付けている（*Literatura i kul'tura Drevnei Rusi* (Moscow, 1994), p. 79）。

（7）コルネイ・チュコフスキーがいる。彼は一九二八年に出版された革命的な研究業績『小さな子どもたち』で、いち早くこのことに着目している。同書はその後『二歳から五歳まで』と改題され、広く読まれた。

（8）ここで紹介する伝説を私が最初に聞いたのはショスタコーヴィチからで、七〇年代の初めのことだった（ユージナその人とは私はモスクワでその少し前、一九七〇年に会っている)。

第一章　幻影と誘惑

ロシア帝国の首都であったペテルブルグでは、一九〇六年の七月に「非常事態」が宣言された。政府は一九〇五年の革命の息の根を止めようとしていた。ツァーリはロシアで最初の国会であるドゥーマを招集することに同意せざるをえなかったが、夏には戦地（臨時）軍法会議に関する勅令が出て、ペテルブルグの警察組織は大幅に強化された。

クロンシュタットにも戒厳令が敷かれた。ここはペテルブルグ近郊の海軍基地であり、世界でも有数の威容を誇っていた。クロンシュタットの街路を夜間にコサックの騎兵によるパトロールが行き交っていた。当地の監獄は革命運動に参加したために逮捕された水兵でいっぱいだった。一九〇六年の七月にクロンシュタットの水兵たちはふたたび蜂起したが、包囲され、投降を余儀なくされた。その当時逮捕されたのは三千人以上であり、戦地（臨時）軍法会議は三十六人の水兵を死刑に処した。

九月二十四日に監獄の死刑囚にお迎えが来た。弁護人側からの請願により、彼らは絞首刑ではなく銃殺刑に処されることが宣告された。監獄に収容されている者たちはみな、手足に枷を付けられた罪人たちが憲兵たちに取り囲まれながら大きな馬車に追い込まれていくのを窓の側《そば》でひしめき合いながら見ていた。猛り狂いつつも無力感にさいなまれた囚人たちは、自然発生的に革命にまつわる葬送行進曲を歌いはじめた。

苛酷な徒刑に苦しめられて、
おまえは誉れある死を遂げる
民のための戦いにおいて
おまえは死んだ。

憲兵たちが駆け寄ってくる。「歌うのをやめろ！」しかし監獄からは別の有名な抵抗歌が聞こえてきた。

暴君よ、怒れ、われわれを嘲るがよい、
牢獄と憲兵によって獰猛《どうもう》に威嚇するがよい！
われらの心は自由だ、たとえ体が蹂躙《じゅうりん》されようとも
何度でも言おう、暴君よ、恥を知れ！

九月二十五日（新暦）に、これらの有名な革命歌をよく知っていて何度も歌っていた家庭で、ドミートリー・ショスタコーヴィチは生まれた。半世紀後の生誕五十周年の年に、ショスタコーヴィチは子どもの頃からの思い出となっていた革命のメロディを使った交響曲を書くことを決めた。一九五七年に書

き上げられたこの交響曲第十一番に彼は「一九〇五年」という公式の副題を付け、この曲をロシア第一革命と関連づけた。実際に、標題音楽としてのこの交響曲の四つの楽章は、外見の上では、ペテルブルグの宮殿広場でツァーリの軍隊が、皇帝様の庇護を求めて冬宮に集まった労働者たちの平和的なデモに対して発砲した、一九〇五年一月九日の悲劇に関する物語として構築されている。

しかしショスタコーヴィチの娘の夫であるエヴゲニー・チュコフスキーの回想によれば、交響曲第十一番の表題紙には当初「一九〇六年」という題名が記されていたという。これはつまり、作曲家の誕生した年だ。このことは、この交響曲に対して別様の聴き方ができるということを示している。つまり自分と自分の世代への、記念とレクイエムとして。

ショスタコーヴィチの世代は前代未聞の試練に見舞われた。この世代は、第一次世界大戦とその後の内戦の大量殺戮によって父親たちを失い、二つの革命の衝撃と農業集団化やスターリンの粛清の恐怖を経験し、第二次世界大戦をくぐり抜け、戦後の荒廃という重荷を背負った。一九五三年のスターリンの死だけが、さらなる大量虐殺を被ることからこの世代を救ってくれた。

アレクサンドル・ソルジェニーツィンはあるとき、一九一四年から一九五六年にかけては「われわれの国民的意識が失われた」時代だと言った。一九五六年にロシアはようやく長い眠りから目覚めはじめた。二月のソヴィエト連邦共産党第二十回大会で新しい指導者のニキータ・フルシチョフは秘密報告を行ない、スターリンの犯罪を暴いた。スターリン時代の「個人崇拝」の名声が失墜しはじめたのである。ソヴィエト人民にとってこれは衝撃だった。ポーランドでの共産党に反対するデモとハンガリーでの蜂起に関する報道がこれに加わった。夜になると多くの者はラジオに耳を押しつけ、抑圧的なソヴィエト体制の分厚いヴェールをやっとのことで突破してきたボイス・オブ・アメリカやＢＢＣのニュースの概要を聞き取ろうとした。
フローラ・リトヴィノワは、この時期にショスタコーヴィチがもどかしげにあれこれと訊いてきたときの様子を回想している。「BBCで何か聞きましたか。ブダペストでは何がありましたか。ポーランドでは何が。帝国が崩れていき、継ぎ目から音を立てて破れています。これはいつもそうなんです。拳をしっかり握りしめていなければならない。弱みを見せたら、帝国が音を立てて崩れます。彼だけがこのような危機に対処できました」[*1]（ショスタコーヴィチが念頭に置いていたのはスターリンである）。
一つの時代が終わろうとしていたのは明らかだった。ショスタコーヴィチが自伝的な意味を含む交響曲でこの時代を総括しようと決めたのは、まさにこのときである。「短い雪どけの時期を活用しなければなりません。いままでの経験から言うとまた寒い時代がやってくるでしょう。とてつもなく寒い時代が」と彼はリトヴィノワに説明している。[*2]
奇妙なことだが、自分の世代に関する交響曲の構想は、作者によって公式に伝えられた革命のテーマと矛盾することはなかった。一九〇五年の革命は、その後の一九一七年の二月革命や十月革命とは対照的に、新しい世代の目にはロマンチックなアウラを失ってはいなかったのだ。詩人のオーシプ・マンデリシタームは、レフ・トルストイが意味づけ描写した、一八一二年の対ナポレオン戦争という伝説的な出来事との思いもかけない類似を見出した。「一九〇五年という時代の子らは、ニコライ・ロストフが軽騎兵に参加するのと同じような気持ちで革命に参加した。それは愛と名誉の問題だった。両者とも自分の時代の名誉の温もりを受けとめることなしに生きることは不可能だと考えていたし、両者とも勇敢でなければ息をすることすら許されないと考えていた。『戦争と平和』は続いていたのだ。人に名誉が付与される際のよりどころが他のものになっただけである」[*3]。

正義のための戦いというこのロマン主義的精神、つまり勇敢さと大胆さの精神は、エイゼンシュテインの『戦艦ポチョムキン』とパステルナークの詩作品『一九〇五年』や『シュミット大尉』など一九〇五年の革命に関するさまざまな、しかし同じように情熱的な作品を包み込んでいる。まさにこのロマン主義的な後光がショスタコーヴィチの力強い交響曲第十一番を包み込み、それが含むさまざまな層を、沸騰する一つの全体へと融合させているのだ。

この交響曲の表層にあるのは、広く知られた革命歌からの引用の助けを借りてつくりだされた標題音楽としての層、つまり一月九日の出来事である。しかし最初の層の下に次の層が隠れている。それは「ムソルグスキー的な」、何度も破滅する命を背負ったロシア人民の運命に対する痛み、人民を迫害する者への呪詛である。このことに関しては、検閲のもとにあったソヴィエトの新聞でほのめかすことさえも可能であり、その当時ショスタコーヴィチの友人だったレフ・レベジンスキーは交響曲のなかで具現化された、「服従させられた民族の悲劇」について、あるパンフレットでイソップ的言語を用いつつ言及している。[*4]

当然想起されたであろう同時代との（とりわけ一九五六年のハンガリー革命との）類似については、それを印刷媒体において語ることは、もちろん不可能だった。しかし、勇気ある聴衆のなかには、次に引用する、初演を聴いたある熟年のレニングラード在住の女性が語ったような調子で、この交響曲の演奏についての解釈をあえて口にする者もいた。「これは銃による一斉射撃ではなくて、戦車が進撃して、人々を轢《ひ》いているのよ！」[*5] このような反応についてレベジンスキーがショスタコーヴィチに話したとき、ショスタコーヴィチは幸せそうだった。「ということはつまり、彼女には聞こえたのですね。演奏家は聞き取れないのに！」[*6]

そして最後に、もしかしたら最も複雑で深層にある、それなしではこの交響曲がおそらく決して実現しなかったような、この曲の最も硬く締まっているもう一つの層がある。それが自伝の層だ。ショスタコーヴィチはモスクワに移り住んでからも、生涯自分をペテルブルグの人間だと考えており、そしてこの交響曲第十一番は、有頂天と恐怖の入り混じった感情を呼びおこす、この街の鋭い感覚において密に練り上げられている。このような感覚を理解するためには、次に挙げるインノケンチー・アンネンスキーの詩を読むのがよいだろう。

魔法使いがわれわれに与えたのは、石、
それに黄土色のネヴァ川、
あとは静かで誰もいない広場だけ、
そこでは夜明けまで人々が処刑されていた。

〔「ペテルブルグ」〕

交響曲第十一番には二つのクライマックスがある。第二楽章の銃殺の場面つまり「一月九日」、そして最終楽章（「警鐘」）であり、そこでは圧制者を掃討する民衆の怒りの波が巨大な描写力をもって描き出されている。ここには伝記的要素など何もないように思われる。なにしろショスタコーヴィチはロシア革命のどれ一つとして参加してはいないのだし、銃弾の下をくぐりぬけたこともない。そして、彼に対して生死を左右しかねない侮辱を与えた者たちの誰一人に対しても、つまりスターリンにもジダーノフにも、武器を手に取って復讐することは決してなかった。しかし、ショスタコーヴィチの友人の多くが、信じられないほど感受性が強いことを彼の精神の重要な特徴の一つとして繰り返し挙げているのはゆえなきことではない。ショスタコーヴィチは特別な感受性をもった、吸収力のあるスポンジのような存在だった。取り込んだ情報はすべて自分のものにし、瞬間的につくりなおしてしまう。しかも、知性による媒介を経てではなく、まったく感情的なレベルにおいてそうなのだ。

ショスタコーヴィチの親しい友人の一人であった作家のガリーナ・セレブリャコーワは、一九三六年に「人民の敵」の妻として逮捕された後、十七年間監禁され、スターリンの死後になってようやく解放された。フルシチョフが反スターリン的なキャンペーンをはじめたとき、ソヴィエトのエリートを集めてクレムリンで行なわれた会議において、セレブリャコーワも登壇した。フルシチョフをはじめとする党の指導者たちが出席しているその場でセレブリャコーワが話しはじめたのは、ライフルで撃たれそうになったことや、自分が受けた拷問についてだった。そしてカーディガンのボタンを外し、監獄での拷問の傷跡を示した。会場で誰かが失神して倒れた。セレブリャコーワが話を終えたとき、彼女のもとにショスタコーヴィチが歩み寄ってきたが、彼女が彼を見るのは二十年ぶりのことだった。そのときわかったのは、気を失って倒れたのがまさに彼だったということだった。かつての恋人の話は、彼にそれほどの印象を与えたのだ。

セレブリャコーワにまつわる話は劇的だが、ショスタコーヴィチにとってそうした類の話はこれにとどまらなかった。スターリンの死後、監獄、ラーゲリ、そして流刑から解放された人々は徐々に増えてゆき、そうした人々の群れは初めは小さな流れにすぎなかったが、後には次第に大きくなって、奔流をかたちづくりはじめた。ゆっくりとして長い年月に及び、場合によっては数十年にわたることもある、彼らの名誉回復の過程が始まったのだ。ショスタコーヴィチはこの動きを積極的に援助した。中央の官公庁を足繁く訪れ、名誉回復を請願する無数の書簡に署名した。

このような手紙の用件で彼のもとを訪れた人々のうちの一人に、一九四〇年に銃殺された偉大な舞台監督のフセヴォロド・メイエルホリドの孫娘がいた。当時六十六歳の老人だったメイエルホリドは内務人民委員部(1)での長時間にわたる取り調べにおいてあまりにも過酷にゴムの編み紐で叩かれたせいで、身悶えし体をくねらせながら叫び、痛みに泣いた。孫娘が、メイエルホリドのたどった運命をショスタコーヴィチに伝えたとき、作曲家は頭を抱えて号泣しはじめた。次に会ったとき、メイエルホリドの名誉回復を支援するための手紙を彼女に手渡し、そのあと、長いこと彼女を引き止めながら、悲しげにそして絶望した様子で次のように繰り返したという。「行かないでください、私は恐ろしい、私は怖いんだ」[*7]。後になって、メイエルホリドの名誉回復裁判を担当した軍事検察官も同じようなことを回想している。彼の死について陳述が行なわれている際に、ショスタコーヴィチはまたもや失神して倒れた。「やっとのことで彼を私のところから運び出しました」[*8]。

ときとして芸術の天才に備わっている、このきわめて高い(ほとんどヒステリーとも言えるほどの)感受性のおかげで、ショスタコーヴィチは、デモ、拷問、銃殺刑、刑務所、そしてラーゲリを転々とさせられる経験など、自分自身が経験しなかった出来事の年代記作者たりえただけではなく、それらを本当に自分の人生に起こったこととして前代未聞の表現力と鮮明さで表現することができた。音楽とは感情の芸術であり、二十世紀においてこの古い真実の信用を失墜させようとした諸々の試みは今日となっては流行遅れのものに見える。処刑されそうになったセレブリャコーワの感覚を心のなかで経験しつつ、ショスタコーヴィチは交響曲第十一番の第二楽章において銃殺された無辜《むこ》の犠牲者たちの恐怖を音で伝えた。

監獄の床に転がされ、残忍に散々殴られたメイエルホリドの苦しみは、交響曲第十四番の感動的な第七楽章において自伝的なものとして芸術的に再現されている。そこで使われているのは、ギヨーム・アポリネールの「サンテ刑務所にて」という詩である。

俺は丸裸にされて、
監獄に入れられた。
運命に不意討ちされて、
俺は闇に投げ落とされた。

これと同じ「参加の美学」が交響曲第十一番の爆発的なフィナーレを突きうごかしている。これは、復讐の狂宴だ。(2) その「参加の美学」が形成されたのは、かなりの程度ショスタコーヴィチの映画音楽に関する仕事をとおしてだったと言わねばなるまい。というのも、映画芸術はその黎明期から、何かが目の前にあり、またそれに参加していけるという前代未聞の幻想をつくりだしたからである。出来事が圧縮され、それに対して信じられないような躍動性が付与されたのは、モンタージュの技法が発明されたことによるものだ。

モンタージュの技法をショスタコーヴィチも交響曲第十一番のフィナーレにおいて使っており、怒りに燃えた群衆の走りがもつ、熱病に浮かされたようなリズムを再現している。躍動感あふれる革命歌は、ショスタコーヴィチによって、彼の交響曲のモンタージュを構成する基礎的な要素として引用されている。

専門的な観点から言えば、これは勇気ある一歩だった。音楽関係者のあいだにおいては、このような作曲技法は、何を美とするかについて正反対の考えをもつ人々から等しく不信と疑念をもって迎えられた。政府寄りの音楽学者が嘆いたのは、ショスタコーヴィチによる解釈においては、革命歌が「歪んだ表現主義的な輪郭」をまとっているということだった。「進歩的」な人々は渋い顔をした。流行曲のモチーフを現代的な交響曲において引用することは、受け入れがたく低俗なことに思われていたのである。

この曲が聴衆に好評だったことはむしろ冷静で客観的な評価の妨げとなり、イデオロギー的な予断を超越するためには、並はずれた芸術的な鋭敏さが要求された。たとえば、アンナ・アフマートワはこの時期に、回し読みされていたパステルナークの長編小説『ドクトル・ジバゴ』を手厳しく非難していたが、ショスタコーヴィチの交響曲に関しては興奮して次のように評価している。「この曲では、歌が黒い恐ろしい空を、天使のように、鳥のように、白い雲のように飛んでゆく！」(3)*9

アフマートワと同じ世代の作家であるマリエッタ・シャギニャーンもまた長年ペトログラードに在住していたが、一九五七年に書かれた交響曲第十一番の初演に対する批評においてこの曲の自伝的性格を強調し、同時に、スターリン時代に経験したこととの注意深い比較を行なっている。「あなた方が思い出してしまうのは、古いペテルブルグ、早朝に雪が降り積もっている様子、誰もいない広場だ。そして、過ぎたこととしてずっと前にどこか深くに葬り去っていたが、芸術という魔術によってふたたび呼び覚まされたもの、つまり、疎外感と恐怖の感覚も思い出すだろう*10」。

古くからの住人はこの交響曲のなかに、一般化された確かなペテルブルグの相貌を聞き取った。この都市は、革命以前の世代がもっている集合的記憶にあるような様子で、ということはつまり、ロシアの首都として、反乱と民衆の怒りのゆりかごとして、すなわち、スターリンのプロパガンダによって長いあいだ沈黙させられてきたようなものとして、音によって再建された。しかしこの都市は、スターリンの大粛清から最も残酷な打撃を受けた都市でもあった。

若者たちにとってはこうしたニュアンスやほのめかしのすべてが、すでにわずかにしか識別できないものとなっていた。アフマートワとシャギニャーンは、ショスタコーヴィチとともに国民の歴史的記憶に危惧を抱いていた。交響曲第十一番は新しい世代には読み取ることが少し難しい、パリンプセスト〔一度書かれた文字を削り落としてその上に別の文を書いた羊皮紙〕のようなものと化していた。このショスタコーヴィチの作品をしかるべく理解するためには、ロシア史のなかの事実をはっきりと想像できるだけではなく、自分の好みを交えて感情的にそれらを感じることができなければならなかった。こうした感覚はスターリンが統治していた長い年月のあいだに、人々の記憶から永遠に消え去ってしまったように思われていた。

スターリンには、国民が世代をこえて受けつぐ、歴史にまつわる記憶を消すにはどうしたらいいかわかっていた。彼には、レーニンというよき教師がいたのだ。二十世紀のロシアの運命に同じぐらい決定的な影響を与えたこの二人の人物がはじめて会ったのは、一九〇五年の十二月、フィンランドの都市タンメルフォルス〔現在のタンペレ〕においてのことだった。この注目すべき出会いが生じたのはロシアの社会民主労働党の過激派、つまりボリシェヴィキが開いた、非合法の会議の場においてのことだった。三十五歳だったレーニンは押しも押されもしないボリシェヴィキの指導者であり、二十六歳だったスターリンはカフカスの党組織からの代表委員として、幹部ではない構成員の一人にすぎなかった。この出会いはスターリンにとって生涯の教訓となった。スターリンは、均整の取れて立派な巨人、彼の表現によれば「山鷲」のような人物に会うのかと予想していたが、彼の前にいた人間は平均よりも低い身長で、みすぼらしく、純朴で、スターリンが回想するところによれば、「目立たないように、あるいは、どんなことがあっても人の目に触れず自分の高い地位を強調したりしないように」という明らかな意志をもっていた。[*11]

まさにそのときこそスターリンが最終的に、「生まれながらの長老なし」ということを理解したのだと推定する根拠が出揃っている。そして、レーニン同様、背が低くみすぼらしく、しかも感銘を与えるような雄弁家としての才能がない彼にも、いつの日にか偉大なる革命の指導者になれるとそのとき理解したのだろうということも、同様に推定できる。そのために必要だったのは、短くて誰にでもわかるフレーズの助けを借りてみずからの立場を単純明快に論証するレーニンの能力を借用し、それから、レーニンがもっていた敵への警戒心と容赦のなさに学ぶことだった。スターリンはかなり迅速にこれらすべての資質をわがものとし、政治的なことに関して先人に学ぶ傑出した能力があることを示した。

しかしレーニンのイデオロギーにはある固有の特徴があり、それをスターリンは身につけようと努めたがそれほど簡単にはいかなかった。それはスターリン自身が正確に形容したように、レーニンの「泣き言を言う知識人たちに対する嫌悪」である。周知のように、政治的な現実主義者であったレーニンは「自分が国家の頭脳だと思い込んでいる、資本の従僕である知識人たち」を軽蔑していた。「実際にはこれは頭脳などではなく、くそである」と容赦なく彼は付け加えている。逆説的なのは、レーニン自身が骨の髄まで、ロシア固有の社会階層たる知識人であったということだ。

ピョートル大帝の改革によって十七世紀終わりから十八世紀初めにかけて創出され、それなりの教育を受けたのちに何らかの「知的な」職業を選んだ人々は一つの集団を構成し、それが今や、増大の一途をたどりつつあったが、この階層の独自の特色は、何らかの聖なる使命として、自分たちの社会的な役割を理解していたことにある。その使命の本質とは、人民への犠牲をともなった奉仕である。

ロシアの知識人《インテリゲンツィヤ》は、人民を権力の圧迫と横暴から守る騎士団に、自分たちが属していると考えていた。この理念はとくに一八六〇年代に普及したが、それはロシアの知識人が、農奴制の廃止や他の「上からの」改革が、抑圧されていた大衆の地位を根底からは向上させなかったことに失望して、急激に革命へと傾斜していった時代である。彼らの崇拝の対象となったのが、熱狂的な評論家であり小説家だったニコライ・チェルヌイシェフスキーである。地方都市サラトフで聖職者の息子として生まれた彼は、反政府的な論文を書いた罪で最初はペトロパーヴロフスク要塞に監禁され、その後、「公民権剝奪」という公衆の面前での屈辱的な儀式の後——それが彼に受難者としての後光をまとわせることになった——シベリアに移送され、二十年以上の期間を牢獄、鉱山での懲役に服しながら流刑地で過ごした。

ペトロパーヴロフスクでチェルヌイシェフスキーが書いた長編小説『何をなすべきか』(一八六三年)についてレーニンは「彼は、私のすべてを深く耕し直した」と述べている。この長編小説はラディカルな知識人たちにとっての教理問答書となった。当時有名だった革命家の一人のニコライ・イシューチンは「歴史上、最も偉大な三人とは、イエス・キリスト、使徒パウロそしてニコライ・チェルヌイシェフスキーだ」と断じている。

チェルヌイシェフスキーの小説に出てくる主要登場人物は、革命の熱狂的な信奉者であるが、彼らはレーニンにとっても、そしてスターリンにとってもお手本となった。しかし、チェルヌイシェフスキーはロシアのマルクス主義者たちにみずからの文化哲学によっても巨大な影響を与えており、それを彼の信奉者の一人は次のように要約している。「ロシアにおいて構築された美学のすべてをチェルヌイシェフスキーは高い地位から引きずり下ろし、人生は芸術よりも重要なものであり芸術はただそれに倣うだけだということを証明しようと努めていた[*12]」。

チェルヌイシェフスキーの「すばらしいのは人生だ」というスローガンは革命を志すロシアの知識人のあいだで何世代にもわたって唱えられた、美学上の呪文のようなものとなった。この、芸術の課題と目的に関するチェルヌイシェフスキーの結論は、スターリンによってしっかりと会得され、ゆくゆくは共産党の指導者となるこの人物の社会主義芸術についての次のような理解の基礎となった。「人生を再現することは、芸術の一般的な、それを性格づけるような特徴であるし、芸術の本質を構成するものでもある。しばしば、芸術作品が別の意味をもつこともあり、それは人生の説明だ。また、人生の出来事に関する裁きという意味をもつこともしばしばある」[*13]。

チェルヌイシェフスキーは、ドミートリー・ショスタコーヴィチの家族にとっても重要な位置を占めていた。ショスタコーヴィチの父方の祖母であったワルワーラ・シャポーシニコワにとって、長編小説『何をなすべきか』は人生の教科書であった。この作品で叙述されている原理に沿って、彼女はコミューンとしての機能をもつ裁縫工場を組織した。シャポシーニコワの家族の者全員が、チェルヌイシェフスキーと何らかの関わりをもっている。彼女の弟だったガヴリーラはサラトフのギムナジウムでチェルヌイシェフスキーのもとで学び、彼が「強力な知性、広く深い知識、そして人間性という点できわめて高い理想を体現する人物だったので、彼の生徒のほとんど誰もが、いつか隣人に奉仕するために根気よくひたすらに勉強しようという意欲に燃えていた」と評した[*14]。

ショスタコーヴィチの祖父のボレスラフは、流刑に処されたポーランドの革命家の息子で、チェルヌイシェフスキーを懲役から脱走させるという計画に巻き込まれたが失敗している。ボレスラフは前述のイシューチンの非合法サークルに近い位置にいたが、このサークルはドミートリー・カラコーゾフが一八六六年にツァーリのアレクサンドル二世を暗殺しようとして失敗したあと憲兵によって壊滅させられている（いわゆる「カラコーゾフ＝イシューチン事件」）。

ボレスラフ・ショスタコーヴィチは妻とともにシベリアに流刑となり、そしてそこで一八七五年に彼らに息子ドミートリーが生まれた。彼が作曲家の未来の父親である。結果として、ボレスラフは銀行家としての立派なキャリアを築くことになり、シベリア商業銀行のイルクーツク支店の支店長にまでなったが、一家は革命家としての過去から縁を切ることは決してなかった。ロシアの知識人たちが尊重していた道徳的な理想を以前と同じように固く信じていたのだ。その理想とは社会奉仕、民衆の福祉のための配慮、正直さ、誠実さ、謙虚さといったものである。

皇帝ニコライ一世はデカブリストの乱に加わった者たちの多くを個人的によく知っていたし、他の者たちのことも、見たり噂を聞いたりしたことがあった。地位やものの見方の違いはあれど、彼らは、いわば一つの集団に属する人々だった。そしてこのことが、本質的な意味をもって、事の大小を問わず影響を及ぼしていたのであり、多くの些細なことにまで現われていた。それらを後世の人々や研究者が識別したり理解することはもはや困難である。十九世紀終わりから二十世紀初めにかけての、ロシアの革命的知識人という社会階層のなかでの交遊関係についても同じことが言える。それが、時に応じてよりかたちが変わりやすい、輪郭のはっきりしない、より広範囲にわたる平民的な集団であったことは言うまでもない。しかしこの集団の範囲内においても人々の運命は驚くほど交差している。

ショスタコーヴィチの祖父は一八六四年にポーランドの革命家ヤロスワフ・ドンブロフスキが、モスクワの監獄から脱走するのを手助けしたが、この革命家は後のパリ・コミューンにおける英雄である。レーニンはドンブロフスキに強く惹きつけられていた。ショスタコーヴィチの祖母の家族はレーニンの両親であるウリヤーノフ家の人々と友人関係にあった。家族の言い伝えによれば、ショスタコーヴィチ家とウリヤーノフ家のあいだには何らかの家系の上でのつながりすら存在したという。

ショスタコーヴィチの祖父は、流刑でシベリアにいた際、後に、著名な革命家、ボリシェヴィキの人民委員、スターリンの同僚であり友人となる、レオニード・クラーシンと知り合いになった。クラーシンの弟であるボリスはソヴィエトの影響力ある音楽関係の官僚となり、若き作曲家ショスタコーヴィチを支援した。二〇年代終わりから三〇年代半ばにかけて、ショスタコーヴィチにとってのもう一つの重要な「盾」となったのは、合同国家政治保安部のレニングラード支部の秘密作戦局の局長であり、ヴァイオリン演奏の愛好家であったヴャチェスラフ・ドンブロフスキーだった。

スターリンは、自分より数歳だけ年上だったショスタコーヴィチの父に生涯一度も会ったことがなかった。しかし二人ともあるとき一つの集団に属していたことは疑いがない。その集団がかなり広範囲にわたり、はっきりとした組織があったわけではないとはいえ。スターリンとショスタコーヴィチ家の知人、友人、そして政治の領域での崇拝の対象には、共通項があった。しかし私たちにとってより重要なのは、彼らの教育と美学的理想における驚くべき類似である。

十九世紀後半に、ロシア帝国は何はともあれ巨大な空間を併合し（バルト海沿岸、ポーランドの一部、南コーカサス地方そして中央アジアを含む）、互いに衝突しあう志向を抱えた多民族国家として存在していた。上から押しつけられたロシア化政策は、伝統的なロシア民族の宗教的・文化的な寛容によって抑制されていたのである。「異民族」がロシアの文化に参加することは奨励され、また正教を受け入れるという条件をのみさえすれば、いかなるキャリアの上での特別な障壁も彼らの前にはそびえ立ってはいなかった。

この時期にかけてロシアでは、国民教育の分野においてある合意が形成されていた。国家と教会は、以前はいささかの疑惑をもって十九世紀の偉大なロシア作家の作品群に接していたのだが、次第に、国民としての自覚を形成するうえで、そうした作品がもつ役割を承認するようになった。プーシキン、レールモントフ、ゴーゴリ、ネクラーソフ、トゥルゲーネフ、ドストエフスキー、そしてレフ・トルストイらの作品は、いたるところで教育機関のカリキュラム、初等読本や教科書、多数の読本そしてアンソロジーに収録された。革命を奉ずる知識人はこの公式な「カリキュラム」にみずからの非公式な、ベリンスキー、ピーサレフ、チェルヌイシェフスキー、ドブロリューボフらの名前を含むカリキュラムを加えた（彼ら全員が、ロシア正教を信仰する文芸批評家、人心の支配者、反権威主義的な者たちだったことは特筆に値する）。同時代の作家たちのなかで大きな権威をもっていたのは、マクシム・ゴーリキーとチェーホフであった。このパンテオンのなかで特別な位置をもっていたのは諷刺作家のミハイル・サルトゥイコーフ＝シチェドリンであった。

これらの作家への愛が広範なロシア知識人という階層を一つに結びつけていた。これらの作家を知らないことは好ましくないこととされていた。彼らの作品は単に読まれるだけではなく、ある種の「人生の教科書」として学ばれていた。その結果としてつくりだされたのは、それまでのロシアにはなかった単一の文化領野、つまり文化的価値の共通の参照システムである。プーシキン、ゴーゴリや、サルトゥイコーフ＝シチェドリンらを、レーニンも、スターリンも、ショスタコーヴィチもよく知っていて、引用していた。三人全員が最もよく親しんでいた作家の一人がチェーホフだった。

一八九二年に発表されたチェーホフの中編小説『六号室』を読んだことは若き日のレーニンにきわめて強い印象を残した。彼は次のように回想している。「私は本当に辛くなって、自分の部屋にじっとしていられなくなり、立ち上がって外に出た。私は自分も六号病室に閉じ込められているという感じがしたのだ」[*15]。

ショスタコーヴィチは晩年に、『六号室』を「自分の回想録」として読んでいると言っている。スターリンとショスタコーヴィチが共通して好きだったチェーホフの作品は、彼の女性嫌悪的な短編小説『可愛い女』だった。二人ともこの作品をほとんどそらんじていたし、機会があれば喜んで一ページ丸ごと引用した。(4) スターリンによるロシア文化に対する理解の鋭さは、多くの点で彼のアウトサイダーとしての立場によるものである。二重の意味でそのように言うことができる。つまり、貧しい靴屋の息子として、そして、グルジア語を母語とする人間として。若き日のスターリン（そのときはまだ、ソソ・ジュガシヴィリ）が学んだ、地方に位置するゴリ神学校におけるロシア語を使用しての教育の導入は、強制的に「上から」法令によって定められたものであった。グルジア語からロシア語への移行はスターリンにとって、周知のように、簡単なことではなかった。しかしその代わり彼は、終生ロシア語を強いグルジア語訛りで話したとはいえ、それを母語として習得した。

文化の面での新規参入者として、スターリンは一生のあいだ「高度な」文化とその創造者たちに対するはっきりとした敬意をもっていた。レーニンには、そのような畏敬の念がまったく欠けていた。これはとくに、レーニンとスターリンの、オペラとバレエに対する対極的な態度によっても確かめることができる。スターリンにとって、オペラとバレエを観に行くことは生活の大切な楽しみの一つだった。ボリショイ劇場に対する彼の愛については前述のとおりだ。レーニンは、ソヴィエト国家の指導者だったとき、一九二一年から一九二二年にかけて頑固にボリショイ劇場を閉鎖しようと試みた（ついでにマリインスキー劇場も）。彼の論拠はどのようなものだっただろうか。このような、レーニンの言葉を借りれば「まったくの地主の文化の切れっ端」の内容のものに国家の資金を使うわけにはいかないというものだった。

レーニンは演劇の劇場、スタニスラフスキーとネミローヴィチ＝ダンチェンコが設立した庶民的な芸術座にさえ、好意を抱かなかった（ここでも、スターリンの趣味との対照は驚くべきものだ）。レーニンの妻であるナジェージダ・クループスカヤの回想によれば、彼は劇場で退屈し、苛立ちはじめ、長く我慢することができなかったという。「いつも劇場に行くと、第一幕の後に退出していました[*16]」。

一九二一年に教育人民委員のルナチャルスキーがレーニンに必死の思いで手紙を書き、存亡の危機に瀕していたこの芸術座に資金を拠出してもらえるように頼んだとき、指導者は次のような乱暴な電報で返事をした。「すべての劇場を葬り去ってはどうだろう。教育人民委員が取り組まなければならないのは、劇場ではなく、識字教育である[*17]」。

このやりとりからレーニンの優先事項は明らかである。すべてにおいてレーニンに倣おうとしたスターリンは、彼のこの文化的現実主義を自分のものにした（一〇〇パーセント全部とは言わないまでも）。確信をもって言えるのは、スターリンにきわめて強い印象を残したのが、一九〇五年に発表されたレーニンの論文『党組織と党文学』であったということで、この論文はしばらくのあいだ、綱領のように扱われていた。その論文が信じられないほど急いで、きわめて雑に書かれたことは、まったく明らかなのだが。

この論文のなかでレーニンが要求しているのは、文学が完全に政治的課題に従属し、革命のプロパガンダのメカニズムのための「車輪とネジ」となることだった（すべての芸術が念頭に置かれているのだが、レーニンが語っているのは文学についてだけで、そのことはまたしてもみずからの全面的な文学中心主義をはっきりと示している）。スターリンには、文学を巨大な政治装置の「車輪とネジ」に喩えることが気に入ったようである。ここから、「人間の魂の技師」としての作家という、後にスターリンが行なった著名な定義への道筋が伸びている。

レーニンはまた、文化に対する市場の悪影響も激しく攻撃した。「ブルジョワ作家、芸術家、女優たちの自由は、ただ単に、裕福な男性とか、賄賂とか、生活への援助といったものへの従属が、偽装された（あるいは偽善的によそおわれた）ものにすぎない」。レーニンに、教養ある読者層を対象にした雑誌『天秤座』の紙面で反論したのが象徴派詩人のワレリー・ブリューソフである。「然り、われらは自由なり！」

ブリューソフは狡猾に振る舞っていた。彼の洗練された雑誌の購読者数は千人にも満たず、モスクワの資産家であるセルゲイ・ポリャコーフからの補助金に完全に依存していたのだ。しかしこれについてブリューソフは周知しないことを選び、その代わりに磨き上げられた耽美主義者のお馴染みのポーズを取っていた。「すべての芸術が社会運動に奉仕することを求めるのは、すべての織物製造業が赤旗の材料を準備するためだけに製品をつくるように求めるのと同じことだ[*18]」。

しかし商人の息子だったブリューソフでさえ、ロシアでは文化に特別な要求が突きつけられていることを理解していた。「社会生活が圧迫されているところでは、芸術作品はしばしば社会に関する理念を普及させるための遠回りの手段として、あるいは社会集団の闘争における秘密の武器として使われる。口頭によるものにせよ印刷物によるものにせよ、言論が自由なところでは、もはやそのような必要性はない[*19]」。

ブリューソフは、百年後になっても、彼が待望したロシアにとっての理想的な状況が結局現実のものとはならなかったことを知るよしもなかった。しかし彼は教育を受けた人間として、権力・知識人・人民という、ロシアにずっと昔からある三角形の枠内における諸関係にまつわる劇的な、そしてしばしば悲劇的な歴史についてよく知っていた。ロシアにおいては、知識人の多くは伝統的に権力に対して容赦ない反対の立場を取っていた。これは、知識人のことを「燕尾服を着た詐欺師」と呼び、すべての哲学者を「肺病に追い込む」と言って脅したニコライ一世の時代から始まっていた。知識人たちはもちろん、自分たちがやられたのと同じことをして彼に仕返しをし、そして人民はと言えば、プーシキンの『ボリス・ゴドゥノフ』における著名な最後のト書きにおけるように「沈黙していた」。

この衝突は、ニコライ一世の三十年間の治世のあいだ、厳しくなるばかりだった。その鋭さは、アレクサンドル二世、アレクサンドル三世、そしてニコライ二世ら、ロマノフ朝時代のロシアにおけるその後の専制政府のもとでも取り除かれることはなかった。ますます力を付けてきた知識人は権力機構のなかに参入してきたが、しかしツァーリズムは権力を分かち合うことをまったく望まなかった。知識人に対する君主制国家の政策は、直接の抑圧から強いられた妥協まで多様であったが、しかしこの二つの勢力は、悲しいことに決別してしまい、決して互いに手を差し伸べることがなかった。

神秘的で不可解な、何らかの謎めいた性質を備えた力として人民を考察するという態度においてだけ、奇妙なことに彼らは一致していた。これらの性質は、独裁国家と知識人からそれぞれ異なった解釈をされていた。上では、従順さ、忍耐強さ、敬虔さ、ツァーリに対する信用として。下では、反乱者の精神、自由と知識を求めて止まない心、公正さおよびロシア固有の共同体に根ざしたコミューンを基礎とする生活に惹きつけられている態度として。しかし上でも下でも、人民の文化的発展は市場というメカニズムによってではなく、国家によって実現され統制されるべきだと考えられていた。

まさにこの、文化の領域における市場に対する不信感、もっと言えば恐怖心と不快感こそが、一九一七年の十月革命の後にロシアの知識人の無視できない部分がボリシェヴィキを熱烈に支持するという結果をもたらしたのである。ロシアの新しい政府には、革命以前に教育を受けた「専門家」が必要で、そしてこれらの「専門家」はついに自分たちに提供された、国家の助けを借りて人民を教育し育てるという可能性に心を奪われたのだ。

権力と一部の知識人とのあいだの一時的な平和がついに確立された。これらの、ボリシェヴィキに対して武器を手にとって戦うことをせず、亡命せず、ペトログラードの寒いアパートに身を隠して共産主義政権をボイコットすることもせず、新しいソヴィエトの機関で働きだした知識人のなかに、ショスタコーヴィチ家の家族もいたのだ。

打倒された専制のことを、ショスタコーヴィチ家の人々が悲しむことはおそらくなかっただろう。そしてここで重要だったのは彼らの革命家としての過去でさえなく、むしろ知識人としての固い信念であった。とくにこれが関係していたのは文化の領域である。この点で、ドミートリー・ショスタコーヴィチの洗礼母を務めた、クラヴジヤ・ルカシェーヴィチの役割は極めて重要である。彼女は革命前の時代に、多作で人気があった児童文学作家だった。彼女は民主派詩人リオドール・パリミンの親戚であって、彼は民主派詩人ニコライ・ネクラーソフ（レーニンもスターリンも彼を崇拝していた）に捧げた詩において次のように感嘆の意を表現している。

未亡人の哀願と病める孤児の泣き声
あるいは掘立小屋の暗闇に見つけられた苦しみを
嘆きの音へと君が仕立てあげたとき

われらは君とともに泣きだした

これが、若き日のショスタコーヴィチにきわめて強い影響を与えた感情と理念である。この意味ではルカシェーヴィチ自身の作品と生き方も、はなはだ特徴的なものだった。自分の両親の家で、彼女はロシアの文化的ラディカリズムに啓示を与えた代表的な人物である、ドミートリー・ピーサレフや先述のネクラーソフに会ったり話を聞いたりすることができたのである。母親が革命家のプロパガンダの影響のもと「人民のなかへ去った」とき、若き日のルカシェーヴィチは自分の妹たちとともに残って父親の世話をし、すでに十二歳のときから、家庭教師と筆耕をして自分で生活費を稼いでいた。彼女が後の世紀転換期にフェミニストの活動に活発に参加したそのルーツはここにあろう。最初の作品を二十歳で出版してから、多作なルカシェーヴィチは当時の児童文学を文字どおり自分の作品で埋め尽くした。短編小説、中編小説、戯曲、カレンダー、教科書、読本など少なくとも二百冊の本を出した。これらすべてが、当時のベストセラーであり、十刷以上版を重ねた。その多くを、本を読みはじめたばかりの幼いドミートリー・ショスタコーヴィチは手にとった。

私の蔵書のなかの珍品の一つが、クラヴジヤ・ルカシェーヴィチによる児童向け読本のシリーズ『種まく人』の何冊かである。そこに何が書かれているのだろうか。幼き日のドミートリーの想像力を育んだのは何だったのだろうか。プーシキン、レールモントフ、ゴーゴリがあるのはもちろんである。しかしネクラーソフやその他の、民主主義を奉ずる文学者の作品も多く収録されている。しかし今日から見てとりわけ驚きを禁じえないのは、その当時まだ論争の的であったチェーホフとレフ・トルストイが含まれていることである（後者は、一九〇一年に政府の宗務院によって正教会から破門されたばかりだった）。

つまりこれらの読本がリベラル派の傾向をもっていたことは間違いがない。

しかしボリシェヴィキの革命に接して、ルカシェーヴィチは亡命することはなかったとはいえ、とくに歓喜することもなく迎えた。当初、教育人民委員のルナチャルスキーは彼女をソヴィエトの児童文学をつくりだすための仕事に参加させており、そして彼女は食料不足の時期に食料の特別割り当てを受けていた。しかし、彼女が自分の古い作品を新しいイデオロギー上の要求に合わせて根本からつくり替えるという、政権からの提案を拒んだときルカシェーヴィチへの食料の配給は停止され、そして彼女の本は国立図書館から取り除かれた。

ルカシェーヴィチはかたくなだったので、彼女の作品はほとんど出版されなくなった。彼女は晩年を極貧のうちに過ごしたが、しかしソヴィエトの文化機構との協力は結局行なわず、一九三一年に地方で死んだ。

クラヴジヤ・ルカシェーヴィチの生きざまは、ショスタコーヴィチの家族の政治的な位置を見極めるうえでのリトマス試験紙のようなものである。彼女がショスタコーヴィチ家の人々にとって近しい、身内の人間であったことは間違いない。仮にショスタコーヴィチ家の政治的な方向性が、あからさまにソヴィエト寄りであったなら、妥協することを知らないルカシェーヴィチが彼らとの友好的な関係を保とうとするなどということはおそらくなかっただろう。そのようなことはロシアの知識人のあいだでは受け入れられなかったし、当時も現在も、そんなことができるほど知識人たちは政治的に中立的ではなかった。ルカシェーヴィチは、一九二二年にショスタコーヴィチの父親の葬儀で心のこもった弔辞を読み上げ、「われわれ知識人の少なくなってきたメンバー」についての悲しみを表現した。つまり、彼女はそのときも依然として、ショスタコーヴィチ家の人々を、自分自身も属していると考えていた「騎士団」のなかに数え入れていたことになる。

革命後最初の数年間におけるショスタコーヴィチ家の政治的な共感のありかという、きわめて重要な問題を分析するのを助けてくれるものとしてもう一つ挙げられるのが、若き作曲家の、現存しているうちで最も初期の作品にまつわる興味深い物語である。いわゆる、『革命の犠牲者に捧げる葬送行進曲』である。そのような名称で、この小さなピアノ曲はショスタコーヴィチに関する、楽曲解題付きの便覧や目録に登場する。ショスタコーヴィチに関してソヴィエトで出版された文献においては、この曲はつねに若き作者のボリシェヴィキ政権に対する共感を明白に表現した例として名前が挙げられている。

しかしながら最近出版された自分の母方の叔母であるナジェージダ・ココウーリナへの手紙（一九一八年四月付）において、十一歳のドミートリー・ショスタコーヴィチは自分の小品を『シンガリョーフとココーシキンに捧げる葬送行進曲』と名づけており、これはわれわれに、この作品の政治的文脈とイデオロギー的なニュアンスをはっきりと読み変えさせるものである。[*20] 中道政党である立憲民主党（カデット）の二人のリーダー、アンドレイ・シンガリョーフとフョードル・ココーシキンが監獄の病院で「革命的な」水兵たちと赤衛兵たちの集団によって引き裂かれて殺され、非業の死を遂げたことは、十月革命後にボリシェヴィキたちが政権を強化していく道筋における象徴的なエピソードの一つである。この残忍な私刑が強行されたのは一九一八年の一月のことで、これは憲法制定会議を、少数派にとどまっていたボリシェヴィキが非合法に解散したのと同時だった。ロシアの新しい憲法を採択すべく集まっていた憲法制定会議の解散も、逮捕された立憲民主党員の殺害も民主派の知識人たちの心胆を寒からしめた。著名なバス歌手であるフョードル・シャリャーピンの回想によれば、これは「最初の恐ろしい大変動」であった。同じことを友人に手紙で書いたのは文学史と文学理論の研究家ボリス・エイヘンバウムである。「シンガリョーフとココーシキンが殺されたことには本当に震えるような思いだ。これは革命が崩壊しており道徳的に破滅するであろうことの疑いようもない前兆だと私には思える」[*21]。

シンガリョーフとココーシキンが非業の死を遂げた後に脱稿された論文である「知識人と革命」において、アレクサンドル・ブロークは次のように断じた。「最良の人々が、「いかなる革命もなかった」とさえ言っている。「ツァーリズム」を嫌悪しているせいで自分の居場所を見つけられなかった者たちが、ふたたびその腕のなかに飛びこんでいこうとしている。それはただひとえに、いま起きていることを忘れようとするためなのだ」[*22]。しかし彼自身は、まさにこの時期に有名な『十二』という詩を一気に書き上げており、その主人公たちを通して彼が描き出しているのは、静まり返るペトログラードを、敵意を感じて怖気づきながらパトロールして回っている赤衛兵の前哨であった。

この詩には、周知のようにボリシェヴィキも、その敵も歓喜した。この詩のなかには、革命に対する諷刺もあるし、革命に対する称讃もある。ブロークが描き出す赤軍兵たちは「革命の使徒たち」と呼ばれている。彼自身が、首領のクデヤールとその配下の十二人の略奪者たちに関する、ネクラーソフの有名なバラードを想起している。

少年時代のショスタコーヴィチによる控えめな小曲は、『十二』と同じ悲劇的な出来事を契機に生まれたとはいえ、もちろん、ブロークの偉大なこの詩と比べられるようなものではない。もし『行進曲』の作者がその後にものすことになる業績がなかったら、この控えめな習作について思い出す者など誰もいなかっただろう。しかしここで二つの状況に触れておくことが重要である。第一に、ロシア文化の変わることのない時事的な性格である。この文化は、「純粋芸術」を支持する者たちの疑惑と恐怖に抗って、目下の政治的な出来事にすぐに反応してはばからなかった。「朝は新聞、夕方は歌謡曲」という辛辣なスローガンにあるとおりである。

そして第二に、時事問題に即してつくられた作品は、それでもなおしばしば多義的であり、対立しあうこともある多様な解釈へと本来的に開かれている。これは、日和見主義的なキワモノではなく、伝統的で「年代記的な」衝動によって生まれた、本格的な、みずからの本質において原理的に「両義的な」応答だった。ブロークは生涯の終わりにそのような多層的な作品の不滅のモデルを創造した。逆説的にもショスタコーヴィチはみずからの『行進曲』によって作曲家としての道を歩みはじめたが、その道のりにおいて、その後一度ならず彼の巨大で重要な作品群が互いに相容れない立場から解釈されていくことになるだろう。直感的かつ無意識的に、彼は自分の未来の作品の枠組みを創造していた。

ショスタコーヴィチの中学校の友人ボリス・ロスキー（有名な哲学者のニコライ・ロスキーの息子）が回想しているのは、一九一八年の一月にペトログラードのストユニナ中学校で開かれ、教育者と生徒たちが集まって催された、シンガリョーフとココーシキンを追悼し語り合う会のことである。そこでドミートリー・ショスタコーヴィチが演奏したのがみずからの「葬送行進曲」だった。このようなボリシェヴィキに対抗する立場からの集会はその当時まだ可能だった。

そうした集会の一つがテニシェフ校のコンサートホールで開かれ、他の著名な詩人たち（ドミートリー・メレシコフスキー、ジナイーダ・ギッピウス、フョードル・ソログープ）とともに自作を朗読したのがアンナ・アフマートワである。壇上でブロークの名前に言及があったとき、ホールにつめかけた群衆から「裏切り者！」という叫び声があがった。ジナイーダ・ギッピウスは嫌悪をあらわにしながら日記に次のように書きとめている。「ボリシェヴィキが一年のあいだ政権の座についていれば（?!）、われわれのほとんどすべての虚弱な、とくに文学関係の知識人連中はいずれにせよ彼らに這いつくばって行き出すことは間違いない。そしてこのとき全員を非難することさえできはしないだろう。貧しい人がとにかく多いから」[*23]。

ショスタコーヴィチの友人であったロスキー[*24]が断固として言い切るのは、「ドミートリーは、当時の知識人層の大多数と同じく、政府のイデオロギーに対していかなる共感も示さなかった」ということだ。今日にいたるまで見落とされてきた事実が、彼の言葉を裏付けている。一九二二年の秋にレーニン直々の命令によりロスキーの家族は、他の著名な反ボリシェヴィキ的な知識人たちのグループとともに（彼らのなかにはニコライ・ベルジャーエフ、セミョーン・フランク、フョードル・スチェプーン、ピティリーム・ソローキンがいた）ソ連から西側へと追放された。ロスキー家の人々がまもなく出国するという頃、彼らを自宅での夕食に招待したのがショスタコーヴィチ家の人々なのである。絶え間のない尾行という状況下で（いまとなっては周知のことだが、国家政治保安部は追放することが決まっている者たちの一挙一動を注意深く監視していた）、ショスタコーヴィチ家の側からのこのような振る舞いは勇気あるものであり、示威的なものでもあったのであって、彼らの抱いていた政治的な共感について誤解の余地なく物語っていた。

一九二七年の三月にショスタコーヴィチは国立出版所の音楽部の扇動宣伝部から、『十月革命に捧ぐ』という題名の長大な交響曲の委嘱を受けたが、一九二二年と一九二七年のあいだに何があったのだろうか。

ソヴィエト国家の創立者であるレーニンが一九二四年に没したあと、段階的にその後継者のスターリンによる独裁の強化が進んだこと。疲弊したロシアに「戦時共産主義」と内戦がもたらした惨状のあと平静を取り戻す可能性を与えた、レーニンの提唱による「新経済政策（ネップ）」が最盛期を迎えたあと衰退しはじめたこと。そして重要なのは、教養のある層を含めた国民の大多数が、ソヴィエトによる統治が「重たく、粗野で、目に見える」現実であってそこから逃れたり身を隠したりできないという事実を認識したことである。

手に武器を取りボリシェヴィキと戦うことを欲し、それをなしえた者たちは斃《たお》れるか亡命した。政治的あるいはイデオロギー的な抵抗を表立って行なうことも、このときには不可能になっていた。もしある家族が多かれ少なかれ並みの暮らしをしたければ、可能な選択肢は、自発的であれ強制的にであれ、何らかのかたちで権力に協力することのみだった。

ここで指摘しておかなければならないが、革命の最初の日々に積極的にみずからの作品をボリシェヴィキの役に立てるように供した者たちのなかには、アヴァンギャルド、すなわち芸術左翼戦線の参加者たちが多くいた。舞台監督のフセヴォロド・メイエルホリド、作曲家のアルトゥール・ルリエーとニコライ・ロースラヴェツ、美術家のナタン・アリトマン、ダヴィード・シテレンベルク、そしてカジミール・マレーヴィチ、文化理論家のオーシプ・ブリークとニコライ・プーニン、映画監督のセルゲイ・エイゼンシュテインとフセヴォロド・プドフキン、詩人のウラジーミル・マヤコフスキーといった人々である。彼らのなかでマヤコフスキーは、おそらく、最も注目すべき、かつ多くの点で象徴的な人物であった。彼に率いられたロシア未来派は、国民全体の文化をコントロールすることを公然と目指した。アヴァンギャルドが独占的に利用していた教育人民委員部の機関紙『コミューンの芸術』には、「左翼」の中心的な理念から発した多種多様な論文が載った。その要諦は「未来派とは、新しい国家的な芸術だ」ということにある。

もちろん、実験的で前衛的な文化が大衆に受け入れられることは、そのための特別な条件が創り出されることなしにはありえなかった。未来派が上から強制的に普及させられ、古典的文化の側からのありうべきあらゆる競争が抑圧されたこと、これこそがロシアの前衛主義者たちが望み、ソヴィエト政権に要求したものなのである。「古い芸術の形式を爆発させ、破壊し、地上から抹殺すること。新しい美術家、プロレタリア美術家、新しい人間が、このことをどうしたら夢みないでいられようか」と、プーニンが宣言したのは『コミューンの芸術』の創刊号においてのことであった。マヤコフスキーによる過去の否定はもっと全面的なものだった。「あなたがたの愛よさらば」「あなたがたの芸術よさらば」「あなたがたの体制よさらば」「あなたがたの宗教よさらば[*25]」。

ルナチャルスキー人民委員は、マヤコフスキーを高く評価していて、革命のためにもっとしっかりと馬車馬のように働いてもらうことをつよく望んでいたので、彼の美学的なニヒリズムに情けをかけつつ非難した。「彼には、死せる巨匠たちがみずからの不滅の作品において、彼自身の手仕事の成功をひどく妨げるように思えるのだ。彼は、まっさらな大地で、過去を忘れた人々のあいだで、最初の巨匠だと自分のことを思いたいのだ。そんなふうに、競争相手がいなければもっと楽だからだ[*26]」。

現実主義的なレーニンには、ルナチャルスキーが未来派に対してあまりにも優しすぎ、かつ忍耐がありすぎると思えた。マヤコフスキーとその友人たちに革命的なところがあるとはいささかも信じていなかったので、レーニンはこれを次のように否定的に評価していた。「これは特別なたぐいの共産主義である。これは乱暴者の共産主義だ」。たとえ内容がソヴィエトを肯定するものであったとしても、レーニンにはマヤコフスキーの詩も全然気に入らなかった。「ゴミ、ばかばかしい、どうしようもない斜に構えた愚鈍なもの」ときたものだ[*27]。

それにもかかわらずロシアのアヴァンギャルドたちは、民衆の意識に定着するチャンスを新しい政権が彼らに与え、たとえ暴力の助けを借りてであっても潜在的な競争相手を抑圧してくれるだろうと考え、期待していた（そしてそれはあながち根拠のないことではなかった）[5]。このためにマヤコフスキーとその友人の何人かは信念と誠意をもってソヴィエト政権に奉仕する覚悟があり、その際、遠くまで進むことに同意していた。おそらく、自分たちではじめに計画していたよりもはるかに遠くまで。それは、懲罰機関に、つまり知識人《インテリゲンツィヤ》に憎まれていた国家政治保安部に、直接協力することである。

その際の仕事は、秘密の課題を遂行することやありとあらゆる種類の「デリケートな」任務を遂行することに限定されてはいなかった[*28]。そうではなく、マヤコフスキーは国家政治保安部とその創設者フェリクス・ジェルジンスキーのための公然たる頌詩を書き、出版したのである。この意味で転換点となったのは一九二七年で、この時マヤコフスキーが全ロシア非常委員会とその業務を継承した国家政治保安部の十周年のために書いた詩『ジェルジンスキーの戦士たち』のなかの一句が国中に広くゆきわたり、適切な場面でも、あるいはそうでない場面でも以下に引用するアフォリズムへと変化したのだった。すなわち、「国家政治保安部、それはわれわれの独裁の握りしめた拳だ」、そして「ジェルジンスキーの戦士は連邦を守る」。

ソヴィエト政権は、こうしたアヴァンギャルドたちの破れかぶれの忠誠心を当然のこととして受け止め、その要求の水準をますます高めさえした。とはいえマヤコフスキーにたいする見返りは大部数の新聞で詩が発表されたり、ソヴィエト連邦を講演してまわるといったうまみに限られず、定期的に国外に出るという可能性も与えられた。一九二二年から一九二九年までの八年間のうち、マヤコフスキーが自宅のあるモスクワで過ごしたのはたったの五年間である！「私には旅行が必要なのだ」と詩人は言いわけしていた。

多くの知識人たちはマヤコフスキーの収入にも、リボルバーを携行することへの前代未聞の許可にも、フランスから輸入され、この時代のモスクワにおけるごく少数の自家用車の一つとなったルノー製の自動車にも、羨望の念を抱いた。[*29]

ソヴィエトの一部の若い芸術家にとってはマヤコフスキーは魅力的な手本だった。作家のワレンチン・カターエフはこうした芸術家たちを代表して次のように振り返っている。「はじめてわれわれは、古い世界の重荷と偏見のすべてから、家族や宗教さらには道徳が課してくる義務から、自分たちが解放されていると感じた。われわれには自由が大気のように周囲に満ちていると感じられ、その自由に陶酔していた。権利だけがあり、いかなる義務もなかった。われわれは資本家でもないし、地主でもないし、工場主でもないし、富農でもない。われわれは、しがない事務員、教師、税務署員、職人の子弟だ。革命はわれわれに際限のない可能性を開いた[*30]」。

マヤコフスキーはこの際限のない可能性を具現化していた。高音の、根気強い、雷のような声で、アクチュアルなテーマに即した感銘深い前衛的な詩を朗読していたのだ。若い頃にマヤコフスキーの詩とメディアにおける彼のイメージに熱中していたことを、革命に協力することへの誘惑からはなはだ遠いところにいたピアニストのウラジーミル・ホロヴィッツや振付家のジョージ・バランシンでさえ私に語った。「マヤコフスキーの誘惑」から若いショスタコーヴィチもまた逃れられなかった。

二〇年代の前半にはショスタコーヴィチを深刻な試練が待ち受けていた。一九二二年に肺炎がもとで彼の父親が四十六歳で急逝した。家族は扶養者を失った。母親と姉は勤めに出ることを余儀なくされた。ドミートリーは映画館で無声映画にピアノで伴奏をする仕事に就いた。彼は、「『人間の欲望』をピアノで機械的に表現する」ことに従事していたのだと語っている。しかし、いずれにせよ食事や家賃の支払いなど必要不可欠なものに対してさえ、お金は悲惨なくらい不足していた。

「こうしたことのすべてが健康を害し、神経組織を乱した」と作曲家は話している。*31 ドミートリーはリンパ節結核と診断され、痛みをともなう手術を受けねばならなくなった。同じ頃に彼は、母親の言葉を借りると「音楽院から追放された」。大学院のピアノ科で勉強を続ける可能性を奪われたのである（これは何らかの、官僚制度のなかで仕組まれた陰謀の結果だった）。今日では考えられないことのように思われるこの挿話全体が、繊細なショスタコーヴィチにとっては、彼の音楽家としてのキャリアがきわめて不安定なものになると警告する途轍もない破局として、この時点では理解されたにちがいない。

一九二七年にはもう一つの個人的な破局がショスタコーヴィチを襲った。当初は幸先よいスタートを思わせた。一月に、有力な音楽学者のボレスラフ・ヤヴォルスキーの推薦により（彼とドミートリーは、公刊されている書簡から判断すれば、友人以上の関係だった）、ショスタコーヴィチはソヴィエトの公式の「小部隊」の一員としてワルシャワに派遣され、第一回のショパン記念国際ピアノ・コンクールに参加したのである。この使節団に与えられた課題は音楽の枠をはるかに超えていた。ポーランドとソヴィエト・ロシアのあいだの戦争が終わってからまだ六年と数ヶ月前しか経っていなかった。二国間の関係は緊張をはらんだままだった。同年の六月にワルシャワで白系ロシア人移民が駐ポーランドソ連大使のピョートル・ヴォイコフを射殺したとき、マヤコフスキーは怒りをこめて『コムソモーリスカヤ・プラウダ』紙に掲載されたみずからの詩のなかで次のように問うた。「ポーランドの旦那連中は殺人者を擁護するのか。然《しか》りか否か。必要とあらば、答えは喉をつかんで絞り出す」。

一九二七年のショパン・コンクールは全ヨーロッパ的規模の重要な文化的事件となった。しかしソヴィエト連邦にとって、付随するすべての政治的ファクターを考慮に入れると、このコンクールの意義はありていにいって並々ならぬものだった。スターリンはソヴィエトの若手演奏家の国際的な成功に特別な注意を払っていた。私たちは、彼がクラシック音楽、とりわけ音楽劇場（オペラとバレエ）を好んでいたことを知っている。しかし器楽曲もこの指導者の注意を引くものであったことは、同時代人の回想からうかがえるとおりである。スターリンは喜んで、エミール・ギレリス、レフ・オボーリン、ヤーコフ・フリエール、ダヴィード・オイストラフ、ボリス（ブーシャ）・ゴリドシテインら、若きピアニストとヴァイオリニストの演奏を聴いていた。そして、スターリンの場合はつねにそうであるように、その際に政治的な利益について忘れることはなかった。

スターリンは、おそらく同時代の政治的な指導者のなかで最初に、かりに自分の国の若い演奏家が国際的なコンクールで勝利をおさめはじめる場合には、どのような利益をプロパガンダのうえで得られるのかを理解していた。なにしろ西側のジャーナリズムがボリシェヴィキのことを、女性や少女を国有化するアジア的な野蛮人のように書いていたのはそれほど昔のことではなかったのである。ロシアの共産主義は、人文主義的なヨーロッパ文化の敵として描き出されていたわけだ。そこでスターリンが決めたのはこういうことである。才能があり、素晴らしく訓練をつんだ魅力的なソヴィエトのヴィルトゥオーゾが、あれほどまでに輝かしくヨーロッパのクラシック音楽を演奏すること以上によい対抗的なプロパガンダがあるだろうか。

最近公刊されたアーカイヴ資料は、何世代かにわたってソヴィエトの演奏家によく知られていることを裏付けている。演奏のための出国は、国家保安機関によって、文字どおり出国の各予定者に対する注意深い調査が行なわれたあとでのみ許可されていたのだ。[*32] 最終的なゴーサインが、レーニンやスターリンまでふくめた最高レベルで出されることもあった（その後の時代であればフルシチョフ、および党と政府のその他の指導者である)。一九二七年にワルシャワに行くということの政治的な重要性、および今回がこの種のプロパガンダ工作としてははじめてのものだったということを考慮すれば、スターリンがいずれにせよコンクール参加者の最終的な名簿を目にし、承認したことは疑いようがない。まさにこのようにしてスターリンがドミートリー・ショスタコーヴィチの存在をはじめて知ったと考えることは可能である。(6)

ソヴィエト代表団全体にとってワルシャワでのコンクールへの出場は、まったく想定外なことに、信じられないような大成功となった。オボーリンは一等賞を取ることができた。イリヤ・エレンブルグが書いているところによれば、次のとおりである。「外交官たちは怖気づき、ポーランド人たちはショパンを誰よりもよく演奏したのが「モスクワ野郎」であることを認めざるをえなかった」。政府の機関紙である『イズヴェスチヤ』にはスターリンごひいきのボリス・エフィーモフによるカリカチュアが載った。勝ち誇るオボーリンと、いまにも怒りを爆発させんばかりのソヴィエト連邦の老いぼれた敵たちが描かれ、「モスクワの手先が動いている」という皮肉なキャプションがつけられていた。

スターリンは、言うまでもなく、偉大なポーランドの作曲家カロル・シマノフスキが歓喜していることについて報告を受けていた。「これを成功と名づけるべきではないし、大評判という呼び方さえもあたらない。これは紛う方なき凱旋パレードなのだ!」しかしショスタコーヴィチの名は受賞者のなかにはなかった。彼は賞状しかもらえなかった。

ワルシャワから母親に宛てた手紙でドミートリーはこの敗北をまるで気にしていないふりを装っているが、彼にとってこの結果は信じられないほどの屈辱であった。重要なことは、この出来事のせいで、国際的に輝かしく活躍する収入もよいピアニストとしてのキャリアという、希望に満ちた夢が終わったことである。他に可能な収入源について考えはじめる必要があった。

若きショスタコーヴィチの生涯に危機的なときが訪れていた。扶養者だった父の死後にショスタコーヴィチ家が極貧のうちに暮らしていたことは、作曲家の伝記作者にはよく知られるところである。しかしショスタコーヴィチ家の貧困はこれまで、ある種の異国情緒という華を添えるものとしてだけ、つまり、ほとんどハリウッドの伝記映画のなかのエピソードのようにしか考察されてはこなかった。

満足に食事を取れないこと、熱に浮かされたようにあらゆる収入の途を探していたこと、これと関連してつねに屈辱を感じたり翌日の暮らしに病的なまでの恐怖を抱いていたこと、こうしたことのすべてがつとに言及されてはいるのだが、しかしなぜか、若きショスタコーヴィチの作品群や彼が自分の作品のために選んだ主題やテクストとは決して結びつけられてはいない。

それは措くとしても、若きショスタコーヴィチの意識においてお金は最も重要なテーマの一つだった。これは強迫観念で、彼はお金についてはドストエフスキーの『罪と罰』にでてくる学生ラスコーリニコフに決して負けないくらい考えていた。これを裏づける資料はたくさんある。ここではいくつかの引用で十分である。ショスタコーヴィチは（ちょうど私たちが関心のある一九二四年から一九二六年のあいだの期間に）親友のレフ・オボーリンに手紙で次のように書いている。「私たちにはお金が心の底から必要です」「まったくお金がありません、完全な金欠です」「また不愉快なことがありました。昨日、母が仕事を解雇されたのです」「私の気分はいま最悪です。勤め先はきっと見つからないでしょう。ヴォロージャ（ショスタコーヴィチの友人で姓はクルチャノフ）はいまにも死にそうですし、あたりは真っ暗闇で、とどめに首が腫れてきました。こういったことを考えたあとで叫びそうになることもあります。ただ怖くて叫びそうになるんです。怪訝に思うことのすべて、問題のすべて、闇のすべてが私を圧迫します」

「私の暮らしはきわめて悪いものです。とくに物質的な面で。がつがつ食べることは必要なのだろうか。五線紙は必要なのだろうか。ここで、回し車に乗ったリスのように回りつづけるのでしょうね」「切手を買うお金がなかったので、いままで手紙を出せませんでした」「世界で最もよいものは、お金です。お金がないと精神的な安らぎはありません。それがないせいで私の神経は打撃を受けて痛み、私は自分をとても不安定に感じます。まったく、ひどいものです。すべてがとてもひどい有りさまです。組合に行けば、そこには無職の人たちが長い行列をつくっています。仕事を探しているのです。そして仕事はないのです。これらすべてが際立たせているのは、世界に存在する、まったく手の付けられない憂鬱です。どこでも叫び声が聞かれます。お金を、仕事を、パンを、という叫びが！[*33]」

ドストエフスキーの長編小説にでてくるラスコーリニコフはお金のせいで高利貸の老婆を殺した。ヨシフ・ブロツキーが半ば冗談で私に言いきったのは、これが、彼の表現によれば「著者の抱いていた観念」であったということだ。彼の考えによれば、ドストエフスキーの脳裏を、お金のために殺人を犯すという絶望的な考えがよぎったということはまったくありうるというのだ。最も驚くべきことは、これと似た考えが若きショスタコーヴィチをとらえていたことである。オボーリン宛ての、すでに引用されたのと同じ書簡においては、次のように、まさに「ドストエフスキー的なるもの」が横溢していた。「債権者が全員、突然死んでしまえばいいのです。しかしそれは望み薄です。みなさんぴんぴんしていますから」。

これは、もちろん、危機的な状況にあった十九歳の若者の陰気な幻想にすぎない。しかしそのおかげで私たちは、岐路に立たされた若い演奏家の心理を覗き見ることができる。どうにかしてお金を稼いで自分と近親の者たちを食べさせていくために、ショスタコーヴィチはどこまでやる覚悟ができていたのだろうか。その回答は、かなりのところまでというものになるだろう。彼はもちろん、いささかもラスコーリニコフではなく、自分の前途に立ちふさがる人々を取り除くつもりはなかった。しかし悲しむべき生活状況は、創造的な人間にとって同じくらい恐ろしい何かへとショスタコーヴィチを駆り立てていた。それは芸術上の妥協である。

ショスタコーヴィチは音楽家として仮面をかぶり僭称者となる道へと踏み出す覚悟ができていた。「ドイツの諺に『勇気を失い、すべてを失った』というものがあるが、私はといえば、もうすぐ勇気を失うだろう」と彼はオボーリン宛ての手紙で告白している。[*34]

仮にショスタコーヴィチ家の念願が叶い、ドミートリーが高名なピアニストとなっていたなら、たとえソヴィエト政権下の厳重な統制という条件下においても、彼に要求される国家体制への妥協は相対的に少ないものになっていただろう。少なくとも、音楽そのものに関しては。もしそうなっていたとしたら、おそらくはソヴィエトの作曲家の作品を要求に応じてレパートリーに加えつつも、結局はいつも変わらず、バッハ、ベートーヴェン、リスト、そしてショパンを演奏していただろう。しかしこうした夢は砕け散った。

いまや作曲家としての仕事が主な収入源となった。そしてこのことが政治的な妥協への誘惑を激しく強めた。というのも、この状況において交響曲、オペラ、あるいはバレエを注文してくる可能性があるのは、ただソヴィエト国家だけだったからである。そしてこの国家は、存在しはじめたときからイデオロギー上の忠誠を要求していた。一九二二年にゾーシチェンコは皮肉をこめて次のように言っている。「作家であることは概してかなり難しい。たとえば、イデオロギーもそうだ。いまは作家にイデオロギーが求められる。（中略）こういうのは実に不快だ！」[*35]

ソヴィエトのイデオロギー的な重圧はいくつかの時代をこえてさまざまな力でもって抑圧を行なっていた。共産主義者たる指導者は当然のことながら芸術における前衛主義に対して少なくとも懐疑と不信をもって接しており、それを「プチブル的」とみなしていた。しかしあるときまでは彼らは、前衛主義者たちの政治的な忠誠と引き換えに、文化における形式面での実験には目をつぶる用意があった。そこにこそ、彼らとマヤコフスキーなどの「左翼」とが交わした一時的な契約がもっていた本質がある。若いショスタコーヴィチが今後は自分の音楽家としてのキャリアを作曲家として形成していくのだと最終的に悟ったとき、彼が利用しようと決心したのはこの契約だった。

このころショスタコーヴィチは創作上の危機をはじめて迎えていた。一九二六年にレニングラード交響楽団の伝説に彩られたホールで、当時まだ十九歳だった彼の作曲した第一交響曲がニコライ・マリコ指揮によって初演され、作曲家として華々しいデビューを飾れたのは幸福な出来事だった。この交響曲は、若々しいと同時に巨匠の風格を漂わせ、軽妙であると同時に熟慮にとみ、適度に大胆であると同時に適度に伝統にのっとっていて、お金のようにみなに好かれた。はじめのうちは成功によって嬉しい興奮を感じていたショスタコーヴィチだが、しかしほどなく、自分の作曲家としての持駒を一新しようと決意する。もう昔と同じように作曲することができなくなってしまったのだ。

ショスタコーヴィチの言葉によれば、ある時点で創作過程が急に行き詰まり、「音符一つさえ」書けなくなってしまったのだという。作曲家は取り乱し、悲嘆のあまり、オペラ『ジプシー』（プーシキンの原作に基づく）を含む自分の初期作品の多くを燃やしてしまった。新しい道を探し求めることを考えなければならなかった。そのことを促したのは二〇年代のレニングラードにあった実験的な芸術の雰囲気だった。当時この街の人々はヨーロッパの演劇や音楽における最新の作品が初演されるのを待ちわび、そういった作品について活発に議論していた。西欧志向は、「田舎根性」という脅し文句からの解放を期待させるものであった。とくに親近感をもって受け止められていたのはドイツの表現主義と線的対位法である。ソヴィエト・ロシアに劇作家のエルンスト・トラーと作曲家のアルバン・ベルクとパウル・ヒンデミットが訪れたことは正真正銘のセンセーションを巻き起こした。

この状況において「マヤコフスキー・モデル」がショスタコーヴィチにとって最も受け入れやすかったのかもしれない。ショスタコーヴィチは十三歳のときからマヤコフスキーの未来派的な詩が好きで、ペトログラードで彼が催していた詩の夕べに通っていた。詩人はカリスマ的な人物であり、ショスタコーヴィチが芸術作品を評価する際に「参照」するようになった階層、つまりアヴァンギャルド芸術に関心がある若い芸術家たちのあいだで人気があり、尊敬されていた。

文化の領域における「技術的再軍備」が、いたるところで話題になっていたが、それは、当局が大いに奨励していた製造業における同様の近代化とのアナロジーからきていた。マヤコフスキーがどうやらうまくやっているように、アヴァンギャルドな形式と共産主義的な内容を結びつけて何が悪いというのか。そのような理由で国立出版所の音楽セクションの宣伝部門を率いていた、革命前から活動歴のある正統的な共産党員のレフ・シュリギーンがショスタコーヴィチに対して、一九二七年に十月革命の十周年を控えて、『十月革命に捧ぐ』という題名で合唱付きのフィナーレを備えた交響曲の大作を書くように提案したときに作曲家は同意したのである。

モスクワからショスタコーヴィチに送られてきた合唱用のテクストは、屈辱的なまでに出来の悪いものだったが、それさえも彼を押し留めることはできなかった。「ベズィメンスキーの詩を受領したが、それをみて私はがっかりさせられた。ひどく出来の悪い詩だったからだ。しかしそれでも私は作曲を開始した」[*36]と、歯を食いしばり鼻をつまみながらというような調子で、ショスタコーヴィチはモスクワにいた自分の知人に伝えている。彼はボレスラフ・ヤヴォルスキーにも「ベズィメンスキーと音楽セクションのおかげで創作意欲をかきたてられることと相成った詩」について苦々しく愚痴をこぼしている。[*37]

実際、コムソモール（共産党青年団）の詩人だったアレクサンドル・ベズィメンスキーはマヤコフスキーの「後継者」となろうと精一杯がんばってはいたが、そのレベルにまでは程遠かった。「プロレタリア出身のマヤコフスキー」の役に彼を抜擢したのはレフ・トロツキーその人で、当時は軍事人民委員として権勢を誇っていた。一九二七年にはトロツキーは政治闘争においてすでにスターリンに敗北し、自分がもっていたすべてのポストを奪われていた。ベズィメンスキーは、しかしながら、優れた嗅覚をもっていた。一九二九年に彼の諷刺的な戯曲『射撃』（レニングラードでの初演の際にはショスタコーヴィチが音楽を担当した）に警戒心の強い同志たちがスターリンへの攻撃を見出したとき、作家は指導者自身に庇護を求め、そして免罪符を得たのである。ベズィメンスキーへのスターリンからの回答は、『射撃』を「現在においては革命的プロレタリア芸術の模範」と考えることができるというものだった。[*38]

「現在においては」という特徴的な但し書きにもかかわらず、スターリンによるこの称讃は、ベズィメンスキーに対して安らかで不自由のない暮らしを保証するのに充分だった（しかし彼は一度として最高の勲章であるスターリン賞授賞に与《あずか》れてなかった）[(7)]。皮肉なことに、ベズィメンスキーは晩年になってようやく、自分の詩にかつて音楽を付けたのがショスタコーヴィチその人だということを知った。後になって交響曲第二番と称されることとなる『十月革命に捧ぐ』は当時、それほどまれにしか、文字どおり数えるほどの回数しか、演奏や放送の機会がなかったのである（この曲の初演もまた、交響曲第一番と同じく、若き作曲家に対して献身的だったニコライ・マリコの指揮によるものである）。

ショスタコーヴィチ（前列左）が、舞台監督フセヴォロド・メイエルホリド（前列右）、詩人ウラジーミル・マヤコフスキー（後列左）と芸術家アレクサンドル・ロトチェンコ（後列右）にみずからの作品を演奏している、1929年。

これは偶然ではなかった。交響曲第一番とはちがって、交響曲第二番は決して、交響楽団のレパートリーになり定期的に演奏されるような曲にはならなかったし、おそらく今後そうなることもないだろう。とはいえ、この一楽章の作品には、ところどころ非常に印象的なところが少なからずある。神秘主義を奉じるスクリャービンに典型的な、聴衆に呼びかけるかのごとき金管楽器のフレーズによる高揚感が、オペラ『鼻』を予告するかのような奇抜な十三声の線的対位法を使った「ドイツ的」な部分、そしてショスタコーヴィチのさらに後の交響曲群に特徴的な抒情的な箇所と、いささか意表をつくようなかたちで共存しているのである。

交響曲第二番のスコアを追っていくことは、作曲家が自分の錬金術の実験室にいて試験管で魔法のような反応を起こしているのをその肩越しにこっそり眺めるようなものである。より才能のない作曲家たちであれば大成功だと考えるであろうようなものが、ショスタコーヴィチのその後の作品を踏まえて考えると、ペンの試し書きにすぎないように思えてくるときもある。とりわけ問題なのは合唱付きのフィナーレである。そのフィナーレのまえにセンセーショナルな新機軸があり、それはシュリギーンの提案により『十月革命に捧ぐ』に入れられた工場のサイレンの音である。次に合唱が入り、ほとんど陰鬱なほどメランコリックに、共産党青年団員《コムソモール》ベズィメンスキーの「思想的に正しい」下手くそな詩を歌いあげる。次に引用するように、この詩は、マヤコフスキーが思いきり嘲笑せずにはいられないであろう大傑作だった。「おおレーニンよ、あなたは苦しみの力を鍛えあげた、あなたはたこができるほど手の力を鍛えあげた」。ショスタコーヴィチは短い嘲笑的なコメントを残している。「Voilà（このざまさ）」[*39]。

コーラスの音楽には、その後のショスタコーヴィチにあれほどまでに典型的な、確信にみちた大音響が欠如している。それは明らかに、そもそも構成上の説得力をさして持っているわけではない作品へのかたちだけの付け足しでしかない。信頼しているヤヴォルスキーには「合唱を大変苦労して作曲していますす。なにしろ言葉が!!!」[*40]と伝えてはいるが、ショスタコーヴィチは結局みずからの想像力を燃え上がらせることができず、そのためにテクストの最後の「クライマックス」となる言葉である「これが旗印、これが活気溢れる世代にまつわる名前だ。十月革命、コミューン、そしてレーニン」を作曲家は少しも朗々とした歌にはせず、合唱はそれをただシュプレヒコールのように叫んでいるだけである。この作品の最後の数小節は決まり文句を用いた陳腐な礼讃にしか聞こえない。

ベズィメンスキーの当局寄りの詩を相手に犯したこの失敗は、『十月革命に捧ぐ』がショスタコーヴィチにとって「雇われ仕事」であったことを物語るものである。議論の余地のないこの事実を理解することによって、若きショスタコーヴィチのイデオロギー面での成熟に関していまにいたるまで広く知られている決まり切った考え方を根本から再検討できる。この作曲家について伝記を書いた人たちの考えでは、彼の交響曲第二番は（そしてその次の交響曲第三番『メーデー』も）、ソ連を支持するこの作曲家の理想主義を証明するものであり、これが苦い幻滅に取って代わったのは後になってからのことにすぎないということになる。このような考えを音楽的分析によって裏づけることはできない。ベズィメンスキーのテクストに見られる情熱的なまでのソ連支持がショスタコーヴィチを萎えさせたことは痛いほど明らかである。以後の作品において彼の音楽がこれほどうわべだけのものであることはまれである。

今日の私たちが知っているすべての事情を考慮したとき、より説得力があると思われるのは、ショスタコーヴィチの政治についての考え方にまつわる別の様相である。彼の家族は伝統的にリベラルなナロードニキ運動の信念を支持していた。彼らが親ボリシェヴィキであったことを示すものは何もない。反対に、シンガリョーフとココーシキンが殺害されたことに対する反応やロスキー家との親交などの根拠を踏まえれば、ショスタコーヴィチ家の人々は、共産主義者たちに協力を強いられたにせよ、彼らを懐疑的に評価していたロシア知識人層の大多数のなかに属していたと推測できる。若いショスタコーヴィチもまた、ソヴィエト政権に対してそのように懐疑をもつ人間であったのだ。

二〇年代のショスタコーヴィチがソヴィエトを支持する好意的な姿勢を抱いていた証拠としてときおり引き合いに出されるのが、彼の若き日の恋人だったタチヤーナ・グリヴェンコに宛てて書かれたこの時期の手紙の文面である。だがその際、ソヴィエト政権下のロシアにおいてコミュニケーションの手段、とくに手紙が、いかに厳重な政治的統制のもとに置かれていたかということが考慮されていない。政治的な目的で捜査を行なう機関が全速力で動いていたのは一九三〇年代だけだという広く流布した考えは、まったくの誤りなのである。

国家の保安に関わるソヴィエトの機関についての完全で客観的な歴史はいまだに書かれていないし、おそらく今後もしばらく現われることはないだろうが、一九二二年八月に関して次のようなデータが公表されている。この一ヶ月間だけで、治安機関の政治統制に関わる部署の職員は、国外からロシアに来た三十万通の手紙のうちほとんど半数、そしてロシアから西欧に宛てられた二十八万五千通のすべてを開封し、検閲していたという[*41]。

国内郵便における検閲の範囲がそれに劣らず強力なものであることは容易に推測できる。今日ロシアの歴史家も証明しているように、「二〇年代の終わりにかけてこの国では、学者と文化人の行動と考え方を全面的かつ包括的に統制するためのシステムが形成され、そこにおいては「革命に刃向かうものを懲らしめる剣」たるチェーカー〔レーニンによって設立された秘密警察組織の通称〕およびその後の合同国家政治保安部といった機関が特別の役割をになっていた[*42]」。

政治的な目的による監視と密告行為がどのようなものであるかについて、ショスタコーヴィチ家はまだ革命前の時代から、人づてにではなく実体験として知っていた。彼らには用心深さが骨の髄まで染み込んでいた。革命の初期に行なわれた「赤色テロル」においては、ペトログラードの街路の広告塔には銃殺された「共謀者」のきわめて長いリストが貼られ、人々の心に一層の大きな恐怖を吹き込んだ。数十年たってからもこれらの追放者名簿を作曲家は恐怖とともに思い出したのである。

ショスタコーヴィチ家の知人と友人は三〇年代の大テロルのはるか前に「姿を消し」はじめていた。ドミートリーの中学校の同窓生だったパーヴェル・コズロフスキーが一九二一年にたどった運命もそのようなものだった。パーヴェルは、一九二一年に起きた名高い反ボリシェヴィキ蜂起であるクロンシュタットの反乱における軍事的な指導者の一人だった帝国海軍の元将軍アレクサンドル・コズロフスキーの息子である。その後一九二九年には、ショスタコーヴィチの親友ミハイル・クワドリが「反革命的な活動の科《とが》で」逮捕され銃殺されることになる。作曲家は彼にみずからの交響曲第一番を捧げているが、この献辞はクワドリの銃殺後に抹消された。

ショスタコーヴィチと同じく、帝政時代に首都だったこの街に在住していた美術批評家のニコライ・プーニンは、ソヴィエト体制の本質が懲罰にあることをかなり早くからよく理解していたが、彼が密かにつけていた日記には、一九二五年七月十八日付の、この体制の特徴をはっきりと示す次のような記録がある。「中学生が銃殺された。五十二名と言われており、残りのものは流刑になって、子ども向けの玩具とか冬物の衣服も含めて所有物は没収された。銃殺について公式の報道はない。街では、もちろん、みながこのことについて知っている、少なくとも私が付き合いがある人たち、つまり勤め人のインテリ層のあいだでは。このことについては戦慄と不快感とともに語られてはいるが、驚きと本物の怒りをもっている者はいない。まるで他にどうしようもなかったかのように人々は語るのだ。今回のことはすぐに忘れられてしまう気がする。大いなる茫然自失と、疲労の極限だ[*43]」。

こうした事情を考慮すると、若いショスタコーヴィチがそれなりの根拠をもって感づいていたとおり当局によって検閲されていた書簡のなかで、ことさら「法を厳守する」文面がいくつか見られることより、公式のイデオロギーに対する無礼で嘲笑的な意見が思わず大量にあふれ出てしまっていることのほうが驚きである。レーニンに対する崇拝が上から普及させられ、一九二四年にこの指導者が没して以後は前代未聞の規模にまで広がりをみせていた状況において、とくに危険をともなうようにみえるのはドミートリーが好きだった次のような冗談である。たとえば彼はピョートル・イリイチ・チャイコフスキーのことをしつこく「イリイチ」(公式の出版物でレーニンはいじらしくもこのように呼ばれていた)と呼んでいた。また、グリヴェンコへの手紙でショスタコーヴィチは、ペトログラードがレニングラードと改称されたことに憤り、皮肉たっぷりにこの街をサンクト・レニンブルクと呼んでいるのである。

ヤヴォルスキーへの手紙のなかで、ショスタコーヴィチは音楽院の大学院生にとって必修だった音楽における「マルクス主義的方法論」の学習を、廃止された神学の科目に皮肉まじりになぞらえ、そしてまさにこの「マルクス主義的方法論」の試験での挑発的かつ愚弄するようなみずからの振る舞いをひどく滑稽に描写している。[*44]これに関連して作曲家はみずからの「政治的な面での不誠実さ」について率直に書いている[*45](一言付け加えておけば、私の学生時代だった六〇年代ははるかに血腥《なまぐさ》さが和らいではいたものの、私信のなかであれこのような「異端的」な意見を表明する者は——とりわけ体制順応的な音楽界においては——それほど多くはなかったろう)。

この文脈においては、取って付けたような交響曲第二番のフィナーレをショスタコーヴィチが強いられた妥協と考えていたとみるのが自然である。このことを裏づけるいま一つの事実は、「当局寄りの」交響曲をまだ書き終わってもいない一九二七年に、まるで狂ったかのように、イデオロギー的に対極的なオペラ『鼻』(ゴーゴリの原作にもとづく)に作曲家が取り組みはじめたことである。このとき強調しなければならないのは、『十月革命に捧ぐ』とは異なり、このオペラは委嘱作品ではなく文字どおり作曲家のペン先からほとばしり出てきたものであるということだ。作品の長さをみても、そのテーマを見ても、これは大胆な一歩だった。

ゴーゴリの『鼻』という中編小説はそのプロットによって、二十世紀に世界文学に現われた不条理文学(カフカ『変身』、イヨネスコ『犀』、フィリップ・ロス『乳房になった男』など)の先駆となった。真似ができないような落ち着きはらった筆致でゴーゴリが語るのは、ペテルブルグのコワリョーフ少佐を襲った災難についてである。彼は不可解なことに鼻を失ってしまい、その鼻はそのあと首都の街路に尊大な高官のすがたで現われた。多くの悲喜劇的な急展開のあと、コワリョーフが鼻を取り戻すことを完全に諦めた頃、その鼻は失われたときと同様に理解しがたい成り行きで持ち主の顔にふたたび戻ってくる。この、みごとなまでにグロテスクに描き出された作品を、ゴーゴリは次のような反語的なあとがきで結んでいる。「作家というものがどうしてこのようなプロットを取り上げられるのか、実に奇妙で不可解である。（中略）第一に、まったくお国のためにならない。第二に、いやしかし第二にも同じくためにならない」。

この見せつけるかのように「無思想」な言葉が、どれほど作曲家の気に入ったかは想像にかたくない。というのも彼は、ベズィメンスキーの「きわめて思想的」で才能のないテクストを音楽に置き換えることを強いられていたからだ。しかしオペラ『鼻』はショスタコーヴィチにとってただ単に感情のはけ口とか、一息ついたということではなかった。このオペラは、彼の最初の、創作上および社会的なマニフエストとなったのである。

これまで誰も『鼻』が自伝的なオペラだと指摘してはいない。つとに語られてきたのは、その前衛的な手法（モンタージュ的な構成、調性のない断片的な箇所、声楽家の声域に対してありえないほど高い音域が頻繁に使用されていること、番人役が歌う悪名高い八重唱が不条理主義的な八声のカノンとなっていること、オーケストラの打楽器群のみによって奏される幕間の間奏曲という果敢な実験）と諷刺的な志向である（『鼻』にはチャイコフスキー、ムソルグスキー、そしてとくにリムスキー＝コルサコフらのオペラのパロディが盛りだくさんである）。しかし仮に『鼻』がこれら二つの要素からだけ成っていたなら、おもしろくて魅惑的なキワモノじみた新作にはなりえてもそれ以上のものにはならなかっただろう。だが実際に『鼻』は、いまにいたるまで聴く者の心を昂らせ感動させている。その理由の大半は、オペラの中心にあるのが興味と共感を呼びおこす登場人物であるという点にある。

ショスタコーヴィチがこのような登場人物としたのが鼻のないコワリョーフなのだが、彼はゴーゴリの原作が解説される際には伝統的に、俗悪さを体現する取るに足らない人物として解釈されてきた。重要なのは、ゴーゴリが、この登場人物のありそうもない物語を先述のとおりことさらに冷静に叙述したということだ。ショスタコーヴィチ作品では、鼻を失ったコワリョーフは、病的な激しさによって強い印象を与えるアリアを歌う、悲劇的な主人公と化している。コワリョーフは、のちのイヨネスコの作品『犀』の主人公であるベランジェのように、周りのみなと同じようであることを望み、心から嘆いている。「……鼻がなければ人間は、誰だかわかったものではない。鳥のようで鳥ではなく、市民のようで市民ではない」。しかし運命の奇妙なきまぐれによって彼は「別人」になってしまい、それがために「鼻高々」の権力組織はすぐに彼を、社会から逸脱し背いた者として処罰する。コワリョーフは街を甲斐なく奔走し、鼻を取り戻すことを試みるが無駄だった。いたるところで彼を待ち受けているのは、屈辱と不名誉である。

ショスタコーヴィチはコワリョーフを、社会から順応主義者になるように強制されたアウトサイダーにしている。これが自伝的なモチーフであり、交響曲第二番をめぐる状況を反映していることは明らかである。このとき作曲家ははじめて、みずからのオペラのもとになった散文作品の基本理念を大胆に再解釈し、自伝的な意味を加えたのであるが、このような手法はその後の作品にも採用されていく（同じことが、ニコライ・レスコフ原作による彼のオペラ『ムツェンスク郡のマクベス夫人』でも生じている）。ショスタコーヴィチは『鼻』において自分が嫌悪するものをすべてぶちまけている。狡猾な女たちも（このオペラは女性嫌悪の傾向がとても強い）、汚職に手を染める警官も、そしてとくに順応主義者的な大衆も、手ひどく攻撃されているのだ。この大衆というものを作曲家は、正気を失って残忍になり、物見高く、操られやすく、異論派とくれば誰が相手でも苦しめることにやぶさかではない群衆として描いた。

ショスタコーヴィチの『鼻』には、ゴーゴリ原作による、二〇年代半ばに世間を騒がせた別の演劇からの影響が見出されるのが通例である。アヴァンギャルド演劇の巨匠フセヴォロド・メイエルホリドが演出した『検察官』がそれである。その類似は多くの根拠があり、そのなかにはショスタコーヴィチ自身がそれを認めていることも含まれる。しかしメイエルホリド演出のとはまったく別の、若いショスタコーヴィチの芸術と政治のそれぞれの面での理念にずっと近い『検察官』の解釈をここで想起してもらうこともできる。それは、挑発的でアナーキーな、レニングラードのダダイストでありスターリン期のラーゲリで一九四一年に没したイーゴリ・テレンチエフによる演劇である。

ゴーゴリの作品を出発点としつつ、テレンチエフは（偉大なパーヴェル・フィローノフ率いる「分析芸術工房」のメンバーである表現主義の画家たちの力を借りて）乱暴で残酷な監督官が管理する精神病院として同時代の世界を描いた。テレンチエフはソヴィエト政権を鼻であしらい、当局寄りの批評家たちは激怒し、「この危険な遊びを根絶する」ことを求めた。この結果としてテレンチエフは「再教育」のために白海・バルト海運河の建設のために派遣され、そこで土木作業員として過酷な労働に従事しつつ、アイロニーと恐怖をおびた詩を書いた。それは似たような悲劇的な状況にいたならショスタコーヴィチが作者でもありえたような詩だった。

クレムリンよ、
点が下のほうに見えるか。
これは私が手押し車で運んでいるのだ
社会主義の大地を。

ショスタコーヴィチはテレンチエフによる演劇の実験に強い関心を抱いていた。しかしながら『鼻』に関しては別の重要な異端的な人物の影響が間違いなくある。ショスタコーヴィチはオペラの台本を書くにあたって公然と、著名な作家エヴゲニー・ザミャーチンの協力を得ているのだ。彼は一九〇五年の革命の参加者であり、その頃ボリシェヴィキに加わったが、しかし共産主義者たちが政権に就くと、挑発的なまでに独立した立場を取るようになっていた。

一九二〇年にザミャーチンはみずからの最も有名な作品であるアンチユートピア小説『われら』を書き上げた。同書は検閲により出版を禁じられたが、写本のかたちで広く回し読みされていた。その代わり一九二一年にザミャーチンは奇跡的に、みずからの文学的宣言であり後に語り継がれる『私は危惧する』の出版に成功したが、この評論文を次のようなアフォリズムで結んだことによって高い代償を払わされるはめになった。「私はロシア文学の未来にはただ過去しか存在しなくなるのではないか、と危惧している」。

一九二二年にザミャーチンはロスキーやその他の反対派とともにソヴィエト・ロシアから追放されるはずだったが、最後の局面になってボリシェヴィキはそれをとりやめた。ザミャーチンはショスタコーヴィチ家の家族と付き合いがあり、もちろん若い作曲家は「本物の文学は、勤勉で思想穏健な役人ではなく、狂人、世捨て人、異端者、夢想家、反抗者、懐疑主義者が創作しているところにのみ存在しうる」[*46]という意見をよく知っていた。基本的にこの言葉は長編小説『われら』（ザミャーチンは本作のジャンルを都市の神話と定義していた）における最も重要な理念の一つとみなすことができるが、奇妙なことにそれは、ショスタコーヴィチの『鼻』にもあてはまる。

ザミャーチンは（まず第一にマヤコフスキーを念頭に置きつつ）次のように迎合主義者たちを皮肉っている。「某作家は革命的な詩を書いているが、それは彼が実際にプロレタリアートを愛していて革命を欲しているからではまったくなく、彼が自動車と社会的地位を愛しかつ欲しているからなのです。某作家は、私に言わせれば売春婦です」[*47]。敏感なショスタコーヴィチはこの皮肉を他人ごとではないと受け止めたことだろう。まさにそれゆえ『鼻』に関して彼はザミャーチンに相談したのである。『鼻』はショスタコーヴィチによる反密告主義宣言であり、彼自身の『私は危惧する』となるに違いなかった。

興味深いのは、『鼻』が一九三〇年のはじめにレニングラードで上演された際にこの作品を最初に批評した者たちが、ショスタコーヴィチのオペラがもつこのような標題音楽的な性格をかなり鋭敏に理解していたということである。当時よく用いられていたイデオロギー色の強い符丁を濫用していたとはいうものの、彼らが舌鋒鋭い才能ある人々だったということは認めねばならない。彼らの一人は、すでに述べたように、ショスタコーヴィチのオペラを「無政府主義者の手榴弾」呼ばわりし、別の者は『鼻』の要点とは「調子が狂った小市民の茫然自失した感情」をイメージ化していることであると述べた。この批評家は、ショスタコーヴィチが自分の分身であるコワリョーフの「精神的な混乱」に注意を集中させていることを正しく見てとり、この曲にオーストリア・ドイツの表現主義者たちと共鳴する要素があることを聴きとっていたが（アルバン・ベルクの『ヴォツェック』と、当時レニングラードで人気があった劇作家のエルンスト・トラーとの明白な類似がある)、しかし作曲家がこめた自伝的なテーマはこの批評家によって次のように容赦なく非難された。「こうしたことのすべてが、同時代の現実へのプチブルの心理的な反応を暴き出している」。彼の結論は「このすべてをソヴィエトのオペラとみなす必要はない」というものだった。[*48]

容赦なく敵意のこもった言い方ではあるが、しかし本質においては正しい理解である。ショスタコーヴィチは、このような劇評が出たあとで心臓発作を起こしたが、『鼻』の舞台監督への手紙で次のように書いている。「記事はその目的を達することでしょう。あれを読んだ人は『鼻』を観に行くことはないはずです。このことに一週間ばかり耐えて、二ヶ月間は『鼻』が失敗してほくそ笑む『知人や友人』たちに耐える、そうしたら痛みが和らいで、また仕事をはじめるつもりです。どんな仕事に取り掛かるかはわかりませんが[*49]」。

『鼻』はレニングラードで十六回上演された。オペラを観て不満を感じた者のなかには批評家たちだけではなく、レニングラードの党組織で権勢をほしいままにしていたセルゲイ・キーロフもいた。そしてこのオペラは演目から外された。若い作者にとってそれはもちろん悲劇だったが、この国の文化の動向全体にとっては些細な出来事であり、この時期の文化闘争に関する年代記においては触れられることの少ないままに留まっている。

知識人たちは『鼻』どころではなかったのである。彼らは震撼させられていた。彼らに対する厳しい攻撃がすでに一九二九年に始まっていた。スターリン自身がこの年を「偉大なる転換の年」と名づけている。当時彼は野蛮な農業集団化の開始を宣言し、「階級としての富農撲滅」を要求した。宗教的なプロパガンダは国家に対する犯罪と同一視され、経済発展のための第一次の「五ヶ年計画」の案が決定され、ニコライ・ブハーリンを筆頭とする「右翼反対派」が最終的に壊滅させられた。トロツキーは国外に追放された。大規模な「粛清」が行なわれ、その過程で党員と国家公務員の履歴書がチェックされ、忠誠の度合いや「敵性分子」との潜在的なつながりについて精査がなされた。

レニングラードでは、官僚と学者に対する罷免と逮捕が一段と激しさを増した。そのなかにはショスタコーヴィチ家と付き合いがあるものも多かった。文化の領域では、影響力のあったロシア・プロレタリア作家協会（RAPP、ラップ）と音楽におけるその姉妹組織だったロシア・プロレタリア音楽家協会（RAPM）が急激に締めつけを強めはじめた。これらの組織は二〇年代の初頭にすでにつくられていたが、このときになってとくに攻撃的になっていた。彼らを背後で操っていたのは、党と、一九二九年に五十歳の誕生日を祝い、最高指導者としての役割に最終的に確信を抱いていたスターリン自身である。「イデオロギー戦線」全体に対するこの大規模な攻撃のクライマックスは、ザミャーチン（『鼻』の台本執筆の際のショスタコーヴィチへの協力者）ともう一人の作家ボリス・ピリニャークに対する迫害、すなわち彼らが自作をソヴィエトの検閲を回避して西側で出版したことに対する迫害である。

主要な新聞に掲載された悪意ある記事や緊急に組織された作家たちの会議でザミャーチンとピリニャークは「労働階級の明白な敵」、裏切り者、そして破壊分子として非難された。異論を根絶するためのキャンペーンでのこうした図式は、その後当局によって何度も用いられることになる。しかし一九二九年においてはこれらすべてには、まだ目新しさがあった。文化人に要求されていたのは、前例のないほど一丸となって密告に協力することであった。その結果、知識人はその伝統的な行動規範を衝撃的なまでに放棄するようになった。レニングラードで活動していた有名な作家で、物事の新しい秩序の「猛烈な信奉者」の一人だったミハイル・チュマンドリンは次のように言っている。「密告ですって？　われわれわれは言葉を怖れません。われわれにとって重要なのは、言葉の向こうにあるものです。異質で敵対的な思想を摘発すること、敵を明らかにし、反革命家に襲いかかること、それこそが労働階級を前にしてのきわめて名誉ある義務なのです！[*50]」

一九二九年の雰囲気を端的に示すこの発言からは、なぜショスタコーヴィチが『鼻』の仕事を終えた後あれほど不安にとらわれていたのかを推し量ることができる。きわめて敏感で感受性の強い人間だった彼は、周囲で進行していて彼個人を傷つけずにはおかなかった不吉な変化を鋭く感じ取っていたにちがいない(8)。これらすべてのことによって説明がつくのは（正当化はできないが）、同じ年、暗黒の一九二九年に書かれたショスタコーヴィチの交響曲第三番（『メーデー』）がどこから生まれてきたかということである。本人の声明によると、この作品において作曲家は、「平和的な建設の祝祭的な気分」を伝えることを意図していた[*51]。

いかなる祝祭的な感情もこの時期のショスタコーヴィチがとくに経験していたはずはなく、それに交響曲第三番にもそうしたものを見出すことはできない。しかし、『十月革命に捧ぐ』と同様に、この曲には多くの新鮮な、明らかに独創的かつ格別に抒情的な気分を醸し出す箇所がある。それはたとえば田園的な、若いショスタコーヴィチには珍しい、ひどく「ロシア風に」響く、二本のクラリネットによる導入部や、あるいは緩やかなテンポの箇所もそうである。これは疲れ果てた魂の虚脱状態を表現しており、作曲家の後期の弦楽四重奏曲にみられる凍りついて生気を失ったような箇所の原型となるものだ。実際これはきわめて表現力に富んだ音楽だが、「プロレタリアの国際的な結束のための祝日が醸成する、みなに共通した気分」を伝えること（作者自身はまさにそのようにこの作品のことを説明しているのだが）とは何の関係もない。

しかし、交響曲のために当局からお金を受け取った以上、注文主に商品を引き渡さねばならなかった。そのため新しい交響曲は、本来の管弦楽的な部分は謎めいた余韻を残しつつ中途半端に断ち切られ『十月革命に捧ぐ』と同様、ショスタコーヴィチと同い年でこれまたマヤコフスキーの亜流セミョーン・キルサーノフによる詩を歌詞に採用した、合唱による革命への賛美がとってつけたように「ピン留め」されている。この「政治的に公正」ではあっても下手な詩は、交響曲第二番におけるベズィメンスキーのテクストよりは少しはましだったが、今回も作曲家を魅了することはなかった。交響曲のフィナーレは陳腐で、ひたすらこの箇所を鋏で切り落としたいという願いを聴き手の心に呼びおこす。

つまるところ、若きショスタコーヴィチにとってはこのすべてが生き残りをかけた闘いだった。「政治的に公正な」交響曲を二つ書いたあとでさえ、彼はこの国の文化全般をめぐる言説においては周縁的存在にすぎなかった。しかし彼の『メーデー』交響曲のためのテクストにまつわる経緯の裏には、象徴的かつ、ショスタコーヴィチにとっては重要な意味が隠されていた。この交響曲のフィナーレのための詩は当初、傑出したプロレタリア文学の詩人でありレーニンの寵愛を受けていたデミヤン・ベードヌイに依頼する予定になっていたという（ちなみにスターリンはベードヌイの詩はとくに好んでいたわけではなかった）。キルサーノフのテクストはその場しのぎのものだったのである。ショスタコーヴィチは、できることならもちろん、このころ主導的な革命詩人の座をめぐる絶望的な闘いを行なっていたマヤコフスキーその人の詩を扱いたかったことだろう。

多くの人がマヤコフスキーを革命詩人の代表とみなしていたが、そう考えていない者も少なくなかった。共産党の指導部ではレーニンがマヤコフスキーを嫌っていたことを覚えている者もいた。党の有力な理論家ニコライ・ブハーリンが最も重要な革命詩人の役割を担わせようとしていたのは、ボリス・パステルナークだった。一九三〇年一月に、レーニンを記念してボリショイ劇場で特別に開催されたパーティで、マヤコフスキーがこの指導者に関する長詩の一部を朗読したとき、スターリンはまるでブハーリンへのあてこすりであるかのように、マヤコフスキーにこれ見よがしの熱烈な拍手を送った。

このときの成功にもかかわらず、マヤコフスキーは自分が侮辱され苦しめられていると感じていた。一九二九年の詩『同志レーニンとの会話』において彼は、「切った張ったは疲れるものです」と愚痴をこぼしている。それに加えて彼は、自分の才能が枯渇してしまったのではないかと恐れていた。運命を決する重要な年となった一九二九年、マヤコフスキーが許可を得てフランスに出国した際（これが最後の機会となった）、彼はそこで古い友人で亡命したアヴァンギャルド芸術家のユーリー・アンネンコフと会っている。モスクワへ帰ることについて話題になると、アンネンコフは、もうそのことについて考えてはいないと口にした。自分は芸術家であり続けたいが、ボリシェヴィキが支配するロシアではそれは不可能だと彼は言う。マヤコフスキーはそれを聞くとすぐ気分が重くなり、次のように言葉を返した。「ぼくは戻るよ……もう詩人であることをやめてしまったから」。そして幼子のように声をあげて泣き出し、かろうじて聞き取れるほどの声で付け加えた。「ぼくはもう役人なんだよ」[*52]。

マヤコフスキーが嫌でも思い出すのは、本物の文学を創造するのは役人ではなく異端者だというザミャーチンの預言者のような言葉だった。この悲劇的な局面にあって詩人はみずからを僭称者だと感じており、年代記作者とも（彼は年代記作者であったことは一度もない）、聖愚者とも（彼は未来派だった若い頃は無条件に聖愚者だったのだが）、もはや感じてはいなかった。ザミャーチン以上の反逆者として出発したマヤコフスキーだが、その彼が今や忠誠心あふれる兵士のようにザミャーチンとピリニャークを罵倒するまでになってしまった。彼は当局寄りのＲＡＰＰに参加し、アヴァンギャルドの友人たちを見殺しにした。彼らの多くは進行中の事態をソヴィエト連邦における左翼芸術の恥ずべき衰退だと見ていた。

プーシキンが描いた僭称者同様、マヤコフスキーは冷笑家ではなかったので、問題をロマン主義的に解決した。一九三〇年四月十四日に彼は拳銃自殺を遂げた。マヤコフスキーの死後に写真の撮影を依頼されたアレクサンドル・ロトチェンコは日記に次のように書きとめている。「彼は自分のとても小さな部屋で横たわっていて、シーツで覆われていて、わずかに壁のほうを向いていた。そうやって辛うじてみなから顔をそむけつつ、彼はものすごく静かで、時が止まってしまったかのようだった……そしてこの完全な静寂が、繰り返し語ったのは、こんな卑劣なことをして、この天才的な人物を亡き者にしてこのひどい静寂と空虚をつくりだした者全員が、悪意に満ちて才能を欠き、醜悪な人身攻撃を行ない、俗物で卑怯で、嫉妬深く馬鹿だということだった……[*53]」。

モスクワには、失恋や梅毒など、マヤコフスキーの自殺の原因についての噂がすぐに広まった。失恋は実際にあったが、梅毒はなかった。しかしもう一つの、もしかしたら最も重要だったかもしれない原因について、人々は声をひそめこっそりと注意深く語っていた。こうした会話について私たちが知ることとなったのは比較的最近のことである。作家のイサーク・バーベリが一九三九年の逮捕後、内務人民委員部に提出した自筆の供述書が出版された。「マヤコフスキーの自殺を私たちは、この詩人がソヴィエトでの条件において仕事をすることが不可能であるという結論をくだしたことの結果だと解釈していた[*54]」。

ソヴィエトにおけるすべての教養ある芸術家たちと同様、ショスタコーヴィチにとって詩人の自殺は衝撃となった。二十二歳のショスタコーヴィチがマヤコフスキーと知り合ったのは一九二九年のはじめ作曲家が詩人による喜劇『南京虫』（メイエルホリドの演出による）のための音楽を作曲したときのことであり、詩人の礼儀をわきまえない振る舞いに作曲家は辟易した。しかしショスタコーヴィチはマヤコフスキーを少年のころから読んでいたので、初期の作品のほうが好きだったとはいえ、この大物詩人がもつ同時代における象徴的な意義を認めていた。

ショスタコーヴィチにとってマヤコフスキーの運命はひとつの警告となった。創造に従事する者がみずからを僭称することの末路を目にしたからである。詩を書く能力を失い、絶望し、その悲劇的な結果として自己を抹殺することになる。ショスタコーヴィチは身の毛がよだった。

たとえ、当局との妥協、やっつけ仕事、そして日和見主義に走らざるをえない状況だったとしても、ショスタコーヴィチは僭称者になりたいとは思わなかった。彼は生き残りたかったが、そのためなら何でもするというつもりはなかった。彼は自分だけではなく、自分に与えられた天賦の才も守りたかったのだ。見たところ出口のない状況からの出口を、何がなんでも見つけなければならなかった。

㊟

（1）ＫＧＢとして最もよく知られている秘密警察は一九一七年の革命の後に〈反革命・サボタージュ取り締まり全ロシア非常委員会〉として設立された（チェーカーともいう。警官たちはチェキストと呼ばれていた）。年月を経て、この機関はさまざまな幹部会や省庁へ再編成されて数多くの名前や略称で知られた。一九二二年にそれは国家政治保安部（ＧＰＵ）となりその後に合同国家政治保安部（ＯＧＰＵ）となった。スターリンのテロルの時期にあたる一九三四年にそれは内務人民委員部（ＮＫＶＤ）として知られていたが、第二次世界大戦後に国家保安委員会（ＫＧＢ）となった。一九九一年にソビエト連邦が崩壊した後に、ロシアの諜報機関は連邦保安庁（ＦＳＢ）として知られるようになった。人々はその職員をいまだにチェキストと呼んでいる。

（2）この交響曲を作曲している時期にショスタコーヴィチは自分の友人に次のように書いている。「私の愛は私が愛するすべての人々のものだ。私の呪詛を受け取るのは、私に対して悪いことをしたすべての人々だ」（*Pis'ma k drugu*, p. 127）。

（3）似たような状況において五年後にマリア・ユージナは、彼女独特の格調高い言い回しで、パリ在住で前衛主義者の音楽を懐疑をもちつつも信奉していたピョートル・スフチンスキーに宛て、ショスタコーヴィチの交響曲第十三番（『バービー・ヤール』）を擁護する手紙で書いている。「あなたの好きなブーレーズたち皆がたずさわっているような、音楽言語の絶対的な新しさのなかにも真実はあるし、人間の存在がもつ最高の価値という古臭い衣装のなかにも真実はある」（Maria Yudina, *Luchi Bozhestvennoi Liubvi. Literaturnoe nasledie* (Moscow–St. Petersburg, 1999), pp. 470–1）。

（4）ここで語らねばならないのは、スターリンとショスタコーヴィチに共通する知覚のうえでの特徴である。二人とも読んだものを覚えることについては傑出した能力をもっていた（ショスタコーヴィチについては、聞いたことに関しても同じことが言える）。一ページ分の文章を読んだら、二人ともそれをほとんど間違えずにそらで繰り返すことができた。二人ともいったん読んだものは長いこと記憶に留まった。

（5）マヤコフスキーが、ボリシェヴィキに新しく攻撃可能な対象を「耳うちしつつ」みずからの詩で書いているところによれば、次のとおりである。「白衛軍兵士を見つけるだろう、そして銃殺。ところでラファエロをお忘れでは？　ラストレッリをお忘れでは？　銃弾で美術館の壁を連打するときだ」。

（6）国家の指導部がどのような重要性をショパン・コンクールに付与していたかを裏付けるのは、ショスタコーヴィチとその友人（レフ・オボーリンとユーリー・ブリュシコフ）がワルシャワに出発するまえ、赤軍参謀長でありクラシック音楽の庇護者であったことでも有名なミハイル・トゥハチェフスキーに自分たちの旅程を提示していたという事実である（彼はヴァイオリンの演奏を好み、自分でヴァイオリンを製作しさえした）。

（7）晩年（ベズィメンスキーは一九七三年に没した）になると、かつて著名だったこの作家を額面通りに受け止めるものは誰もいなかった。次のような愚弄にみちた描写が回し読みされていたほどだ。「剛毛。出っ歯。コムソモールのバッジを付けた、あほんだら」。ベズィメンスキー自身はというと、自作の墓碑銘において冴えない言い回しで人生を総括しているが、それは少なくとも、文化史における自分の位置に関して彼がいかなる幻想も抱いていなかったことを物語るものである。「大きなお腹と小さな男根、それが私に残されたすべてだ」。

（8）ここで改めて、一九二九年にショスタコーヴィチの親友だったミハイル・クワドリが逮捕され銃殺されたことを想起してもよい。というのも、一九二七年に出版された交響曲第一番のスコアは彼に捧げられていたからであり、そのためショスタコーヴィチはとりわけ傷つきやすくなっていた。

第二章　一九三六年——原因と結果

一九三〇年四月十八日、ピストル自殺したマヤコフスキーの葬儀（数千人の弔問客が訪れ、独特の自然発生的な政治デモへと転化した）の翌日、作家ミハイル・ブルガーコフのモスクワのアパートで電話が鳴った。ブルガーコフが受話器をつかむと、強いグルジア・アクセントで鈍く響く声が聞こえた。話していたのはスターリン自身だった。

この予期せぬ電話には劇的な状況が先行していた。このときまでに、ブルガーコフは著名な散文作家となっていたが、劇作家としてはさらに有名だった。彼の戯曲『トゥルビン家の日々』は、一九二六年に国の重要な舞台、すなわちモスクワ芸術座に登場した最初のソ連の作品となっていた。偉大な巨匠たち、コンスタンチン・スタニスラフスキーと、ウラジーミル・ネミローヴィチ＝ダンチェンコが率いていた劇場だった。当時最も愛された俳優たちが出演した公演は、真のセンセーションを巻き起こした。多くの人々がこの芝居に、当時打撃を受けていた社会層、ロシアの知識人《インテリゲンツィヤ》の弁明を見出していた。

ブルガーコフ自身、これについてかなり公然と述べていたが、こうした言明は、秘密警察（国家政治保安部）の尋問にも無鉄砲に大胆で率直に振るまえる人だけができるものだった。ブルガーコフはその秘密警察に、『トゥルビン家の日々』のゲネプロのさなかに呼び出されていた。「私はロシアの知識人の生活に関心があります。私はそれを好んでいて、この国において、弱いとはいえ、とても重要な社会層だと考えています。その運命は私に身近であり、その経験は愛しいものです」[*1]。ブルガーコフのこうした立場は、当時国家政治保安部に寄せられた彼についての密告によって確認される。そこではブルガーコフが次のように描写されていた。「典型的なロシアの知識人であり、不安定で、夢見がちで、そしてもちろん、心の底から「敵対的」である」と。[*2]

『トゥルビン家の日々』は、観衆から反革命の白軍陣営のレクイエムとして受け止められた。それは観衆の反応を極端に二分した。ある者は、実際の生活では比較的最近まで赤軍と戦っていた白軍将校が芸術座の舞台でようやく同情をこめて示されるのを見出して、涙しては気が遠くさえなった。別の者は逆に、憤ってピストルを握る想像をした。スターリンはこうしたすべてを自分の眼差しで観察することができた。というのも、非常に忙しかったにもかかわらず、あたかも催眠術にかかったかのように、『トゥルビン家の日々』の上演に何度も足を運んでいたからである。彼は、気高い白軍将校アレクセイ・トゥルビンを演じた俳優ニコライ・フメリョーフを夢にみて、「忘れがたい」と認めるほどだった。

この役柄を演じたフメリョーフを撮影した写真をいま見てみるのは興味深い。私たちの目前にあるのは、理想化された……スターリンの若き日の肖像なのである！　このことは、この戯曲にスターリンが意識下で魅惑されたことを理解するのを助けてくれる。だが、それは同時にスターリンにとって同時代のロシアの知識人の世界を覗く窓の役割を果たしていた。革命前の知識人については、彼はチェーホフを読むことができたが、ここで彼に現われてくるのは、新しい作家によってつくり上げられた、くっきりとした、鮮やかで、心理的に詳細を極めた、スターリンが幼少の頃から惹かれていた階級の描写であった。彼はレーニンとは異なって、ソ連の権力に対してこの階級を惹きつけることが切実に必要だと考えていた。ブルガーコフは自分の描写において、情勢の求めを拒否して、知識人を「わが国の優れた階層」として押し通した。それをスターリンは、どうみても気に入っていたのである。

それにもかかわらず、『トゥルビン家の日々』初演後にブルガーコフを見舞った逆風を抑えるために、指導者は何も行なわなかった。（後にショスタコーヴィチが行なうように）厳しい批評を特別なアルバムに丁寧に切り貼りした劇作家自身の計算によれば、長期にわたってソ連の出版物に現われた彼の作品に対する三百一の批評のうち、二百九十八は否定的なものであり、しかもその大部分は、きわめて攻撃的な批評であり、公然とした政治的な告発の口調と性格をもっていた。

『トゥルビン家の日々』、そしてそれに続いてその他のブルガーコフの戯曲も、検閲で許可されたかと思うと、ふたたび禁じられたりした。ブルガーコフの作品は出版されなくなった。迫害されて、深い鬱に陥っているように感じた作家は、挑発的な書簡「ソ連政府へ」（すなわち、スターリンへ）を書いた。そのなかで懺悔も、彼に求められていたように「共産主義の戯曲」を書いたりすることも拒否した。そうしたことの代わりに、ブルガーコフは自分を西側に出すよう公然と求めた。なぜなら、自分にはソ連では未来がなく、ただ「窮乏、路上生活、そして憤死」だけが待っているのだから。ブルガーコフの書簡はこのように締めくくられていた。[*3]

一方、一九三〇年四月十四日にマヤコフスキーがピストル自殺した。この悲劇的な事実と、ブルガーコフへのスターリンの電話との結びつきを推しはかることは難しくない。ブルガーコフはマヤコフスキーに対してきわめて否定的な態度を取っていた（マヤコフスキーもブルガーコフに同様に対していた）が、マヤコフスキーは、後に別の「反ソ人」ザミャーチンを助けたように、自分の自殺によって逆説的にもブルガーコフを助けた。指導者は、自分の支配下で次から次へと指導的なロシアの文化活動家たちが自殺によってその生涯を閉じていくことをもう望まなかったのである。

作家の未亡人のずっと後の記録によれば、スターリンはブルガーコフに対して次のような質問を発した。「あなたは外国へ行く許可をお求めですね？　私たちの何があなたをそんなに煩わせているのですか？」と。ブルガーコフは狼狽し、すぐに答えることができなかった。「私は最近多くのことを考えました。ロシアの作家は祖国の外で暮らせるのかと。私は、そんなことはできないと思います」。

スターリンは、おそらく、自分が耳にしたことに満足したのだろう。次のように述べた。

「あなたは正しい。私もそう思います。あなたはどこで働きたいですか？　芸術座ですか？」

「ええ、私はそれを望んでいます。私はそれを言ったのですが、拒否されたのです」。

「ではあなたはそこに請願書を出すのです。私は、彼らは同意すると思います。私たちは会って話す必要があるようですね」。

「ええ、そうですとも！　ヨシフ・ヴィッサリオノヴィチ、私は本当にあなたと話す必要があるのです[*4]」。

そこでスターリンは突然会話を切り上げた。彼は、経験豊かな政治家で人間の心理に通じた者として、志の遂げ方を理解していた。すなわち、ブルガーコフの西側出国の問題は、おのずと消え去り、指導者の突然の電話に惑わされ、鼓舞された作家が自殺することはまずありえなかった。

まさに次の日、ブルガーコフは演出家の助手として芸術座のスタッフに諸手を挙げて迎えられた。モスクワの知識人のあいだでは、この幻想的でゴーゴリ風の物語は、果てしない議論の対象となった。噂話は注目すべき文書に総括された。最近になって機密解除された、国家政治保安部〔ＯＧＰＵ〕で文学を担当したヤーコフ・アグラーノフ名義の「諜報情報概要」である。

「堤防が決壊して、突然同志スターリンの本当の顔が現われたかのような印象だった。彼以上に怒りによって取り巻かれ、嫌われ、そして残酷かつ愚かな狂信者で、国を破滅へと導こうとしており、わが国のあらゆる災い、問題、破壊などの原因と見なされ、クレムリンの壁の向こうにいて、血を渇望している者はいないと思われていたからだ。

いまやこのように語られる。

確かにスターリンは偉大な人間だ。率直で、理解できる……。

そして最も大事なことには、スターリンは混乱とはまったく関係がないと語られている。彼は正しい路線を突き進んでいるが、彼はならず者に取り巻かれている。こうしたならず者が、最も才能あるソ連の作家の一人、ブルガーコフを迫害した。さまざまな文学者の連中がブルガーコフを迫害することで自分のキャリアを築いたが、いまやスターリンが彼らの鼻をへし折ったのだ。スターリンの人気は、信じがたい形態を取っていると言わねばならない。スターリンについては、ブルガーコフの書簡にまつわる伝説的な話が手を変え品を変えながら語り直されつつ、あたたかく、愛情をもって語られている」[*5]。

この短いが、スターリンに非常に強いプロパガンダ的利益をもたらした電話での接触は、指導者とブルガーコフの唯一の直接の対話だった。だが、彼らのあいだには、一九四〇年の作家の死にいたるまで、十年にわたって続く、会うことのない対話が芽生えた。この「とびとび」の対話において、スターリンはプラグマティズムと残酷さを共存させながら、心理的な駆け引きを行なうずば抜けた能力や、政治家として彼に備わった固有の警戒心、そして（状況が求めるときには）忍耐力をもっていることを繰り返し実際に行なって示したのだった。

スターリンのブルガーコフへの態度の微妙な変化を見つめる際に、一つ思い起こしておくべき重要な点がある。それはスターリンですら、生まれながらのスターリン主義者ではなかったということである。いいかえれば、彼は最初から、最後の最後には彼の名前と結びつけられるようになる、過酷で教条的な文化規範の体系を非妥協的に伝道する政治家だったわけではない。スターリンは、成長し、経験を積むにつれて変わっていった。それに従って、彼の文化に対する見方も変化した。こうしたことはいま、ときに忘却されている。

もちろんスターリンは、本物のロシアのボリシェヴィキで、レーニンの献身的な弟子として、つねに文化を政治の道具とみなしていた。だが彼は、鋼鉄から鋳造された、マキャベリズム的な文化の「マスター・プラン」を手に政治の舞台へと登場したわけではまずないだろう。情報公開《グラスノスチ》によってより多くの文書が開示されればされるほど、一層はっきりしてくるのは、スターリンの文化路線というものは、著しい戦略の変動を被ってきたということである。別の領域と同様に、ここにおいてもスターリンは偉大なプラグマティストであった。同様に彼は（あらゆる場合に、ある時点までは）提案や助言、直接的な反対意見にすら耳を傾けることができた。

一九二二年にレフ・トロツキーが、若い作家たち、詩人たち、画家たちには「注意深く、慎重に、柔和な態度」が必要である、さもなければ彼らはソヴィエト権力から離反してしまうかもしれないと政治局に問題提起した際、スターリンはこの提案を「まったく時宜に適ったもの」[*6]として支持していたのである。

そのトロツキーから、スターリンは別の理念をも借用していたことが大いにありうるのだ。それは党指導者と文化活動家との個人的な結びつきや、文化活動家に対する注意深く個人的な姿勢の必要性である。この問題におけるトロツキーのメモには、「詩人には一人ひとりファイルが必要だ」と書かれていた。スターリンはこれも記憶にとどめておき（そして後に実現させた）、自分のほうは、いかに知識人たちを国家に必要な路線へと促すことができるかについて、「何らかの適切な形式による補助金にいたるまでの物質的なサポートは絶対に必要だ」[*7]と意見を述べていた。スターリンはその後もこうした理念に従っていたのだった。

スターリンの承諾なくしては、ソヴィエト政権史上最もリベラルな文化政策の党文書、すなわち一九二五年に受理された政治局決議は現われなかった。このとき、スターリンはすでにイデオロギーに関わる問題すべてを積極的に管理していたからである。ニコライ・ブハーリンが参加して準備されたこの決議において、文化の領域における「さまざまなグループと潮流の自由な競争」が支持され、「文学の問題に対する、叩き上げで十分な知識をもたない行政による介入の試み」が否定された。「最大限の節度、慎重さと忍耐」が作家との仕事において重要な価値があると宣言された。

ミハイル・ブルガーコフ（1891−1940年）　スターリンは彼の戯曲『トゥルビン家の日々』を愛した。

こうした理念をどのようにスターリンが理解していたかは、彼のブルガーコフへの態度に明らかである。彼はつねにブルガーコフを自分の注意深い配慮下においていた。一九二六年九月に始まって、スターリンを長とした政治局は、ブルガーコフの新たな戯曲のあれこれを禁止するか許可するかという問題を何度となく特別に討議した。

スターリンは、ある場合には禁止し、別の場合には許可していた。それは具体的な政治と文化の状況によっていた。

スターリンは、観客・読者としてブルガーコフの戯曲を好んでいた。しかし、政治家としての彼はもちろん、重要な事実を無視することはできなかった。それはソヴィエト政権に最も献身的な作家や演劇活動家たちが、この劇作家に対してきわめて否定的な態度を取っていたことである。

一九二八年十二月の「プロレタリア演劇」協会員たちのスターリンへの書簡の攻撃的な調子は典型的なものである。この「王自身以上の王党派」は、ブルガーコフに対する最高権力の態度と彼らの指導下にある検閲に一貫性がないことを正当に指摘しながら、自分たちの指導者へ思い切って挑戦状を叩きつけた。「最も反動的な作家たち〔たとえば明らかに反ソ的な四つの戯曲がモスクワの三つのきわめて重要な劇場で上演されているブルガーコフのような。しかも、それらの戯曲は芸術的質の点で決して傑出したものではなく、せいぜい中位でしかない〕に対する、事実上「最大の恩典」をいかに評すべきだろうか。「最大の恩典」と呼びうるのは、プロレタリアの劇場管理機関がブルガーコフのような作家に対しては、事実上無力だからである。たとえば、『逃亡』は、われわれの検閲では禁じられており、他の〔共産主義者も含めた〕すべての作家たちはレパートリー委員会の管理に服している。それにもかかわらず、『逃亡』の禁止は破られている〔一度禁じられながらも、その後許可されたことを指す。ただし初演前に再度禁止になった〕。このように、作家たちが黒と白へに実質的に分離され、その際「白」〔非共産主義者〕により有利な条件が示されていることをどのようにみるべきなのだろうか[*8]」。

もちろん、彼ら自身が自称するように、これらの「プロレタリアの純血の熱狂的な擁護者たち」を、たんに黙らせることはスターリンにできただろう。だが、彼はそれを望まなかった。彼は、羊（この場合はブルガーコフ）も無事で、狼たち（プロレタリアの作家たち）も満足するような状況をつくり出そうとした。

最近になって機密解除された議事録によれば、彼の「不必要なリベラリズム」に不満をもつ共産主義者の作家たちとのある会合で、スターリンは、ソヴィエト権力にとってのブルガーコフやその他の才能ある「革命の同伴者たち」の戯曲の価値を確信させようと我慢強く試みていた。「……戯曲『トゥルビン家の日々』は大きな役割を果たした。労働者たちはこの戯曲を観に訪れて理解した。なるほど、どんな勢力もボリシェヴィキには手が出せない！と。どうやってもソヴィエト的とはいえないこの戯曲が残す一般的な印象はこうしたものだ[*9]」。

スターリンはフセヴォロド・イワーノフの戯曲『装甲列車』やボリス・ラヴレニョーフの『破砕』を、彼の考えでは、「書く能力もなく芸術的でもなく、あれもこれも詰め込んで何も生み出せない百人の共産主義作家よりも」はるかにずっとプロパガンダ的に有益だと褒め称えていた。スターリンの結論（今日の私たちの独裁者についての視点からすればまったく予期せぬことであり、よく知られたレーニンの立場からは論争的であるが、スターリン自身にとっては明らかに深く考えられているもので、彼は幾度となくそこに立ち返った）は、「私は作家たちに、必ず共産主義者でなければならないとか、必ず党の観点を提起すべきとか要求することはできない」というものだった[*10]。

興味深いことに、ショスタコーヴィチは一九二八年に友人への手紙で、見たばかりの芝居の印象を分かち合っている。それはちょうど党の指導者が言及していた戯曲であり、まさにスターリンによって強調されたプロパガンダ的な潜在力《ポテンシャル》がショスタコーヴィチの反発を買っていた。「『装甲列車』は、カチャーロフ（人民よ、決起せよ、自由のために妻や母を犠牲にせよ。百姓の自由を自分たちの肉によって勝ち取るのだ。えい、ピャトルーハ！　見よ、あそこの茂みに隠れているのはブルジョワではないか？）が存在するにもかかわらず、芝居として非常に成功している。そしてこれらすべては、全面的にオーカニエ（アクセントのないoをaとせずにoのまま読む訛り）を用いることで、ロシアの革命的な農夫のスタイルが勝ち取られるように行なわれている。『破砕』はまったくろくでもない戯曲で、劇中ずっと私は気まずい思いをした。『トゥルビン家の日々』には真の悲劇性をもつところがあり、強くむせび泣く声が劇場に響いたほどだった。しかし、すべては、型通りの結びをもつ最後の幕によって損なわれていた[*11]」。

この皮肉のこもった一節（ショスタコーヴィチは芸術座のスターで「インテリの」観衆のお気に入りであるヴァシーリイ・カチャーロフですら容赦しなかった）は、若き作曲家の立場の深い矛盾を証明するものとなっている。つまり、当時彼は大胆で非妥協的な自作『鼻』に取り組んでいたが、それゆえに、不愉快で気まずい事実を忘れようとしている。比較的最近、レニングラードでもモスクワでも、芸術座の舞台での『トゥルビン家の日々』（戯曲では最終幕で、実際には舞台裏であるが、〔革命歌で最初のソ連国歌の〕『インターナショナル』が響いていた）以上に型通りのフィナーレをもった彼の『十月革命に捧ぐ』〔交響曲第二番〕の初演が行なわれていたからである。

この時期のブルガーコフは、ショスタコーヴィチと比べ、容易であり、また困難でもあった。容易だというのは、自分が一般的な潮流から区別されて、スターリン自身の観察下にあることを彼が正確に知っていたからである。困難というのは同じ理由によってである。十年も経たぬうちに、同じような状況がショスタコーヴィチにも生じることになる。

スターリンは、電話での会話で会うことを約束し、ブルガーコフを籠絡した。ブルガーコフの回想によれば、スターリンは「会話を強く、はっきりと、国家の立場から、そして手際よく導いた」。作家の心には「希望の光が灯った。あと一歩が残されていただけだった。スターリンに会い、運命を知るということだけが」。ブルガーコフはこの面会の願いに取り憑かれていた。「私には痛ましい不運がある。それは書記長と私との会話が果たされていないことだ。これは恐怖であり、暗い棺だ[*12]」。

スターリンは、指導者との直接対話が許可されないことで、作家が彼との想像の対話をはじめることを正確に計算していた。ブルガーコフの手からは、次から次へと、創作的天才と、最高権力を体現した好意的な人物との相互関係を基本的な主題とした作品が生み出された。

それは、モリエールについての歴史劇と長編小説であり、最も重要な作品は、悪魔がその手下とともにソヴィエト政権下のモスクワへ幻想的な訪問を行ない、イエス・キリストとポンティオ・ピラトについての長編を執筆中の作家（「巨匠」）と出会う、ブルガーコフの傑作長編小説『巨匠とマルガリータ』である。この多層的で、秘められた引用とさまざまな暗喩に満ちた作品では、創作者と支配者とのあいだの秘密の結びつきという、ブルガーコフの想像力を惹きつけた理念が、あらゆる細部においても芸術的な真実性をもって追究されている。ここでブルガーコフは、つねに彼にとってお手本だったプーシキンの伝記的・創作的な経験を用いた。ブルガーコフのスターリンへの数多くの呼びかけのうちの一つに、指導者に自分の「最初の読者」になってほしいという願いがあったのは偶然ではなく、プーシキンとニコライ一世との関係の直接的な類似《アナロジー》となっている。

権力側は、ブルガーコフがこの作品を自分のかなり多くの友人たちに広く知らしめることを妨げなかったが[(1)]、彼が検閲の障害を乗り越えて『巨匠とマルガリータ』を出版することはできなかった。そして、ブルガーコフは、もはや文章を一行たりとも出版することができなくなり、戯曲もまた次から次へと上演が中止に追い込まれていったのである。

スターリンは、ニコライ一世の役割を自己流に、ボリシェヴィキ的に演じ、皇帝がプーシキンに対してそれを行なったのと比べて、自らが保護する作家をはるかに屈辱的で困難な状態に置いたのである。ブルガーコフに対して激励のシグナルがスターリンから送られることはまれで、それもつねに別人を通して間接的に行なわれ、同時に禁止や警告が定期的にさまざまな方向から浴びせられていた。スターリン流のインテリの厳しい調教とはこうしたものだった。

ブルガーコフは幾度も、自分を西側に出してくれるよう上層部に求めた。こうした請願は無視された。ブルガーコフの妻は、「何もすることができない。出口のない状況[*13]」と日記に書きとめている。そのとき作家は一か八かの勝負に出ることを決めた。彼は、初期の革命家スターリンの伝記的なドラマ『バトゥーム』を書き上げたのである。この戯曲は、以前から、芸術座や老巨匠ネミローヴィチ＝ダンチェンコがブルガーコフに強く求めていたものだった。『バトゥーム』は、スターリンについてのブルガーコフの、長く苦しい思索のクライマックスであった。

いま『バトゥーム』を読むならば、ブルガーコフの円熟した劇作の技量、彼の確固たる職業的技術を評価できる。ショスタコーヴィチの「注文された」作品群の場合と同様に、別のまったくふさわしい作家たちであれば、こうした作品を誇ることができただろう。しかし『バトゥーム』はブルガーコフ自身の最良の作品の水準には達していなかった。明らかに、作家はあまりに多くの秘密の罠を避けようと試みていたのだった。

それでもなお、芸術座では戯曲は歓喜をもって受け入れられ、一座のスター、フメリョーフ（スターリンが夢に見た当人）は、自分にとって指導者の役をもらえないことは不幸であり、すでに自分はその役柄を暗記してしまったと述べた。初演はスターリンの六十歳の誕生日、一九三九年十二月二十一日に行なわれるはずだった。

だが突然、独裁者はすべてを差し止めた。ネミローヴィチ゠ダンチェンコとの会話のなかで、スターリンは簡潔に、そして不可解にも、『バトゥーム』はとてもよい戯曲だと思うが、それを上演してはならないと述べたのである。ブルガーコフは絶望して、「彼は私に死刑判決を下した[*14]」と妻に言った。

確かに、死の病を待つのを遅らせることはできなかった。のちに妻が回想しているように、自分に捧げられた戯曲をスターリンが拒否したことは、ブルガーコフの「眼と腎臓の最も繊細な毛管[*15]」への打撃となったのである。動きや反応がしなやかで素早く、つねに皮肉屋で美食家だった作家は、ほとんど一瞬のうちに、憔悴し、黄緑色の生きた屍に変容した。医者の診断は高血圧による腎硬化症だった。

死に瀕したブルガーコフの周囲ではまだ騒ぎが続いていた。再度スターリンに働きかける必要性が語られていた。決して挫けない、精力的なスターリンのお気に入り、指揮者サモスードは『バトゥーム』をオペラ台本に書き換えることを提案した。ショスタコーヴィチに作曲させよう、ただし女性の役を書き足す必要があった。ついに「上層部から」「健康回復のため」、作家のイタリア行きが許可された。

一九四〇年三月十日、四十九歳まで生きながらえることなく、ブルガーコフは死去した。少し経ってから、彼のアパートの電話が鳴った。スターリンの秘書の役人の一人が興味をもったのだ。「同志ブルガーコフが亡くなったというのは本当ですか」。確認の言葉を聞くと彼は黙って受話器を置いた。

のちにスターリンは勝ち誇ったように作家との関係について総括した。「われらの力は、われらがブルガーコフをも、われらのために働くよう諭したことにある[*16]」と。指導者はニコライ一世がプーシキンにしたように、作家をまんまと騙しえたと確信していた。では、ブルガーコフはどうだろうか。スターリンと接触をもち、それから間接的な対話を行なって、彼はいくつもの偉大な作品を生み出したが、『バトゥーム』は、創作上も、精神的にも、彼への打撃となった。

そのかわり、ブルガーコフはみずからの傑作『巨匠とマルガリータ』を最後まで完成させることができたし、自分のベッドで死ぬことができた。当時としては、これは大いなる成功であり、頑固な皮肉屋だけがこれについて嫌味を言いうる。当時のもう一人のイデオロギー的な非難の対象者、作家のボリス・ピリニャークを思い起こしてみよう。彼は一九三八年に四十三歳で処刑されている。

一九二〇年代、ピリニャークは言っていた。「作家は、システムの外にあってはじめて価値がある」と。しかし一九三〇年代、彼は、「真に偉大な人、偉大な意志、偉大な事業と言葉の人」とスターリンを賛美するよう強いられた。気ちがいじみた宝くじのようなスターリンとの個人的な関係においては、ときおり起こることであったが、ずっと非妥協的な立場を取ってきたザミャーチンはもっと運がよかった。作家は幾度もの請願の後、一九三一年に西側に行くことを許可されたからである。だが、この予期せぬ好都合の転換には、ザミャーチン自身の証言によれば、マクシム・ゴーリキーの介入がやはり役割を果たしていた。

帝政ロシアにおいてすでにゴーリキーは、ロマンチックな伝記（浮浪人から作家になった）や反乱者の評判、成功の栄光といったことでかなり有名だった。通りを歩けば、人々は振り返り、劇場やレストランにいれば、眼差しを向けたものだった。数年のうちに、ゴーリキーについての本、パンフレットが大量に出版された。

革命前までに、ゴーリキーはボリシェヴィキに接近しており、ボリシェヴィキの側は彼を「抗議する大衆の才能ある表現者」と考えていた。この作家をレーニンは高く評価し、ゴーリキーはレーニンの地下活動のために多額の資金を工面した。革命後、ボリシェヴィキやレーニンに対するゴーリキーの態度は、さまざまな局面をたどった。たとえば、彼は、彼の言う「表現できないほど卑劣なこと」、すなわち革命的群衆によるシンガリョーフとココーシキンの両大臣殺害を厳しく批判したが、ボリシェヴィキの指導者自身については、「レーニンは全能の魔法使いではなく、プロレタリアートの名誉も生命も惜しまない、冷血な奇術師[*17]」と書いている。

ゴーリキーは、生まれながらにして社会活動家であり、自らの使命を、ボリシェヴィキのテロルに定期的に襲われていたロシアの知識人の救済に見出していた。ザミャーチンが回想しているように、こうした事例において「最後の望みだったのがゴーリキーであり、逮捕者の妻たち、母たちは彼のもとに行った[*18]」のである。最後の最後には、彼は逮捕者や受刑者を擁護することで、レーニンをあまりにうんざりさせたため、一九二一年にレーニンは療養と称して実質的に作家をイタリアに追い出した。

権力を掌握したスターリンが、自らに課した重要な課題の一つは、ゴーリキーを祖国へ帰還させることだった。独裁者は、「ゴーリキーは、わが国でも外国でも、数百万の人々の意識と良識に影響を及ぼしている[*19]」として、プロパガンダの武器としてのゴーリキーの価値を、非常によく理解し、おそらくは過大評価していたほどだった。

一九三二年、スターリンは、ゴーリキー最初の短編の出版四十周年という形式的な口実を利用して、「偉大なプロレタリア作家」に滝のように報奨と敬意を浴びせた。彼にはレーニン勲章が授与され、モスクワの主要道路がゴーリキー通りと改称され、彼が生まれた街ニージニー・ノヴゴロドには彼の名が与えられた。これ以後、芸術座を「ゴーリキー記念」とするようスターリンが命じたとき、役人の一人が思いきっておずおずと、やはりそれは「まずチェーホフの劇場」だと指摘した。「かまわん」、スターリンは彼をさえぎって言った。「かまわん。彼は功名心の強い人だ。彼をロープで党につなぎとめるのだ[*20]」と。

これに際して、純粋な美的観点からはスターリンはゴーリキーよりもチェーホフをはるかに評価していた。だが彼は（初めてのことでも最後のことでもなかったが）政治的な利害のためには、自分の個人的な趣味を無視した。一方、ゴーリキーは、ボリシェヴィキについてロマンチックな幻想を抱くことはなく、何度となく彼らと複雑な政治ゲームを行ない、あるときには「以前には私は決して猫をかぶったりしなかったが、いまやわが権力とともに私は猫をかぶり、嘘をつき、仮病を使わねばならない[*21]」と認めていた。ザミャーチンが、ソヴィエト権力の非人間性をゴーリキーに指摘しようと試みると、彼は「彼らには大いなる目的がある。そしてそれが私にとってすべてを正当化するのだ[*22]」と答えるのを聞いた。

一九三〇年代初頭から中頃のヨーロッパ政治のきわめて暗い情勢のなかで、ゴーリキーは、ファシズムとナチズムを文化にとって共産主義よりもはるかに危険だと考えていた。この確信を彼は、ロマン・ロランやジョージ・バーナード・ショー、セオドア・ドライサーら西側の巨匠たちと共有していた。スターリンは、ゴーリキーの助力で、世界の世論の同情を自分の側に寄せることを期待した。独裁者は、彼についてよく知られたイメージに反して、世界世論の反応をつねに注視していた。

一方、ゴーリキーとその西側の友人たちは、スターリンを、増大するヒトラーの国際的な影響力に対抗するものとみなしていた。彼らはソヴィエト権力に代わる現実的な選択肢を見出していなかった。ゴーリキーは、共産主義者たちが、残忍な手段であったとしても、ロシアを近代化し、最終的には文化的で啓蒙的な強国に変容させることを期待していた。このような相互に抱いていた政治的・文化的な関心がスターリンをゴーリキーの「友人」にしていたのである。

結局のところ、スターリンは自らの思いを叶えることができた。ゴーリキーは結果的に、ソ連に帰還し、すぐさまアクチュアルな課題の解決にきわめて積極的に加わったのである。スターリンは、それまで全能とみなされていた、ロシア・プロレタリア作家協会（RAPP）を前もって解散させ、ゴーリキーを全ソ作家大会の準備のための組織委員会の長に据えた。この大会は、共産主義者の文化に対する配慮を誇示するもので、スターリンはこの大会に巨大な政治的意義を与えていた。

この時期、多くの人々がゴーリキーを（おそらく、根拠がないわけではなく）ソ連において二番目に重要な人物とみなしはじめていた。豊富な情報量を誇り、ソ連の「上層部」から地下ルートで秘密情報を入手してもいる、ロシア語の亡命雑誌『社会主義通報』は、次のように伝えている。「スターリンがいま「交友し」、ほとんどおもねっている唯一の人間、それはゴーリキーである。すでに以前から、スタ

スターリンと彼のお気に入りの文化アドヴァイザー、作家のマクシム・ゴーリキー（1868–1936年）。

ーリンは誰のところにもお客にいかないことを習わしとしていた。ゴーリキーは、例外が適用される唯一の人物だった[*23]」と。

ザミャーチンは、「ソ連政府の政策における多くの「行きすぎ」の訂正」をゴーリキーの影響とみなし、指導者と作家との秘密の会合を（ゴーリキー自身の言葉によってではなかろうか）記している。「あるときは、いつものようにパイプを用いながら、別のときは巻きたばこを手に、二人きりになって、ワインのボトルを前にして、何時間も語り合った[*24]」と。

スターリンは、彼が望むときには、魅力的な話し相手だった。率直で注意深く、愛想よく、優しくさえあった。これについては彼の客たちの多くが証言している。その一部にはロマン・ロラン、H・G・ウェルズ、エミール・ルートヴィヒ、リオン・フォイヒトヴァンガーといった西洋の著名人が含まれている。リオン・フォイヒトヴァンガーはスターリンとの会合について書きとめている。「彼は、つねに私に賛同するのではなく、つねに深遠で、賢明で、思慮深い」。

スターリンはゴーリキーの心を引きつけるために、自分の魅力のすべてで訴えかけた。スターリンが残したメモ帳の一つには、「戦略的指導[*25]」という名の記録がある。そこで指導者は彼にとって重要なポイント、「思慮深くうまく立ち回ること」を強調している。まさにゴーリキーにもそのように振る舞っており、作家も彼に同様に応えていた。一九三〇年代中頃のある政治局の会議の際のスターリンの記録は特徴的である。「ゴーリキーの問題を解決せねば[*26]」。こうした、できるかぎりゴーリキーに応じ、彼と対立しないようにするスターリンの志向は、一九三六年のスターリンの若きショスタコーヴィチに対する態度において、きわめて重要な役割を話した。

しかしながら、一九三二年十一月九日の夜、クレムリンのスターリンの部屋で悲劇が起こった。彼の若い妻ナジェージダ・アリルーエワが銃殺されたのである。すぐにモスクワじゅうに、スターリンがアリルーエワを殺害したという噂が広まったが、決定的な証拠はなかった。この控えめで、愛想のよい、献身的な女性をスターリンが本当に愛していたことは確かであろう。彼女の棺には、人前で涙を見せたことのないスターリンが両目から涙をこぼし、「守れなかった」とつぶやく姿があった。

公式報道では、アリルーエワの死因については一言も言及されなかった。新聞にはスターリンへのお悔やみの言葉が溢れており、そのなかには、月並みでない誠実さで際立った、詩人ボリス・パステルナークの署名の入った短い文章があった。「同志たちの気持ちに賛同します。前日にじっと深くスターリンについて考えていました。芸術家として、はじめてのことです。朝、報道を読みました。まさにすぐそばにいて、暮らしていて、見ていたかのように衝撃を受けました」[*27]。

スターリンはこの手紙に深く感動したと言われている。エレンブルグは、この手紙が指導者の執務室の机のガラスの下に置かれていたとさえ主張していた。一つ確かなことは、スターリンの承認がなければ、このようなデリケートな状況では、きわめて異例の、挑戦的なほど「個人的な」文章が新聞に載ることはありえなかったということである。おそらくこのときから、スターリンはパステルナークに真剣に関心を寄せはじめた(2)。

一方、パステルナークにとっては、危険なゲームの始まりだった。彼はマヤコフスキーとかなり親しく、権力の方針に無条件に従うことがどんな結果をもたらすか、はっきりと理解していた。パステルナークはマヤコフスキーの巨大な才能に感嘆していた。だが、マヤコフスキーの「レコードのような雄弁さ」が彼を遠ざけていた。マヤコフスキーは自分の仲間とともに、パステルナークの表現によれば、「物理的に耐えがたいほど、卑屈な音を響かせていた」[*28]。

パステルナークは、どんな犠牲を払ってもソ連国家の「第一の詩人」であろうとするマヤコフスキーの欲望に反対だった。このために、マヤコフスキーは、次から次へと妥協をし、パステルナークの考えでは、それが自殺を導いたのだった。だが、マヤコフスキーがこの世を去り、文学シーンを去ったという事実が、大きく状況を変えた。

偉大なソヴィエトの日々には無駄だ
そこでは気高い情熱に場所が譲られる
詩人の空席が残された
それは空っぽでないにしても危険だ

マヤコフスキーの自殺の後、一九三一年に書かれ、ボリス・ピリニャークに献呈されたパステルナークのこの詩で念頭に置かれていたのは、もちろん、いまや「空っぽ」となった「第一の詩人」の空席であった。パステルナークは、この「危険な」空席を占めることを考えたであろうか。この問題についての彼の感情は、パステルナークがいつもそうであるように、十中八九、矛盾にみちていて、荒れ狂っていた。だが疑いえないのは、多くのことと多くの人々が彼にそれを促したということである。そのなかにはゴーリキーとニコライ・ブハーリンも含まれていた。

ここに複雑かつ危険な、文化的・政治的なゲームが始まった。ゴーリキーはずっと以前からマヤコフスキーを好んでいなかった。ゴーリキーは、友人で意見をともにするブハーリン宛ての手紙で、「潮時です！　私はこの人間を知っていて、彼を信じていませんでした」と、マヤコフスキーの自殺を評している。手紙の受け手は偶然ではなく、ブハーリンもマヤコフスキーにかなり冷淡に対していた。

ブハーリンはかつての（レーニンの評価によれば）「党のお気に入り」、そしていわゆる右翼反対派の指導者として、このときまでにスターリンと政治的にはっきりと対立していたが、それでもなお、とくに文化政策の問題においては大きな権威を有していた。この領域では彼は、彼のオーソドックスな党の同僚たちの大部分によりも、ずっと寛大な立場を取っていた（一九二五年の文学についての比較的リベラルな党決議の準備にブハーリンが果たした役割を想起しよう）。

これに対し、ゴーリキーはパステルナークにきわめて同情的であり、この詩人が「あらゆる本物の芸術家がそうであるように、完全に自立している……」ことを強調していた。パステルナークは、ゴーリキーに対して尊敬と愛で応えていた。

この時期の生きた古典作家は、ソヴィエト文学の諸勢力の統合を提起していた。ゴーリキーのプランにおいて、知識人《インテリゲンツィヤ》は重要な役割を占めていた。この緊迫した時期において知識人は、ソヴィエト権力に対して積極的に対立する権利はないと、彼は考えていた。あらゆる力が文化建設に投入されるべきであった。ソ連は、ゴーリキーにとって、欧州におけるヒューマニズムの最後の潜在力ある砦だった。

パステルナーク自身もこの考えに傾斜していた。ときおり彼には、ソ連体制はロシアの革命的な貴族、デカブリストたちの理念の具現化であるように思えてくるのだった。特徴的なのは、自分の従姉妹オリガ・フレイデンベルグに宛てた詩人の書簡の一つで、そこでパステルナークは「体制の正当性」について、「このむきだしで粗暴な、いまだ呪われた、うめき声に似つかわしいわれらの現実よりも、貴族的で自由な世界はない」[*29]と語っている。

詩人パステルナークについては、基本的に、アクチュアルなテーマやましてや政治とはまったく共通のものをもたないような、複雑な抒情的ミニアチュールの作者という、誤ったイメージが普及している。しかしながら、パステルナークは一九二三年にすでに、第九回ソヴィエト大会におけるレーニンの発言を詳細に描写した、叙事詩『高き病』を書いているし、一九二六年には最初のロシア革命についての二つの注目すべき物語叙事詩『一九〇五年』、『シュミット中尉』を出版していた。

パステルナークの綱領となったのは、一九三一年の詩『一世紀あまりは昨日にあらず……』であり、プーシキンの「スタンザ」の直接的なパラフレーズであった（そのなかでプーシキンは皇帝ニコライ一世を歌いあげ、ピョートル大帝と比較し、デカブリストの反乱者たちへの慈悲を呼びかけていた）。パステルナークは、スターリンとロシアの皇帝たちとのあいだの並行関係についてのプーシキン的なテーマに基づく自分の「変奏」をかなり明確に行ない、したがって、自分をプーシキンと比較していた。

当時、プーシキンは、彼らの考えでは、過剰に忠君愛国的な感情があるということで、ひどく非難されていた。だが、時代は急激に変化した。パステルナークが自分の詩において宣言した「法秩序とともに」あろうとする欲求は、多くの彼の同僚たちから、ただただ称讃を招き、感嘆さえ引きおこした。ソ連の印刷物のページは、はるかに才能のない、奴隷根性の産物でみたされていたからである。

このパステルナークの詩は道標とみなしうる。彼は、詩人と皇帝の相互関係の、プーシキン的モデルを模範とした、ソ連時代最初の一人となったからである。スターリンは疑いなく、この点に注意を向けた。

指摘しなければならないのは、ソ連文化における勢力配置は流動的であって、周期的にリベラルな転換への期待が抱かれていたことである。多くの「同伴者」たちに憎まれていた、強力なロシア・プロレタリア作家協会（ＲＡＰＰ）の、突然の決定的な解散はまだまったく最近のことであったし、知識人たちに尊敬されているゴーリキーの新たな役割と未曾有の影響力についての噂、スターリンの作家たちへの個人的な配慮、彼らと彼の会合（その一つで彼は敬意を表して作家たちを「魂の技師」と呼んだ）、こうしたすべてが楽観主義に口実を与えていた。

全速力で第一回全ソ作家大会の準備が進められるなか、パステルナークも含めて知識人たちは、そこで何らかの新たな有益な決定や精神的なサポートが得られることを期待していた。こうした環境のもとでは、新しい美的スローガンである社会主義リアリズムが採用されたことは、文化活動家たちをとくに当惑させなかった。というのも、彼らに対しては、スターリンを引き合いに出しながら、ただ「真実を書くこと」が社会主義リアリストであることだ、と説明されたからである[3]。

緊張し、多くの危険をはらんだ一九三〇年代前半の政治的状況において、スターリンは、巧みに抜け目なく立ち回って、意識的に矛盾したシグナルを、異なる人々、グループに送り、党や社会のさまざまな分派をけしかけては和解させることができた。その際、彼は、明らかに出来事を指揮し、舞台の袖に隠れて彼らを操作していたのである。

スターリンは、ゴーリキーの執拗な要請に譲歩して、自分の政治的敵対者で彼が打ち負かしたブハーリンを政府の機関紙『イズヴェスチヤ』の責任編集者に任命した。ブハーリンはすぐに、パステルナークを職員に招いた。というのも、ブハーリンの眼にはパステルナークは、創造的な知識人のソヴィエト的な理想を——マヤコフスキーのようにご都合主義的にではなく——誠実に感受した象徴だったからである。

ブハーリンにとって、マヤコフスキーとパステルナークは正反対だった。前者は奴隷根性のデマゴーグであり、粗野な通俗化の人であり、日和見主義者であった。後者は複雑で、動揺しているが、誠実で忠実な抒情詩人で、プーシキン的なオーラをもった真にロマンティックな人物であった。ブハーリンは、パステルナークに幅広い読者層に語りかける機会を与えようと考えたのである。

パステルナーク自身も内心、その用意があり、一九三四年に父に宛てて書いている。「私は急いで自分をディケンズふうの散文作家に変革し、そして余力があれば、プーシキンふうの詩人になろうと思う。私が自分と彼らとを比較するのを想像しないでください。私が彼らの名前を挙げるのは、内的な変化がどんなことなのか、理解していただきたいからです（……）。私は自分の時代と国家の一部となり、その関心は私のものとなったのです[*30]」。

このような「国家的な」情緒は、当時例外ではなく、必ずしも順応主義的でも、出世主義的でもない、多くの才能ある人々がこの頃このように語り、また書いていた。絶え間ない変化から、無意識に判断力が失われ、簡単に目標は見失われた。

ヴィクトル・シクロフスキーは、一九二五年にすでに「伝記を書き換えなさい。人生を利用しなさい。屈従しなさい」と書いていた。私が一九七五年にシクロフスキーと話していたとき、彼はこうした自分の言葉を悔いて、正当化しようとした。「しかし当時、私たちは別の人間だったのです[*31]」と。だが、全員がそうだったわけではない。一九三三年末、オーシプ・マンデリシタームは反スターリン的な詩のパンフレット『ぼくらは生きる、足もとに国を感じることなく』を書いた。それは、恐れを知らない詩人の妻でさえ、自殺行為とみなした。この諷刺に対して、パステルナークも含めた最初の聞き手たちはみな同様に反応したのである。

マンデリシタームが散歩のさなかにパステルナークに、自分のスターリン描写「野太いその指は芋虫のごとく脂ぎり　言葉は分銅のように正確」を読み上げると、パステルナークは恐怖に陥った。「私はこれを聞いていないし、あなたはこれを私に読まなかった。なぜなら、ご存じでしょう、いまや奇妙で恐ろしい現象が始まっています。人々が捕らえられはじめています。私は、壁に耳があり、もしかしたら、街路のベンチも聞く能力をもっているのではないかと恐れるのです[*32]」。

パステルナークは、このような作品を書くこと、それにも増して普及させることは、無思慮な賭けだと考えた。なぜなら、マンデリシタームのパンフレットは彼の天才にふさわしくないからである。「あなたが私に読み上げたことは、文学に、詩になんの関係もありません。それは文学的な事実ではなく、自殺行為であり、私はそれに賛成しませんし、参加したくありません[*33]」。

だが、マンデリシタームは、自分の反スターリン的諷刺を知人たちに読みつづけた。それは、ナジェージダ・マンデリシタームの考えでは、「黙ってはいられない」彼の市民的行為であった。「……彼は、自分たちの目前で起こったことについて、明瞭な発言を残さずに、この世を去ることを望まなかった[*34]」。一九三四年五月十四日の夜、マンデリシタームは逮捕され、指導者に対するテロ行為の実行の容疑で告発された。予審判事はこのように詩人の反スターリン的詩を評価して、まさにそれによって、「詩のために人が死ぬほどに、詩に敬意が払われているのはわが国だけである」というマンデリシタームの言葉が証明されたのである。

逮捕を知ったブハーリンは、急遽マンデリシターム擁護の手紙をスターリンに投じた。その末尾には「パステルナークも心配しています」と書き添えられていた。スターリンはそこで「隔離すべし、ただし保護せよ[*35]」と司令を出した。そして詩人は、予想された銃殺の代わりに、三年の流刑となり、ウラル地方の僻地の町チェルディニに送られたのである。

このような予期せぬ、スターリンの「慈悲」にはどんな理由があったのだろうか。もっともらしいと

詩人オーシプ・マンデリシターム（1891–1938年）
1934年に撮影されたスターリンの秘密警察のファイルの中の顔写真

思われるのは、マンデリシタームの親しい友人、エンマ・ゲルシテインが述べた説である。スターリンは、逆説的にも、この度を越して大胆な詩を好んでさえいた。というのもそれは、ナジエージダ・マンデリシタームが主張するように、「平易であり、直接的で、たやすく理解できる」ものであり、ただわずかに、詩人の別の作品に固有の、きわめて複雑な形象、シュールレアリスム的な暗喩の遊び、あふれんばかりのメタ文学的な隠喩を思い起こさせるのみである。意外だが説得力あるゲルシテインの仮説によれば、スターリンは自分の周囲の諷刺的な描写をむしろ楽しんでいた可能性があるのだ。

男のまわりを首細いボスどものろくでなしが取り巻き
男は人でなしの忠勤もてあそぶ[*36]

スターリン自身、その「首細い」盟友たちを人とはみなしていなかった。彼らの大部分を、彼はまもなく疑い、根絶した。ただしスターリンは、詩人たちについては、一般に他人にそうしたように、皇帝ニコライ一世と同様に、ときおりその率直さや正直さを評価した。[4] マンデリシターム自身、これを敏感に感じ取って、「だが詩は、おそらく影響をおよぼした」[*37]と注釈している。彼は正しかった。

スターリンが流刑中のマンデリシタームの自殺的傾向について聞き知ったとき、指導者は（とくに繰り返し広く宣伝されてきた作家大会のような、重要な文化的政治的なイベントが迫るなかでは著名な文学者に自殺を許すことを望まなかった）処罰をさらにずっと和らげるよう指示した。スターリンは、自分の新たな慈悲についてモスクワの文学界が話題にするよう促すため、ある日、すでによく機能した手法をとった。彼はパステルナークに電話したのだった（かつて、マヤコフスキーの自殺後、ブルガーコフに電話したように）。

一九三四年六月に行なわれたこの短い電話での会話は、ブルガーコフの電話以上におびただしい伝説を生みだした。伝説が生じた理由は、どうやらパステルナーク自身が決定的な証言を書き下ろすことを選ばず、口頭でこの対話を説明したことが元になって、本質的に異なる対話のヴァリエーションが生じたことだった。

最も正確なのは、もちろん、詩人の家で昼食を取っていたパステルナークの友人が再現した対話だと思われる。午後四時に長い電話の呼び鈴が鳴り響いた。受話器に歩み寄ったパステルナークに、クレムリンの番号が口述され、その番号でスターリンに連絡するように伝えられた。青ざめたパステルナークがその番号をダイヤルすると聞こえてきた。

「スターリンです。あなたは、友人のマンデリシタームのために奔走しましたね」。

「私たちのあいだの友情は、実のところ、存在しません。むしろ反対です。私には彼との付き合いは負担でした。しかしあなたと話すこと（別のヴァージョンによれば、パステルナークは「生と死について」と付け加えた）、それを私はつねに夢見ていました」。

「私たち、古いボリシェヴィキは、決して自分の友人を見棄てたりしません。関係ない話をあなたとする必要は私にはありません」[*38]。

ここでスターリンは、ブルガーコフとの会話のときと同様に、突然受話器をおいた。これはすでに使われてきた手法であった。茫然とし、動揺したパステルナークは、すぐに指導者にかけなおし、実際自分の親しい友人と思ったことはないのだからマンデリシタームと絶縁したわけではないし……と説明しようとした。だが、無駄だった。スターリンは電話にはもはや近づかなかった。

ブルガーコフのときと同様に、スターリンはパステルナークに勝ったのだ。不意を突かれた相手をまごつかせ、当惑させて、所期の目的を達成したのである。よく知られているように、パステルナークは、ブルガーコフと同様に、自らの生涯の終わりまで、この謎めいた指導者との対話に立ち返り、自らの発言を吟味した。ナジェージダ・マンデリシタームとアンナ・アフマートワはこれらの発言を（5点満点で）「4プラス」と評価した。

マンデリシターム自身は、パステルナークの言葉から、スターリンが彼にマンデリシタームは「巨匠」なのかと問い詰めたことを知ると、笑った。「なぜスターリンは「巨匠の技量」を恐れたのだろうか。それは彼にとって迷信のようなものなのだ。われわれがシャーマンになれると思っているのだ」[*39]。

この「シャーマン性」に対する恍惚は（ちなみに、プーシキンが描いたボリスではなく、実際の皇帝ボリス・ゴドゥノフに固有のものだった。歴史的史料から知られているように、彼はあらゆる魔法使いやまじない

詩人ボリス・パステルナーク
ユーリー・アンネンコフによる肖像

詩人アンナ・アフマートワ
ユーリー・アンネンコフによる肖像

治療師に取り巻かれていた)、明らかにスターリンのパステルナークに対する態度ににじみ出ていた。スターリンは、指導者の妻の自殺に際して、パステルナークが彼に宛てた手紙の一行が「引っかかっていた」と考えるべきである。「すぐそばにいて、暮らしていて、見ていたかのように衝撃を受けました」。スターリンには、クレムリンで悲劇が起こったとき、この詩人が神秘的に存在していたような感覚が生じたにちがいない。

天才的な第六感の持ち主だったパステルナークは、もちろん、「壁越しに」築かれた、この指導者と詩人との心理的な結びつきを感じ取っていた。そして、少なからず、この結びつきが強化され、継続するように努力したのである。たとえば、一九三五年にパステルナークは、スターリンに手紙を書き、そこで自分の指導者への態度において、「何か神秘的なものに服従しており、それが、みなに理解できることや、みなが分かち合っていること以外に、私をあなたに結びつけている」[*40]ことを明かしている。

まさにこのテーマを詩人は、ブハーリンの『イズヴェスチヤ』新年号に掲載された詩『私の心には頑固な気質がある』で展開している。そこでは「古い石の壁」の向こう（つまりクレムリンに）に住んでいる「行為の天才」（つまりスターリン）について、その人に「夢中になっている別の詩人」（つまりパステルナーク）の思索によって述べられている。

パステルナークは、古典主義時代の忠君愛国的な頌歌のすぐれた伝統にもとづき、初めは自分を卑下して、スターリンを讃美する。彼の詩のなかの詩人は「果てしなく小さく」、指導者は「人間ではなく、事業。地球規模の行為」である。だが、この見た目には伝統的なチェスの勝負において、パステルナークは大胆な結びのキャスリング〔チェスにおいて、キングとルークを一手で入れ替えて、キングを城に入れて守ること〕を自らに許した。最後の数行において、詩人は指導者を考えながら、「互いについての知識を信じる　両極の二つの要素の知識を」と宣言しているのである。

最終的に、パステルナークはスターリンに、すでにプーシキンによって神話化された、まったく同様の皇帝と聖愚者との神秘的な結びつきにもとづく対等な対話を提案していることになる。本質的に、パステルナークはスターリンに、自作に反映されているような、詩人の秘密の体験を洞察することを許す一方で、スターリンの秘密の考えを読み取っていると指導者に述べているのである。

パステルナークに従えば、指導者は振る舞い、詩人は意味づけし、判断を下す。これをスターリンは理解しただろうか。もちろん。これを彼は気に入っただろうか。まずないだろう。パステルナークのスターリンへの手紙には、「私のアーカイヴ。I・スターリン」と受取人の決議がある。これはスターリンに宛てたパステルナークの詩で、指導者の生前には二度と再版されなかった。ただし、まさにこれによって、ロシア・ソヴィエト文学における無限の指導者礼讃の詩の流れが始まっていた。

そして問題は、スターリン個人がこのパステルナークの詩を評価しなかったという点にあるのではない。逆に評価した、それも高く評価したということが非常にありうる。だが指導者の理解では、プロパガンダの目的には、それは用いえなかった。そうした目的のためにはまったく別の詩と別の詩人が必要だった。パステルナークは、この著しく功利主義的な領域における「目じるし」の役割には明らかに適していなかった。それゆえ、スターリンは、一九三四年八月十七日に始まった第一回ソ連作家大会に備えて、パステルナークを「指導的」詩人の役割に抜擢する気にはならなかった。

後に大会は、幻滅した文学者たちから「欺かれた期待の大会」とあだ名を付けられた。だが、大会はモスクワで華麗に開幕した。最初、三時間にわたってゴーリキーが作家たちに「課題を与えた」。ゴーリキーの強い主張により、スターリンは詩に関する重要な演説をすることをブハーリンに許可した。パステルナークは、大会の議長団席に座り、耳を傾けながら、ブハーリンがみごとに、そして巧みに彼を賛美し、それと同時にマヤコフスキーの意義を低め、マヤコフスキーのプリミティヴな「ビラ」は、演説者の主張によれば、ソ連文学にはもはや不要であり、必要なのはパステルナークふうの「詩的な絵画性」だと述べた。

ブハーリンが話しおえたとき、大会代表たちは彼に拍手を送った。ホール全体が立ち上がり、当惑したブハーリンは、伝えられるところによれば、こうした拍手は彼にとって死刑宣告のようだ、とゴーリキーに囁いていた。彼は、会議のホールに出席していないスターリンがいかに注意深く、舞台裏から大会の業務のごく小さな細部まで目を光らせているかを知っていたのである。

今日知られているのは、国家政治保安部の秘密政治部門の特別報告が、ほとんど毎日スターリンに届けられており、作家たちが大会の控室で何を語り、彼らの気分がどんなものであったかが書かれていたということである。彼は秘密サービスが傍受した匿名の書類、ルイ・アラゴン、アンドレ・マルロー、マーティン・アンデルセン・ネクセらを含む、大会の外国からの招待客への「作家グループの呼びかけ」にも目を通した。「国はもはや十七年ものあいだ、いかなるものであれ、自由な言論を絶対的に排除した状態にあります。違いはただ、その紙には書かれていた。「私たち、ロシアの作家たちは、売春宿の売春婦に似ています。違いはただ、彼女たちが自分の体を売るのに対し、私たちは魂を売っているということです。飢えて死ぬ以外に彼女たちが売春宿から出られないのは、私たちと同じです……[*41]」。

この絶望的な悲鳴が、かりに名高い外国人のもとに届いたとしても、彼らがそれに応答することはまずなかっただろう。何か匿名の書類があったにせよ、(スターリンやゴーリキーと同様)彼らにとって大会は非常に意義のある反ファシズムのヨーロッパ的規模の政治的な行為であったのだ。だが、ソ連の大会代表団たちは、猛烈に中傷した。密告者の報告によれば、イサーク・バーベリは次のように大会を総括していた。「私たちは、世界にソ連の文学的勢力の一致を誇示しなければならない。そして、これらすべてが人工的、強制的に行なわれているために、大会は皇帝のパレードのように活気なく進行し、そしてこのパレード自体を外国では誰も信じないのである[*42]」。

同様に国家政治保安部の報告では、多くの作家たちがブハーリンの「驚くべき」報告に、その「すぐれた明快さと大胆さ」に歓喜していた。大会の控え室では、ゴーリキーの終わりの言葉が生き生きと論じられていた。そのなかでゴーリキーは嫌々ながら、マヤコフスキーを「影響力ある、独創的な詩人」と呼び、それでもなお、彼の誇張法は若い作家たちに否定的な影響を及ぼしていると主張した。

これについての報告を読んだスターリンがどんなに顔を歪めたか、想像できる。権力欲の強い老人ゴーリキーと、変節者ブハーリンは、彼を苛立たせはじめていた。逆襲するためにスターリンはまさに、かくもブハーリンとゴーリキーに好まれないマヤコフスキーを採用することにした。才能ある思想的な詩人は、そこでなんと書いていただろうか。「私は、ペンと銃剣を同等視したいし、詩の仕事について、政治局から、スターリンに演説を行なっていただきたい」。〔演説すべきなのは〕ブハーリンではなく、スターリンなのである！　詩人がその生涯を自殺で終えていたことは、この際むしろ都合がよかった。もはや彼の気分に気を配り、何であれ、新たな不測の事態や意外な出来事を待ち受ける必要はないのだから。

スターリンの新たな文化的なジェスチャーの口実となったのは、マヤコフスキーの多年にわたる愛人だったリーリャ・ブリークがスターリンに宛てた手紙であった。私や他の人々との会話のなかで、ブリークがつねに主張していたのは、自分自身の発案でこのように最高指導部に訴えたということだった。「みながマヤコフスキーの敵でした！　この、いわゆるリアリストたちは彼を嫌っていたのです！　ええ、私は言いましたよ。「同志たち、私にはもうできません。書く宛て先は一つ、スターリンだけです」」。*43

後に有名になった、一九三五年十一月末のスターリン宛てのその手紙のなかで、ブリークは、マヤコフスキーの本は再版されなくなり、詩人は明らかに過小評価されていると語り、その死から五年あまりを経て、彼の詩は「絶対的にアクチュアルであり、最も力強い革命の武器である」と訴えていた。

この手紙に対するスターリンの反応は、その決定は「上層部」であらかじめ審議され、承認されていたのではないかと考えさせられる。手紙は電光石火でクレムリンに伝えられ、まさにその日にスターリンはそれを決裁し、まもなく『プラウダ』紙に論説が掲載された。「マヤコフスキーは、われらがソ連の時代のすぐれた、最も才能ある詩人であったし、いまもそうでありつづけている。彼の記憶とその作品に対する無関心は犯罪である」[44]（『プラウダ』には最初「才能ある」と印刷されたが、すぐさま誤りが正された。スターリンの引用は、彼自身が望んだとおりに正確でなければならなかった）。

これは、出版物に掲載された、具体的な創作者についての指導者の個人的な見解が、何の反論もなく、公的に最終的判断と同一視されるという、ソ連国家の歴史で最初の事例となった。[45]その結果は衝撃的なものだった。すぐさまマヤコフスキーの詩は大量に再版され、彼の博物館が設立され、全国で多くの通りや広場、教育施設に彼の名前が冠され、一瞬のうちに不可逆的に、詩人はソ連の古典として正典化されたのだった。

この一大変化によって、またたく間に二番手へと押しやられたパステルナークは、「マヤコフスキーは、エカテリーナ時代のじゃがいもと同様に、強制的に導入された。これは彼の第二の死である。その死は彼のせいではない」[46]と、後に辛辣にコメントした。だが、これは二十年以上後のことである。当時のパステルナークは、スターリンへわざわざ手紙を送って、みなの歓喜に同調した。「あなたの最近のマヤコフスキーについての発言に対して、あなたに御礼申し上げます。それは私自身の感情に呼応するものです」[47]と。

こうした突然のマヤコフスキーの称揚に不満足な人々は沈黙を保った。スターリンのもとに届いたのは、ただ指導者の「進歩的な」文化的嗜好に対する感嘆の合唱だけだった。ニコライ一世がプーシキンと差し向かいで示した際の状況が反復された。違いは、死したマヤコフスキーはもはや、国家にとって予期せぬトラブルの原因にはなりえないということだった。以後、彼の詩と彼のイメージは、社会主義のために従順に働いたのである。

こうしてスターリンは、社会の最良のエリートたちと交流して、いくつかの重要なイデオロギー的処置を成功裏に実行した。彼は一枚上手であり、最重要の一連の創作者たちに協働を余儀なくさせた。指導者は、自分が彼らの心理にかなり通じていて、巧みにそして繊細に、彼らを自分の利害に奉仕させることができると思ったにちがいない。

こうした気分でスターリンは一九三六年を迎えた。この年に彼は、いくつかの急務の他に、文化の領域で一つ重大なキャンペーンを計画していた。彼が心から嫌いな「形式主義」、すなわち、過度に複雑化され、大衆には理解されない、文化建設という野心的なスターリンの理念の実現には無益な芸術の根絶である。

スターリンの計画では、このキャンペーンはまた、首尾よく、よどみなく進められる必要があった。だが突然、いまいましい失敗が生じたのである。それを引きおこしたのは、それまでスターリンが凝らした注目の範囲にはまだ入っていなかった、若き作曲家ドミートリー・ショスタコーヴィチと彼のオペラ『ムツェンスク郡のマクベス夫人』であった。

ショスタコーヴィチの創作の歴史において最も謎めいたことの一つは、『鼻』に続く二番目の、このオペラのために彼が選んだ筋立てである。問題は、一八六五年に、ドストエフスキーの雑誌『時代』にはじめて現われたニコライ・レスコフのルポルタージュ風の小説『ムツェンスク郡のマクベス夫人』が、ゴーゴリの中編小説のような、ロシアの定評ある作品ではなく、有名な作品ですらなかったということである。出版後六十年あまりのあいだ、このルポルタージュ風小説は実質的に議論されてこなかった。転機となったのは一九三〇年で、レニングラードで挿絵入りでこの作品が刊行されたときのことだった。挿絵を書いたのは、このときには故人となっていた、有名な画家ボリス・クストージエフであった。まさにこの本が二十四歳のショスタコーヴィチの注意を惹きつけたのである。

クストージエフとの作曲家の関わりは特別なものだった。彼は一九一八年にはじめて十代で画家の家を訪れ、そこで身内のように、ほとんど家族の一員のようになった。クストージエフはレスコフの挿絵の制作を一九二〇年代初頭から始めていたが、当時、出版は実現しなかった。最近明らかになった秘密がある。画家は、「合法的な」挿絵を描く一方で、出版を意図しない、『マクベス夫人』のテーマによる無数のエロティックなヴァリエーションをも描いていたのである。彼の死後、捜査を恐れた家族は、急いでこれらの挿絵を処分した。

若きショスタコーヴィチが当時、これらの「節度のない」素描を目にしていたと仮定するならば、エロスやセックスが最も顕著なテーマの一つである、彼の二番目のオペラの生成における多くのことが説明されよう。というのも、レスコフのルポルタージュ小説には、エロスはまったく存在しないからである。だが、ショスタコーヴィチは、公刊されたクストージエフの「合法的な」挿絵を見て、はるかに露骨な素描を思い起こすことができたのである。ひょっとすると、それらはさらに彼の想像力に火を付けたのかもしれない。

ちょうどこのとき、作曲家と彼の未来の妻ニーナ・ヴァルザルとの関係が熱烈に展開されていた。ニーナはきわめて自立した、気高く、強い女性であった。オペラ『ムツェンスク郡のマクベス夫人』は、一九三二年末にショスタコーヴィチによって完成され、まさにニーナに献呈された。彼らの結婚は、これに先立つ七ヶ月前に届け出られていた。

ガリーナ・セレブリャコーワは、ショスタコーヴィチが自分のオペラで「ゲーテの『ファウスト』のように、悪魔にそそのかされ、障害を認めずに犯罪に向かう愛のテーマを新たに描き出すことを渇望していた」ことを回想している。[*48] セレブリャコーワは、レスコフのヒロインは（ニーナ・ヴァルザルと同様に？）その情熱の激情性によって作曲家の心を動かしたのだと考えた。それはありうる。だがまず、きわめて陰鬱で宿命的なオペラの筋立てについて触れておこう。

舞台は辺鄙なロシアの田舎、豊かな商人イズマイロフ家で、嫌いな夫に対し、カテリーナが悩み、憂いている。夫の留守中に、彼女は新たな使用人のセルゲイに惹かれていく。舅が彼らの仲を突き止めるが、カテリーナは、食事にネズミ用の毒をこっそり入れて、舅を排除する。戻ってきた夫がカテリーナのベッドにセルゲイを見つけると、愛人たちは夫をも殺し、死体を穴蔵に隠してしまう。

カテリーナとセルゲイは婚礼を急いだが、偶然に穴蔵の死体を発見した酔っぱらった「汚らしい農民」により、彼らにその宿命が降りかかる。警察が新婚夫婦を捕らえる。いまや彼らは流刑囚の集団とともにシベリア行きの道をゆく。シベリアの湖の岸辺で、このメロドラマのフィナーレが演じられる。セルゲイは、カテリーナに冷淡になり、機敏な女流刑囚のソネートカを口説きはじめる。絶望したカテリーナは、ソネートカを自分とともに引きずって、湖に身投げする。流刑囚たちは、無限に続く道を歩み続ける。

ああ、おまえたち、果てしないステップよ
終わりなく続く昼と夜よ、
われらの憂鬱な思いよ、
そして無情な憲兵たちよ……

ここに見たように、台本はかなり正確にレスコフのルポルタージュ風小説の激しい展開の筋立てを再現しているが、ショスタコーヴィチは（『鼻』でもそうであったように）大胆に中心人物を変容させている。レスコフは自作のカテリーナに対して恐怖を感じている。レスコフの小説では彼女はさらに、彼女を邪魔する赤ん坊の相続人を窒息させる。ショスタコーヴィチはこの殺人を省略したが、それは偶然ではない。彼の課題はカテリーナを正当化することだからである。

オペラのある討議において、ショスタコーヴィチは「あなたのオペラは、『マクベス夫人』ではなく、『ジュリエット』とか『ムツェンスク郡のデズデモナ（シェイクスピア『オセロ』のヒロイン）』と名づけたほうがよい」と言われ、作曲家はこれに喜んで同意した。オペラでは、ただ一人、カテリーナの役柄にはグロテスクさや嘲笑の影すらない。

ショスタコーヴィチは自分のオペラに「悲劇・諷刺」と副題を付した。オペラの「悲劇」とはカテリーナであり、「諷刺」とは残りのすべての人々である。カテリーナは、疑いなく、多くの点でショスタコーヴィチの妻ニーナの肖像画であり、当時、作曲家が見ていた彼女の姿である。ショスタコーヴィチはある意味、チャイコフスキーの『エヴゲニー・オネーギン』をめぐる有名な状況を反復していた。チャイコフスキーは、彼の花嫁アントニーナ・ミリュコーワはプーシキンのタチヤーナだと想像していただけだった（実際は結婚の決断の後に『オネーギン』作曲を構想しており、無関係とされる）。今度のショスタコーヴィチは、自分の愛するニーナの特徴をオペラのヒロインに意識的に与えていた。

ショスタコーヴィチはのちに、カテリーナ像の予期せぬ突然の変貌を、批評家ドブロリューボフが（『闇の王国における一筋の光』と）解釈したアレクサンドル・オストロフスキーの有名な戯曲『雷雨』を引き合いに出して、支離滅裂な説明をしたが、これは、直感的で衝動的な創造行為の後付けの合理化にすぎない。ここでショスタコーヴィチは、いってみれば、証拠を隠滅しているのである。

1933年、オペラ『ムツェンスク郡のマクベス夫人』を完成させたあとのショスタコーヴィチ。1936年には、『プラウダ』紙に「音楽ならざる荒唐無稽」と告発された。

ショスタコーヴィチと最初の妻ニーナ。『ムツェンスク郡のマクベス夫人』は彼女に捧げられている。

だがもちろん、オペラの音楽にあふれる、身を焦がすようなエロスは、こういってよければ、耳につくものである。このエロスは、以前からロシア文化に特有の、愛の感情のセクシャルな側面を描写する際の抑制された態度と比較すれば、とくに目につくものだ。この伝統的な抑制は、スターリン時代にはさらに厳格な検閲の体制によって強化されていた。

諷刺作家のイリフとペトロフは、「彼らにとって、接吻の音は恐ろしい弾丸の炸裂だ」と、一九三二年にソ連の検閲の立場を要約していた。彼らは、鋭敏な検閲はスターリン自身から発せられたシグナルを、ただとらえていたのだと知っていたのだろうか。

文学や演劇、映画におけるセクシャルなシーンがスターリンを激怒させたことは有名だ。指導者は日常においてはかなり粗野であり、猥雑な罵言を乱用していたにもかかわらず、芸術におけるセックスに耐えられなかった。芸術においては、むきだしの身体はほとんど絵画から消え去り、映画については言うまでもなかった。クレムリンでの試写に責任をもつ映画官僚は、スターリンと彼の盟友たちがプライベートで観る西側の映画に、うっかり「下品な」場面が流れないよう、注意深く見守っていた。

彼は、指導者に何か興味をそそるものが「気晴らし」のために持ち込まれたときのことをよく覚えている。スクリーンで起こっていることをスターリンが理解するやいなや、彼は拳で机を叩いた。「君たちは売春宿をはじめようというのかね！」激怒した指導者は立ち上がって出ていき、政治局員たちも彼に続いた。試写は失敗だった。[*49] この無意識のスターリンの反応の事実は、続く陰謀の多くを理解するのを助けてくれる。

当初、ショスタコーヴィチのオペラをまったく好意的に迎えたソ連の批評は、オペラのエロティシズムの問題を注意深く避けた。たとえば、作曲家の友人ワレリアン・ボグダーノフ＝ベレゾフスキーは一九三三年にブハーリンの新聞『イズヴェスチヤ』に掲載された論説で次のように巧妙に切り抜けている。「本質的に、オペラの筋立ては、愛や裏切り、嫉妬、そして死といった非常に古くからある単純なものである。だが、筋立てのテーマは広く、深く、それは、ありのままの帝政ロシアの残酷な顔を示し、革命前の社会の鈍重さや貧しさ、肉欲や無慈悲さを暴露している[*50]」。

セルゲイ・エイゼンシュテインは、同じ一九三三年にショスタコーヴィチのオペラを学生との授業で取り上げ、もう少しあけすけに述べることができた。「音楽においては「生理学的な」愛の行方が極限までの鮮やかさで提示されている[*51]」。一層あけっぴろげだったのはセルゲイ・プロコーフィエフで、個人的会話のなかで次のように述べている。「これは低劣な音楽で、止めどもなく肉欲が行き交っている！[*52]」

プロコーフィエフの友人で腹心のボリス・アサーフィエフは、ショスタコーヴィチが権力のご機嫌を損ねた一九三六年になってはじめて、活字の場でこうした視点を展開した。これは、アサーフィエフに特有の巧妙さだったが、このときには、なんともあからさまな密告のように響いていたのだった。「私は個人的にいつも、ショスタコーヴィチのなかで、モーツァルト的な軽快さや――最良の意味での――のんきな軽薄さと若さが、人間性の開示を犠牲にした、若さとは程遠い、病的な状態への残忍で粗野な「趣味」と結びついていることに驚かされてきた[*53]」と。後にアサーフィエフは、ショスタコーヴィチのオペラの「かぎりなくシニカルにむき出しにされた官能性」についても書いた。作曲家はアサーフィエフのこうした文章を決して許さなかった(5)。

だがもちろん、ショスタコーヴィチのオペラの音楽で、前代未聞のエロティックな傾向だけが人々を驚かせたわけではなかった。それは、結びつかないものの異例の結びつき（すでに引用した作曲家の定義によれば「悲劇・諷刺」）や、抒情的な力と情熱、主人公たちだけでなく二次的な登場人物も含めての鮮やかさと忘れがたい性格描写、そして惜しみなく激烈な管弦楽の書法によってとらえられた壮大なキャンバスであった。出来事は情熱的に魅惑的に展開され、音楽は聴衆に衝撃を与えたかと思えば、笑わせ、そして感動の涙を流させる。オペラは作曲家が完成させる前に事件となっていた。

まもなく、「ロシアの音楽劇の歴史において、『スペードの女王』以後、『マクベス夫人』ほどの規模と深みをもった作品が現われたことはなかった」という意見が確立された。ある者はさらに一歩進んで、カテリーナの役柄は「ヴェルディの『アイーダ』以降、最も力強い女性の役の一つ」[*54]と指摘している。誰よりも決定的なことを述べたのは、まさに機知に富んでいて、いくつもの顔をもつアサーフィエフだった。「……ソ連の音楽文化は、ショスタコーヴィチにおいて、モーツァルト的現象を有している」[*55]。

それゆえ、『マクベス夫人』初演の権利のために、ショスタコーヴィチの友人サモスードが指揮者であるレニングラードのマールイ・オペラ劇場と、伝説的なネミローヴィチ＝ダンチェンコが指導するモスクワの音楽劇場という、国の最も大胆で野心的な二つの劇場が競争したのは驚くに当たらなかった。レニングラードはモスクワより二日早かったが、その代わり一九三四年一月二十四日のモスクワ初演にはマクシム・ゴーリキー自身が参席した。ここでもあちらでも、驚くべき歓迎であった。『赤い新聞』の記述では、レニングラード初演は、バイロイトのワーグナーの恍惚を連想させるものだった。「観衆は非常に興奮して、フットライトへ、オーケストラへと突進した。ボックス席の銀の縁のあいだに掲げられた両手、歓喜に輝いて舞台に向けられた顔と眼、興奮の拍手で高められた数千もの手のひら」。

とくに驚かせたのは、二十七歳の作者がもつ若さの想像力だった。「観衆は、円熟した男性、有無を言わさずに嵐のような響きを組織した、新たなワーグナーの姿を目にすることを予期していた。しかしながら、観衆の目の前に現われたのは、まったくの若者で、年齢よりずっと若く見え、ほとんど少年のようだった……[*56]」。

「モーツァルト」「天才」といった言葉が宙を舞った。それ自体驚くべきことだっただろう。というのも、一九三〇年代のソ連の文化エリートは、互いに称え合うよりもむしろ、容赦なく叩き合い、厳しく批判し合ったからである。だがさらに驚くべきなのは、非妥協的に反目し合う美的傾向をもつ指導的人々が、ショスタコーヴィチの天才を、右からも左からも、ネミローヴィチ゠ダンチェンコやアレクセイ・トルストイのような「リアリストたち」も、メイエルホリドやエイゼンシュテインのような「アヴァンギャルドたち」も同時に認めたことだった。

警戒心が強く、永遠に厳格な党指導者たちさえも、こうした熱狂の影響を受けていた。当時の教育人民委員のアンドレイ・ブーブノフもショスタコーヴィチのオペラを肯定し、初演後には劇場指導部によって特別の司令が発せられ、オペラは「一九三三年四月二十三日付の全露共産党（ボリシェヴィキ）中央委員会の歴史的な決定を土台として始まったソ連のオペラ芸術の輝かしい開花を証明している」と記述されていたほどだった(6)。

先例のない万人（左、右、そして上から）の承認は、現代オペラとしてはまれな、観衆における「下からの」本物の成功によって強められた。全世界と同様、ソ連でも、エリートの高い評価は、幅広い承認をまったく保証しなかった。エイゼンシュテインの映画『戦艦ポチョムキン』が、出版物の熱狂的な反響と指導部の支持にもかかわらず、一般公開では失敗したことを思い起こせば十分だろう。だが、『マクベス夫人』にはそれは当てはまらない。レニングラードでそれは一年に五十回以上、満足げに作者が認めたように、「料金を値上げしても満員で」上演された。

ショスタコーヴィチのオペラ初演時の舞台装置。1934年モスクワで、偉大なウラジーミル・ネミローヴィチ＝ダンチェンコによって上演された。

一九三五年にオペラがボリショイ劇場別館でも上演されるようになった後、そのボリショイ本館でショスタコーヴィチの喜劇バレエ『明るい小川』の初演が行なわれ（同様に、観衆からは「万歳！」で〔熱烈に〕迎えられた）、首都の三つの主要な舞台で若い作曲家の作品が同時に上演されるというのはありえないことだった！

センセーションの雰囲気は、『マクベス夫人』（やその他のショスタコーヴィチの作品）の、イギリス、スウェーデン、スイス、アメリカといった外国での成功裏の上演についての報道でさらに盛り上がった。作家ユーリー・オレーシャは「私たちはいままで、西側での承認を受けることを望んでいた。偉大な指揮者トスカニーニはショスタコーヴィチの交響曲を演奏している。若きソ連の作曲家にとってみれば、偉大な西側の指揮者が彼を認めたと考えるのはうれしいことだ。西側からの承認、たとえば、ストラヴィンスキーの承認は、われわれにとって特別な意義がある。いまにいたるまでシャリャーピンは奇妙な敬意を招いているが、それは彼がヨーロッパで有名になったロシア人だからだ。わが国の本が西側で翻訳されれば、それはわれわれの虚栄心を満足させてくれる……」[*57]。

ヨーロッパの大家ロマン・ロランがその友人マクシム・ゴーリキーに『マクベス夫人』について称讃の手紙を送ったとき、それはゴーリキーにとって自分の最初の情緒的な反応の正しさの重要な裏付けとなったのである。よく知られているように、ゴーリキーは初演のときに感嘆し、最後の「流刑」の幕に流した涙を拭っていた。

ゴーリキーや彼の文化戦線での盟友ブハーリンにとって、『マクベス夫人』の出現はきわめてタイミングがよかった。それは、ソ連の若き作者による、ロシアの古典（ゴーリキーの愛したレスコフ）に基づく傑出した作品であり、革新的で情緒的に魅了するもので、エリートによって高く評価されながらも、さらに広範な観衆にもわかりやすく、モスクワでも外国でも求められていた。それは当時、ゴーリキーにとってソ連芸術の統合という目的のために重要であったと同時に、西側における新たな社会主義文化のすぐれた名刺の役割を果たしたのである。

スターリンはこうした判断をゴーリキーと分かち合っていたにちがいない。だが、彼の前にはまた別の、経済的、社会的で、純粋に政治的な課題も持ちあがっていた。

革命前のロシアは基本的に農業国であり、住民の大部分は文盲だった。ボリシェヴィキは状況を変えようと試みたが、この事業は思うように捗らなかった。革命から十年後のソ連は、ヨーロッパにおいて十九番目の識字率にすぎなかった。他方で、スターリンの野心的な工業化計画の実現には、識字力のある労働者が必要だった。

一九三〇年代、数千万の元農民たちが都市を埋めつくし、これらの人々の急速な都市化が必要とされた。スターリンは次のように述べた。「……われわれの製造所や工場に、どのように労働者が入ってくるか、彼らが文化的か文化的でないか、われわれはまったく無関心ではいられない。これはとても重大な問題なのである。全住民に識字力をもたせなければ、何であれ真剣な工業化というものをわれわれは展開することはできない」。これに際して、スターリンはもちろん、「文盲を一掃するだけでは不十分だ。さらにソ連経済を建設する必要があり、その際、識字力だけでは多くを望めない。われわれは、文化を格段に向上させる必要がある」というレーニンの判断を覚えていた。

問題は原則のかたちで持ちあがった。一九三〇年代末でさえ農業人口が三分の二を占めているような巨大な国に、いったいどんな文化が必要なのか。ここでは壮大な事業が控えており、基本路線を選び抜かなければならなかった。

この点に関するスターリンの思索の傾向は、一九三六年二月二十六日にボリシェヴィキ作家のアレクサンドル・ファジェーエフが親しい女友達エスフィリ・シュープに宛てて、非常に巧みに書かれた手紙に明らかになっている。「国のすぐれた人々は、巨大な矛盾を見出し、感じています。それは、大きな、本当に人間的な、高まりつづける大衆の要求と、芸術の生産物、いわばまったく「左翼的な」洗練による（古いものの崩壊の結果としての）最新の産物とのあいだの矛盾です。後者は奴隷根性をもった馬鹿どもからしばしば賛美されていますが、メガネをかけ、足が細く、血が薄い人間のみを満足させる状態にあります。いつか――もうまもなく――国の、党のすぐれた人々が毎日芸術の問題に取り組む機会を（時間の意味で）得られたならば、多くのことが「うまくいく」でしょう」[*58]。

歴史家たちはいまにいたるまで、いたずらに、この注目すべき文書にしかるべき注意を払わずにきた。

才能ある作家ファジェーエフは、スターリンによって生きた古典に祭り上げられていたが、指導的な文化官僚の一人でもあった。スターリンは何度となく彼と二人きりで会談し、ファジェーエフは指導者の多くの秘密の考えと理念を知っていた。

「国、党のすぐれた人々」とはもちろん、スターリン自身を暗示する婉曲話法であり、手紙は全体として疑いなく、まったく最近の、一月二十六日に行なわれたファジェーエフとスターリンとの会話の内容を反映している。この日、スターリンは自分の最も身近な盟友であるヴャチェスラフ・モロトフとアナスタス・ミコヤン、アンドレイ・ジダーノフをともなって、ボリショイ劇場別館の『ムツェンスク郡のマクベス夫人』の公演を訪れていた。

これは一九三六年最初の、スターリンのソヴィエト・オペラ観劇ではなかった。一月十七日にスターリンとモロトフは、レニングラードの若手作曲家イワン・ジェルジンスキーのオペラ『静かなドン』（ミハイル・ショーロホフのポピュラーな長編小説に基づく）を聴いていた。数日後、出版物には、公式声明が発表され、スターリンとモロトフが「公演の重要な、思想的政治的な価値を指摘した」[*59]と報じていた。

スターリンは、ジェルジンスキーのオペラをそんなに気に入ったのだろうか。間接的な証拠となるのは、一九四一年に（過去六年間の作品を対象とした）第一回のスターリン賞授与が華々しく発表されたとき、ショーロフの『静かなドン』が第一席を受賞しているのに、ジェルジンスキーの名は受賞者のなかに存在しなかったことである。

だが、ジェルジンスキーの音楽に対するスターリンの抑制された態度は、指導者が、受け入れ可能な「思想的政治的」模範として彼のオペラを支持する妨げにならなかった。なぜどのようにこれは生じた

ベートーヴェン弦楽四重奏団とみずからのピアノ五重奏曲を演奏するショスタコーヴィチ。この曲で1941年にスターリン賞を受賞する。

のだろうか。この問いに対する可能な答えは、私が思うに、比較的最近になって公表された文書に見出すことができる。彼の最も身近な文学問題の補佐の一人アレクサンドル・シチェルバコフが一九三六年一月二日付のスターリン宛ての報告書で、必死になって訴えていた。「いま文学は、作家たちを動員できるような、戦闘的で具体的なスローガンを必要としています。同志スターリン、このスローガンを提起するのをお助けください[*60]」と。

シチェルバコフは、狡猾で経験豊かな廷臣であり、指導者が語っていない要求ですら、察することができた。スターリンは慈悲深く彼の呼びかけに応じ、「簡潔さと人民性〔ナロードノスチ〕」というスローガンを下達した。このスローガンは、文化の課題についての最近のスターリンの思索を反映したもので、第一回ソ連作家大会で提起された「社会主義リアリズムの手法」という、あまりに曖昧な定義をある程度結晶化させたものだった。いまや「簡潔さと人民性」というスローガンへ向けて、現在の文化界のなかから、肯定的な例と否定的な例を具体的に選び出すことが求められていた。

直近のイデオロギー的キャンペーンから明らかになったように、スターリンは自分にとって最重要の戦線――文学――に、最初は言及しないこととして、芸術、とくに自分が個人的に関心を抱いていた音楽に集中することにした。肯定的な文化の例として選ばれたのはジェルジンスキーのオペラだった。否定的な例はたまたまショスタコーヴィチのオペラとなった。これが事の次第であった。

スターリンはボリショイ劇場別館での『マクベス夫人』の公演（彼のお気に入りのアレクサンドル・メリク＝パシャーエフが指揮した）を観に行き、多分よい気分だっただろう。オペラやバレエ観劇の際には、いつも満足感を味わっていたのだから。これに先立つ彼のソヴィエト・オペラ観劇（『静かなドン』）は、好印象に終わった。同様の帰結が今度も期待されていた。ショスタコーヴィチの『マクベス夫人』は実質的に皆から一致して「音楽劇の勝利」（半官紙の『ソヴィエト芸術』がこのオペラに宛てた紙面の表題だった）と認められていたのだから。

アルハンゲリスクに客演に出かけようとしていたショスタコーヴィチは、地域の放送委員会の招きで、とくに自作のピアノ協奏曲第一番を独奏するはずだったが、緊急にボリショイ劇場副支配人のヤーコフ・レオンチエフから公演に呼び出された。

経験豊かな廷臣レオンチエフは、ミハイル・ブルガーコフの友人だった。ユニークで独特の「文書」が残されている。この事件についてブルガーコフはユーモラスな「口述の短編」を残しており、書き起こされたそれには、疑いなくレオンチエフから彼に伝えられた情報が反映されている。

ブルガーコフは、レオンチエフの言葉を用いて、「恐怖に青ざめた」ショスタコーヴィチがいかに急いで劇場を訪れ、スターリンと彼の同伴者たちが政府用のボックス席に座ったかをアイロニカルに叙述している。そして「メリクは猛然と指揮棒を振り上げて、序曲が始まった。勲章の期待に胸を膨らませ、指導者たちの眼差しを自分に感じながら、メリクは荒れ狂い、腕白小僧のように飛び跳ね、指揮棒で宙をぶった切り、声に出さずにオーケストラを伴唱した。玉のような汗が流れ出ていた。「大丈夫、休憩のときにシャツを着替えよう」と、彼は恍惚としながら考えていた。序曲の後、彼はボックス席を横目で見て、拍手を期待した。が、皆無だった。第一幕のあとも同様で、まったく印象なしだった」。[*61]

ブルガーコフの口述のミクロ小説は、もちろん、グロテスクに誇張されていた（とくに、『マクベス夫人』には何ら序曲はなく、冒頭のヒロインの張りつめた抒情的なモノローグに先立つ短い序奏で直接始まるのだから）。だが、とくに、この恐ろしい事件全体について、同時代人の直接の証言が少ないことを考慮するならば、この記録の価値は、雰囲気を理解するうえで、とても大きなものである。

重要なのは、ブルガーコフの情報がショスタコーヴィチの親友で、音楽官僚のレヴォン・アトヴミヤーンの情報と一致していることである。彼は、その運命の日、オーケストラは、おそらくは貴賓の存在に刺激されて、過剰に煽り立てられていた。そのうえ、（全世界の音楽家よりイタリア語でバンダと呼ばれる〔別の場所に配置される〕）管楽器グループはそうした場合に特別に増強されており、とくにカテリーナの婚礼の場面の前の管弦楽間奏曲で、不必要なまでの音量で演奏したと作曲家は考えた。管楽器は、政府用ボックス席の真ん前に席を占めており、アトヴミヤーンが回想するように、「キャンバスのように青白い」ショスタコーヴィチは、恐怖に陥った。

上演後、作曲家はどうしても落ち着くことができず、アルハンゲリスクへコンサートに発つと、アトヴミヤーンに苛立たしげに問いただした。「どうして「バンダ」の響きをあんなに増強しなければならなかったのか、教えてくれないか。メリク＝パシャーエフの「シャシルィク風の」余計な情熱は何なの

ショスタコーヴィチと親友の音楽批評家イワン・ソレルチンスキー

だろう。彼は間奏曲やこの場面全体であまりにも「胡椒を利かせ」すぎていた。私が思うに、政府用のボックスに座っている人々は、金管があんなに響いていていては耳が聞こえなくなったのではないだろうか。うるう年がいつもそうであるように、今年は、またもや私に不幸をもたらすのではないかと、私の心は予感する」[*62]。

とても迷信深いショスタコーヴィチ（広く知られた迷信への信心をショスタコーヴィチは生涯保持していた。なお、プーシキンも同様だった）は、友人ソレルチンスキーに手紙で伝えたように、「悲しい気持ちで」アルハンゲリスクに発った。彼はすでに、自分のオペラが党の最高指導部の気持ちにそぐわなかったことを理解していた。だが、その彼でさえ、急激に自分に降りかかるカタストロフィの規模や恐るべき影響を予見してはいなかった。

ひどく寒い冬の日、アルハンゲリスクでショスタコーヴィチは、キオスクの新聞売り場の列に並んだ。列の進みは遅く、ショスタコーヴィチは寒さにふるえていた。一九三六年一月二十八日付の国の最重要な新聞『プラウダ』(当時は公式に「中央機関紙」と命名されていた)を購入した。ショスタコーヴィチは新聞をめくり、第三面に「音楽ならざる荒唐無稽」と名づけられた(無署名の)論説を目にした。副題には括弧つきで「オペラ『ムツェンスク郡のマクベス夫人』について」と書かれていた。ショスタコーヴィチはキオスクから立ち去らずに、まさにそこで読みはじめた。不意打ちと恐怖から、彼はよろめきはじめた。列から叫び声が飛んだ。「そこの若い人、朝からどうしたってんだ」[*63]。

数十年も経過したいまでさえ、「音楽ならざる荒唐無稽」を身震いすることなく読むことは不可能である。なぜ二十九歳の作曲家が、地面が自分のもとでぱっくり穴を開けたと感じたかを理解することは容易である。彼のオペラを、彼の愛する子どものような作品を、すでに全世界で認められている作品を、まったく突然、荒々しく無礼に、無知を露わにしながら批判にさらしたのだから。

この論説はそれ以来、権威主義的な文化政策の古典的な例として、悪評を得てきた。そうしたものとして、それは専門的なアンソロジーに含まれているほどである。そのなかの多くの語句がよく知られている。その表題でさえ、普通名詞化している。だが、それを同時代人の眼差しで見ることを試みてみよう。この論説は何について語り、何を危険にさらしたのだろうか。ショスタコーヴィチだけでなく、ソ連文化全体だろうか。

「音楽ならざる荒唐無稽」の文章は二つの層に分けることができる。一つはこの論説の著者が、ショスタコーヴィチのオペラの音楽とそのボリショイ劇場別館での上演から受けた印象からなっている。もう一つの層は、いわば、理論的なものである。音楽に対する応答は直接的で、非常に感情的なものである。「このオペラにおいては、まさに最初の瞬間から、荒唐無稽で調子の合わない音の流れが聴き手を当惑させる。旋律の断片や音楽的フレーズの萌芽が、轟きやきしみ、金切り声のなかで、沈んではほとばしり、そしてふたたび消えていく。この「音楽」についていくのは困難であり、それを記憶するのは不可能である」。

西側の批評家たちの一部と同様に、とくに論説の著者を憤慨させたのは、オペラのエロティックなエピソードだった。「ラブシーンをできるだけ自然に描くために、音楽は喉を鳴らし、叫び声を上げ、息を弾ませ、喘いでいる。そして「愛」はオペラ全体に最も卑俗なかたちで塗りたくられている」。そしてボリショイ劇場別館での公演では、拒絶を引きおこしたのは、何よりもまず、まさにそれらのシーンであった。「商人のダブルベッドは舞台装置のなかで中心的位置を占めている。そこですべての「問題」が解決される」。

興味深いことは、論説の著者がレスコフを読み、ショスタコーヴィチのオペラでなされたレスコフの作品の解釈に同意していないことである。「殺人によって富と権力にありつく略奪者である商人の妻は、ブルジョワ社会の何らかの「犠牲者」として描かれている。レスコフの風俗的な中編小説に、そこにはなかった意味が結びつけられている」。

だが、とくに重要だったのは、論説の理論的で政治的な側面である。ショスタコーヴィチのオペラは、形式主義と自然主義という二つの点で同時に非難されていた。これらの用語を用いていること自体、当時の文化的闘争においては何ら目新しいことではなかった。「自然主義」とは、通常、過剰に露骨な箇所として理解されており、「形式主義」として批判されるのは、一般には、複雑すぎて、批判する側があまりにも「理解しがたい」と考える作品であった。ショスタコーヴィチは以前にもすでに、形式主義の非難を否定することを余儀なくされていた。一九三五年にブハーリンの『イズヴェスチヤ』紙で彼は根気強く、そしてきわめて挑発的に宣言した。「こうした非難を私は決して受け入れなかったし、受け入れていない。私は形式主義者ではなかったし、これからもなることはない。どんな作品であれ、その作品の語法が複雑で、ときにすぐには理解できないからと言って、それを形式主義として辱めることは許しがたく浅はかである……」[*64]。

だがいま、ショスタコーヴィチの「プチブル的な形式主義的徒労」を政治的な犯罪だと主張したのは『プラウダ』紙であった。「それは、わざと「あべこべに」、つまり、古典的な音楽をまったく想起させず、交響的響きや簡潔で誰でも理解できるような音楽語法とは何も共通のものをもたないようにつくられた音楽である。（……）それは、自然な人間的な音楽の代わりの極左的な荒唐無稽である」。

それでは、ショスタコーヴィチのオペラの「きわめて粗野な自然主義」とは何であろうか。この点については権威ある答えが与えられていた。「それは商人の好色さの賛美……」である。

『プラウダ』紙は、気がかりなのが、ショスタコーヴィチのオペラだけではないことを示唆していた。「ソ連音楽におけるこうした傾向の危険は明らかである。オペラにおける極左的な醜悪さは、絵画や詩、教育や科学における極左的な醜悪さと同じ源泉から育まれている。プチブル的な「新機軸」は、本物の芸術や科学、本物の文学からの遊離をもたらしている」。

論説の侮辱的で軽蔑的、罵倒的なスタイルはそれ自体、前代未聞ではなく、当時としてはむしろそれは習慣となっていた。（ショスタコーヴィチだけでなく他の多くの人々をも）当惑させたのは、二年あまりのあいだ、ずっと高まっていったオペラの評価の後、突然『プラウダ』紙が介入してきたという事実であった。

これ以前の自然主義や形式主義の議論では、ある面は攻撃されうるとしても、別の面は積極的に反論されたり、反撃さえされるほどであった。突然、状況は劇的に変化した。『プラウダ』紙の掲載物の調子自体が断固としており、当時の表現で言えば「司令的」なものであった。それは論説に著者の署名が欠如していることによって強調されていた。言外に理解されたのは、そこで語られているのは、誰か一人の批評家や、特定のグループの意見でさえなく、党全体の見解だということだった。それは、どんな可能な異議申し立てに対しても、明らかに犯罪的で「反ソ連的」性格を与えるものであった。

さらに比較的最近、ブルガーコフやザミャーチン、ピリニャークに、もっぱら政治的な要求が突きつけられたが、彼らの美学については述べられていなかった。いまはじめて美的な「過失」が政治的なそれと同列に置かれたのである。それは新たに、危険なかたちで発展した事件だった。「音楽ならざる荒唐無稽」を読んだ多くの文化活動家は、そこで「これは未来派〔ザーウミ〕的な無意味な戯れであり、それはとても悪い結果となるにちがいない」という恐ろしい警告に出くわしたとき、鳥肌を立てたに違いない。

この残忍な脅迫の背後にいたのは一体誰だろうか。「音楽ならざる荒唐無稽」を書いた人物の解明は年月とともにちょっとした研究テーマになった。さまざまな研究者がさまざまな候補を提起してきた。ジャーナリストのダヴィード・ザスラフスキー、音楽学者のヴィクトル・ゴロディンスキー、当時の『プラウダ』紙の文芸部長のイサーク・レジニョーフ、一九三六年一月に組織された芸術問題委員会委員長のプラトン・ケルジェンツェフが挙げられた。〔亡命したヴァイオリニストの〕ユーリー・エラーギンはアンドレイ・ジダーノフがこの論説を書いたと主張した。[*65]

だが、事情に通じた同時代人たちは、直ちに「音楽ならざる荒唐無稽」の本当の作者はスターリン自身だと話しはじめた。それはとくに、すでに言及したブルガーコフの「口述の短編」から明らかである。

ブルガーコフは、スターリンの「廷臣」グループから得た情報に依拠して、グロテスクだが説得力があるかたちで、疑いなくオペラの試聴後に政府用ボックス席で行なわれた「合議制の会議」を記述している。ブルガーコフによれば、スターリンは次のように述べた。「私は、他人の意見に圧力を加えることを好まない。これは私の考えではカコフォニー〔不協和音〕であり、音楽の荒唐無稽だ、とは私は言わないことにし、同志諸君にはまったく独自に自分の意見を述べるように願いたい」。

さらにブルガーコフは、上演に参席したスターリンの盟友たちの中傷的な反応を伝え、「『プラウダ』紙に「音楽ならざる荒唐無稽」という論説が現われ、そこでは「「カコフォニー」という言葉が何度も繰り返されていた[*66]」と、報告を締めくくっている。

ここでブルガーコフは誤っている。『プラウダ』紙ではカコフォニーという言葉は一回しか言及されていないのだから。だがこの間違いも注目に値する。というのも、それは「音楽ならざる荒唐無稽」のスタイルのトートロジーについての作家の印象を伝えているからである。このトートロジーはスターリンの個人的な発話手法の最も重要な特徴である。彼はそうしたトートロジーを武器としてまったく意識的に用いていた。これについてはスターリンの文体の研究者ミハイル・ヴァイスコプフが次のように書いている。「この手法は、催眠的な効果を可能にするために求められたもので、彼の語彙が限られていたことから、彼に苦もなく得られたものだったが、時とともに明確な目的をもった発展を遂げた[*67]」と。

ショスタコーヴィチのオペラについての『プラウダ』紙の論説では、「極左的」という形容詞が四回繰り返されている。著者は、「粗野に」「粗野な」「きわめて粗野な」という言葉を六回、「荒唐無稽〔スンブル〕」という言葉を〔表題を入れて〕五回、執拗に繰り返した。この「荒唐無稽」という言葉は、その一日前に『プラウダ』紙に掲載された学校の歴史教科書の要点についての記事にあったのが、まっすぐ音楽の論説に入りこんだことに最初に私の注意を向けてくれたのはショスタコーヴィチだった。その記事にはスターリンの署名がともなっていた(7)。

スターリンが著者だということについて、ショスタコーヴィチには、さらにもう一つ本質的な論拠があった。彼は、別の予想された候補者たちは教養ある人々だと論証した。はたして、彼らのペンから、「交響的響きとは何ら共通のものをもたない」(これは一体どんな神秘的な響きなのだろうか)音楽についてのくだりや「安っぽく奇をてらった手法によって独創性を生み出そう」とする作曲家の自負が書かれるだろうか。これらすべて(そしてこれと同様の別)の「音楽ならざる荒唐無稽」の唯一無二の例は、ショスタコーヴィチの考えでは、本物のスターリンの発話によってのみありうるもので、さもなければ、新聞の紙面にそれらは現われることはなく、編集者が削除してしまったことだろう。

もちろん、この論説をスターリンが自分で書きおろしたのではなく、誰か『プラウダ』紙の指導的なジャーナリストへ口述筆記し――おそらくは電話で――、それから新聞の発行前に確認したと推測することはできるだろう。こうした場合に、そうしたことがどのように行なわれるかについては、一時期『プラウダ』紙の編集長を務め、同様の手続きに同席したことのあるドミートリー・シェピーロフが述べている。彼の言葉によると、重要な「司令的な」論説では、スターリンの署名は何らかの理由で望まれず、指導者は、一つひとつの言葉を吟味しながら、ゆっくりと自分で口述筆記した。記録を取ったのは、スターリンの助手か、新聞の編集長だった。

「こうした仕事はときに、数時間ぶっつづけに行なわれた」とシェピーロフは証言し、次のように付け加えた。「そして、仕事が昼に始まり、次の日の夜明けに終わることもよくあった*68」。スターリンは、社説なのか、論説なのか、偽名で署名するのか、「時評者」といった署名にするのかなど、自分で論説の形式を決めただけでなく、どの面か、イラスト付きか、なしかなど、場所までも決定した。したがって、いつかその草稿が発見されるとしても、誰の手によって「音楽ならざる荒唐無稽」が書きとめられたかは重要ではない(8)。事の本質が変わるわけではないのだ。

ショスタコーヴィチは正しかった。「音楽ならざる荒唐無稽」は、その重要な理念だけでなく、そのディテールにおいても、スターリンのテクストだった。それは指導者自身の「音楽ならざる荒唐無稽」に対する態度によっても主張されている。『プラウダ』紙の（この年とこれにつづく数年に数多く現われた）すべての無署名の原則的な論説のうち、この論説は彼の心に最も愛しいものでありつづけており、それについては多くの証言がある（詳しくは、一九四八年の事件を記述する第六章において述べたい）。この種の別の論説も掲載され、補助的な役割を果たして、その他の党の司令の果てしない流れのなかに消えていった。「音楽ならざる荒唐無稽」だけが、長く数十年にわたってソ連美学の旗印としてはためきつづけ、スターリン自身よりも生きながらえたほどだった。

だが、『プラウダ』紙論説の真の著者が指導者その人だったとして、何が彼を、ショスタコーヴィチのオペラにあれほど厳しい批判を浴びせるよう駆り立てたのだろうか。スターリンがつねに重要だとみなすのは、とくに政治的な道理であった。だが、それに強く個人的な——趣味と心理上の——動機が混ぜ合わされていたことも疑いない。

スターリンは、ソ連では、広く大衆に受け入れられ、習得される「全人民的」な文化が創造され、宣伝されねばならないという、確固たる信念をもっていた。そのような全体的な「文化的識字力」が、国を進歩的な国家に変容させることを促進するはずだった。スターリンは、政治的な養育と管理の手段としての文化の重要性を非常に深く理解していた。だが、その際、彼の個人的な芸術的趣味は、もっぱら実利的なものとはいえなかった。

スターリンは、多くの二十世紀の政治的な指導者と異なって、文化の狂信者と呼ぶことができた。彼自身の計算によれば、彼は一日に平均五百ページを速読していた。もちろん、それは基本的にあらゆる種類の実務的な書類だった。だがスターリンは、多くの——ノンフィクションやフィクションの——文学作品も読んでいた。これらすべては、注意深く、鉛筆を片手に、関心を示す印やコメントが余白に書きとめられていた。

古典的な音楽に対するスターリンの関心は、正真正銘のものだった。彼は古典的な音楽にしばしば耳を傾け、明らかに楽しみとしていた。それは第一に、ロシアのオペラとバレエ——チャイコフスキー、グリンカ、ボロディン、リムスキー＝コルサコフ、少し劣るがムソルグスキー——であった。だが、スターリンのお気に入りには、ビゼーやヴェルディも含まれていた。

有名な事例は、一九三六年の第八回臨時全連邦ソヴィエト大会（ここで新たな「スターリン」憲法案が承認された）を締めくくる祝祭的な演奏会のプログラムに、さまざまな軽めのナンバーが並べられていたときのことである。このプログラムがスターリンの承認を求めて示されると、指導者は自筆で、娯楽的な音楽を押しのけて、そこへ有名な「歓喜に寄せて」の合唱をともなうベートーヴェンの交響曲第九番のフィナーレを書き加えたのだった。もちろん、これは政治的なジェスチャーだが、十分に歴然たるものであった。

スターリンは、民謡——グルジア民謡（『スーリコ』）やロシア民謡（『白樺の野にたちて』、『私は世界中を回った』）を好んでいて、しばしばこれらの歌をレコードで聴いていたし（その際、それらに直接自分の評価を付けていた）、みんなと歌うのも好きだった。彼の歌声は高いテノールだった。(9) この種の音楽はしばしばラジオで流されたが、クラシックは絶えず特別な位置を占めていた。スターリンは自分の古典的な音楽への志向を強調するのが好きだった。

ここに典型的なエピソードがある。あるとき、政治局員たちのために、スターリンのお気に入りの有名なテノール歌手イワン・コズロフスキーが歌ったとき、指導者の盟友たちは歌手に陽気な民謡を歌うように求めはじめた。そのときスターリン自身が割って入った。「どうして同志コズロフスキーに催促するのかね。彼が歌いたい曲を歌わせたらいい。彼はチャイコフスキーのオペラ『エヴゲニー・オネーギン』のレンスキーのアリアを歌いたいのだ[*69]」。こうして政治局員たちは古典的なアリアを耐え忍ばねばならなかった。

スターリンは、歌手だけでなく、ピアニスト、ヴァイオリニスト、チェリストといった器楽演奏家にも喜んで聴き入った。彼のお気に入りには、エミール・ギレリス、ダヴィード・オイストラフ、後にはスヴャトスラフ・リヒテル、ムスチスラフ・ロストロポーヴィチといった、後に世界的な名声を獲得した若い音楽家たちも含まれていた。彼らはみな、時期は違えど、スターリン賞を授与されている。

私はすでに、若い芸術家たちへのスターリンのこうした気遣いの政治的な真相について言及したが、それは明瞭である。これらの音楽家たちは、ソ連の社会主義の「人間の顔」を世界に誇示していたからだ。それでもやはり、この文化領域に対するスターリンの熱中は、どう見ても本物だった。あらゆる領域の「技量」の評価者であった指導者は同様に、祖国の音楽家たちの高度なプロフェッショナリズムを尊敬し、評価していたのである。

一九三三年からスターリンの庇護のもと、全ソ演奏家コンクールが設立された。勝利者の多くは、十分な根拠をもって、ソ連文化で指導的な地位を占めた。第一回のコンクールの参加者の一人が、十一歳のヴァイオリニスト、ボリス（ブーシャ）・ゴリドシテインだった。スターリンは彼の演奏に歓喜し、神童をクレムリンに招き、そこで彼には多額の報奨金が授与された。スターリンはその際、冗談を言った。

「というわけでブーシャ、君はいま金持ちになり、おそらく人を見下して、私を客に招こうとは思わんだろう」。

「ぼくはとても喜んであなたをご招待するでしょう」と機転の利く神童は答えた。「でも、ぼくたちは狭いアパートに住んでいて、あなたには座る場所がないのです」。

するとある日、ブーシャとその家族は、モスクワ中心部の新たなアパートの一戸を提供された。[*70]

当時スターリンは、その有名な言葉の一つとしてこう言っていた。「生活はよくなった、生活は楽しくなった」と。この他愛もないが、効果的な定式と、ショスタコーヴィチの『ムツェンスク郡のマクベス夫人』の表現主義的な美学は、明らかに溶け合わなかった。オペラの、セックスや恐怖など、ショックを与えるようなエピソードの情熱的な積み重ねのすべては、スターリン自身の嗜好とは異質であり、疑いなく、ソ連の指導者の興奮と憤慨を爆発させたはずである（多くの他の、全世界の古典的な音楽の保守的な愛好者の場合と同様に。ここでスターリンは、しばしばあとになって描き出そうと試みられているような、特筆すべき例外ではまったくなかった）。

だが、一九三六年の記憶に残る一月の晩、スターリンが『マクベス夫人』の上演を訪れたとき、指導者の脳裏には、個人的な嗜好を司令的に普及させること以上に、もっと重要な判断があった。スターリンは、自分の感情を、そのときの戦略的な要請に従属させる能力を誇りにしていた。そしてこのとき、新たな国家の「ソ連的モラル」を積極的に主張することが求められていた。政府は、まもなく受理される、堕胎禁止の法律と家族と結婚についての新たな法典を計画していた。というのも、スターリンの考えでは、ソ連の家族は、あらゆる手段を尽くして強化されなければならなかったからである。指導者のイニシアティヴにより、離婚は著しく困難になった。スターリンが子どもたちを両手に抱いた写真が定期的に出版物に現われるようになった。そしてここで突然、「自由恋愛」（あるいは、「音楽ならざる荒唐無稽」におけるスターリンの言葉で言えば、「商人の妻の好色性」）を賛美するオペラが出現し、そこでは嫌いな夫との離婚の問題が、殺人の手段によって、簡単に残忍に解決されていたのである。

これらすべてを理由としてスターリンは、まさにその『プラウダ』紙の論説で定式化された、文化全体の観点からの非難をショスタコーヴィチに浴びせたのである。作曲家は「ソ連の生活の隅々から粗野と野蛮を追放するという、ソ連文化の要求を無視した」のだと言う。

いま私たちに完全に明らかなのは、「形式主義」や「インテリの」芸術との戦いのキャンペーンは、スターリンによってあらかじめ着想されていて、一定の計画に基づいて実現されたということである。これについて、『プラウダ』紙上に次のような「反形式主義」の論説が素早く次々に現われたことが証明している。映画への批判（二月十三日付「歴史的真実の代わりの粗野な図式」）、建築（二月二十日付「建築のカコフォニー」）、絵画（三月一日付「へぼ絵描きたちについて」）、演劇（三月九日付「うわべの輝きと偽善的内容」）がそれである。ここでのすべては、スターリンが演出した文化政策の攻勢の論理によって、理解され、説明されるのである。

驚くべきことは他にも残っている。なぜまさしく音楽が何度も続けざまに攻撃されなければならなかったのか、ということであり、その際、つねに攻撃の対象は必ずまったく同じ作曲家ショスタコーヴィチだったのか、ということである。

オペラに続いて、ボリショイ劇場で観衆において大成功を収めていたショスタコーヴィチのバレエ『明るい小川』が『プラウダ』紙で罵言を浴びせられたことは、専門家たちにはよく知られている（二月六日付「バレエの偽善」）。だが、ショスタコーヴィチに三番目の論説が「授与されていた」ことは、いまにいたるまでほとんど注目されていない。それもやはり社説とみなしうるものだった。というのも、それは署名なしに掲載されていたからである（二月十三日のことだった）。だが、その論説の司令的な本質は、「出版物紹介」の表題で覆い隠されていた（ここでシェピーロフが証言した、さまざまな新聞のジャンルにおける記事を用いて自分の方針を提起するスターリンの能力について思い出さないわけにはいかない）。

まったく同じ一人の人間に対する三つの社説が、国の主要な新聞に二週間あまりのあいだに同時に現われたのである。そしてその人間は、危険な政治的な敵ではなく、イギリスやフランスの首相でもなく、その時点では国の広範な読者大衆にはきわめてわずかにしか知られていない、弱冠二十九歳の作曲家であった。身の毛もよだつような、歴然たる過剰反応である。さらにもっと重要なのは（この先に確認するように）多くの人々、非常に多くの人々がこれを歴然たる過剰反応として受け止めたということである。一体なぜこうした過剰反応が起こったのだろうか。

私が思うに、予想できる実利的・合理的な反応だけを活用したのでは、この謎は解くことができない。ここでは心理的な鍵が必要である。どんなに実利的で、冷血な政治家であっても、自動機械のような、無感情の機械のように働く状態にはなく、その決定には必然的に人としての情緒的要素が入り込むのである。こうしたことは当然、スターリンに関しても同様に観察できる。

スターリンの活動の評価において、現代的な判断の振り子はあまりに広く揺れ動いている。ある解説者たちは、彼の行為を、もっぱら暗く非合理的な衝動によって説明し、悪魔化している。別の者たちは、逆に、絶対的に没個性的で冷徹な実利主義の具現化としてスターリンを示している。みたところ真理は、政治的陰謀の偉大な巨匠で、並はずれた国家活動家だったスターリンは、自分の――確かに並はずれているが、絶対に正しいというわけでもない――直感を信頼しはじめたときかなり頻繁に間違いを犯し、失敗していた、ということである。

最も有名な、教科書的な例がある。それは一九四一年のヒトラーの意図の評価の誤りである。そのときヒトラーは、スターリンの不意をついて、ソ連に侵入したのだった。ソ連の指導者は、このときヒトラーは攻撃しないだろうと確信していたので、急激に増大したドイツの侵略準備の情報をまったく無視していた。その結果は、最初の数ヶ月の軍事的な大損害であった。

ショスタコーヴィチの場合も、スターリンはちょうど感情に支配されていたと考えねばならない。単にオペラの筋立てと音楽が彼をかっとさせただけではなかった（同様の状況であれば、彼は自制することができた）。このオペラが当時のスターリンの文化的方針と矛盾していた、というだけでもなかった。それらに加えて、若き作曲家は、いたるところで、つまりソ連だけでなく、西側においても、天才と宣言されていたのである！　私が思うに、まさにこの最後の点が、指導者の忍耐の盃をあふれさせたにちがいない。

というのも、別のソ連の文化の巨匠たちの栄誉は、かなり局地的なもので、国境内にとどまっており、したがって、スターリンの管理と操作に服していたからである。この場合には、西側を気にすることはありえなかった。

例外はきわめて少なかった。例としては当然ながら、ゴーリキーが挙げられる。もちろん、西側ではスタニスラフスキーが尊敬されていたが、スターリンも彼を尊敬していた。セルゲイ・エイゼンシュテインは国際的な名声を博していたが、それはその仕事に対して、映画『戦艦ポチョムキン』に対してであり、それをスターリン自身も高く評価していた。だが、指導者は絶えずエイゼンシュテインに苛立ち、まったく無遠慮に、そして侮辱的にたしなめていた。メイエルホリドの国際的な権威は、よく知られているように、演出家にとって裏目に出た。同じことがショスタコーヴィチにも起こった。スターリンは自分のほうが事に精通していると判断し、歯止めが効かなくなり、暴走したのである。

その証拠となるのは、ショスタコーヴィチの喜劇バレエ『明るい小川』に対するスターリンの反応である。スターリンは、すでに述べたように、バレエを愛していたが、それに加えてジャンルとしての喜劇を熱愛し、ハリウッドを真似てつくられたソ連の喜劇映画の鑑賞の際には涙をながすほど笑い転げていた。

すぐれた振付師のフョードル・ロプホーフによって上演された『明るい小川』は、その上演をみた人すべてが口をそろえるように、第一に陽気で魅力的なショーであり、クバン地方のコルホーズの生活からとられたヴォードヴィル的な筋立てが、一連の効果的な踊りのナンバーの口実となっていた。それは、強いていえば、バレエのオペレッタであった。

レニングラードでの『明るい小川』の上演の観衆に対する成功により、ロプホーフはボリショイ劇場でも上演するよう招かれた。モスクワ初演は成功裏に行なわれ、ロプホーフはすぐにボリショイ劇場バレエ団監督に承認されたが、このような任命は、スターリン自身の承諾と賛成がなければ起こりえなかった。

『明るい小川』は、言ってみれば、スターリンの気に入るように運命づけられていた。鮮やかな、生活肯定的な芝居であり、ダンサーたちは輝かしく、舞台美術家は指導者のお気に入りウラジーミル・ドミートリエフだった（後に四つのスターリン賞を受賞している）。最後に、ショスタコーヴィチの音楽は、『マクベス夫人』とは対照的に、他愛もなく、メロディアスで、祝祭的に管弦楽化されていた。さらに、それらすべては、「よくなった、楽しくなった」というスターリンの生活についてのスローガンそのものの文化的な装画として整えられていた。

だが、『プラウダ』紙は、賛成の代わりに、ポグロム的な「バレエの偽善」を浴びせた。この社説は、「音楽ならざる荒唐無稽」と比べてはるかにあっさりと書かれているが、やはり同様に、そのなかでスターリンの特別な声（あるいは筆跡）を以下のように明確に区別することができる。「バレエの作者たち——上演者も作曲家も——は、みたところ、わが国の観衆が寛大であり、俊敏で無遠慮な人々が何をでっち上げても、すべてを受け入れると期待しているようだ」「クバンのコサックたちの衣装とは何も共通のものをもたない何らかの人々が、舞台で飛び跳ね、大騒ぎをしている」。あるいは、以下のような、バレエの音楽についてのスターリン的なフレーズも典型的である。「『明るい小川』においては、確かに、オペラ『ムツェンスク郡のマクベス夫人』と比べれば、まったく奇術的ではないし、奇妙で荒々しい和音も少ない」。だがそれは、ショスタコーヴィチをスターリンの憤怒から救わなかった。「それゆえ音楽は特徴に欠けている。音楽はぞんざいにかき鳴らされ、何も表現していない」。とにかく作曲家に罪があるのだ。

まったく明らかなのは、スターリンが前もって、『明るい小川』の創作者たちを鞭打ちに付すと決めていたことである。彼が公演をみたとき、どこに言いがかりを付けられるかを見出しただけだった。苛立ちは、指導者を遠くに導き、彼の言葉は皮肉たっぷりの反ソ活動家のように聞こえはじめた。「バレエの作者たちの構想では、あらゆる困難は過去のものである。舞台ではみなが幸福で、陽気であり、喜ばしげだ」。それはよいことのように思われるし、それを褒め称えなければならないのではないのか。まったくそうではないのであり、私たちは文字どおり、『明るい小川』の創作者たちの鼻の前でスターリンの人差し指が振られるのを目にする。「あなた方の芸術を観衆と聴衆に対する愚弄に変えないでいただきたい、生活を卑俗化しないでいただきたい……」と。

政治においては、たとえそれが文化政策でしかなかったとしても、感情に意志を付与してはならない。情緒的な要素をもち込めば、すぐさま目標を取り違えてしまう。それゆえ、スターリンの個人的な感情から口述筆記された同様の指導的指示によって、「文化戦線」の活動家たちがいたるところで頭をくらくらさせたとしても、驚くに値しない。生活を「一本調子に、野獣のような風貌で」描いてはならない(「音楽ならざる荒唐無稽」からの引用)――それは理解できる。だが、『バレエの偽善』において軽蔑的に述べられているように、「踊りにおいて「喜び」を」描くこともならないというのである。一体何か可能なのか。どんな模範に倣えばいいのだろうか。

新聞『ソヴィエト芸術』は、完全にパニックに陥って、論説「偽善とプリミティヴィズムに抗して」においてイデオロギー的な難問を解こうと試みた。そこでは、新聞『プラウダ』は、形式主義的な「プチブルの新機軸」との戦いと、同時に「簡潔さとわかりやすさというスローガンで身を隠しながら、ソ連音楽にプリミティヴィズムを植えつけ、まさにそれによってソ連芸術を貧しくし、骨抜きにしようとしている人々」との戦いという、二つの戦線での戦いを遂行していると説明した。

もちろん、『ソヴィエト芸術』編集部の職員たちは、危険な状況から巧みに抜け出たことをひどく喜んだ。そしてまさにこのとき、三つ目の『プラウダ』紙の無署名論説において頭を打たれたのである(二月十三日付「芸術における明白で簡潔な語法」)。「それは「二つの戦線」の支離滅裂な描写である。われわれの最初の論説も第二の論説も、ソ連芸術に異質の嘘と偽善、すなわち、『マクベス夫人』の形式主義的で曲芸師的なものと、『明るい小川』の見せかけのけばけばしい、人形的なものに対して向けられていた。これら二つの作品は一様に、ソ連芸術が語るべき、わかりやすく簡潔で、真実を伝える語法からかけ離れている。双方の作品は、人民の芸術に軽蔑的な態度を取っている。問題はまさにここにあるのであって、オペラの「複雑な」音楽だとか、バレエの「プリミティヴな」音楽だとかにあるのではない。『マクベス夫人』の音楽は、手の込んだ技法にもかかわらず、内容がなく、貧しく、その内容においては言葉の悪い意味でプリミティヴなのである」。

　では同志スターリンは、一体誰の作品を、誰の表現様式を、いますべてのソ連芸術が模倣すべき模範として提起したのだろうか。暗示されている答えは簡単である。それはほかでもない同志スターリン自身の文体である。正面からこれは語られていないが、スターリンは決しておかしく見えることを望まなかった。だが、『プラウダ』紙の論説の謎解きの鍵は、安っぽい推理小説以上に、撒き散らされていた。繰り返される「簡潔さと明瞭さ」の対置——「形式主義と偽善」は、論説の本文全体を通して現われる。そして、最大限の率直さと明瞭さが誰に固有のものであるかは、ついに三月五日付の『プラウダ』紙の社説において「率直で明瞭な回答」の表題で語られた。「率直さと明瞭さは、同志スターリンのすべての言説と発言の典型的特徴である」と。

　ここにおいて他の出版物も、どこに問題があるのかを察知する。『文学新聞』は一般的な情報（「簡潔さと明瞭さ」という超個性的な表題の論説で）を伝えた。スターリンの文体——それは「非凡で、芸術家に霊感を与える、簡潔さや明瞭さ、くっきりと磨かれた表現、真実のすばらしく勇敢な力の古典的な模範である」[*71]。

スターリンは満ち足りた気持ちになっただろう。物わかりの悪い新聞諸紙もついに、まさに指導者を念頭に置くということを理解した。急いで国中で文化活動家の集会が開かれ、そこでは「形式主義と偽善」が弾劾され、『プラウダ』紙の論説がその「賢明な明瞭さと簡潔さ」とともに讃えられた。だが、すべてが計画どおりに進んだわけではなかった。

創作エリートたちは不満をぶちまけていた。これについてスターリンは国家政治保安部の秘密報告から知っていた。その一部は最近公表された。

いたるところを駆けずり回った密告者たちは、指導的な巨匠たちが『プラウダ』紙の社説に猛然と反対していたことを上層部に報告した。その際、不満をもつ人々の多くは、これらの論説の背後に誰がいるのかを言い当てようとしたが、それで彼らがとどまることはなかった。アンドレイ・プラトーノフは「誰かきわめて意志強固な人がたまたま劇場を訪れて、音楽を何も理解せずに聴いて、文句を言ったのは明らかだ」[*72]と言った。アフマートワの友人で、著名な詩人で翻訳家のミハイル・ゼンケーヴィチは「……誰も中央委員会に音楽通の人がいるとは考えないし、指導者の誰かの偶然の意見がまさにいま規範化されようとしているとすれば、私たちがどこまで転がっていくか、わかったものではない」と述べた。詩人のセルゲイ・ゴロデツキーは「……これはけしからん——誰かの気の向くままを法として書くなんて」と言った。作家アブラム・レジニョーフはそれを繰り返した。「あらゆる独裁の恐怖は、独裁者が自分の気の向くままに行なう、ということにある」。

多くの人々が、スターリン個人にとってきわめて侮辱的に自分の意見を述べていた。情報通だったバーベリは、密告に基づいて皮肉を述べた。「誰もこれを真剣に受け止めていないんだから。人民は沈黙を守っているが、心のなかでは密かに笑っている」と。セルゲイ・プロコーフィエフの親友の音楽学者ウラジーミル・デルジャノフスキーは、もっと明確に表現した。「人民は涙が出るほど笑っているが、それは党員たちが作曲家たちについて何を言ったらいいか知らないとわかったからだ」。

そのゼンケーヴィチは「音楽ならざる荒唐無稽」に憤慨していた。「……論説は厚顔無恥の極致であり、それはまったく偽りであり、ショスタコーヴィチにはまったくない特質を、彼のせいにしている。それだけでなく、明らかなのは、論説が音楽をまったく理解しない人によって書かれているということだ」と。尊敬されているレニングラードの作家ヴィッサリオン・サヤーノフは「バレエの偽善」へもクレームを付けた。「二番目の論説はよりソフトに書かれているが、それでもなお「無遠慮で抜け目ない人々」についてのフレーズは、とても乱暴だ」。ヴィクトル・シクロフスキーは吐き捨てるように言った。「とても軽率に書かれている」と。

私たちの今日の観点からは、何か異例のことが起こっていた。私たちは一九三〇年代後半のソ連について、全体的な恐怖の時代、満場一致の時代、そして党と国家の強制への絶対的な服従の時代として考えることに慣れてきた。私が、比較的リベラルで、まだ西側の影響の強かった一九五〇年代のリガで、音楽を学びはじめたとき、ショスタコーヴィチがプロコーフィエフや他の指導的なソ連の作曲家たちとともに形式主義として弾劾された一九四八年の党決議は息づいており、絶えず言及されていた。そして私の記憶では、誰もこの決議には疑いをさし挟まなかった。私はいま確信するが、内側では多くのものが沸き立っていたが、それをあえて口に出すことはなかった。この時期には党の新聞の一つひとつの言葉が法として見なされており、それに慣れていて、当然のこととして受け入れていたのである。

それだけではなかった。後に私が、一九三六年に『プラウダ』紙のショスタコーヴィチへの攻撃に声高に憤慨していた人々の何人か――たとえば、すでに挙げたシクロフスキー――と知り合うと、彼らの誰もが、党やスターリンが美的見解を指示する権利を、自分たちが当時、声に出して否定したことを誇りをもって思い出したりはしなかった。そしてたとえ、これについて語られたとしても、若者たちは信じなかっただろう。しかしながら、彼らの不同意、彼らの抗議は、密告者の目ざとい耳と素早い手によって保存されている。ここにパラドックスがある！（歴史の皮肉の感動を妨げるのはただ、そのとき、同様の密告はきわめて現実的な「処刑への招待状」だったという状況である。そして多くの人の、あまりにも多くの人のトンネルの終わりに、その処刑が、あるいは別の罰が降り掛かったのだ。）

スターリンはとくに、音楽家の反応に苛立ったにちがいない。もちろん、ここでも表面上はすべて比較的平穏だった。形式主義一般や、とりわけショスタコーヴィチに対する熱心で公然たる批判は多数派を形成しており、その際、彼らのなかにはかつての作曲家の友人や崇拝者が多く含まれていた。だが、秘密の党の報告書においてスターリンに報告されたように、「『プラウダ』紙の論説についての不同意の直接的な表明が、レニングラードの批評家や音楽学者の集会で（イワン・）ソレルチンスキーや（アレクサンドル・）ラビノーヴィチによってなされていた」。[*73]

そのスターリンへの秘密報告では、ショスタコーヴィチの事件では「過去においては互いに敵対さえしていた異なる傾向の形式主義者たちの暗黙の共謀が存在している」という理論が叙述されていた。これに際して、指摘されたのは、二人の非常に権威ある作曲家、レニングラードのウラジーミル・シチェルバチョーフとモスクワのニコライ・ミャスコフスキーの振る舞いだった。二人はショスタコーヴィチの作品に、特別な共感を決して抱いたことはなかったが、『プラウダ』紙の論説以降は、若い作曲家を支持するのは名誉の問題だと考えた。

ある密告によれば、ミャスコフスキーは自分の新しい立場を、「私が恐れるのは、いま音楽において貧しさとプリミティヴィズムが支配するかもしれないということです」と説明した。スターリンへの報告書で憤慨とともに示されていたのは、こうした振る舞いは「党の指示に対するサボタージュの隠れた形態」[*74]だということだった。

このような、権力にとって好ましくない気分が広く蔓延しはじめるという危険が生じた——国家政治保安部の「資料」では、レニングラードの「音楽界では雰囲気がきわめて暗い。他方、マリインスキー劇場の周りでは、さまざまな人々——音楽家や歌手、聴衆——が興奮して事件を討議している」[*75]と伝えられていた。

これらすべてのスターリンへと集められた情報は、一つのことを証言していた。つまり、ショスタコーヴィチに向けられた『プラウダ』紙の論説は、ソ連の創作知識人たちからの激しい反駁と嘲笑を招いたということだ。スターリンは、個人的な侮辱としてこうした事件の展開を受け止めなければならなかったのである。

指導者は、文化エリートとの交流にどれだけの時間と努力を費やしたことだろうか。彼はすでに彼らの心理についてそれなりに理解しているように思われた。だが突然、このような不愉快なサプライズ！もちろん、隷属的な「創作大衆」の考えは、ほったらかしにしてもよかった。だが、ショスタコーヴィチに同情的なゴーリキーの立場が、状況を著しく複雑にした。それをスターリンが知ったのは一九三六年三月半ばのことだった。

こうした国の大いなる文化的権威者自身の独立不羈の立場については、彼のスターリン宛ての手紙に書かれている。最近ゴーリキーのアーカイヴから見つけ出されたその手紙は、彼が休暇中にクリミアで書いたもので、そこで彼は短期滞在のためにソ連に到着したばかりの作家アンドレ・マルローと会っていた。マルローは当時ヨーロッパの反ファシズム文化戦線の著名な活動家だった。

ゴーリキーは、マルローがショスタコーヴィチについての彼の問いにかみついてきたことをスターリンに書いた。それは、西側の「進歩的サークル」がショスタコーヴィチを高く評価しており、彼の運命を案じていることをスターリンに思い起こさせた。スターリンはまた、ゴーリキーの友人で盟友の、ノーベル賞受賞者ロマン・ロランが作曲家を深く崇拝していたことも知っていた。ロランは比較的最近クレムリンにうやうやしく迎えられたが、その際スターリンが何度もロランに請け合ったのは、完全に自分の掌握下にあるということだった（一九三六年一月二十九日付の『プラウダ』紙はロランを、彼の七十歳記念に関連して「偉大な作家」でソ連の「偉大な友人」と呼んだ。この頌詞には第一面掲載の作家の大きな写真がともなっていた）。

スターリン宛てのゴーリキーの手紙は、慎重で激しいものだった。彼は非常に断固として論説「音楽ならざる荒唐無稽」を否定し、その背後に誰がいるのか、推測できないふりをした。「「荒唐無稽」というが、なぜだろうか。一体何をどうして「荒唐無稽」と表現できるのだろうか。ここで批評家はショスタコーヴィチの音楽を技術的に評価するべきである。だが、『プラウダ』紙の論説が示したのは、あらゆる手を尽くしてショスタコーヴィチを迫害することが、凡庸な人々、いい加減な人々の群れに許可されたということだ[*76]」。

もちろん、ゴーリキーはスターリンを窮地に追い詰めないよう気を配っていた。それゆえ彼は、スターリンの本当の立場はまったく別のものであるように事件を描写していた。「あなたの発言の際、また昨年の『プラウダ』紙のさまざまな論説でも、あなたは何度も「人間に対する思いやりある態度」の必要性について述べていました。西側ではこれに耳が傾けられており、それはわれわれに対する共感を少し高め、拡大しました」と。

「後退」する必要性をスターリンに確信させるために、ゴーリキーは力強い心理的な論拠を用いた。ショスタコーヴィチは、作家の言葉によれば、「きわめて神経質なのです。『プラウダ』紙の論説は、まさしく頭にレンガがぶつけられたかのように彼に打撃を与え、青年はまったく落胆しています」。それは、ショスタコーヴィチはいまにも自殺しそうだ、という国家政治保安部の密告と一致しており、スターリンを不安にさせないはずがなかった(10)。

事件は管理を逸脱しはじめた。スターリンのイデオロギー的なイニシアティヴは、広範な規模で着想されていたとはいえ、もっぱら国内的な行為だったにもかかわらず、突如として国際的な反響を醸しはじめた。これはきわめて都合の悪いことだった。ちょうどこの時期、フランス下院は、およそ一年前に調印され、ちょうどいま批准されようとしていた、仏ソ相互援助条約を討議していた。右翼的なフランスの出版物は、批准に反対して積極的にキャンペーンを行なっていた。こうした条件のもとで、ロランやマルローといった有名な人物の一挙一動や態度は慎重な吟味の対象とならざるをえず、突然、通常よりも大きな意義を獲得した。ショスタコーヴィチの自殺は、国際的なスキャンダルへと発展して不測の結果をもたらす可能性があった。

多分、スターリンが後退することを決めたのはこの時だった。彼にとってこの異例の行為が、どれほど不愉快で屈辱的だったかは想像にかたくない。スターリンは、状況が求める際には方向転換することができたし、政治的なキャリアのなかでは何度もそれを行なってきた。だが彼は、病的に自己愛の強い人間であり、『マクベス夫人』の場合には思いがけない展開を迎えて、自己の文化的権威に対する深刻な打撃だと受け止めた。妥協を行ない、その際に面目を失わないよう、スターリンにはある人間――シヨスタコーヴィチ自身の助けが必要だった。そして彼はその助けを得ることができた。

註

（1）最初の聴き手のグループにはショスタコーヴィチも含まれていた。『巨匠とマルガリータ』は数年後に彼の音楽に予期せぬ反響をみることになる。

（2）パステルナークが愛し、長編小説『ドクトル・ジバゴ』のラーラの原型となったオリガ・イヴィンスカヤによれば、一九二四年末から一九二五年初頭にかけてのパステルナークとスターリンとの会合が知られている。パステルナークは、エセーニンやマヤコフスキーとともに、グルジア詩人のロシア語への翻訳についての会合に招かれていた。スターリンはそのとき詩人に、彼らは「時代の主唱者」の役割を引き受けねばならないと述べていた。パステルナークは、自分のスターリンとの謁見の印象をイヴィンスカヤに述べていた。「半暗がりからカニのような人が現われてきた。彼の顔全体は、黄色で、あばたが散っていた、八の字髭がピンと張っていた。これは一寸法師のようで、度がすぎて幅広く、それとともに十二歳の少年を思わせるような背丈だが、顔は大きく年寄りじみていた」。

（3）スターリン自身は、「社会主義リアリズム」というラベルを、次のような理由で気に入っていた。第一に、全部で二語という簡潔さであり、そしてわかりやすさであり、最後に、ドストエフスキーやトルストイ、チェーホフといったロシアの「批判的なリアリズム」の偉大な伝統との結びつきが感じ取れるからだった。

（4）プーシキンの皇帝ボリスの聖愚者の侮辱的な振る舞いに対する反応「彼を捨て置け」を思い起こそう。

（5）興味深いことに、『マクベス夫人』に対する初期の批評のなかで最も公然とした、偽善的な苦情は、一九三五年にニューヨークでオペラが初演された際にアメリカの出版物で形成された。「ショスタコーヴィチは、疑いなく、全オペラ史において最大のポルノグラフィー音楽の作曲家である」（*New York Sun*, 9 February, 1935）。とくに批評家の憤慨を招いたのは、セルゲイがカテリーナをものにする場面であり、誤解の余地なく描写する、オーケストラのトロンボーンのグリッサンドに伴奏されていた。このエピソードはアメリカ人から「ポルノフォニー」という名称を冠された。『ニューヨーク・タイムズ』の音楽批評家はすっかり興奮していた。「作曲家の破廉恥さと自己批判の欠如に驚かされる」(*New York Times*, 6 February, 1935)。こうした非難に接すると、これらすべてはモスクワでは細心の注意をもって聞き取られたのだろうか、と考え込むことになろう。

(6) プロレタリアの「創作」組織の解散についてのスターリンの決定が念頭に置かれている。したがって、ショスタコーヴィチのオペラの成功は、指導者の懸命な文化政策の直接的な結果として描かれたのである。

(7) 教科書についてのスターリンの「指摘」は前もって書かれていたという反論は根拠薄弱である。スターリンは『プラウダ』紙掲載の前に草稿を見直していたことは疑いなく、そこから記憶に/舌に「荒唐無稽」という言葉が引っかかっていたのだ。

(8) ミハイル・ゴリドシテインは自分の回想のなかで、一九二八年から六五年まで死ぬまでずっと『プラウダ』紙の指導的記者だったダヴィード・ザスラフスキーに、多くの人々が疑うように「音楽ならざる荒唐無稽」の本当の著者はあなたなのではないかと一九六二年に問うたと述べている。ゴリドシテインによれば、ザスラフスキーは「中央委員会から、中央委員会の同意と承認を受けた、できあがった論説が渡された。自分はただそれを掲載するために、ロシア語の生硬な表現や罵り言葉を整えただけだった」と答えたという(*Novyi zhurnal*, 151 (1983), p. 175)。

(9) モロトフの回想がその状況を伝えている。スターリンとモロトフ、ヴォロシーロフが三人でアップライト・ピアノに座るジダーノフの伴奏で教会音楽を歌っていた。狭いグループではスターリンは自分の僚友たちと——たとえば、アレクサンドル・ヴェルチンスキーの『白軍』やピョートル・レシチェンコといった——ソ連では長いあいだに禁じられていたロシアの亡命者の音楽でさえ歌った。以下を参照。*Sto sorok besed s Molotovym. Iz dnevnika F. Chueva* (Moscow, 1991), p. 123.

(10) ときおり、この手紙がスターリンに送られて、本人が受け取ったのか、という疑いが述べられることがある。どんなに逆説的であろうとも、この場合にそれは重要ではない。ゴーリキーの最も身近な人々は、文字どおりスターリンの密告者で固められていたからである。作家の個人的な秘書ピョートル・クリューチコフは、自分が国家政治保安部の職員であることを隠しさえしなかった。定期的な報告書が、ゴーリキーの召使や取り巻きの人々、多くの彼の友人や訪問者たちによってまとめられた。スターリンは、文字どおり、作家の一挙一動、一言一言を知りたいと望んでいた。こうした「透明な」状況では、ゴーリキーには自分の考えをスターリンに知らせるには、それを紙に書くだけで十分であった。指導者への手紙というかたちを取るのならば、なおさらである。それに加えて、ゴーリキーは、ショスタコーヴィチにへの攻撃に対する自分の否定的な態度を決して隠そうとしなかった。一九三六年初春に行なわれた、新聞『コムソモーリスカヤ・プラウダ』の文芸部長セミョーン・トレグープとゴーリキーとの会話記録が残されている。「いま、ショスタコーヴィチが攻撃されました。彼は才能ある人間で、非常に才能があります。私は彼の作品を聴きました。彼を批判するのなら、この問題についての豊富な知識と、大いなる節度をもつことが必要です。私たちはいたるところで、人々に対する思いやりある態度のために戦っています。そうした態度をここでも発揮するべきなのです」（以下より引用。Fleishman, *Pasternak v tridtsatye gody*, p. 349）。トレグープに対して作家が語ったことと、スターリンへのゴーリキーの手紙の内容との一致に驚かされる。明白なのは、ゴーリキーがトレグープや彼のような人々を通して、ショスタコーヴィチへの迫害についての自分の態度について、クレムリンにシグナルを送っていたということである。こうしたシグナルはすぐに国家政治保安部によって拾われて、国家政治保安部が密告者の言葉とともに運び、「オシーポフ」のあだ名で「ゴーリキーは形式主義についての議論に対して大きな不満を抱いている」（*Nezavisimaia gazeta*, 27 March 1996）と報告されていたのである。

第三章　一九三六年――スフィンクスの目前で

ショスタコーヴィチ自身と同様に、彼の友人のあいだでは、オペラ『ムツェンスク郡のマクベス夫人』に対する突然の野蛮な攻撃の背後にいるのは誰なのか、いささかの疑念もなかった。彼らは、プーシキンが述べていたように、雷は「肥溜《こえだ》めからではなく、黒雲から轟く」ということをよく理解していた。ショスタコーヴィチの友人の一人イサーク・グリークマンが指摘したように、「スターリン以外に誰も、高名なオペラに腕を振り上げて、粉砕することはできなかった」[*1]のである。

さらに、作曲家の信奉者たちが、彼の才能の極度の高揚を見届け、一般の人々からも、芸術の専門家からも、ほぼ一様に承認されるさまをじっと息を殺して見守ってきたばかりであった。そして突然、このような前例のない破局が起こったのである！　いまや、まさにそのグリークマンが「別の、情け容赦のない時代に突入する」[*2]ことを恐れていた。

すべてのことがこれを物語っていた。広範に組織された、ショスタコーヴィチを「形式主義」として弾劾する集会と記事のキャンペーンも、彼の「別の」作品群が舞台やレパートリーから消え去ったことも、そして最後に、不吉な色を濃くしていく政治環境も、である。ソ連のメディアはもはや形式主義をすみやかに反革命と同列視していた。

当時の数ヶ月間のモスクワでの雰囲気については、作家フセヴォロド・イワーノフのゴーリキー宛ての手紙で判断できる。「街はソヴィエト権力の二つの敵、帝国主義と形式主義についての話でもちきりだ」[*3]。スターリンの腹心イワン・グロンスキーは、彼が反革命と同一視した「形式主義者たちには」「物理的なものを含めた、可能なあらゆる措置を講じる」[*4]と公然と請け合った。

ショスタコーヴィチの友人たちは、作曲家が突然自分に降りかかった試練を精神的に耐えられるかどうかをかなり心配していた。だが、ショスタコーヴィチは、この恐ろしい時期に、つねに周囲の人々から虚弱で神経質と見なされてきて、直接的な応答においては、ときにほとんど子どものような存在だったにもかかわらず、突如として固い殻を身につけた。彼はアルハンゲリスクから戻ると、表向きは落ち着き払って「うちの家族では、指を切ったら心配するけど、大きな不幸があってもパニックにはならないよ」と言い放った。

作曲家の友人たちは、この危機がショスタコーヴィチを新しい人間にしたことを驚きとともに確信した。彼はある友人に次のように説明した。「最大限自己を抑制して、その際完全に平静を保ちながら、自分の身の回りや自分のなかのあらゆる不幸なことを耐え抜くということは、叫んだり、狂乱状態に陥ったり、皆にすがりついたりするよりも、はるかに難しいことだよ」[*5]。だが、この事件が作曲家の人格と運命をどれほど変えるか、推察した人はほとんどいなかった。

『マクベス夫人』事件がショスタコーヴィチに与えた運命的な意義ははかりしれない。おそらく、ある種のとても重要な意味において、彼の全生涯、創作活動全体が、彼に向けられた無署名論説の『プラウダ』紙掲載以前と以後に分けられる、といっても誇張ではないだろう。数十年たった後も、ショスタコーヴィチは、「音楽ならざる荒唐無稽」の記事をセロファンの袋に入れて、一種の「逆のお守り」として服の下の胸元に身につけて持ち歩いていたといわれる。[*6]

ゾーシチェンコは、洞察力ある観察者として、ショスタコーヴィチが一九三六年にスターリンから受けた打撃から立ち直ることはなかったと考えていた。この点については議論の余地があるが、一つはっきりしていることがある。それは、この時期の試練が、若い作曲家の性格や創造的な才能の発展を信じがたいほど加速させたということである。この試練は、ショスタコーヴィチを最も重要な結論と決断に導いたのである。

『プラウダ』の最初の論説がすでに、作曲家を（一時的にせよ）精神的に乱し、パニックに陥らせたことは理解できる。だが彼はまた、この論説に対するソ連の「世論」の反応にも学んだ。ショスタコーヴィチはアルハンゲリスクからすでに、レニングラードの友人に電報で自分の名前に言及した新聞の切り抜き契約を郵便局で行なうよう頼んでいる。

諷刺作家ミハイル・ゾーシチェンコ（1895–1958年）、1923年

作曲家は、以前には決して自分の音楽の批評を集めたりはしなかったが、一九三六年に専用の大きなアルバムを購入し、その最初のページには「音楽ならざる荒唐無稽」の切り抜きを貼り付け、このマゾヒスティックなコレクションを無数の否定的な批評で埋めていった。

若いショスタコーヴィチの書簡には、苦々

しい厭人的な発言が少なくない。だが、湯水のように自分に向けられた、こうした新聞記事のすべてをずっと読んでいても、彼が人間のよい側面についてのイメージを変えなかったことは、想像するに困難ではない。だが、このときのショスタコーヴィチが、侮辱されるよりもはるかに恐れていたのは、逆説的にも聴衆から支持されることであった。『プラウダ』紙の攻撃後に行なわれたアルハンゲリスクでの彼の演奏会で、聴衆はショスタコーヴィチを総立ちで迎えた。拍手の嵐は、天井が崩れるかと作曲家が思うほどであった。

これはもちろん、明らかな公然たる示威行動であった。ショスタコーヴィチの反応はといえば、とても醒めていた。彼は聴衆に対して成功を収めたことを素直に受け入れなかった。なぜなら、これにどのようにスターリンが反応するかをすぐさま理解したからだった。ここでショスタコーヴィチは、並はずれた心理学者的才能を発揮した。というのも、指導者スターリンが、こうした文化的な感情の公然とした現われに対して、病的に反応するということを知っていたのは、スターリンと親しい人々だけだったからである。スターリンは彼らの自発性を信じず、いたるところで陰謀を疑ったのである。

想起されるのは、一九三四年の作家大会において、ブハーリンが有名な発言をした後、彼が総立ちで迎えられたときのことだ。ブハーリンは冗談でなくびっくり仰天し、拍手を送っていたゴーリキーにささやいた。「あなた方はいま何をなさっているかわかっていますか。私に対して死刑宣告を行なっているのです」。アフマートワも同様だ。一九四六年、彼女に対して加えられた無慈悲な攻撃の口実の一つは、円柱ホールで彼女が出演した際に、女流詩人を立ち上がって迎えた聴衆に対する成功だったと考えていた。スターリンの反応は有名なものだった。「誰が起立するよう組織したのかね?」[*7]

こうした状況でショスタコーヴィチは、敵対的なスターリンの注意が、ボリショイ劇場でバレエ『明るい小川』の上演の際、観衆のある種の示威行動に惹きつけられることを何よりも恐れていた。それゆえ作曲家は、一九三六年二月六日に『プラウダ』紙に掲載された論説「バレエの偽善」を、どんなにそれがいま奇妙に響くとしても、安堵の胸をなでおろしていた。というのも、その論説後に『明るい小川』がボリショイ劇場の舞台から消え去ることで、スターリンをショスタコーヴィチに対して突然立腹させる引き金も、バレエとともに消え去ったと受け止めたのである。

このように、新たな状況に対して作曲家はすぐさま次々と直感的に反応していったが、党中央委員会の(つまりスターリンの)同意を得たショスタコーヴィチ作品の演奏会のボリショイ劇場での開催を拒否したこともその一つである。その演奏会では、とくに、『マクベス夫人』の「徒刑」の幕〔第四幕〕全体が演奏されるはずだった。ショスタコーヴィチは、自分が拒否したことを友人にこのように説明した。「もちろん、聴衆は拍手するでしょう。わが国では反対するのは礼儀と見なされているのですから。その後、「矯正しがたい形式主義者」というような題でもう一つの論説が現われることでしょう[*8]」と。

演奏会での上演のために『マクベス夫人』の最終幕が選ばれたのは偶然ではない。というのも、それはまさに、スターリンが一九三六年一月二十六日の運命的なボリショイ劇場観劇の日に憤慨して聞き届けなかったオペラの一部であったからである。多くの人々がこの幕が『マクベス夫人』において最も情緒的に力強い幕だと考えていた(ゴーリキーがまさにここで涙を流したことを思い起こそう)。

おそらく、この音楽を聴けば、スターリンが自らの否定的な見解を変えるのではないかという期待があったのだろう[1]。崇拝者でありパトロンでもあったトゥハチェフスキー元帥が、ショスタコーヴィチを擁護してスターリンに働きかけたことはよく知られている。ショスタコーヴィチがいるところでその手紙は書かれたのだが、彼は、誉れ高い司令官が自分の首筋にあふれる汗をハンカチでしきりにぬぐいながら、どんな恐怖のなかで指導者への自分の親書を書き上げたかを決して忘れなかった(一年あまり後に新聞で、トゥハチェフスキーがスターリンの命令で逮捕、処刑されたことが明るみになった際、作曲家はこの首筋のことを必然的に思い出したはずである)。

ショスタコーヴィチは、自分の偉大な同時代人たちとは異なって、当時スターリンに対して何ら幻想を抱いていなかった。これは、当時の証言記録を比較してみれば明らかである。一九三六年にコルネイ・チュコフスキーは、コムソモールの大会に現われたスターリンの顔を拝んだ際に、自分とパステルナークが受けた忘れがたい印象について書きとめている。「ホールにいったい何が起こったのだろうか！少し疲れ気味で、もの悲しげで、しかし堂々として、あの方が現われたのである。非常に権力に慣れていること、力と、それとともに何か女性的な柔らかさが感じられた。私たちみなにとって、彼をみること、単にみることが幸せであった。〔マリヤ・〕デムチェンコがずっと彼に何かを話しかけていた。そして私たちは、嫉妬し、羨んでいた。なんて彼女は幸せなんだろう！　彼の一つひとつのジェスチャーが畏敬をもって受け止められた。私はこのような感情が自分にありうるとは考えたことすらなかった。(……)パステルナークはずっと私に彼について熱狂的な言葉をささやいていた……」[*9]。

こうした熱狂的な反応と、友人イワン・ソレルチンスキーへの手紙に書かれた、パロディ的で、新聞『プラウダ』の声明を書き写したかのように表層的な、一九三五年のスタハーノフ主義労働者会議についてのショスタコーヴィチの報告とを比較してみよう。ショスタコーヴィチはこの会議に来賓として招かれていた。「議長団のなかに、同志スターリンや同志モロトフ、カガノーヴィチ、ヴォロシーロフ、オルジョニキーゼ、カリーニン、コシオル、ミコヤン、ポストゥイシェフ、チュバーリ、アンドレーエフ、ジダーノフの姿を見ました。同志スターリンとヴォロシーロフ、シヴェルニクの発言を聞きました。

私は、ヴォロシーロフの発言の虜になりましたが、スターリンの発言を聞いた後では、私は完全に節度の感覚を失い、全ホールとともに「ウラー！」と叫び、際限なく拍手しました。（……）もちろん、今日は私の人生で最も幸せな日です。私はスターリンを目にし、そしてその声を聞いたのですから」[*10]。

まさにこの会議にエレンブルグも出席しており、彼は自分の後年の反スターリン的回想のなかで、スターリンのホールに対する作用について、自分や他の聴衆たちをシャーマンの崇拝者と比較して、催眠術的なものとして記述した。だが、ショスタコーヴィチはそうした催眠には明らかに屈しなかった。彼の反応は、信書検閲を考慮した、ことさらにお役所的な文体で書かれた記述であり、そこでは「他者の言葉」（ミハイル・バフチンの用語）は、あからさまにそれ自体として読まれているのに対し、チュコフスキーの態度（それから彼の言葉とパステルナーク）は、疑いなく大げさではあるが、本物の情緒によって色づけられている。これはスターリンに宛てられた当時のパステルナークの詩（これについてはすでに先の章で指摘した）によっても裏づけられる。

ショスタコーヴィチは、冷静に判断して、スターリンが『マクベス夫人』の第四幕を聴き終えたとしても、憤慨を慈悲に変えることを期待するわけにはいかなかった。レスコフ風というより、「ドストエフスキー風」に書かれたオペラのなかでも、フィナーレは最も「ドストエフスキー的」である。そのあからさまな源泉は、ロシアの徒刑にかんするドストエフスキーの『死の家の記録』であり、作曲家はそれを文字どおり暗記していた。ショスタコーヴィチにとって懲役囚たちは（ドストエフスキーにとってと同様）、国家の強制という無慈悲な力でロシアの民衆から引き離された、その血を分けた同胞なのである。彼らは、第一に犠牲者であり、そして罪人たちは、正確には、ロシアの生活の寂しさと厳しさの犠牲者なのであって、そうした寂しさと厳しさが罪人をつくりだすのである。

一九三二年にショスタコーヴィチがこの音楽を作曲したとき、彼はすでに、自分のたくさんの知人が突然逮捕され、追放されていることを知っていた。詩人のダニイル・ハルムス、アレクサンドル・ヴヴェジェンスキー、演出家のイーゴリ・テレンチエフ、ユダヤ人の画家のボリス・エルプシュテインやソロモン・ゲルショーフらである。だが、スターリンは一九三四年十二月一日の党の指導者の一人セルゲイ・キーロフがスモーリヌイの廊下で不可解に暗殺されて以降、とくに強くレニングラードの関係者を攻撃した。

同市ではすぐに大量の逮捕、処刑、追放（いわゆるキーロフ組）が始まり、その当時、ショスタコーヴィチのグループと親しかったレニングラードの女性リュボーフィ・シャポーリナは、自らの秘密の日記に次のように書きとめている。「これらすべての逮捕や追放は、説明不可能で、どうにも正当化できないものだ。そして自然災害のように避けがたい。誰も保証はない。毎晩、寝る前に、私は逮捕の際に必要なものをすべて準備しておく。私たちはみな、罪なくして罪人なのだ。自分が銃殺されず、流刑に（そして追放に）ならなかったとしたら、幸運に感謝せよ[*11]」。

『プラウダ』紙がショスタコーヴィチのオペラを攻撃した後、オペラのなかの、あまりに鋭敏で大胆なものの多くは、以前は「帝政の暴露」として都合よく説明されてきたが、突如としてまったく別の姿を現わしだすことになった。警察が尾行と猜疑心に満たされた環境を支配し、どんな些細な密告も偶然の働きで人の運命を左右することになり、人の人格が侮辱されることが月並みな日常となった、唯一の恐ろしい現実であるような、巨大国家の生活の恐怖、これらすべてがソ連の現実に投影されはじめたのである。

だが、いまやとくにひどく場違いに見えてきたのは徒刑の場面であった。というのも一九三五年にす

スターリンと彼の忠実な部下アンドレイ・ジダーノフ（左）
暗殺されたボリシェヴィキのセルゲイ・キーロフのレニングラードでの葬儀、1934年

でに、スターリンは旧懲役囚・流刑囚協会を閉鎖し、同協会が発行していた雑誌『徒刑と流刑』を発行停止にしていたからである。徒刑については、きっぱりと忘れ去らねばならなかった。というのも、この言葉自体ですら、いわゆる不適切な連想を招きかねないからであった。まさにそこに、忘却の暗い穴に、「スターリン以前」の時期のロシアの革命家の大部分が陥らねばならなかったのである。

人々は新しい型に一致するように、次から次へと現実から引き抜かれていった。公的な歴史は、ごく新しい過去でさえ、ことごとく恥知らずにも、急ぎしかるべく書き換えられていった。

知識人《インテリゲンツィヤ》たちは、なすすべもなく肝をつぶしてこのすべての事態を恐怖におびえながら眺めていた。彼らは、みずからをかつてないほど弱々しく感じながら、遂行しうる行動戦略を見出そうと直感的に試みていた。最近逮捕されながらも、自分の妻アンナ・アフマートワが絶望的な手紙でスターリンに要請して自由になったニコライ・プーニンは、一九三六年に自分の日記に次のように書きとめている。「私は、多くの人々が生活から自分を守ろうと願いながら暮らしていることを知っている。ある者は、身が隠れるほどすくみながら、またある者は攻撃を予期せずに、自らぶつかっていく。誰もがよい関係を築けない。私もろくなことになっていない。まもなく結果が出る。死が恐ろしい」[*12]。

ショスタコーヴィチは当時、表面的には落ち着いて見えながらも、内心は張りつめた糸のように緊張しており、多くの人々が認めるように、自殺に近づいていた。これについては、スターリンの机に積まれた内務人民委員部の秘密警察部の報告書によれば、作曲家ユーリー・シャポーリンが述べていた。同じ報告書には、ショスタコーヴィチの母がゾーシチェンコに電話して、絶望しながら「息子にはこれから何が起こるのでしょうか？」[*13]と尋ねていたことが報告されている。

ショスタコーヴィチの家族も彼自身も、最悪の事態を恐れ、待ち受けていた。身近な女友達は、作曲家が「非常な忍耐力と自尊心」をもって振る舞っていたことを強調しながら、それでもなお、次のように回想している。彼は「格子模様のタオルをもって部屋を歩き、涙を隠しながら、鼻風邪を引いていると言いました。私たちは彼から離れずに、順番で付き添いました……」[*14]。

まさにこの時期に、ショスタコーヴィチは、皇帝からの直接の脅威に直面した際にロシアの詩人がとるべき振る舞い方についての、プーシキン流のモデルを適用するようになった（このモデルのパラダイムでは、プーシキンの悲劇『ボリス・ゴドゥノフ』、それからムソルグスキーの同名のオペラに従って、詩人は、年代記作者・聖愚者・僭称者という三つの仮面を被ったことを想起していただきたい）。一九三六年のショスタコーヴィチの振る舞いは予期せぬものだったが、自然なものだった。それは状況を瞬間的に直感的に分析した結果から引き出され、天才に特有のものだった。プーシキンに従うのは本能的なことだった。ショスタコーヴィチは、国民の年代記作者という貴重な才能を自分に感じ取った。なぜなら、音楽はとくに抒情的な芸術であったからである。音楽は、叙事詩的な領域に、それも社会的なニュアンスとともに入り込むことは比較的まれである。しかしながら作曲家は、一九三四年からすでに、その形式とナラティヴの手法を探求しながら、彼自身の表現によれば、叙事詩的な交響作品を「温めていた」。こうした「年代記的」作品となったのが彼の交響曲第四番である。

「キーロフ組」の殺戮の嵐は同様に、レニングラードの知識人たちの最後の幻想をも打ち砕いた。ショスタコーヴィチが、はじめて自分の新作交響曲第四番の仕事について宣言した一九三四年十二月二十八日付『レニングラード・プラウダ』紙の同じ号の最後のページに、当時として典型的な「労働者大衆」の名によるヒステリックな「敵と破壊分子」殲滅の呼びかけが掲載された。「彼らに永遠の呪われた死を！　即座に彼らを根絶しなければならない」。知識人たちも、同様の極悪非道な言葉遣いを、当時の新聞各紙にならって身につけていた。それ以来、出版物や口頭によって「殲滅せよ」「射殺せよ」「根絶せよ」といった要求が儀式のように毎年繰り返され、それらへの参加を免れたのは一部の者だけであった。

亡命詩人のゲオルギー・アダモーヴィチは、正当な悲哀をこめて、後にパリの新聞に次のように書いている。「われわれのもとには、「悪党どもに対して容赦ない制裁」を求めている人々のリストがある。某教授、某詩人、全ロシアに知られた某功労女優……。いったい彼らは、われわれより悪いのか、弱いのか、卑劣なのか、おろかなのか。いや、決してそうではない。われわれは彼らを理解しているし、知っていたし、革命が起こらなかったら、革命が彼らを熱狂的なマラー〔フランス革命の指導者。ジロンド派を容赦なく弾圧した」たちに変えなかったら、誰も彼らの原則の正当性や志向の高邁さを疑うことなど、思いもよらなかっただろう」[*15]。

テロルの時代突入とともに、ソ連の社会的言説は決定的に信頼を汚されることになった。以前はまだ許されていた「罪のない反対派」(リディヤ・ギンズブルグの表現)はいまや、ありえぬものとなり、個性を認められるような反応は、社会の日常から除外された。メディアでは、取るに足らぬズレをともないながら、日々の出来事に対する型通りの反応だけが掲載された。

こうした諸条件において、もっと初期の時代には、自分を興奮させるような文化的な諸問題に対して出版物で応答することを好んでいたショスタコーヴィチは、根本的な措置をとった。つまり、出版物で真剣な発言を行なわなくなったのである。彼の出版物への寄稿ははるかにグロテスクな性格をもつようになった。次第にそれらは、現実の人間とは実質的に何も共通のものをもたない、全面的なお役所的作文になり、現実の人間はこうしたすべての官僚的な言葉と、判で押したような表現の外皮に隠されてしまったのである。

ショスタコーヴィチは滑稽な仮面をかぶった。この仮面は皇帝を満足させるはずであったが、知的な環境《ミリュー》のなかでは作曲家の立場を深刻に失墜させる可能性があった。ショスタコーヴィチには、エリートから見て、モーツァルトのような天才から、どんな「人並みの」インテリからも君子ぶって軽蔑され、侮辱されてしまうような、愚か者に、聖愚者に変わってしまうという、馬鹿にできない危険があった。

これは耐えがたいほど困難で、屈辱的な判断であった。ショスタコーヴィチはそれを受け入れて、ロシアの知識人は社会を揺るがすどんな重要な問題についても熟考して言及する義務があるという、長い伝統を断ったのである。たとえば、一九〇五年の革命期が訪れると、ロシアの音楽家たち(そのなかには音楽院のピアノ科で未来のショスタコーヴィチの教授となるレオニード・ニコラエフも含まれていた）は、反対派の新聞に勇敢な要求を載せた。「生活で手足が縛られているとき、芸術も自由ではありえない。なぜなら、芸術は生活の一部だからだ……。ロシアはついに根本的な改革の道を進まなければならない」。

一九三〇年代半ばまでにソ連ではこの声明に似た公然としたふるまいは不可能になったということは重要ではなかった。というのも、反対派の出版物はすでにだいぶ以前から存在しておらず、文化活動家たちは多かれ少なかれ、既存の事物の秩序をはっきりと支持するほかなかったからである。文化エリートたちの間では逆説的にもなお、そうした「支持」を表明する際の、責任感や真剣さ、文体的な洗練が高く評価されていた。

こうした洗練された奴隷根性の特徴的な例となりうるのは、ショスタコーヴィチに対する『プラウダ』紙の論説を討議した、一九三六年のモスクワの作家集会におけるユーリー・オレーシャの発言である。オレーシャは、自分がショスタコーヴィチの音楽を好んでいることから話し出し、作曲家を人としても好いていることを述べた。「この人物はとても才能があり、とても孤立していて、自分のなかに閉じこもっています。これはあらゆる点に現われています。歩きぶりにも。タバコの吸い方にも。肩のすぼめ方にも。誰かがショスタコーヴィチはモーツァルトだと述べました[*16]」。

だが、その後オレーシャは立場を変え、ショスタコーヴィチが結局モーツァルトではないことがなぜ『プラウダ』紙の論説から明らかになったかを説明する。「外見では天才というものは二重に姿を現わしだします。モーツァルトのように輝かしさに包まれながら、ショスタコーヴィチのように軽蔑的に閉じこもっているのです。この俗物どもに対する軽蔑的な態度は、ショスタコーヴィチの音楽のいくつかの特徴をも生み出しています。そうした軽蔑的な態度から生まれた曖昧さや偏屈さが、『プラウダ』紙でまさに荒唐無稽や渋面と名づけられたのです」。

だが、オレーシャの巧みな策略は、『プラウダ』紙の論説の著者への賛美に示されていた。「私は、この論説に対して、レフ・トルストイも署名しうると思います」(2)*17。さらに、機知に富んだ作家は、この古典的作家との度肝を抜くような比較が、いったい誰に関わるかを絶対的に明らかにしている。「……情熱的で激情的な人民への愛、断ち切られるべき人民の苦悩についての思い、豊裕階級や社会的な不公平に対する憎しみや、いわゆる権威や虚偽に対する軽蔑、こうした特徴が偉大なロシアの作家を、われらが偉大な祖国の指導者たちと結びつけているのです」。聴衆たちは、オレーシャを正しく理解した。集会の議事録には、作家のこの言葉の後に「拍手」と記述されているからである。

ショスタコーヴィチは、こうした文化的な綱渡り芸に真に通じたグループから決定的に袂を分かち、その代わりに、国民の年代記作者という重く責任ある、魔術的な役割を引き受けたのである（そのために、作曲家が正当にも考えていたように、彼には創作力と可能性が与えられていたのである）。非音楽的な言説のために、ショスタコーヴィチはいまや、聖愚者の滑稽な仮面を備えていたのだった。この自分の歩みのために、彼は後に愛しいものを犠牲にすることになる。

偉大な詩人ニコライ・ザボロツキーには、管のなかでゆらめく火についての記憶に残る一行がある。ショスタコーヴィチは自分で、この火を感じ取っていた。いまや問題は、その臣民の各々の生死をその手に握るスターリンが、管とともにこの火を殲滅するかどうかということであった。

この問いに対する前もっての答えは、一九三六年二月七日という特定の日付に決定されている。まさにこの日にショスタコーヴィチは、当時の芸術問題委員会の委員長プラトン・ケルジェンツェフとの面会を許された。このボリシェヴィキ流によく訓練された教養ある官僚（彼は演劇についてのいくつかの理論書の著者だった）は、この際に単にスターリンの補佐官の役割を果たした。それは、作曲家の運命にとって最重要だったこの会談についての、指導者への彼の報告記録から明らかである。

このとき、スターリンは、権力者にとって「まったく罪深い」詩人の運命が決せられた一八二六年に、ニコライ一世がプーシキンと差し向かったときの戦略を繰り返した。違いは、ソ連の指導者は個人的に面会するほどへりくだらなかったということであろう（まったくありうるのは気が咎めたということであろう。「交響的な響き」について、何らかのシャープやフラットについての話題になるとも限らないのだから。こうした場合にスターリンは、知識をもち、精通した権威者の振りをすることを好んだ。文学では彼はこれをやり遂げたが、こと音楽になると……）。

一八二六年に皇帝はプーシキンの『ボリス・ゴドゥノフ』を読み、自分の最初の衝動に従って（そしてまた別の考慮から、さらには『ゴドゥノフ』に表現された理念にいくらか影響を受けさえして）、不従順な聖愚者をあまりに威勢のいい廷臣から擁護した、皇帝ボリスのジェスチャーを再現した。「やつを放っておけ」と。一九三六年にスターリンは、ニコライ一世に従って、自らの聖愚者であるショスタコーヴィチを「許した」のである。

皇帝自身を前にした詩人の振る舞いというプーシキン流のモデルは、ふたたび機能したのだ。だが、百十年前と同様に、これは危険で狡猾な戦略だった。それを成功させるには、半ば神話となった文化的伝統に従う皇帝が必要だった。スターリンはその方向に歩んだが、ショスタコーヴィチに応分の歩みを求めた。それは彼らのタンゴだった。

ケルジェンツェフは、明らかにスターリンから受け取ったいくつかの問いと提案をショスタコーヴィチに伝えた。それらのなかには、スターリンが好んでいた（文化理論家としてのケルジェンツェフにはまったく異質な）考えが含まれていた。それは「リムスキー＝コルサコフの例にならって、ソ連の農村に赴き、ロシアやウクライナ、ベラルーシやグルジアの民謡を採譜し、それらから選んで百の優れた歌を和声付けせよ」というものだった。ショスタコーヴィチは、それに対して同意を示したが、これから私たちが確認するように、どこにも出かけなかったし、出かけることを検討すらしなかった（興味深いのは、一九四八年に同様の期待が作曲家アラム・ハチャトゥリャーンに述べられた際、ハチャトゥリャーンは従順にもアルメニアの農村へ旅立ったことである）。

ショスタコーヴィチに対するスターリンの別の提案は、「何かオペラかバレエを書く前にはわれわれに台本を送り、作曲の過程では書き上げた部分を労働者や農民の聴衆の前で確認するように」というものだった。ここでもやはりショスタコーヴィチは、問題を一様に解決した。ときおり作曲家からさまざまな「創作プラン」が公表されたにもかかわらず、彼はその後の生涯で一度もバレエもオペラも完成させなかった。したがって、スターリンの承認を受けるために台本を一つとして提出することもなかったのである。(3)

だが、ケルジェンツェフをとおして伝えられたショスタコーヴィチに対するスターリンの最も重要で面倒な問い、『プラウダ』紙における「彼の作品に対する批判を彼は完全に認めているのか」という点はどうであったか。まさにそこに一八二六年にニコライ一世がプーシキンに正面から突きつけた問いと直接の並行関係がある。彼の思想の反乱者的なイメージは変容したであろうか（詩人が当時皇帝に「悔い改める」と約束したが、明らかにためらいながら、それを行なったことが想起される）。

この状況においてプーシキンは、実際に自分の命を危険にさらしたのではなかったが、詩人の誠実さはニコライ一世に強い印象を与えた。プーシキンは本能的に、自分には卑屈さよりも真実が期待されていると感じ、正しい答えを提示したのだった。

はるかにずっと危険な状況において、ショスタコーヴィチは、プーシキンの一手を繰り返し、ケルジェンツェフのスターリンへの報告書に従えば、自分の作品に対する党の批判の「大部分を彼は認めているが、それでもなおすべてを認めているわけではない」と言明したのだった。このように全面的で無条件の改悛を拒否したことには多大のリスクがあった。というのもショスタコーヴィチはプーシキンとは違って、自分の生命を賭け、そしてさらに、妻のニーナやまだ生まれていない娘ガーリャ（当時ニーナは妊娠第六週だった）といった肉親の生命をも賭けていたからだった。

想起されるのは、その謎を解けなかった人々を殺した伝説的な怪物であるスフィンクスに関する古代ローマ神話である。正しい答えはただオイディプスのみが見出せる。プーシキンに続いて、そうしたオイディプスだったショスタコーヴィチは、なぞめいた状況においてスターリンに「正しい」答えを本能的に示したのである。

この答えが苦しみに満ちたものだったことは、当時ショスタコーヴィチが自分の友人の作曲家アンドレイ・バランチワーゼ（振付師ジョージ・バランシンの弟）に宛てた手紙が証言している。「私はこのあいだ、多くのことを体験し、考えてもみたんだ。いまはさしあたり以下の結論に達したよ。『マクベス夫人』はどんなに欠点があるにせよ、私にとって決して捨て去ることができない作品だと……。だが、私は自分の作品を殺す勇気だけでなく、それを擁護する勇気も必要だと思っている[*18]」。

当時、公然と『マクベス夫人』を擁護することは、作者自身がよくわかっていたように、「不可能だし、無駄な」ことだった（彼自身の言葉）。だが、ショスタコーヴィチは同様に、すでに述べたように、一九三四年から取り組んでいてまだ完全には生まれていなかった作品の擁護を気にかけていた。それは抒情的で叙事詩的な交響曲第四番であり、ロシア音楽において多くの点で前例のない作品であった。その二つの楽章がすでに書き上げられていたが、『マクベス夫人』の周囲のスキャンダルが作曲を中断させた。目下ショスタコーヴィチは、作品を完成させようと全力を注いでいた。これもまた、何としてでも世に出さねばならない彼の子どもであった。

ピョートル・ヴャーゼムスキー公はプーシキンについて以下のように述べていた。「彼が霊感の到来を感じ、仕事に取りかかったら、彼は安心し、大人になり、別人になった」と。ヴャーゼムスキーによれば、プーシキンにとって、創造的な仕事とは、「疾病が全快し、衰弱した力が復活するような聖物、洗礼盤であった」[*19]。ショスタコーヴィチも同じような感覚を経験していた。彼は後年、「改悛する代わりに、私は交響曲第四番を書いた」[*20]と回想している。

他方、一九三六年にはショスタコーヴィチは、イサーク・グリークマンに（グリークマンの回想によれば、ことさらにまじめに、簡潔に、まったく気取ることなく）言ったという。「もし私が両手を切り落とされたとしても、それでも私は歯にペンをくわえて作曲をするだろう」[*21]と。ショスタコーヴィチは、両手はそのままだが頭が失われるという、出来事の展開の別のヴァリエーションが恐ろしいほど現実的だったことは付け加えなかった。

だが、スフィンクスたるスターリンは別のことを決断した。ショスタコーヴィチに命と自由、創作の可能性を与えたのである。

これについては、二月七日のショスタコーヴィチと新たに創設された芸術問題委員会の委員長プラトン・ケルジェンツェフとの会談後まもなく（当時の鋭い表現で言うなら）「狭いグループのなかでは広く知られるように」なった。すでに二月九日、当時モスクワに住んでいたハンガリーの亡命者で共産主義者の作家エルヴィン・シンコが、論説「音楽ならざる荒唐無稽」登場の瞬間から、ショスタコーヴィチという名前について言及することは「不作法」[*22]になったと自分の日記に書いている。他方、二月十七日には情報通のシンコは「バーベリが言うには、ショスタコーヴィチは自殺したがっていた。しかしながら、スターリンは彼を呼び出して、新聞に書かれたことを真剣に受け止めるべきでないと言い、一方で、旅行して民謡を研究すべきだと言ってなぐさめたという[*23]」。

以上のように、わずか一週間で論調の変化は顕著なものであった。当時、逮捕者には「言及」されなくなり、それらの人々の周囲の雰囲気は非常に重苦しくなっていて、近日中に彼らが逮捕されるということは明白なほどだった。明らかに、同様の雰囲気が『プラウダ』紙の論説後にショスタコーヴィチの周辺にも生じていた。同様に明らかなのは、ケルジェンツェフとの会見後、状況が劇的に変わったということだった。

バーベリは当時、内務人民委員部の首脳部にも近く、ゴーリキーとも親しく、権威ある情報の出所となっていた。彼はときおり、モスクワの知識人界に必要な情報を伝達する非公式の手段として「上層部に」用いられていたと考えねばならない。ショスタコーヴィチが実際に会ったのはスターリン自身ではなく、その補助官であったということは重要ではない。重要なのは、この会談が創作エリートたちから、ニコライ一世とプーシキンとの会談のように、指導者と作曲家との直接の対話として解釈されたということである。すなわち、このエピソードはそのようにつくり替えられて社会的に流布するようになったということだ。つまり、慈悲はスターリン個人からもたらされるのであって、誰か官僚からもたらされるのではない、ということである。

私たちは、ショスタコーヴィチを容赦し、彼に創作活動を続ける可能性を与える決断をするようにスターリンを突き動かした具体的な理由のすべてを決して正確に知ることはできないということを前提とせねばならない。だが、私たちは、最も明らかな理由を数え上げて、総計することはできよう。そのなかにはもちろん、秘められていたけれども意外にも重要な『プラウダ』紙の論説に対する創作界の抵抗、マクシム・ゴーリキーの不満、ネミローヴィチ＝ダンチェンコやその他のスターリンが尊敬する専門家たちの考え、「ショスタコーヴィチ事件」に対する不慮の西側の（とくにフランスの）インテリの関心と、それに関連して生じた不必要に国際的な紛糾の危険、むやみに駆け回らず、懺悔もせず、また公に「侮辱され、虐げられた」とアピールすることもない、控えめだが断固とした作曲家の振る舞い、もしかすると、この場合に彼、スターリンが「やりすぎていて」、慈悲深い皇帝の役割を演じることが都合がよかった、という印象もありうる。

だが、なかでも最も重みがあり、どんな疑いもはねつけるのは、ただ一つの実践的な論拠、すなわちショスタコーヴィチの映画での仕事ぶりであった。

ソ連の映画について語られたこととして、最初に思い起こされることとは、「あらゆる芸術のなかでわれわれにとって最も重要なのは映画だ」という有名な一九二二年のレーニンの格言である。だが、このレーニンの定式を実現したのはまさにスターリンだった。彼のもとでソ連の映画は産業として形成され、その基本的な目的は、西側とは異なって収益を上げることではなく、イデオロギー的に大衆を養育することだった。指導者の理念にしたがって、国家はプロデューサーの役割を引き受けた。ここで党のプロパガンダ的な要求と独裁者自身の個人的な傾向とが結びついたのである。

スターリンは、国内外の映画をみるのが好きで、映画制作のディテールについて研究し、俳優や脚本家、監督たちと懇談することを好んでいた。結局のところ、彼はソ連の映画産業の運命に途方もなく積極的に参加することになったのである。彼自身、戦略的な長期計画を立案し、具体的な命令を下し、注意深く多くの映画脚本を読んでは訂正を加えた。スターリンの校閲と承認なくして、実際一つもソ連映画を公開することはできなかった。

すでに完成した映画も指導者の指示によってしばしば推敲され、変更された。まさに彼の要求でつくられた映画に不満げなスターリンがその映画の公開を禁じたこともあった。こうして、一九四六年に『イワン雷帝』第二部の事件が起こったのである。他方、一九三七年には同じエイゼンシュテインの未完の映画『ベージン草原』が、激怒した指導者によって処分するようあっさりと指示された。その映画についてはネガの切れ端が一部残っているにすぎない。

一九三〇年代中頃まで、最も重要な国家的な指示による作品は、レニングラードの映画スタジオ「レンフィルム」で制作された。一九三五年にスターリンがはじめて公にソ連の映画活動家たちに高い称号を与えて奨励しようと決定したとき、レーニン勲章を受章した八人の映画監督のうち、五人はレニングラードの監督だった。スタジオ「レンフィルム」自体もそのとき、レーニン勲章を受賞したが、これは文化機関に与えられた最初のそうした栄誉であった。というのもここでは一九三四年に、スターリンの愛する映画、半ば神話化した内戦期の赤軍司令官についての『チャパーエフ』が撮影されていたからである。

ショスタコーヴィチの映画との職業的な関わりは、一九二三年にすでに始まっていた。このとき彼は、ペテルブルグの映画館で無声映画の伴奏ピアニストとして、「人間の情熱の重荷」〔サマセット・モーム『人間の絆』の原題のロシア語訳〕を調子の狂ったアップライト・ピアノで飾り立てること〔即興で音楽をつけること〕で生活費を稼ぐことにしたのだが、もしかすると、大衆的観衆に働きかける手法を自分のために無意識に身につけていたかもしれない。レニングラードの映画スタジオに彼が現われたのは一九二八年のことである。若い前衛的映画監督グリゴーリー・コージンツェフとレオニード・トラウベルグが彼に、パリ・コミューンの伝説的な日々をめぐる無声映画『新バビロン』の音楽を作曲するよう招いたのである(コージンツェフの回想によれば、ショスタコーヴィチは当時「子どもっぽい顔立ちだった。服装は、当時芸術家が着るようなものではなかった。白い絹の襟巻き、柔らかいグレーの中折れ帽。彼は大きな革製の書類カバンをもっていた[*24]」)。

『新バビロン』はいまや表現主義映画の傑作と認められている。今日、世界のさまざまな都市でショスタコーヴィチの輝かしいエキセントリックなスコアを演奏する交響楽団の伴奏付きでときおり上映され、大成功を収めている。

「偉大なサイレント」が語りはじめたとき、ハリウッドでも、ベルリンやローマの映画スタジオでも、それはいたるところで地震のようなショックの印象をあたえた。ソ連の映画界では、トーキーへの移行は一九三〇年代初頭に起こり、同様に激しい痛みをともなっていた。

「レンフィルム」のベテラン、セルゲイ・ユトケーヴィチは、私との会話のなかで、円熟し、芸術的に豊かなサイレント映画が、文字どおり一夜にして美的に時代遅れなものになったことを想起していた[*25]。スターリンは、映画における音声のプロパガンダ的な潜在力を評価して、新しい技術の習得のために大金を投じた。「レンフィルム」での仕事は活気づいた。昨日までの前衛芸術家でモンタージュの達人たちであるコージンツェフとトラウベルグ、また彼らとともに別のレニングラードの監督たち、ユトケーヴィチやフリードリヒ・エルムレルは、否応なしにソ連のトーキー映画のパイオニアの一人となった。彼らは、以前の自分たちの洗練された詩学を否定し、自らの映画言語に別れを告げ、それを否定し、

「現実主義的な」ナラティヴの路線へと移行しなければならなかった。

全世界の多くの映画監督たちが経験した文化的・心理的なトラウマは、「レンフィルム」においては、ますます公然として執拗な党の「社会的注文」をこなす必要性によって強められた。目撃者は次のように証言する。「過去を捨てるだけでは不十分でした。自分自身が変わることが必要でした。このために、コージンツェフとトラウベルグにとって、自分たちの約束事的な詩学をほとんど満たした『新バビロン』を制作した後に、マクシム三部作の三部的リアリズムへ転換することは苦しみに満ちたものだったのです。同様に、エルムレルの『帝国の分裂』のイメージのシンボリズムから『呼応計画』への転換、ユトケーヴィチの『黄金山脈』の厳粛な熱情から『呼応計画』への転換も困難なものでした[*26]」。

ほぼすべてのこれらの新しい映画（大衆的観衆に対しても指導部に対しても成功を収めたことに注意）に、このときにはすでに「レンフィルム」のお気に入りとなっていたショスタコーヴィチが作曲家として参加していた。逆説的にも、成功が増すにつれて、この活動への彼の情熱や満足感は減じていった。深く入り込めば入り込むほど、ショスタコーヴィチは、映画音楽の作曲は、たんに生計を立てるための重要な手段であり、したがって職業的に、期限を守って果たすべき仕事であって、それ以上のものではないとみなしていた。

ショスタコーヴィチ自身、あるとき簡潔にまた正確に映画における作曲家の役割を以下のように定式化していた。「音楽の基本的な目的は、映像のテンポとリズムに従い、映像が生み出す印象を強めることにある[*27]」と。彼は弟子たちに、映画の仕事は極端に困窮したときにのみ、食べるものがないときにだけ引き受けるべきだと、何度となく述べていた。

だが、ソ連邦において最高の映画の視聴者がスターリンであることを考慮するならば、映画の仕事は、たとえばハリウッドの住人にはわからないことだが、ショスタコーヴィチにとってはもしかすると最も重要な、特別に保護されうるという補足的な意義を帯びていた。

スターリン自身がすべてのソ連映画を観ているということは、つまりチャンスなのであって、彼は映画の主要な製作者をすべて一人ずつ知っているということであり、もしかすると不幸から逃れうるかもしれない、ということなのである。ソ連の創作エリートたちの世界を支配していた全般的な危うさと神経過敏の雰囲気のなかで、この期待にすがりつくことはありえただろう。なぜなら人生は次第に宝くじの様相を呈してきたからである。

どうやら、ショスタコーヴィチにとって、この宝くじの幸福の当たりくじとなったのは、革命十五周年に寄せて一九三二年に「レンフィルム」から公開された映画『呼応計画』への参加であった。その監督は、すでに映画『黄金山脈』で作曲家と協同作業を行なったことのあるフリードリヒ・エルムレルとセルゲイ・ユトケーヴィチであり、ソ連映画最初のトーキー作品の一つであった。

『呼応計画』は〔原題が示唆するような〕秘密の通行人の話などではまったくなく、タービン工場の労働者が提起した、国家に必要な強力なタービンの製造期間短縮のための、いわゆる呼応プランについての作品である。だが、映画には抒情的な契機もある。そのうちで重要なものは、ショスタコーヴィチが書いた、魅力的でそれと同時に心地よく威勢のよい歌『さわやかな朝がやってきた〔呼応計画の歌〕』であった。そのたやすく覚えられる旋律は、映画が元になって人気を博した最初のソ連歌曲となった。

農民から指導者たちまで、国中が『呼応計画の歌』を口ずさんだ。この歌の詩を書いたのは、当時有名な詩人だったボリス・コルニーロフだった。二年後の作家大会で彼は、ブハーリンに最も革命的な才能に満ちた一人として名指しされた。

だが、これこそが当時、個人の運命が予測不可能だったことの残酷な例である。一九三五年にはすでにレニングラードの内務人民委員部のジダーノフ宛ての報告記録で、コルニーロフは、「若手作家の反革命的な民族主義者のグループ」の一人に数え上げられていた。「彼は、多くの反ソヴィエト的作品の作者であり、それらは、作家クラブやレストラン、ビヤホールといった公共の場所で読まれている」[*28]と、コルニーロフについて内務人民委員部員〔チェキストたち〕は報告していた。一九三六年にはコルニーロフはすでに（ショスタコーヴィチと同様に）あらゆる罪状で公に非難されていた。だが、ショスタコーヴィチはスターリンに容赦されたが、コルニーロフはまもなく逮捕され、牢獄で非業の死を遂げた[(4)]。

ショスタコーヴィチ作曲の『呼応計画の歌』は、いたるところで演奏されたが、もはや作詩者の名前はなかった（その後、このメロディは国際的に有名になった。それは第二次世界大戦の最中にフランスのレジスタンスの戦士たちによって歌われ、アメリカでは新たな歌詞とともに「連合国」の歌として広く演奏された）。だが、一九三六年にはこの歌が、作曲家の生命を救ったかもしれない。

実際に生じたのは次のようなことであった。

スターリンは、映画を深夜に観ることを好んでいた。これは彼にとって、休息でもあったし、ある程度は仕事の続きでもあった。こうした試写は、指導者に思索の糧を与えた。同時にスターリンは、映画を用いて、イデオロギー的な志向を大衆の意識にどのように植えつけることができるかを見積もっていたのである。

独裁者とその最も身近な同志たちのために、映画はクレムリンの特別の小さなホールに運ばれてきた。試写の際には、たいていソ連映画の指導者も参加した。その義務は、求められた場合に必要なコメントを加えることだった。一九三六年にはこの長官は、経験豊かな党のおべっか使いのボリス・シュミャツキーだった。彼は如才なさや活力、機転のよさで際立っていた。シュミャツキーはエイゼンシュテインの不倶戴天の敵であり、「レンフィルム」の擁護者だった。そのため、あらゆる方法でレニングラードの巨匠たちの仕事を促進させた。それは、この段階では、スターリン自身の立場と一致していたので、シュミャツキーはここでは自分が比較的安全な領域にいると推察していた。

シュミャツキーは、スターリンとその同志たちのソ連映画についての言説を記録していた。もちろんそれは公表するためではなく、自分の指導のためであった。そのような記録の一つとして、一九三六年一月三十日の記録が残されている。その記録から明らかなのは、そのわずか二日前に現われた論説「音楽ならざる荒唐無稽」が話題になっていたことである。

軍事人民委員のクリメント・ヴォロシーロフがシュミャツキーに、この論説についてどう思うかと問うた。そしてここでシュミャツキーは、彼の記録を信じるならば、かなり大胆に振る舞っていた。彼は、『プラウダ』紙の指示に同意しつつ（それ以外にありえただろうか！）、同時にショスタコーヴィチを擁護し始めたのである。彼がスターリンに想起させたのは、重要なことはショスタコーヴィチがまさしく『呼応計画の歌』の作曲者だったということだった。他方、スターリンはこの歌を気に入っていたことがわかった。彼はそれが簡潔でメロディアスだと考えていたのだ。

賛同を受けたシュミャツキーは、ショスタコーヴィチは「よいリアリスティックな音楽を書くことができるでしょう、ただし彼が指導を受ければ」という意見を慎重にスターリンに差し出した。それはどうみても、指導者自身の考えに合致しており、彼は賛意を示した。「まさにそこが要だ。だが彼らは指導されていない」と。まさにここで彼は自分の十八番を出した。「人々はだから渦巻く密林に飛び出してしまうのだ。さらに彼らはそのために称えられ、褒めちぎられている。だがいまや、『プラウダ』紙が解説したのだから、われらの作曲家はみな、作品の意義を滅ぼしてしまうようなパズルや謎かけではなく、明瞭でわかりやすい音楽をつくりはじめるべきだ[*29]」。

シュミャツキーが記録したこれらのスターリンの言葉からは、ショスタコーヴィチの運命についてどのような決断を指導者が行なったかはまだ完全に判然とはしない。というのも、スターリンの眼差しのなかでは、彼が非常に好んでいた映画という領域でさえ、どんな個々の創作上の成功も、絶対的で最終的な免罪符たりえなかったからである。そうした実例となったのは、『呼応計画の歌』でショスタコーヴィチの共作者となったコルニーロフの運命だけではなかった。ショスタコーヴィチ個人が直接関わった映画界での別の悲劇に、「レンフィルム」の芸術監督アドリアン・ピオトロフスキーの逮捕がある。彼は、ギリシャ文学者、劇作家、翻訳家、批評家、そして台本作家でもある、ルネサンス型の〈多才な〉人物であった。

一九三一年にすでに、ショスタコーヴィチは、ピオトロフスキーの戯曲『支配せよ、ブリタニア！』へ音楽を書いていた。ピオトロフスキーの指導のもとで、当時の「レンフィルム」のあらゆる優れた映画が制作された。そのなかには『チャパーエフ』やその他のスターリンに高く評価された映画が含まれていた。一九三七年の突然のピオトロフスキーの評価の失墜と非業の死は、レニングラードの映画共同体をパニックに陥れた。彼の運命は、スターリンの目では、彼の巨大な帝国のどんな臣民も文字どおり誰一人として、過去にどんな功績があろうとも、不可侵特権を得ているわけではないという、さらにもう一つの恐ろしい警告となった。

作品と肉体のサバイバルのための闘いは、日々やり直されねばならなかった。ソ連のエリートにとっては、一九三〇年代後半の生活は、上へ、下へ、上へ、下へとぶらんこを思わせるものだった。そして、いつ下に飛ぶ順番が自分にやってくるのか誰もわからなかった[5]。

こうしたすべてが、自作の交響曲第四番の作曲継続に取り組んでいたショスタコーヴィチに、黒雲のように迫っていた。作曲家はこの交響曲に対して大きな期待をかけていた。コンセプト、語法、規模といったそのすべてがロシアの交響曲にとって革命的だった。

当時、ソ連の交響曲の問題には大きな注意が払われており、一九三五年に作曲家同盟は特別の会議をこのテーマで三日間開催し、ショスタコーヴィチも参加した。これはまさに、新たな時代が叙事詩的な形式に表現を求めていた「社会的注文」の反映であった。

スターリンや彼の文化機関が上から命令を下ろし、芸術活動家たちが喜んでそれを遂行したと状況をまとめて単純化してはならない。いたるところで、意識や知覚形式を変え、新たな受け手を生み出す壮大な社会の激変が起こっていた。巨大な芸術的問題が生じ、それを解くための教科書は存在しなかった。

こうした状況では、各々の誠実な芸術家は、手探りで、よろめき、かがみ込みながら、自分自身の道を探そうと痛ましげに試みた。当時、リジヤ・ギンズブルグの観察によれば、多くの人々に（とくに、パステルナークに）「状況に応えられなくなった小さな形式のわくを超える出口の問題」が持ち上がっていた。詩人たちは「プロットの力を借りずに、抒情的な素材を大きく動かす方法を探し求めていた[*30]」。

若いショスタコーヴィチも、自らの交響曲第四番において、同様の問題を解決しようと努めた。西側では交響曲というジャンルは、疑いなく危機に陥っており、最後の偉大なシンフォニストは、一九一一年に死んだオーストリアのグスタフ・マーラーだった。同様の危機は、ジャンルとして交響曲と直接の並行関係をなす、ヨーロッパの長編小説にも見出せる。たとえば、マンデリシタームは、ヨーロッパの長編小説の「白鳥の歌」は、一九一二年に完成したロマン・ロランの『ジャン・クリストフ』だと考えていた（マンデリシタームは、この長編の主人公の風貌に、マーラーのいくつかの特徴が反映されていることは知らなかった）。

後年、ショスタコーヴィチは、自分の十五の交響曲のうち、「二つは、おそらく、満足できる出来ではない。それは交響曲第二番と第三番だ」[*31]と認めていた。彼は、自分の第四番を正当にも決定的な飛躍として評価していた。もちろん、そのなかの多くは、長さ（一時間以上の音楽）、巨大なクレッシェンドを生み出す壮大な管弦楽、一貫した「陳腐な」旋律素材の使用など、マーラーに由来しており、彼の交響曲をショスタコーヴィチは、このときまでに非常に注意深く学んでいた（交響曲第四番の作曲中、ショスタコーヴィチのピアノには、友人たちの回想によれば、マーラーの交響曲第七番のスコアが置かれていた）。

しかし、それでもなお、交響曲第四番はまさにその最初の小節から、まさにショスタコーヴィチの作品だと容易に認められる。交響曲の音楽素材のオペラ『マクベス夫人』との親近性がそれを促進した。とくに、第一楽章の反復されるライトモチーフの一つ、「警察」の行進の音楽がそうであった（アルフレート・シュニトケは第一楽章を作曲家の「人生のドラマ」として知覚した。その自伝的性格は疑いえない）。

ここで作曲家は、カーニヴァルの覗き屋のように現われ、遊園地へと手招きするかのようである。回転木馬も、ジェットコースターも観覧車も、ビックリハウスも幽霊屋敷も、絶えず用心深い警察の監視下にある。（バフチン的な意味での）「生きたカーニヴァル」は、コントラストと謎を伴いながら、第二楽章でも中心的なテーマのままである。他方、最後の第三楽章は葬送行進曲で始まる。

この「マーラー風」の葬送行進曲は終楽章の支配的なモチーフである。それも驚くべきことではない。というのも、この楽章を作曲家は、『プラウダ』論説の登場以後に書き始めたからである。このときまでに作曲家はすでに、自分の公的な言明は、決して自分の本当の内的生活を反映することも、それに関わることもないと決めていた。あらゆる自伝的言説、すべての「言明」と「請願」も、いまやもっぱら音楽へ追いやられ、音楽のなかに、水面下に沈められたように秘められたのである。

こうした創作上の戦略は、交響曲を自由に、そして連想的に構成された長編小説へと近づけ、逆説的にナラティヴの軸をもっぱら強化したのである。ただ異なるのは、交響曲においては「主題」は隠されたままだったということだった。

マーラーは次のように述べている。「ベートーヴェン以降、内的な標題をもたないような新たな音楽は存在しない。どんな音楽も、どんな感情がこめられているか、どう感じることを期待されているかをあらかじめ聴き手に伝えられなければならないとすれば、価値がない[*32]」。ショスタコーヴィチは、もしかすると、全世界に自分の感情を伝えたかった、そうせざるをえなかったのかもしれない。聴衆が、たとえいまではなく、未来のことだとしても、自分のメッセージを解明してくれることを期待して、それを暗号化するほかなかったのだ。

その際、作曲家が聴き手に伝えたかったのは、感情の一般的な性格だけではなかった。交響曲第四番の終楽章では感情は一様に悲劇的であり、その点で誤解の余地はない。しかしショスタコーヴィチは、できるだけもっと特定の、具体的な感情が伝わるよう試みたのである。それゆえ、彼は、ときには長いあいだ解読されずにあったことが不思議に思われるほど明白な、補足的な「解読の鍵」をちりばめた。

一例を示すこととしよう。ショスタコーヴィチの交響曲第四番の終楽章の葬送行進曲と、マーラーの声楽管弦楽組曲『さすらう若人の歌』(一八八五〜一八八四年)の終曲の旋律との親近性には議論の余地はない。だが、マーラーでは何が歌われているのだろうか。「いま私にあるのは、永遠の苦しみと嘆きだ！」ここに注釈は不要である。別の例を挙げよう。終楽章のコーダにおいて、ショスタコーヴィチは祝祭的な群衆を明らかにパロディ化している。ここで作曲家は、彼や他のレニングラードの音楽家たちがよく知っていたストラヴィンスキーの『オイディプス王』の「グローリア」の一部を引用している（ボリス・アサーフィエフも、この作品についてすでに一九二九年に書いている）。その部分に相応するラテン語のテクストは「Gloria! Laudibus regina Iocasta in pestilentibus Thebis（栄光あれ！　悪疫の流行するテーベのイオカステ王妃を讃えよう）」である。

つまり、ショスタコーヴィチは、彼の同時代のソ連と、ギリシャ悲劇の悪疫の流行する都市との並行関係を直截に示している。彼の解釈するスターリン支配とは、すなわち「ペスト流行時の酒宴」なのである（ここにプーシキンの有名な「小悲劇」、『ペスト流行時の酒宴』への参照指示を見出せる）。

交響曲第四番終楽章の、もう一つの明らかな音楽的並行関係は、同様にストラヴィンスキーとのもので、バレエ『火の鳥』の終曲からの明らかな引用である。ストラヴィンスキーの音楽では、ロシア民話の悪魔で邪教の王国の支配者である、不滅のカシチェイの死による解放と祝典である。ショスタコーヴィチの音楽では、呪文だ。「死ね、カシチェイ＝スターリンよ！　死ね！　消え失せよ、邪教の王国よ！」ここではまた、はじめてスターリンの音楽的な性格描写が定式化されている。それは後にショスタコーヴィチの交響曲第十番において、より完全に現われる。

同様の音楽的なほのめかしの多くが今後、見出されていくことであろう。現段階では、そのわずかな部分だけが発見されているにすぎず、この領域での根本的な研究はまだこれからだと確信する。

概して、この時期のソ連文化における暗号化の手法は、みたところ、現在私たちが想像するよりもはるかに多いはずである。だが現在、数十年を経過して、こうした「投瓶通信」（詩人マンデリシタームの用語。遭難に際して航海者が瓶にメッセージを詰めて海に投じることに詩作を例えた〕への鍵は、もしかすると多くが永遠に失われてしまったのかもしれない。

そうした一つの事例について、当時逮捕されたレニングラードの詩人ニコライ・ザボロツキーの息子が語っている。一九三八年のことだが、ザボロツキーは、ドアをしっかり閉めてから、自分たちが生きている恐ろしい時代について、罪のない人々が拷問を受ける拷問部屋について語っている自分の詩を妻に読ませた。その後、ザボロツキーは、各行の最初の単語も韻律も反ソ的な詩と同一の、自然についてのまったく無害な詩を妻に読んだ。その後、謀反の作品は燃やされ、ザボロツキーは、もっとよい時代が来たら、自然についての詩の行からその詩を復元できる、と述べた。[*33] ああ、ザボロツキーの生前にはそんな時代はやってこなかったのである……。

ショスタコーヴィチにも同様の状況があった。彼は、疑いなく、自分の交響曲第四番を反逆的な作品と考えていた。ショスタコーヴィチは、自分の劇的な行為によって、それをはっきりと表現していた。一九三六年十二月に予定されていたその初演の前に演奏を取りやめたのである。

この尋常ならぬ行為は、同時代人によってさまざまに評された。ある者はそれを「形式主義的」な作品の演奏を望まなかった管弦楽団員の抵抗として説明し、別の者は指揮者の冷淡のせいとして、また別の者は「上からの」圧力として説明した。おそらく、これら三つの要因すべてがそれぞれにショスタコーヴィチの振る舞いに影響を与えたのだろう。しかし、作曲家自身にとって、これは第一に、スターリンと継続されていたロールプレイにおける、もう一つの劇的なジェスチャーだったのである。

作曲家が交響曲第四番を友人たちに見せると、その一人は『プラウダ』紙はどう反応するだろうか、とショスタコーヴィチの考えをあわてて尋ねた。もちろん、念頭に置かれていたのはスターリンの反応だった。ショスタコーヴィチはしかめっ面をし、グランド・ピアノから急に立ち上がると、「私は『プラウダ』紙のためではなく、自分のために書いたのです[*34]」とぶっきらぼうに答えた。ショスタコーヴィチは交響曲第四番、とくにその終楽章を、「不当な批判に対する作品による回答」だとみなしていた。だが、彼はその回答が公表された際に、スターリンがどんな反応をしうるか、考えずにはいられなかった。[6]

後には、一九六二年に「イデオロギー的に未熟な」交響曲第十三番の初演撤回を拒否して、作曲家は同様の圧力に抵抗できることを示した。だが、一九三六年の雰囲気は、あまりに切迫したものだった。八月には新聞はいわゆる十六人の裁判について伝え、その裁判ではジノヴィエフ、カーメネフやその他の指導的な党反対派の活動家が「破壊活動」を行ない、暗殺を企てていたとして起訴されていた。被告人たちに対する刑の執行の呼びかけで報道は埋め尽くされた。「人類の幸福の名において、人民の敵に社会主義防御の最高の措置を適用」すること、すなわち処刑を呼びかける、ありふれた書簡にパステルナークの署名があった。

まさに当時、後に広く用いられるようになった「人民の敵」というレッテルが導入された。ヒステリックな新聞の大見出し（「恥ずべき殺人者を厳罰に処すべし！」「悪党どもを粉砕せよ！」「人民の敵には情け容赦なし！」）を伴奏にして、起訴された十六人全員が銃殺された。

ジノヴィエフ、カーメネフらの裁判に関連して、文化活動家に対する抑圧の新たな段階が始まった。出版物では、『プラウダ』紙が明らかにした、形式主義との闘いの緊急性や重要性が、いまやはるかによく理解できる」というような記事を読むことができた。逮捕された人々のなかには、ショスタコーヴィチと恋愛関係にあった作家のガリーナ・セレブリャコーワもいた。さらに以前には、作曲家が一時期強く惹かれていた、若き通訳者のエレーナ・コンスタンチノフスカヤが政治的な密告のせいで服役していた（私が六〇年代にレニングラード音楽院で学んでいたとき、いまだコケティッシュで身だしなみのよいコンスタンチノフスカヤがそこで英語を教えていた）。

ショスタコーヴィチの家族の周辺でも、包囲は迫りつつあった。一九三六年春には、「テロ組織のメンバー」として、著名な物理学者である作曲家の姉の夫フセヴォロド・フレデリクスが逮捕された。その年末には、ショスタコーヴィチの義理の母ソフィヤ・ヴァルザルも捕まった。最も上級の機関へ奔走しても無駄だった。「内務人民委員部は間違えない」[*35]というのが回答だった。

そのうえ、ショスタコーヴィチは、スターリンの憤怒に対する、最も強力な擁護者をも失った。六月、いまだはっきりとしない、不可解な病で、ゴーリキーが六十八歳で死んだ。モスクワでは、すぐに毒殺について噂された。また一九三八年には、続いてスターリンが主導した政治裁判において、被告にゴーリキー殺害組織の罪が着せられた。このときまでに、ゴーリキーは、クレムリンの特別な壁龕《へきがん》に葬られ、「同志スターリンの最も親しく、最も忠実な友人」と認められていた。ゴーリキーの死の本当の状況については（一九三四年のキーロフの死と同様に）、スターリン自身が関与していたのかどうか、いまでも活発な論争がある。

明らかに、スターリンとゴーリキーのあいだには、複雑で両義的な関係があった。彼らは互いに公然と感嘆の意を何度となく示していたが、プライベートな状況では、ときおりまったく別の感情を表現していた。一つ例を挙げよう。当時、ソ連文化の規範に加わったのは、一九三一年にゴーリキーの初期の韻文のおとぎ話『乙女と死』に対してスターリンが記したその題辞「これはゲーテの『ファウスト』より力強い（愛が死を克服する）」である。

この世界文学の最高傑作の一つよりも、ゴーリキーの未熟でセンチメンタルな作品を上に置くという、スターリンの評価の不条理性は明らかだ。しかしながら、このアフォリズムは多くのソ連の書籍や記事、学位論文においてきわめて真剣に基礎づけられ、注釈された。

だが、作家の友人フセヴォロド・イワーノフは、ゴーリキーがスターリンのこの題辞を愚弄だと考え、立腹していたと主張した。[*36] ではスターリン自身はどうであったか。彼自身の「歴史的な」見解に対する彼の本当の態度の証拠となるのは、そのアーカイヴに保管されていた、一九五一年版のゴーリキーの本の見本刷りである。そこではこの見解が刷られた箇所が三度、青いスターリンの鉛筆によって強調されているのである。[*37]

その一方で、スターリンは、自分とゴーリキーが並んで座っている写真に×印を繰り返し書き記している。ここに自分の「最も親しい友人」に対する本当の感情が表われているのである。よくあるように、公的な見せかけはきわめて複雑な現実を隠していたのである。

興味深いことに、ショスタコーヴィチはスターリンの『乙女と死』に対する評価のグロテスクな性格をすぐに認めた。一九三七年にすでに、彼は、終幕の合唱でスターリンの言葉が歌われる、パロディ・オペラ『乙女と死』を戯れに作曲しようとしていた。彼はその合唱のために友人が提案した旋律を書きとめさえしていたが、このときはそれ以上には作業は進まなかった。後に、スターリンやその他のソ連の指導者たちに対して向けられた同様の考えが、ショスタコーヴィチによって、パロディ的な『反形式主義的ラヨーク』として具現化された。

ショスタコーヴィチは、表面的には生活には不向きで、日常的な状況に対してはナイーヴに見受けられたが、どんな傑出した文化活動家でも、その創作の運命や生命さえもスターリンが取る個人的な態度に依存してしまうような生涯の決定的な瞬間において、彼は、新たな状況にたいして驚くべき理解を示した。

具体的なイデオロギー的指示は、目もくらむような速さで、しばしば予測不可能な神秘的な方向へと変わった。その進化について予言することは困難であり、自尊心や創作上の誠実さを失わずにそうした指示に従うことは不可能だった。またそれは高く評価されるようなものでもなかった。

生きながらえる唯一のチャンスは、ソ連史のあらゆる新たな紆余曲折に際してスターリンが示す文化的言説の、書かれることのない変数を理解することにあった。これらの変数はしばしば両義的であり、それ自体、スターリンの構想の一部をなしていた。

意図されたゲームの規則の曖昧さは、文化活動家から新たな「過ち」を引き出して、指導者は本当の父が行なうように、厳格に、しかし正当に、それらを「正す」ことができた。まさにここに、一九三六年一月末の、ショスタコーヴィチについてのスターリンとシュミャツキーの会話の意義もあった。

まったくのお世辞を言う必要はなかった。逆に、皇帝を聖愚者に格下げするロシアの伝統においては、ある種の自立性と芸術的な「奇抜さ」が、一定の限度までは歓迎されさえした。しかし、結局は「透明性」と、「誠実な」質の高い仕事に対する志向が語られることが求められた。多くの職業的な政治家と同様に（だが彼らだけではなく）、スターリンも第一に、人をその「必要性」において評価したのである。その必要性は繰り返し証明される必要があった。「必要性」の概念はその都度、指導者によって定義された。

こうした新たな規則の認識は、彼がアルハンゲリスクで「音楽ならざる荒唐無稽」を読んだ、その運命的な日にショスタコーヴィチに訪れた顕現であった。まさにそれゆえに、ショスタコーヴィチが、アルハンゲリスクから戻ってきたときに会いに来た友人たちに述べた最初の言葉のなかに、「ご心配なく。

彼らは私を必要としています」という重要な言葉があったのだ。これは冷静なものであり、ショスタコーヴィチのような、若く傷つきやすい人にとっては、根本的に新しい状況評価であった。人生においても創作においても、生きながらえるためにはまったく新たな綱領が必要だったのである。

㊟

（1）偉大な老ネミローヴィチ＝ダンチェンコのメモが残されているが、そこでは、もしスターリンが『マクベス夫人』を彼の、つまりネミローヴィチの劇場で観たならば、破局は起こらなかっただろうと述べられている。つまり、演出家は作曲家の才能を証明し、彼の創造物を擁護できると考えていたのである（以下を参照。I. Solov'eva, *Nemirovich-Danchenko* (Moscow, 1979), p. 394)。

（2）このときまでにオレーシャは、長編『羨望』の著者として有名になっていた。この長編は今日まで正当に二十世紀ロシアの散文の傑作と認められている。それゆえ、オレーシャのお世辞には特別な重みがあった。

（3）生まれながらにして劇場の作曲家だったショスタコーヴィチにとっては、こうした自己規制は、痛ましい自己否定を意味していた。なぜなら、彼には高邁なオペラの計画があり、彼はオペラ三部作を書こうとしていたし、ロシアの『ニーベルングの指環』として四部作にさえしようとしていた。そのなかで『マクベス夫人』は『ラインの黄金』の役割を果たすはずだった。いまやこれらすべては断念されていた。他方、一九四二年にショスタコーヴィチは（ゴーゴリに基づく）オペラ『賭博師』を書こうとしたが、その事業の危険性を認識して、捨て去っていた。

（4）最近娘が生まれたばかりのショスタコーヴィチを震え上がらせたのは、コルニーロフの妻の詩人オリガ・ベルグゴーリツが内務人民委員部の尋問でリンチを受け、流産したことだった。だが、ベルグゴーリツ自身は生きながらえて、戦時中にレニングラード包囲の栄えある詩人となった。一九六〇年に彼女の詩が、レニングラードのピスカリョーフ記念墓地の中央の御影石の壁に掘られた。「誰も忘却されはしないし、何も忘却されはしない」というその言葉は、レニングラード人にとって、戦争の恐怖のみならず、スターリンのテロルについても、視覚的に記念するものとなった（当時これについて声に出して語ることはできなかった）。ベルグゴーリツの詩は、公的にはドイツの包囲で死んだ人々についてだけのレクイエムと宣言されているが、それと同時にスターリンの粛清機械の犠牲者たちへの秘められた追善の哀歌でもある。この点で、それはショスタコーヴィチの交響曲第七番と深い親近性をもっているのだが、それは詩人も作曲家も感じ取っていたことだった。

（5）ボリス・シュミャツキーがそれを知らなかったように。一九三八年初頭、彼はソ連映画の指導者の地位を追われ、まもなく逮捕され、処刑された。

（6）仮説を述べたい。ショスタコーヴィチを心配させていたのは、とくに、アサーフィエフからの権力への密告ではなかっただろうか。なぜなら、アサーフィエフはストラヴィンスキーをよく知っており、交響曲第四番の終楽章から「反逆的」な引用を選り分けるのは容易かったはずだからである。もしかすると、これは一九三六年以降の、アサーフィエフに対するショスタコーヴィチの激しい敵意の本当の理由なのかもしれない。

第四章　皇帝の慈悲

一九三六年の劇的な状況のなかで、交響曲第四番の初演を取りさげるのは辛いことであったが、おそらくそれがショスタコーヴィチを救うことになった。ショスタコーヴィチは当時としては通例であった悔恨の書簡を書かなかったし、儀式的な「自己批判」演説もしなかった。彼はスターリンの目から見てはるかに自己犠牲的な態度を見せ、潜在的に「形式主義的な」（つまり、大衆にとって「無用な」）交響曲を犠牲にするとともに、それに代わって大衆に「必要な」映画音楽を作曲することに没頭したのだった。

それらの映画作品のなかでスターリンから高く評価されたのが、元アヴァンギャルド芸術家であるコージンツェフとトラウベルグがメガフォンをとったボリシェヴィキ革命家マクシムをめぐる三部作と、二部作の『偉大なる市民』である。後者は、暗殺者の手にかかって死去し、共産主義の聖人となったセルゲイ・キーロフをめぐるいわば聖人伝風の映画で、キーロフはピョートル・シャーホフという名前で登場している。

シャーホフ＝キーロフをめぐる映画を撮った監督は、一際華やかな人物で、元チェキストのフリードリヒ・エルムレルだった。彼は、名前入りのブローニング拳銃をズボンの後ろポケットに入れて撮影現場に現われ、少しでも言うことを聞かない場合にはこれで射殺すると俳優たちを脅しにかかった。この人物は、ショスタコーヴィチが心底気に入っていた。「音楽ならざる荒唐無稽」の記事を読んだ彼は、作曲家に「私の『プラウダ』が君の『(ムツェンスク郡のマクベス)夫人』を非難しているが、心配するな。未来は私たちにある」と、激励の電報を送った。

キーロフ殺害という微妙なテーマを扱った映画に取り組みはじめたエルムレルは、危険を冒しつつあった。『偉大なる市民』のシナリオについて、当時の共産党幹部の一人が次のように述べている。「このシナリオは、指導者の暗殺の仕方を教えている。この映画をつくれるのは、エルムレルの腐った精神だけだろう」[*1]。しかし、スターリンは別の考えを持っていた。「エルムレル同志の(『偉大なる市民』の)シナリオを読んだ。シナリオは政治的にしっかりと書かれている。文学的価値も疑いがない」[*2]。

このようにエルムレルの映画にゴーサインを出す一方、スターリンはスクリーンではシャーホフ＝キーロフの殺害場面を見せないように要求した。その結果、『偉大なる市民』の最も表現力豊かなシーンの一つは、つじつまがあわなくなった。シャーホフが、殺人者が後ろで待っているドアに近づく。すると突然カメラが危険を主人公に告げようとするかのように、かなりのスピードでドアをパンする……しかし、時すでに遅し！　アップでドアノブがゆっくりと回されている。そして、次のショットは暗殺の証言者の恐怖に歪んだ顔。

観客の耳に銃声は届かない。その代わり最大限の音量でショスタコーヴィチの音楽が割って入る。その音楽が流れているあいだにカメラは『偉大なる市民』第二部のエンディング、すなわちシャーホフの葬儀シーンへと移行する。このシーンのためにショスタコーヴィチは十分近くの非常に大きな力に満ちた葬送行進曲を、革命歌「あなたは犠牲となって倒れた」をベースにして作曲した。しかし、映画の最終版でこのエピソードは、またしてもスターリンの命令により、たちまち三分の一に短縮された。ショスタコーヴィチは自分の音楽に対する外部からのどんな操作にもつねに神経質に反応したが、今回の外科手術にはまったく冷静に対処した。映画に関して彼は当時、自分はたんなる雇われ労働者と考えていたからである。

映画音楽の作曲は、ごく必要なときだけにしなさいというショスタコーヴィチの弟子たちへの助言については、すでに言及したとおりである。『プラウダ』紙による攻撃の後、作曲家はふたたびそのような必要性を（ショスタコーヴィチは若い時代にすでに経験した）予感することになった。この件についてショスタコーヴィチは、一九三六年の末、知人に宛てた書簡のなかで次のように語っていた。「以前には月に一万〜一万二千ルーブル稼いでいたものですが、いまはやっと二千〜三千ルーブルといったところです。十一月十九日に著作権保護局の私の口座に二百五十ルーブルが入金されました。すべてにおいて倹約せざるをえませんが、かといって落胆しているわけではありません。すでにいろんなことをあきらめざるをえなくなっています。でもそんなことではへこたれません。ぞっとするのは、注文をたくさん取らざるをえないことです。でもなんとかやっていけるでしょう[*3]」。

取り上げられている数字については、注釈が必要だろう。比較のために挙げておくと、当時の労働者の月平均賃金は二百〜三百ルーブルであり、教師も病院の医師と同様に三百ルーブルだった。モスクワ音楽院の教授は月に四百〜五百ルーブルで、主要なモスクワのオーケストラの音楽家たちの給料も同様だった。一方ジャズ・オーケストラの音楽家は毎月五千ルーブルほどを稼いでいたし、エンタテインメント・スターの給料は月数万ルーブルという天文学的な数字に上った。

作曲家たちは、コンサートや劇場で自分たちの曲が演奏されると、かなり高額な著作料を受け取ることができた。オペラやバレエが国の数ヶ所の大劇場で定期的に上演されていたとき、ショスタコーヴィチが比較的高い給料（労働者の給料の四十倍）をもらっていたのは、これが理由である。しかし、『ムツエンスク郡のマクベス夫人』と『明るい小川』がレパートリーから消えてからは、作曲家の収入は激減した。

ショスタコーヴィチには貯金がなかった。彼は、友人たちのあいだでは質素な暮らしで知られていたが、お金にはだらしなく、珍品を買うために使っていた。他にもいろいろと重要な理由があったが、まったくの無一文になる恐れもあって、作曲家は「レンフィルム」の仕事に精を出した。

作曲家にとっておそらくは最も有名かつ人気のある作品となる新たな交響曲第五番の構想が、彼のなかで徐々に熟しつつあった。この作品は、すべての意味で分水嶺的といえる作品である。この作品はショスタコーヴィチ自身の人生においても、二十世紀の交響曲ジャンルの歴史においても決定的な役割を果たした。演奏曲目から外され、「生きたまま」葬られた交響曲第四番の傷がまだうずいていたが、作曲家は激しく燃えさかる恐怖感、疑念、サバイバルへの死にものぐるいの希望を交響曲の形式に収めるすべをすでに見出していた。

一九三七年の春をショスタコーヴィチは、最も好きな場所の一つ、すなわちクリミア半島にある学者と芸術関係者用の保養施設で過ごした。それはパーニナ伯爵夫人の「ガスプラ」宮殿にある保養施設で、かつてここでは肺炎後のレフ・トルストイが健康を回復したことがあった。いまはソヴィエトのエリートたち、有名な物理学者で、アカデミー会員のアブラム・ヨッフェ、伝説的な眼科医で、アカデミー会員のウラジーミル・フィラートフ、映画監督のヤコフ・プロタザーノフ、ピアノ演奏家のレフ・オボーリンなどが保養していた。

リジヤ・ギンズブルグが後に記したように、スターリンはこれらの人々を潜在的に政権の役に立つ人物として養っていたが、時としてそういう彼らが真先に非業の死を遂げたのは、彼らがしばしば近くに居合わせたからだった。「恐ろしい状況が意識から消え去ることはなかった。バレエを観に出かけたり、お客にいったり、ポーカーをやったりして休暇を取っていた人たちのもとに、朝になると身近な人が死亡したとの知らせがもたらされた。彼らは毎晩夜中の電話におびえながら、「大事な客」を待っていた。まだ無事なうちは、みずから目隠しして気を紛らわせていた。もらえるものは、もらっとけと」[*4]。

保養施設内にある大きな公園はピンク色と白色の二色で塗られていて、まるで天国の庭園のように見えた。保養している人たちは、毎晩大きな客間に集まった。窓を通して水平線と一つになる黒海のかすかな水音が聞こえてきた。ピアノを演奏してくださいと頼まれても、ショスタコーヴィチは断固としてこれを断っていた。しかし、他の人がまだ眠りについている早朝、宿泊客の一人が「忍び足で誰もいないホールに慎重に入り、ピアノのカバーを開けて何かを演奏しては楽譜に書きつけていた」[*5]。

こうして、交響曲第五番が誕生した。作曲は非常に短い期間で行なわれた。最初の三つの楽章は、同じクリミアで作曲されたが、作曲家自身が認めているように、彼が他の二つの楽章より満足していた第三楽章は（第三楽章は全体として感情面でも理性面でも交響曲の中心といえる）たった三日で書き上げられた。これは、たいてい「苦しい仕事にゆっくりと取りかかり、すばやくそれをしあげる」（すなわち、比較的長く頭のなかで作品を温めておき、その後、驚異的な速さで書き上げていった）という仕事のスタイルを守ってきたショスタコーヴィチ自身にとっても最短記録である。

最終楽章の完成を待つばかりとなった。しかし、六月初め、ショスタコーヴィチはモスクワに出かけていった。モスクワで彼は作曲したばかりの交響曲の楽譜を、彼が高く評価していた音楽院のニコライ・ジリャーエフ教授に見せた。ジリャーエフ教授はエキセントリックな人物だった。しかし、影響力のある人物で、書物や楽譜や手書き文書などが散乱する部屋に一人で住んでいた。この部屋を二つの事物が君臨していた。一つはピアノであり、もう一つは壁にかけられたジリャーエフの親しい友人、ミハイル・トゥハチェフスキー元帥の大きな肖像画である。

ショスタコーヴィチはトゥハチェフスキー元帥の自宅でジリャーエフと知りあい、しばしば二人だけで会っていた。ジリャーエフ訪問が、ショスタコーヴィチにとってなぜ重要だったのか。作曲家からするとこれは勇気のいる行動だった。察するに、彼はすでに恐ろしいニュースを知っていたと思われるからである。五月末にショスタコーヴィチの指導者で、保護者であったトゥハチェフスキーが、スターリンに対する「軍事的政治的陰謀」の罪で逮捕された。トゥハチェフスキーはまもなく銃殺された。彼と関係のあった人たちの大量粛清が始まった。

交響曲はジリャーエフを震撼させた。作品を見せた際、そこに同席していた若い作曲家のグリゴーリー・フリッドは、「ジリャーエフは、父親のような優しさでショスタコーヴィチの頭をなぜ、ほとんど声もなく「ミーチャ、ミーチャ」と繰り返していたと回想している。[*6] ジリャーエフも、ショスタコーヴィチのこの夜の訪問が多くのことを意味していることを理解していたし、そしていま聴き終えたばかりの音楽の真の意味を、彼は、自分が愛読する好きなエドガー・アラン・ポーの作品になぞらえつつ、純心素朴なフリッドに解説しようとしていた。「これは良心の悲劇だ」と。

トゥハチェフスキーの死刑判決が新聞で報道された直後、フリッドはふたたびジリャーエフを訪問した。重い沈黙のなかで二人は夜を過ごした。以前、壁にかかっていたトゥハチェフスキーの肖像画はいまやベッドに立てかけてあった。そうすると元帥の顔がベッドの背もたれの鉄格子から見えるからである。
　不幸がすぐ傍に迫っていることは明らかだったので、フリッドさえジリャーエフの逮捕を知っても驚くことはなかった。ジリャーエフは杳《よう》として姿を消し、今日にいたるもその後の運命については何も知られていない。
　トゥハチェフスキーやその他のソヴィエト軍幹部の告発と銃殺は、パステルナークが巻き込まれた劇的な事件と関係していた。パステルナークは、死刑を容認する作家たちの集団書簡に署名をするよう求められた。パステルナークは、これを拒否した。パステルナークには圧力がかけ続けられ、非難され、脅かされた。詩人自身の回想によると、身重の妻が彼の足もとにはいつくばり、自分と子どもが殺されないためにも、この不幸な書簡に署名するよう夫のパステルナークに懇願したという。パステルナークは考えを曲げず、スターリンに書簡まで書いた。自分の生殺与奪の権利を握っているのは、あなた、スターリンだが、詩人である自分に他人の命や死を決める権利はないと考える、と。[*7]
　このあと、パステルナークは、逮捕は避けられないと思い、次のように述べた。「私は大衆のなかで、人民とともに死ぬほうを選ぶ」と。しかし彼は逮捕されなかった。その代わり、パステルナークが受け取った新聞には、軍人の銃殺を支持する作家たちの公開書簡に自分の署名も入っていた。話によると、パステルナークは「彼らに殺された」と繰り返し、絶望から激しく泣いたとのことである。[*8]
　確かに、道義的に殺されたかもしれないが、肉体的に殺されたわけではなかった。当時こういった種類の集団書簡への参加は、公的な信頼を意味していた。ナジェージダ・マンデリシタームが指摘しているように、「この空気を吸っている人間は死んだ。偶然に生きながらえた人でさえも。死人は死人であり、他の者はすべて、死刑執行人か、イデオロギー主義者か、共謀者か、追従者か、ものを見ないようにして何もしらない振りをする者、夜ごと歯軋りする者だ。彼らもすべてテロルの犠牲者なのだ」[*9]。

スターリン時代の慈悲と攻撃は、同時にしかけられた。一九三六年六月四日レオニード・ニコラーエフは、レニングラード音楽院の教授のなかで当時重要とされた労働赤旗勲章を最初に受章した（彼と一緒に勲章を授与されたのは、オイストラフ、オボーリン、ギレリス、神童ブーシャ・ゴリドシテインである）。翌日、ショスタコーヴィチの母親は、ニコラーエフにお祝いの手紙を送った。「あなたには個人的に心からのお祝いを言ってあげたいのですが、私たちの家に大きな不幸が降りかかったため、今のところは何も考えられません」[*10]。

手紙では触れることのできなかった不幸とは、以前、夫を逮捕されたショスタコーヴィチの姉マリヤが中央アジアに流され、ショスタコーヴィチの妻の母親がカザフスタンの強制収容所に送られたことを意味していた。レニングラードに戻った作曲家が、そのフィナーレを作曲し、交響曲第五番を完成させたのはまさにこのような状況下だった。

この交響曲の最終楽章は、ことによると、聴く者に相反する感情を抱かせる二十世紀の音楽のなかで最も謎に満ち、かつアンビバレントな音楽かもしれない。大衆の行進によるその鮮やかな光景は、作曲された時代からすでに何十年と経ているにもかかわらず、今もって熱い議論を呼び起こしている。交響曲の別の楽章、とくに第一楽章と第三楽章についてこうした類の意見の相違は生じなかった。現代のソヴィエトの批評家の大多数さえ、この音楽では一九三八年の批評家の一人が表わした「感情的な圧迫が極限にまで達している。さらにあと一歩進むと、全員が生理的な悲鳴をあげるだろう」[*11]との言葉に同意してきた。他の批評家は当時、次のように記した。「苦悩のパトスが多くの場所で自然に叫び声や悲鳴になっている。いくつかの場面では音楽はほとんど肉体的な痛みの感覚を引き起こすほどである」[*12]。

ところが、交響曲第五番のフィナーレに関して数人の西側の音楽学者は、いまもってこの曲に関する作曲家自身の言葉を退け、これは一九三〇年代の悲劇的状況を反映したものではなく、心からの歓喜であるとの見方をしている。この場合、この音楽がつくられたときの現実の状況が完全に無視されている。

ショスタコーヴィチの同時代人で劇作家のエヴゲニー・シュワルツに、次のような寓話がある。「ある私の知人のもとに、二つの言葉「ああ、愛しい人！」を知っていたオウムがいた。オウムはこの唯一の言葉を悲しいときも空腹のときも繰り返していた。猫がオウムに忍び足で近づいてくると、オウムの羽は恐怖で逆立ったが、オウムが言ったのは「ああ、愛しい人」だった」。交響曲第五番最終楽章における「歓喜の」感情の真正さを主張する批評家たちは、ショスタコーヴィチをこのオウムになぞらえている。

一方、この交響曲第五番は複雑かつ深く熟考された作品であり、交響曲第四番で行なったように、作品の構成にショスタコーヴィチは、繊細に「話す」暗示と隠喩をみごとに組み合わせていた。作品すべてにある暗示と複雑さの解明は、現在の音楽学者らによって始められたばかりである。

たとえば、交響曲第五番の最終楽章の基本テーマが、ショスタコーヴィチのより後期の作品、ロバート・バーンズの詩『処刑を前にしたマクファーソン』に付けた歌曲のモチーフに似ていることが明らかになった。歌曲では、このメロディが「喜びと絶望の気持ちで彼は絞首台へ向かった」の歌詞の部分で歌われている。つまり、ショスタコーヴィチはフィナーレで表現された「祝賀」の行進を処刑にむかう受刑者の行列として解釈していたのである。心胆を寒からしめるおぞましきイメージながら、同時にこうしたイメージを生んだ大テロルと大衆ヒステリーという状況を思えば、これはこれでまったく正当かつ自然なイメージともいえるだろう。

交響曲第五番の最終楽章には、今日、ベルリオーズの『幻想交響曲』とリヒャルト・シュトラウスの『ティル・オイレンシュピーゲルの愉快ないたずら』からの隠された引用が発見されている。これらの作品のエピソードでは、作曲家があらかじめ明らかにしたプログラムに従って音楽は処刑のシーンを表現している。概して処刑台への行進は、この時からショスタコーヴィチの音楽においては固定観念《イデー・フィクス》となり、それがますますイエス・キリストの最後の道、「苦難の道《ヴィア・ドロローサ》」を連想させるものとなっている。

何人かの音楽家は、ショスタコーヴィチの多くの作品に、バロック的な十字架の音楽的シンボルとの暗号化された呼応があると考えているが、これには理由がある（ショスタコーヴィチが突発的感情にかられてみずからをキリストに擬していたことは、一九四三年のマリエッタ・シャギニャーンの日記に記されている通りであり、この点でさして驚くにはあたらない[(1)*13]）。

ゴルゴダへの道行きと関連する三つのイメージ、すなわち処刑台への行進、民衆の嘲けり、そして自己犠牲のテーマが、ショスタコーヴィチの作品ではほかならぬ交響曲第五番においてはじめて、あのぞっとさせるような説得力をもって具現化されたのだった。こういったモチーフのもつ自伝的要素は明白である。

ショスタコーヴィチは公衆の前での有罪宣告の痛みを、友の裏切りを、野次馬たちの嘲けりを体験してきた。そしてついに、彼は刑の執行を待つという、金縛りにも似た恐怖感を味わった。一九三六年にショスタコーヴィチに起きた事件の後、彼は人々に音楽の「予言」をもたらそうという試みゆえに耐えがたい苦悩を忍《しの》ぶ受難者とみずからを感じていた。

交響曲第五番におけるこの「キリスト・コンプレックス」は、すでに記したプーシキンのモデルに投影されている。プーシキンとムソルグスキーによる『ボリス・ゴドゥノフ』との連想の跡が、交響曲全体にちりばめられている。そして、交響曲第五番のフィナーレで流れる救済とある種の神秘的な内面の解放への期待が、プーシキンと福音書にも結びつけられている。

この期待を、ショスタコーヴィチはふたたび暗号化された音楽コードを介して表現した。このコードとは、彼が当時作曲したばかりで、まだ発表されていないプーシキンの詩「復活」に作曲を施した歌曲からの自己引用である。交響曲の音楽ではメロディアスな音型が登場するが、ショスタコーヴィチの歌曲ではこの音型によって次のプーシキンの言葉が歌われる。

かくして迷いは消え去る
苦しみぬいた心とともに
そしてそこに夢があらわれる
原初の、純粋な日々の夢が

交響曲のもつこのきわめて密かなエピソードのなかで、ショスタコーヴィチは超越的な意味に満たされた高度な情念を表現したのだった。作曲家はさながら個人的な痛みに打ち勝とうとしているかのようである。ここではイエス・キリストと、決闘で受けた傷が原因で死のうとしているプーシキンとが対比されている。

伝えられるところでは、プーシキンは、恐ろしい肉体的苦痛を経験していたにもかかわらず、うめき声ひとつあげようとしなかったという。「おかしいだろ。──詩人は言った──こんなふざけたことにぼくが負けるなんて。そんなのいやだ」。ショスタコーヴィチもまた、あらんかぎりの力を振り絞って

「こんなふざけたこと」に負けまいと努力していた。一九三六年の出来事について、きわめて冷静にしてかつ懐疑論的だった作家エヴゲニー・シュワルツが観察しているように、「ショスタコーヴィチを生みだした素材の高潔さが、奇跡へと導いている。ほんものの人間というのは、それを望むと望まないとにかかわらず、悪に対しては善でもって運命に応えるものなのだ」[*14]。

驚くべきかたちで、交響曲第五番に個人的かつひめやかな要素と社会的な要素を、悲劇的で個人的な情念と大衆の経験とに融合することで、ショスタコーヴィチは、その時代を記録するユニークな芸術的ドキュメントをつくりあげたのだった。チャイコフスキーは、あるとき交響曲を「音楽的な心の懺悔」と呼んだ。それに対してショスタコーヴィチは、交響曲は長編小説だと繰り返し好んで口にしていた。彼の交響曲第五番は同様に、一九三〇年代にかかわる一大長編小説であり、当時のソヴィエト連邦でも西側でもこれに匹敵する作品が現われることはなかった。

これは、二重底、いや三重底をもった交響曲＝長編小説だった。交響曲はこの点で、ウラジーミル・トポロフによる（彼はショスタコーヴィチの音楽がその発生時からアフマートワとマンデリシタームの作品と共通性があると言う）特徴づけで言う曖昧さと多義性の状態を帯び、「テクストの意味的な解釈から最終的な結論や完全な答えを失わせ、それとは逆にこれを「開かれたまま」にし、たえず「発生状態（in statu nascendi）」に置いている。そのためテクストは将来をとらえることができ、潜在的な状況にあわせることができる」[*15]。

矛盾しているのは、芸術家に一義性と率直さを求めていた時代が、彼らのなかの最良の芸術家のうちに原則的にアンビバレントでありかつ二重の創作イメージを喚起していたことである。レニングラード・フィルによる一九三七年十一月二十一日夜の交響曲第五番初演に居合わせた人たちのほとんどは、こうした倫理的かつ美学的なひだを聴き届けることはできなかったろうし、あるいは音楽のうちに隠された心理的かつ政治的なニュアンスや暗示を理解することもなかっただろう。しかし、この交響曲が集まった人たちを震撼させたことに疑いの余地はない。それについては、会場に居合わせた聴衆たちによる多くの証言が残されている。多くの人が涙を流したということ――これは、新しい難解な作品に対する反応としては、きわめて異例である。

このことは、聴衆がショスタコーヴィチの交響曲の悲劇的な言外の意味をどれほど深く理解していたかを示している。聴衆の一人は、後にこの初演をチャイコフスキーが死ぬ直前の交響曲第六番『悲愴』の初演に引きくらべた。また、別の聴衆は、「最終楽章では、多くの聴衆が次々と自発的に席から立ち上がりはじめた」と回想した。[*16]

音楽が終わりに近づくにつれ会場にいる全員が立ち上がり、人々は涙を流しながら熱烈に拍手した。のちにショスタコーヴィチの他の多くの交響曲の初演者となる優れた指揮者エヴゲニー・ムラヴィンスキーは、三十分間の拍手喝采とブラボーの声にこたえて、交響曲第五番のスコアを両手で高々と差し上げたが、これは、当時の破滅的な状況においては挑戦的ともいえる勇気ある行動だった。

フィルハーモニーホールでの歴史的な夜、元画家で、大胆かつ自立した女性だったリュボーフィ・シャポーリナは当時の日記に、なりやまぬ拍手喝采は、ショスタコーヴィチが受けた公的迫害に対する聴衆の示威的反応であると記している。「みなが同じフレーズを、すなわち、応えた、よく応えた、を繰り返していた」。[*17]

同時代人によるこのかけがえのない証言を裏づけているのは、一九三七年、ショスタコーヴィチの新曲の初演に直接関わったレニングラード・フィルの指導者の一人で作曲家のイオガン・アドモニである。

彼はこう書いている。「交響曲第五番の成功は、まだ殲滅されず、流刑にされず、銃殺されていなかった知識人の抵抗とみることができた。交響曲は、恐ろしい現実に対するみずからの立場の表明と解釈できるものだった。これは音楽の形式主義に関するどんな問題よりも、重要だった(2)[*18]」。

これこそは、レニングラードでの初演が、交響曲をめぐる緊張を決して吹き消すことがなかった理由である。影響力のある聴き手たちは、日記に、第五番の音楽は「病的なまでに暗い」（作曲家ウラジーミル・シチェルバチョフ[*19]）、もしくは交響曲の「人生を肯定するような」フィナーレに関しては「終わりは活路としては響かない、ましてや式典や勝利のようではなく、まるで罰もしくは誰かに対する復讐のようだ」（作家アレクサンドル・ファジェーエフ）と書きとめた[*20]。

当時、レニングラード作曲家同盟議長で、風見鶏のごときしたたか者のイサーク・ドゥナエフスキーは、交響曲第五番に関する特別のメモランダムをすぐに作成した。そこには「この作品をめぐってアジテーション活動まがいのよからぬ現象が起きている。ある意味でこれは精神異常であり、いまの状態のままでは作品に対しても、作品を書いた作曲家に対しても不利益がもたらされかねない[*21]」と書かれていた。

ところが、事前のあらゆる予想と異なり、風は別の方向に流れた。この事態は、多くの人々がしばしば素朴に信じているように、おのずから自然発生的に生じたわけではなく、誰かの高圧的な手が、注意深く、ただ執念深くショスタコーヴィチにとってよい流れとなるよう事態の向きを変えていったのである。

最初の、かなり大がかりで明確なシグナルは、アレクセイ・トルストイが署名入りで書いた交響曲第五番の初演に関する批評である。これは一九三七年十二月に政府の機関紙『イズヴェスチヤ』に掲載された。しばしば「赤い公爵」と呼ばれたアレクセイ・トルストイは、ゴーリキーの死後、空白だったソヴィエト連邦の「主任作家」の地位についた。スターリンがこのアレクセイ・トルストイをとくに目にかけていることはだれもがよく知っていた。したがって、彼の交響曲第五番をめぐる批評記事はきわめて重要な意味をもっていた。「私たちの前にあるのは、私たちの時代の偉大なリアリズム芸術である。……私たちの時代に栄光あれ、その栄光はこのような音と思考の偉大なる成果を世界に広く送り出すことだ。このような芸術家を生み出している私たちの国民に栄光あれ[*22]」。

トルストイのこの論文は大きな印象をもたらし、西側にまで知れわたるにいたって、一九三九年に行なわれたハーバード大学での有名な講義の際には、ストラヴィンスキーをして皮肉たっぷりな陰口を叩かせたほどである[*23]。もっとも、交響曲の初演と、その初演に関する決定的とも言うべき重要な批評が新聞掲載されるまでの、ソヴィエト的基準からしても異常といえる一ヶ月以上のタイムラグに対しては、なぜかしらだれひとり興味を示す者はなかった。明らかに、これは交響曲とその作曲家の運命を決するために、スターリンが熟慮し、入念に検討していた時間だったのである。

知られるところでは、ショスタコーヴィチは、みずからの新作が聴衆の間で成功を博したにもかかわらず（もしかしたらこの示威的な、「フロンド党員のような」成功が原因で）、この時期、極度に張りつめた状態でそれらの日々を過ごすことになった。ほぼ同じ時期、作曲家の近親者で老ボリシェヴィキのマクシム・コストリキンが逮捕され、その後、銃殺されている。彼はショスタコーヴィチの父親の妹の夫だった。コストリキンは、「反革命的フリーメイソン」組織で、有名な神秘主義者ゲオルギー・グルジエフと関係がある「偉大なる労働教団」の指導部に属していたとして告発されたのである[(3)*24]。

一方、スターリンは、交響曲第五番に関する最終的な公式評価を下すことを明らかに急いではいなかった。スターリンは、この作品に関し、手元に集められたさまざまな情報をめぐってあれこれ思案していたふしが窺える。レニングラードからモスクワには、この交響曲およびこの交響曲へのさまざまな反応に関する密告、報告、覚書が飛びかい、他方、モスクワからレニングラードへは、いわゆる現場の状況を把握するため、高い地位にある党専従職員が出張していった（こういった官僚の一人、ボリス・ヤルストフスキーと私は一九七〇年代初頭にモスクワで知遇を得た。頑健で、大声の持ち主であるこうしたタイプの男が、どのように言ったか、レニングラード楽友協会の当時の会長が思い出しているが、私もいともたやすく想像できる。「交響曲の成功は密かに企てられた！」）。[*25]

交響曲第五番の初演後、レニングラードでは、――前代未聞の新しい試みだった！――、地元の「党の活動家」に向けたこの交響曲の特別演奏会（日曜日に招待状による）まで催された。しかし、この特別演奏会は、スターリンが望み、みずからが熟考して出した最終的な決定を隠すことができた潜在的なイチジクの葉にすぎなかった。

指導者にとってアレクセイ・トルストイやその他少数の尊敬されている「文化の巨匠たち」、たとえばネミローヴィチ＝ダンチェンコのような人たちの意見は、もちろん、党専従職員がつめかけたレニングラード・フィルのホール全体の反応よりも重要だった。大方の党専従職員はすぐに政治の舞台から消えてしまうからである。しかし、さらにより重大なファクターは、こういった複雑な状況における作曲家自身の行動だった。

「プーシキンのモデル」を手本として選んだショスタコーヴィチは、スターリンから見てスターリンの信頼を引きだす行動を取った。あくせく動き回ることなく、悔恨することなく、へつらうこともせず、嘘をつくことなく、働きつづけた。これらすべてが、スターリンの最終判断によい影響を与えたにちがいない。アレクセイ・トルストイの論文掲載は、(『プラウダ』紙でなかったが、もし『プラウダ』紙に掲載されていれば、明らかにより大きな効果をもたらしたはずである)最初の公の肯定的な反応だった。

この論文はレニングラードで演奏された交響曲第五番が歓喜をもって受け入れられたことを正当化し、何がしかの「陰謀」だとするパラノイア的かつきわめて危険な非難を中和させることになった(周知のように、この非難を、当初、モスクワの「検察官」ヤルストフスキーは支持していた)。次に重要な一歩を標したのは、この交響曲の待望のモスクワ初演を前に、「わが創造的な答え」との表題のついたショスタコーヴィチの論文が、全ソ連邦共産党のモスクワ市執行委員会とモスクワ市ソヴィエトの公式機関紙『夕刊モスクワ』一九三八年一月二十五日付に掲載されたことである。

多くの矛盾に満ちた、煮え切らぬ発言がこれまでのショスタコーヴィチが踏襲してきた方法だが、そうした彼の規準からしても、この論文は異様かつ謎に満ちたテクストである。このテクストは、かつて一度も真剣には分析されたことはなかった。だが、この論文ではじめて、その後広く人口に膾炙《かいしや》した声明、つまり交響曲第五番は、「公正な批判に対するソヴィエト芸術家の実践的かつ創造的回答」であるという声明が登場したのである。

ソヴィエト連邦では、あまりにあからさまにスターリン時代の非道行為と結びついているこの定義は、かなり前から決まり悪げにそれを避けるか、完全に隠しておくのがしきたりとなっていた。しかし、西側でこの定義は、交響曲第五番に関する作曲家自身による公式な補足説明という立ち位置を得るにいたった。そしてこのかたちの定義が、今日まで多くの教科書や辞書や参考書や百科事典に繰り返し記述されているわけである。

この簡潔で、かつ記憶に残る公的文句を書いた真の作者は、スターリン自身にほかならないと私は思っている。『夕刊モスクワ』紙に掲載されたショスタコーヴィチの論文のテクスト分析と、論文が登場した状況を考えるとそのような結論にたどりつく。

『プラウダ』紙に掲載された批判の後、ショスタコーヴィチは長いこと沈黙していた。「わが創造的回答」は、彼の「音楽ならざる荒唐無稽」と反形式主義キャンペーンのあとの最初の綱領的な公的声明である。きわめて重要な意味をもつこの論文は事実上、さきにも述べた形式からはじまっており、しかもショスタコーヴィチに言わせれば、「特別な喜び」をもたらしてくれた無記名の聴衆の批評として取り上げられていた。さらに注目すべき点は、この無記名の新聞批評が、太字で印刷されていたことだ。これは有無を言わせぬ党の指示やスローガンに対して通常適用されていた方法である。ただ、ありとあらゆる類の、潜伏する内部の敵がたえまなく発見され、暴露されていった一九三〇年代末のパラノイア的雰囲気にあって、『夕刊モスクワ』のような党の機関紙の編集局といえど、かりにその批評の真の作者を知っていなかったら、こうしたスローガンを張ることなどとうてい不可能だっただろう。しかもショスタコーヴィチはこの論文で、アレクセイ・トルストイの交響曲第五番の批評まで引用していたのである。ということはつまり、「実践的かつ創造的回答」という公的声明の作者は、無記名であることを望んでいたということなのだ。

この発言が帯びている権威的で、かつ総括的な性格と文体上の特徴、さらにそれが、作曲家に対して、——論文にしたがえば——「特別の喜び」をもたらしたという「事実」が、(当時はこれが、指導者のどんな発言に対してもなされた儀礼的な反応だった)、これをスターリンが書いたとする推測を補強してくれる。

いまとなっては周知の事実だが、スターリンは一度ならず、再三にわたって、こういった無記名のかたち、つまり党の新聞雑誌における管理された他人の発言に見せかけ、さまざまな問題に関する自分の意見や発言を行なっていた。

ここから、論文「わが創造的回答」は、まぎれもなく、慎重に編集され、最上級機関の同意のもとに出されたものだということがわかる。驚くべきことに、ショスタコーヴィチは形式主義的誤りについて悔い改めておらず、総じて「形式主義」という言葉も使われていない。しかも、その時期、形式主義について発言していなかったのは、怠惰な芸術家だけだった。このような意味深長な沈黙も、明らかに、「上からの」の裁可を受けなければならなかった。ましてやこれはつい最近、反形式主義キャンペーンで大きな罪を犯した人物の一人の発言ではないか。

さらにもう一つ、上層部とのあからさまな合意点が注意を引く。ショスタコーヴィチは「ソヴィエトの悲劇はジャンルとして完全な存在権を有する」と述べているのだ。作曲家がこのようにして自分の交響曲第五番を守ろうとしていたことは理解できる。当時ソヴィエト芸術において悲劇は合法性を有するかという問題が激しい論議を呼び起こしていたからである。社会主義のもとでは「矛盾と紛争の可能性さえ排除される」と、多くの正統派文化人には思われた。[*26]

ここでもショスタコーヴィチに対して事前に青信号が出されていたことは疑いを容れない。矛盾しているのだが、スターリンは、「ソヴィエトの悲劇」の合法性を証明しようとする人物たちに近い意見をもっていた。実際、指導者のお気に入りの映画である『戦艦ポチョムキン』と『チャパーエフ』がこのジャンルに属していた。

このような作品の特徴を表現するために、新しい撞着語法の定義、「楽観主義的悲劇」までもが考え出された。スターリンお気に入りの劇作家フセヴォロド・ヴィシネフスキーは、一九三二年に書いた、

軍のために演奏するショスタコーヴィチ。スターリンがそうありたいと願った「偉大なる指導者」の注意深い視線を感じながら。

革命的な水兵部隊の最期をめぐる戯曲にこのような題名を付けた。この戯曲は当時の軍事人民委員クリメント・ヴォロシーロフやその他の政治局のメンバーから熱烈な支持を受けた。

ショスタコーヴィチの交響曲第五番をめぐる文化的な言説のなかで積極的に使われたこの定義――「楽観主義的悲劇」――が初めて口にされたのは、すでにお話ししたレニングラードの党活動家を対象としたこの曲の演奏会のときだった。その張本人は、音楽学者のレオニード・エンテリスで、何度も当局の微妙な指示を実行した人物である。これがショスタコーヴィチに対して上から出されたイチジクの葉、恥ずべき行動を隠すためのものであったことは明白である。ショスタコーヴィチは、このイチジクの葉を、この複雑かつ、危険な状況の許すかぎり堂々と利用していった。

レニングラードでの初演でかつてないほどの大成功をおさめたことから、交響曲第五番のモスクワ初演にはスターリンが来ることが期待された。しかし、指導者は姿を見せなかった。これは、もちろんスターリンがショスタコーヴィチの作品をラジオか（作品の演奏は何度となく放送された）もしくは、かりに彼が望んだとして彼ひとりのために特別に行なわれた録音でも聴くことができなかったといったことを意味していない。それどころか、一九三八年には交響曲第五番のレコードが発売された。

しかし、少し矛盾するようだが、このような状況で交響曲が演奏されることは、スターリンにとっては副次的な意味しかもたなかった。指導者にとって「交響曲の実際の演奏」(『プラウダ』紙に掲載された悪名高い論文のなかのこのスターリンの表現を思い起こそう)よりはるかに重要だったのは、このとき彼とショスタコーヴィチとのあいだでミハイル・バフチンの言う「大規模なイデオロギー上の対話[*27]」が成立したという事実である。

バフチンの考えでは、この種の対話は(必ずしも実際の対話ではなくてもよく)、純粋に儀礼的性格をもつさまざまな社会的行動を含め、イデオロギー上の交流の多種多様な形式が内包されている点にある。このビザンチン様式の対話では、関与している当事者各々が象徴的なシグナルを送るのである。

このビザンチン様式の対話は文化空間のなかで実現されたかなり高度で複雑な、理解しがたい儀式だったし、この儀式では多くの点で行動規範はまだつくられたばかりだった。バフチンが正しく指摘しているように、「ソヴィエトの知識人の命は、かなりのところ「推測」、「言外」、許されるものと禁じられるものの「感覚」に基づいていた[*28]」。

当の指導者は、まださほど年をとってもおらず、一九三九年の六十歳の祝いを計画していて、駆け引きをするにしてもいまだ本質的な柔軟性をそなえていた。しかし、ショスタコーヴィチに関わる危機が十年後に繰り返されたとき、ゲームの規則にははるかに厳しいものが課されることになる。

私たち二十一世紀から見るものにとって、今この縺《もつ》れをほどき、二十世紀にかつてないほどきわめて政治化され、劇的な社会的紛争の中心になるべく運命づけられた新しい交響曲をめぐる緊迫した状況がいかにして一歩一歩緩和されていったかを分析することはけっして容易なことではない。

交響曲第五番の初演後、ショスタコーヴィチのために催された晩餐会で、アレクセイ・トルストイは、周知のとおり、乾杯の音頭を取った。「すでに天才と呼べる仲間の一人のために！」軽い羨望と心からの感嘆の気持ちをにじませたこのソヴィエト古典作家の乾杯の挨拶は、入念に選りぬかれた言葉からなっていた。複数の解釈を許容する彼固有の「明滅する」メッセージをもつ交響曲のジャンルで、ロシアの大作家たちが当時夢に見ることしかできなかったこと、すなわち、ソヴィエト時代の知識人の運命をめぐる、エモーショナルな面で真率でありなおかつ幅広い読者に比較的わかりやすい叙事物語をつくりだすことにショスタコーヴィチは成功したのである。

知識人と革命について大長編小説を書こうと思っていたのが、パステルナークだった。芸術的散文の断片をつねに張りつめた気分のなかで書いていたパステルナークは、一九三七年、両親に宛てて次のように書いていた。「……長編小説をふたたび書きたい、少しずつ書いている。詩については事態がわかっていてどんな詩が発表されるか、いつ発表されるかは大体わかる。でも、散文作品については何も予測できなくて、それがよい結果に終わるなどとうてい信じることができない。散文作品は私にとって忌まわしいものであるのに、私はいつも散文作品に強くひかれている」[*29]。こうした苦渋に満ちた表現によって、ほぼ二十年後に最終的にかたちをなす長編小説『ドクトル・ジバゴ』のアウトラインは説明されていたのである。

音楽にすっかり夢中になっていたパステルナーク（彼は作曲の試みさえしていた）が、自分の散文作品の執筆を交響曲の作曲になぞらえていたのは、偶然ではない。しかし、当時、散文による同様の交響曲を書くことはかなわず、パステルナークは恥じることなく、子どもじみたストレートな表現で、ショスタコーヴィチの交響曲第五番に対する「悪意なき羨み」を表現していた。「考えてもみたまえ、彼は何を言い、何をやっても、それに対して何かがなされるということはなかった[30]」と。

交響曲第五番に対してパステルナークと同様の感情を、しかもより悪い感情を味わっていたのが、オーシプ・マンデリシタームである。マンデリシタームが、ショスタコーヴィチを、同じような創造上問題の解決における強力なライバルと直感的に感じていたと思えるふしが窺える。マンデリシタームも大規模な散文作品を書くというアイデアに魅せられていた。彼はいささかノスタルジックな思いをこめて、十九世紀の偉大な長編小説は、「たんに芸術的な出来事というより、むしろ社会生活における事件だった。長編小説という館をのぞきこんでいた同時代人の心に大規模な自覚が起こりつつあった……[31]」と考えていた。

しかし、マンデリシタームの散文による実験『時のざわめき』、『エジプトのスタンプ』、『アルメニアへの旅』は、今でこそロシア文学の傑作と認められてはいるものの、ソヴィエトの大多数の批評では、「散文ならざる荒唐無稽」と受けとめられていた。マンデリシタームは多くの読者に読んでもらいたいと心から願っていたが、その代わりに彼が耳にしたのは、「作家は私たちの時代から無限に遠いところにいる。彼の世界観はすべて、過去にある[32]」というものだった。残された道は、詩のなかにみずからのそのポピュリズム的な情念のはけ口を見出すことだった。

一九三八年の友人に宛てた書簡で、マンデリシタームは、ショスタコーヴィチの交響曲第五番と、革命前まで人気のあったレオニード・アンドレーエフの擬似象徴主義的な戯曲『人間の一生』を侮辱的な思いで引きくらべた。有名なレフ・トルストイのアンドレーエフに関する表現を言い直し、マンデリシタームは、ショスタコーヴィチの音楽を「うんざりするようなこけおどし[33]」と呼んだのである。

マンデリシタームの苛立ちは、同じ手紙における彼の宣言、すなわち「……創造的な音楽を求めて散文で闘う」を考慮するとより理解しやすくなる。ショスタコーヴィチの交響曲第五番に関して「創造的な」音楽と考えることは彼にはできなかった。この作品が深く悲劇的であるという点で、マンデリシタームは正しい。当時、交響曲第五番の音楽は、マンデリシタームが彼自身のうちに肯定的かつ楽観的な音調を聴く妨げとなっており、ショスタコーヴィチに対する彼の不満もそこに根をもっていた。

一九三三年の反スターリンの詩的パンフレットを発表した後、地方都市ヴォローネジへ流刑となったマンデリシタームは、ヴォローネジでプーシキンが書いた「スタンザ」を明らかに模倣しつつ、ソヴィエトの「スタンザ」を書いた。

温室育ちの青年たちのあいだで
魂のなけなしのかけらを浪費したくない。
だが、コルホーズに歩みゆく個人農のように
私は世界に入っていく。そして人々はすばらしい。

ヴォローネジへの流刑をマンデリシタームは、それなりの根拠をもってスターリンの慈悲とみなしていた。彼もその他の人も、スターリンに刃向かうこの詩に対する報いは死刑だと思っていたからである。もっとも当時マンデリシタームは、ロシア文化にとって伝統的な、聖愚者である詩人と皇帝との想像上のやりとりを「壁越しに」開始していた。このやりとりが頂点を迎えるのは、一九三七年初頭に書かれたスターリンへの『頌詩』であり、それはマンデリシタームの反スターリン諷刺詩のまさに対極をなすものだった。

注目に値するこの詩に関しては、じつにさまざまな意見が存在している。ある人は、この詩は彼が苦しまぎれに書いた作品であり、スターリンに対する創造上、精神上の屈服であるとみなしている。しかし、ヨシフ・ブロツキーは私との会話のなかでまったく別の評価を下したのだった。「私は、これはマンデリシタームがかつて書いた詩で最も壮大な詩だと思う。この詩は、おそらく二十世紀のロシア文学全体からみて最も重要な出来事の一つである」[*34]と。

スターリンに捧げる『頌詩』でマンデリシタームは、指導者の表情を描く肖像画家として登場する。「私が炭を手にしたとき……」（ブロツキーは、この頌詩を「炭で描く」と呼ぶ理由があってのうえで提案したし、他のマンデリシタームの作品との類似性からこの作品を「石筆の頌詩」と名づけることを提案していた）。詩人は、スターリンの特徴を「炭で描いた」。吊りあがった太い眉、注意深い眼、しっかりとした口元、「形のよい、複雑な、険しい瞼」。これらすべての要素が、ブロツキーが感嘆した遠近法のするどいコンビネーションのうちに盛り込まれていた。「……この詩の美学はまれにみるものだ。キュビスムであり、ほとんどポスターのようだ」として、アヴァンギャルドのアレクサンドル・ロトチェンコのフォト・モンタージュを思い出させると述べたのである。

こうした遠近法のもつ意外性は、このコンテクストのなかでは、肖像画家と肖像画に描かれる人物とのあいだの鋭角的な接近という尋常ならざる効果を生み、その詩を読む者の心に奇妙でかつ居心地の悪い印象を残すことになる。ブロツキーの意見によると、マンデリシタームはここで意識的に大胆な技法を用いているという。『炭で描く頌詩』が伝統的な宮廷肖像画であったとしても、詩人は、一種の「領界権」を、つまり、対象とのあいだにとるべき距離を守っていないというのだ。[*35]

ロシアのアヴァンギャルド美学では、肖像画において描かれる者の特徴と描く画家自身の特徴が避けがたく結びつくというテーゼはなじみ深いものだった。しかし、マンデリシタームにとってさらに重要だったのは、聖愚者である詩人と皇帝との対話というプーシキン風のアイデアである。このアイデアは、すでに一九三五年にパステルナークが、スターリンに向けた詩で展開しており、マンデリシタームが、「両極端の二つの基本原則が互いに通暁していることを」表明したパステルナークの謎に満ちた詩を記憶していたことは明らかである。

かつて、パステルナークはマンデリシタームの反スターリンのパンフレット詩を、あまりにもポエジーの本質からかけ離れており、マンデリシタームの才能にふさわしくないとしてこれを否定したことがあった。しかしいま、マンデリシタームは、スターリンに寄せる頌詩というジャンルで、パステルナークと、いわばプロとして独自に覇を競いあうところとなった。マンデリシタームは、みずからの詩で自分の名前がスターリンと同じである事実をヴィルトゥオーゾ風に利用した。彼はこのことに少なくとも三回言及しているし、最後には読者に、詩人と治世者の謎めいた類似性という感覚を生み出すことに成功している。

ブロツキーは、「炭で描いた頌詩」によってマンデリシタームがさながらスターリンに「のり移っ」ていると考えたのだった。「これは最も恐ろしく、とてつもないことである」。ブロツキーの矛盾した推論、つまり外面的にはマンデリシタームの弁明の詩であるが、この詩が、マンデリシタームが一九三八年の五月二日から三日にまたがる深夜に逮捕された真の理由であるとするブロツキーの見方は、その心理的な側面から言っても信頼性が高いように私には思える。[*36]

マンデリシタームは当初「テロル」の罪で有罪判決を受けており、銃殺に処される恐れもあったが、結果的に「反ソヴィエト的宣伝」の罪で処罰され、(……同志スターリンに対し反革命的な激しい誹謗文を書き、読み聞かせるかたちで知人のあいだに広めたという）五年間の強制収容所送りの判決を言い渡された。このように思いがけなく罰が軽減された理由として、スターリンによる直接の指示のおかげという以外に考えがたいものである。スターリンは明らかにマンデリシタームに対する態度を決めかねていたのである。

ブロツキーは、私との対談のなかで、きわめて詳細にスターリンの心理を分析してみせた。ブロツキーには、その謎を解く鍵があったし、その推測は正しいと私はにらんでいる。「スターリンはふいに思いあたった。すなわち、これはマンデリシタームではなくて、彼と同名の人物である。しかるに、彼、スターリンは、マンデリシタームと同名である……と。この考えが突然スターリンの頭に浮かんだ。そしてそれがマンデリシタームの非業の死の原因となった。ヨシフ・ヴィサリオーノヴィチは、おそらく、誰かがあまりにも自分に近づきすぎたのを感じたのだ[*37]」。

「軽い」処罰が、マンデリシタームにとって死刑へと反転した。収監地に赴く途中、移送ラーゲリで詩人は病いに倒れ、極東の囚人護送用の中継収容所で一九三八年末に死んだ。受刑者たちは、彼を狂人だと思っていた。ロマン・ロランがスターリンに自分のことについて書いてくれ、スターリンが釈放命令を出すと繰り返して口にしていたからである。

スターリンは、慈悲を示さなかった。はたしてマンデリシタームの死が彼に報告されただろうか？この点について、また他の多くの点について、いつの日か確実な信頼性のもとに事実が明らかにされることはおそらくなかろう。ソヴィエト連邦時代にはあまりにも多くの情報が極限にまで官僚主義化されていたし、社会ではそれが口伝えで伝えられていた。

スターリンはヒトラー（ヨーロッパのユダヤ人抹殺に関して文書による命令を残さなかったことで知られ

ている）をはるかにうわまわる証拠隠滅の達人だった。しかし、ここで確信をもって言えることは、何百万人もの人々が粛清された一九三〇年代の空気のなかですら、文化エリートの代表たちの運命は、スターリン個人によって決せられていたということである。

スターリンに対し、いわゆる「アルバム」と称されるものが、彼の署名を得るために提出されていたことが知られている。このアルバムには、個別リストがついており、そこには百人ないし二百人からなる被告人たちの事件が簡潔に記されていた。「スターリンはアルバムを見て、知っている人を探し出しては、「一」（銃殺）、もしくは「二」（十年禁固）と記した」[*38]。マンデリシターム、アフマートワ、ゾーシチェンコ、パステルナーク、ショスタコーヴィチ、ブルガーコフ、プラトーノフ、メイエルホリド、エイゼンシュテイン、バーベリといった偉大な文化人の運命が、スターリン個人によって、しかもかなり入念に検討されたうえで決定されたことは明らかである。どうしてこれらの人物のある者は生きながらえ、ある者は死んだのか？

大テロルの時代には何百万人もの人々が非業の死をとげたが、スターリンにとってこれは統計にすぎなかった。彼が闘っていた相手は、まとまった社会グループであって、個々の人間ではない。現実的な、潜在的な政治上の競争相手や敵を抹殺することは、大多数の場合、実用主義的《プラグマティック》な判断によって（それは野蛮で残酷であるけれども）説明がついた。しかし、文化の巨匠たちを処刑する隠された動機はいったい何だったのか？　この問題の背後にはどれだけの政治的計算が働いていたのだろうか、美学的に受け入れられないものがどれほどあったのか、どれほど純粋に個人的な苛立ちや怒りがあったのだろうか？

この時代を回顧して、イリヤ・エレンブルグは書いている。「私の同年代の多くの者が時代の車輪の下敷きになった。私は生き抜いた。それは私が強かったとか、先見の明があったためとかではなく、人間の運命が、時に、すべての規則に従ってもけりがつかないチェスゲームではなく、宝くじで決められる時代があったからだ」[*39]。スターリンの怒り、もしくは反対に慈悲の具体例を示す長い歴史を個々に分析していくと、宝くじという考えが今もって執拗に浮かんでくる。

ブロツキーがその他の多くの評論家と同様、二十世紀の偉大なるロシアの散文作家とみなしていたアンドレイ・プラトーノフについて考えてみよう。すでに述べたスターリンがみずからの手で書いたメモが保存されている。一九三一年にモスクワの雑誌『赤い処女地』に発表されたコルホーズをめぐるプラトーノフの中編小説『ためになる』の余白に記されたメモである。そこには、「でくの坊」、「悪党」、「ろくでなし」などの言葉が書き込まれていた。これが、当時、スターリンから『赤い処女地』誌宛てに送付された特別のメモ書きに記された結論だった。「コルホーズ運動を失墜させることを目的として書かれた敵のエージェントによる物語だ」。このメモ書きのなかで、スターリンはプラトーノフに打撃を与え、『ためになる』の著者に罰が加えられるように要求したのだった[*40]。

プラトーノフの作品は、一時期出版されなくなった。そして、厳しい検閲の口輪がその後、何度となくプラトーノフにはめられたが、それでも一度として逮捕されることはなかった。スターリンがプラトーノフに対して憎しみや軽蔑を——イデオロギー的にも、個人的にも——抱いていたことは明らかであり、それははっきりと文書で確認されているにもかかわらず。劇作家のウラジーミル・キルショーンとジャーナリストのミハイル・コリツォーフはスターリンのお気にいりで、指導者のどんな危険な指示でも精力的に実行した人物だったが、のちに銃殺された。

穏やかに、合理的に演じられたチェスゲームについてここで述べる必要はおそらくなかろう。だが、すべてが宝くじであったと信じることはやはり困難である。もちろん、運命の女神の車輪は謎めいた休止をはさみながら回転してきたが、それがときとしてまったく予想もしない結果をもたらすこともあった。

このような例の一つとして、二人の特別な人物、作家のイサーク・バーベリと演出家のフセヴォロド・メイエルホリドの運命をあげることができる。二人とも恐怖に満ち満ちた大テロルの波が鎮まりはじめた一九三九年に逮捕された。内務人民委員のニコライ・エジョフ――、その名前は大量粛清の全期間に「エジョフシチナ」の名称を与えることになったが、彼自身も更迭され、逮捕された。しかし、スターリンは、あらゆる事情に鑑みて、まさに文化の分野における「敵グループ」を摘発する、大々的な政治裁判を準備する決心をしたのだった。

アレクサンドル・マッキンは、鋭い洞察をきかせてスターリンの動機を分析した。「彼は、トロツキズムがペストのようにロシアの芸術知識人に取りつき、犯罪分子がいるかぎり彼らには必ずやそのリーダーがいると確信していた。……そして彼は、かなり前からトランプのカードを切っていた。つまり、誰がこの役に立つかを？　エレンブルグか、エイゼンシュテインか、バーベリか、コリツォーフか、ショスタコーヴィチか？」[*41]

ルビャンカでバーベリとメイエルホリドは「身体的影響を伴う手段」による尋問を受けた。この時期まで、公式に許され、奨励さえされていた手段である。できるだけ広い範囲にわたって容疑者にたいする中傷文書が入手された。作家も演出家も、拷問と脅しによって精神的にも肉体的にもへばり、死を意味する罪を「自白し」、捜査官らが必要とする他の優れた文化人について証言した。「策謀家や破壊活動者、トロツキズム組織」の「実際的な」特徴がすみやかに洗い出されていった。この「組織」には、エレンブルグ、パステルナーク、ショスタコーヴィチ（彼の名前はメイエルホリドが出した）、エイゼンシユテインとユーリー・オレーシャ（彼らの名前を出したのがバーベリである）が含まれていた。彼ら全員もまた粛清は避けられないと思われていた。

しかし、事態は別の方向に展開した。バーベリとメイエルホリドは二人ともみずからの証言をすぐに撤回したにもかかわらず、一九四〇年の初頭にエジョフとともに銃殺された。彼らの遺体は夜中に火葬にふされ、血で手を汚した憲兵エジョフと芸術の天才の遺灰は一緒に共同墓地にまかれた。

しかし、ここに一つ驚くべきことがある。すなわち、「トロツキズムのエージェント」のリストにあった他の文学者や芸術家の誰一人としてその時点でも、その後においても逮捕されることがなかったのである。文化の領域におけるトロツキストを公開裁判にかけるというスターリンのアイデアは、一度として実現されたことはなかった。

どうしてそのようなことが生じたのか、いまの時点ではただ推測するしかない。どんな考えもこの件に関しては推測の域を超えることはできない。私たちから隠されたスターリンの考えがどんなものであろうと、文書もしくは回想録などのかたちで何らかの可能性の鍵が得られないかぎり、いかなるシナリオも早晩壁に突き当たり、袋小路にはまりこんでしまうだろう。おそらく、宝くじについて述べたエレンブルグは、まさにこのことを念頭に置いていたのである。

ショスタコーヴィチは、当時の生活を支配していた「宝くじ」的な真実をその全存在でもって感じざるをえなかった。もちろん自分の名前が内務人民委員部の議事録に「トロツキズムの破壊主義者」としてすでに上がっていることなど知るよしもなかった。彼はおそらく、逮捕されたバーベリの書面による証言に次のように記されているなど思いもよらなかったろう。「われわれに共通していたのは、屈辱を嘗《な》めるショスタコーヴィチの天賦の才能を認めることとメイエルホリドへの同情だった[*42]」。

その当時は手当たり次第に「連座制」の原理が適用されていた。だれでもいい「国民の敵」とされた人物と知り合いであったり、親しく交わっていたりすれば、その当人もまた敵とみなされた。ショスタコーヴィチはバーベリとのあいだに一度として密接な関係をもったことはなかったが、メイエルホリドとは、一九二〇年末ほど近しい関係ではなかったものの、それなりに友人関係が保たれていた。

メイエルホリドが一九三五年にレニングラードでチャイコフスキーのオペラ『スペードの女王』を演出したとき、感動したショスタコーヴィチは公に次のように述べた。この劇は「『スペードの女王』の最初の発見である、チャイコフスキーのスコアの最初の発見である、この悲劇の最初の発見である。……われらがソヴィエト連邦そして全世界の演出芸術でこれに類するものがあるかどうか、私はまったく知らない」[*43]。

メイエルホリドは借りを返したいと願い、例の『プラウダ』紙上での攻撃的論文の後、同じレニングラードでのセンセーショナルな報告のなかで大胆にもショスタコーヴィチを支持した。メイエルホリドの演説を聞きにやってきたショスタコーヴィチは次のような言葉を耳にした。「……私たちはショスタコーヴィチのなかにあるものを歓迎する。それは、バラトゥインスキーにあってプーシキンが価値あるものとしたものである。「彼はわが国において独創的である。なぜならば、彼は思考しているからだ」。私はショスタコーヴィチにおけるこの能力、つまり音楽において思想家たりえる能力を歓迎する」[*44]。

一九三六年十一月十六日付のショスタコーヴィチ宛ての私信で、メイエルホリドはさらに思いやりを示し、やさしい言葉をかけた。「あなたの、気分が優れないとの文章を読んでとても憂鬱になりました。親しい友よ！　大胆であれ！　元気を出せ！　おのれの悲しみに身を委ねるな！」[*45]

しかし、それから一年あまり後、今度はショスタコーヴィチのほうがメイエルホリドに同情の意を表することになった。全世界にあまねく知れわたる彼の前衛劇場が、全ソ連邦共産党中央委員会政治局の特別決議によって「ソヴィエトの芸術に無縁である」として閉鎖されたのだ。長く待つことなく破局が訪れようとしていた……。

一九三九年、レニングラードにおけるショスタコーヴィチとメイエルホリドの最後の出会いは、この悲劇の不条理な瞬間の一つである。日頃から、絶望的な無力を示すことのあったショスタコーヴィチは、ドアを開けようとして自宅のドアの前で格闘していた。その時突然、ショスタコーヴィチの一階上の隣人のところに客に向かうメイエルホリドが姿を現わした。

途方にくれ、ドアの鍵を回している作曲家をみて、メイエルホリドは彼を助け、二人してなんとかドアを開けた。彼らは翌日会う約束をしたが、その日の夜にメイエルホリドは逮捕された。逮捕前のメイエルホリドの姿を最後に見た身近な人間が、ショスタコーヴィチとなった。

この筆舌につくしがたい緊張感のなかで、ショスタコーヴィチは作曲をつづけようとしていた。作曲家は、想像を絶する難題の前に立たされていた。彼は自分自身と闘い、自分自身の創作面および言行面での過去の記録を抹消しなければならなかった。

交響曲第五番のいまだかつてない成功は、音楽だけの枠を抜け出て、世界的な反響をともなう全文化的な出来事に変わった。交響曲は新しい時代のシェイクスピア悲劇と比較された。事実、交響曲は悲劇だった。交響曲の初演から直接影響を受けたブルガーコフは（ほとんど最後までやりとげていたが）長編小説『巨匠とマルガリータ』の最終校正の作業を再開した。

アレクセイ・トルストイとショーロホフが創作活動を活発化させた（アレクセイ・トルストイは長編歴史物語『苦悩のなかを行く』を完成させ、ショーロホフは彼の『静かなドン』の悲劇の最終章を書きあげた）

のも、ショスタコーヴィチの交響曲第五番の大成功と直接関係がある。これまで見てきたように、ショスタコーヴィチの交響曲第五番は、マンデリシタームを、パステルナークを、他の多くの人を創作へと駆りたてた。同時代人のこうした反応は、最も有名なチャイコフスキーの交響曲第六番『悲愴』を含めて、ロシアのいかなる交響曲でも一度として起こりえなかったことである。

数字の魔術というべきだろうか！　ショスタコーヴィチの次なる新たな交響曲は、順番から行くと第六番であり、となるとチャイコフスキーの作品との否応ない連想を呼び起こした。(4) ショスタコーヴィチは、ロシア文化史で最も悲劇的でかつやり場のない悲しみを表わしたとされる有名な作品との比較や対比が避けられないことを理解していた。ペテルブルグの音楽家のあいだでは、『悲愴』は伝統的に、作曲家の自分自身へのレクイエムとみなされていた。とくにアサーフィエフの視点がそのようなものであった。

もしかしたら、当時ショスタコーヴィチにとって同じようなレクイエムを作曲するのは当然のことであったかもしれない。だがスターリンが支配するソヴィエト連邦においては、それは「死刑への招待状」へと容易に変わりかねなかった。しかるに作曲家は、音楽による自分への追悼文を書くつもりなど毛頭なかった。

ショスタコーヴィチは追跡者の尾行をまこうとした。同じ日（一九三八年九月二十日）、マヤコフスキーおよび、ソヴィエト「人民民話作者」勲章の授与者スレイマン・スタリスキーとカザフ人ジャンブラ・ジャバーエフのテクストにもとづき、レーニンに関する声楽交響曲を作曲するという計画を、二つの異なる新聞を通じて発表したのである。

しかし、交響曲第五番の初演から二年後に発表されたショスタコーヴィチの新しい交響曲は、レーニンとの関係性などつゆほどももってはいなかった。交響曲第六番の第一楽章について、ショスタコーヴィチの恩師マクシミリアン・シテインベルグは日記に次のように記している。「……またしても陰鬱で内省的ではあるが、とても優れた作品だ[*46]」。しかし、その後の音楽の展開は、いつものように聴衆を袋小路追いやるものだった。テンポの早い二つの楽章が続き、……交響曲は終了した。チャイコフスキーの交響曲第六番に似ている点があるとすれば、いかなる悲劇的なフィナーレもないことである！

洞察力にすぐれた多くの音楽家は、ショスタコーヴィチが自分たちをからかったという印象をもった。モスクワでの交響曲初演終了後、音楽院名誉教授のアレクサンドル・ゴリデンヴェイゼルは、当惑したように述べた。「フィナーレは、最高の輝きと卓越した管弦楽法で書かれている。内容は人生のすべてに対するシニカルな嘲り。人生とは、飲み屋、狼藉行為、無法行為、シニカルな放蕩……[*47]」。

ショスタコーヴィチは、友人に宛てたメッセージで、若干の落胆も交えながらむしろアイロニカルにこの状況を評価した。「……すべての作曲家がぼくの交響曲に憤慨しています。どうしたものか、彼らの気に入るようにはつくれなかったことは明らかです。この状況にあまり落胆しないようにといろいろがんばっているのですが、やはり気持ちが少し落ち着きません。年齢的なもの、神経の疲れ、すべてが影響しています[*48]」。

ショスタコーヴィチは、そのアイロニーの陰に、当惑する自分を隠していた。反「悲愴」交響曲を作曲するということは、同時に、プーシキンに登場する僭称者に似た、コンセプト面できわめて挑戦的かつ大胆な創作上の身ぶりであり、けっして些末ならざる生活創造の行為だったからである。しかし、その先どうするのか？

救済は、すでに何度もあったように、同じプーシキンとムソルグスキーからやってきた。指揮者のサムイル・サモスードが、新たにボリショイ劇場で上演が予定されていたオペラ『ボリス・ゴドゥノフ』のオーケストレーションを提案してきたのである。ショスタコーヴィチは喜んで同意した。リムスキー＝コルサコフ作曲の『ボリス・ゴドゥノフ』のオーケストレーションは、当時模範的な版として尊重されていたが、ショスタコーヴィチはこれをきわめて批判的に見ていた（「リムスキー＝コルサコフは、ムソルグスキーの音楽をグルーミングし、ウェーブさせ、オーデコロンを振りかけた」[*49]）。しかし、ムソルグスキー自身による版もいろんな点でショスタコーヴィチを満足させるものではなかった。

ショスタコーヴィチはオーケストレーションの天才であり、いつでも自分の頭のなかに完全なオーケストラの響きを浮かべながら作曲していた。そしてショスタコーヴィチにとって、オーケストレーションのプロセスそれ自体が作曲の重要な部分を占めており、苦しい重労働であることはけっしてなかった。それは、たとえば、自分のオーケストラ用スコアをしばしばアシスタントに任せていたプロコーフィエフとは大きく異なっていた。したがってショスタコーヴィチは、ムソルグスキーのオペラの再オーケストレーションに大いに満足してとりかかった。それはまさに、ガスプラにあるクリミアの保養施設（ここで彼は『ボリス・ゴドゥノフ』のオーケストレーションを終了した）で、お気に入りの温かい針葉樹の風呂にゆっくりつかりながら仕事をしているようなものだった。

ショスタコーヴィチにおけるこの創作上の小休止は、当時のパステルナークが『ハムレット』の新訳に向かったことになぞらえることができる。パステルナークの言葉によれば、それは、「シェイクスピアに逃れ、シェイクスピアに没頭するための口実を与えてくれた。シェイクスピアに沈潜していると、たとえ読むのがゆっくりでも、それ自体は何ものにも代えがたく貴重である」。一九三〇年代末という忌むべき時代に、パステルナークは友人に宛てて次のように記した。「動きつづけること、おしゃべりしていること、にこにこしていることが私には恥ずかしかった」。[*50] パステルナークにとってシェイクスピアの翻訳という仕事は、救いと、出口と、展望を約束してくれるものだった。

同じような感情をショスタコーヴィチも経験していた。ムソルグスキーとプーシキンへの沈潜は、つねに治癒作用をもっていた。ピアノ五重奏曲が生まれた。これはおそらくショスタコーヴィチの中でも最も完成度の高い、調和のとれた作品である。五重奏曲は、新古典主義的な作品と受け止められている。これは部分的には正しいが、しかし五重奏曲のもつ〝恒久的〟な魅力は、この曲が純粋に様式的なアイロニーやグロテスク性をもっていない点にある。五重奏曲の新古典主義的モチーフには、プーシキン風の軽い憂鬱が沁みわたっている。――「私の寂しさは明るい」。

ピアノ五重奏曲は、重い病から回復したばかりの人間の疲れた英知を呼吸している。ここでショスタコーヴィチは、マーラーからバッハの時代へと足を踏み入れた。これはまたしても天才的な発見だった。今もってテロルの恐怖におびえているソヴィエトの知識人が、ほんのつかのまでもあたりを見回し、ひと息つくために突然水面に顔を出したくなったかのようだった。

同時代の一人が回想しているが、「新聞に書かれ、公式のプロパガンダが私たちの頭に叩きこんだものに対する戸惑いと疑念が入り混じる恐怖の感情」に満ち満ちた灰色の重苦しい生活のどまん中に、ショスタコーヴィチのピアノ五重奏曲は、まるで「時間を超越したかけがえのない水晶」のごとく登場した。[*51] 聴衆は、思わず知らず、ミーチャ・カラマーゾフが弟に放った言葉「地下でもおれたちは讃美歌を歌う！」に思いをめぐらしていた。

一九四〇年十一月二十三日に行なわれたピアノ五重奏曲の初演は、ベートーヴェン弦楽四重奏団によって演奏され、作曲家がピアノを受け持った。女性作家のマリエッタ・シャギニャーンが、観客の反応を書きとめていた。「大きな喜びと感謝の感情がすべての人の顔にあった。年寄りは、頬を伝っている涙に気づかなかった。涙のわけとは？」[*52]

政府の見解を代弁すべき立場にいる批評家までもが、ショスタコーヴィチの新しい作品をソヴィエト音楽の大成果と評価した。ピアノ五重奏曲が国家の新しい重要な褒賞、スターリン賞の主な候補作であることが突然明らかになった。

スターリン賞の設立は、スターリンの六十歳記念にちなんで、一九三九年末にはじめて公にされた。スターリン賞は、文学、芸術そして科学の分野でとくに優れた業績に対して授与されるものと想定されていた。この種の賞はソヴィエト連邦でははじめてのもので、その賞の名称によって、これが特別の権威をもち、前代未聞の賞金がついていることが強調されていた。スターリン賞第一席の賞金は十万ルーブルだった（当時の技師、医師、教師の平均賃金が三百ルーブルだったことを指摘しておこう）。

スターリン賞の出現は、それまで欠落していた直接の競争という要素がはじめて取りこまれることで、芸術活動の活力やその方向性を激変させた。スターリンはそれを望んでいた。スターリンは、最初から個人的に受賞者の管理を行なう腹づもりであったが、事前の推薦リストを作成するためにスターリン賞委員会が設けられた。

文学・芸術分野の委員会には四十人が入っていて、そのうち七人が音楽家だった。その大多数が、ゴリデンヴェイゼル、ミャスコフスキー、シャポーリン、サモスードといった尊敬される人物たちだった。ショスタコーヴィチは彼らのなかには入っていなかった。突然ショスタコーヴィチのピアノ五重奏曲をめぐって（もちろん、その他のスターリン賞の潜在的候補作品をめぐって）、直ちに公開、非公開のかたちで議論が沸騰しはじめた。

当時の有力な音楽官僚のモイセイ・グリンベルグによるスターリン宛ての密告書簡には、ショスタコーヴィチのピアノ五重奏曲には決して賞を与えるべきではない、この五重奏曲には多くの「特別な新しい音の響きに対する抽象的で形式主義的な探求」が見られるからだ、と記されていた。ショスタコーヴィチの代わりに、グリンベルグはスターリン賞に、オペラ『静かなドン』を作曲したイワン・ジェルジンスキーを推薦した。一九三六年にスターリンが、この作品への支持を公的に表明した事情に鑑み、これは確実な一手と思われた。それに、ショスタコーヴィチのオペラ『ムツェンスク郡のマクベス夫人』を「形式主義」としてはげしく叱責した事実をだれもがまだ記憶していたこともある[*53]（皮肉なことに、グリンベルグは五重奏曲の初演について肯定的な批評〔o tempora, o mores!「ああ、時世よ、ああ、世の習いよ」〕を書き、公に五重奏曲を支持していた）。

一九四一年三月十六日付の『プラウダ』紙を開き、受賞者リストと写真を見たときのグリンベルグおよび多くの仲間たちが受けた衝撃はいかほどのものだったか！　ショスタコーヴィチの五重奏曲はスターリン賞第一席を受賞し、作曲家の写真は明らかにアルファベット順を無視して、他の受賞者よりもひときわ目立つところに掲げられていた。ジェルジンスキーは何も受賞できなかった。

このような決定を下せるのは、スターリン本人だけだった。スターリンのロジックを説明すると次のようになる。スターリンにとってスターリン賞の第一回受賞者リストは、特別の意味をもっていた。指導者は、リストにこの時期の文化政策の成果を総括してみせたのである。だからこのリストは、格別に重い意味をになっていたはずだった。スターリンが歴史の流れを見渡し用心深く選出したものだったからだ。ショスタコーヴィチとともにスターリン賞第一席を受賞したのは、長編小説『静かなドン』のミハイル・ショーロホフ、長編小説『ピョートル大帝』のアレクセイ・トルストイ、映画『アレクサンドル・ネフスキー』のセルゲイ・エイゼンシュテインだった。スターリン賞を受賞した作曲家では、ほかにミャスコフスキー、シャポーリン、ハチャトゥリャーンの名前を挙げられる（ハチャトゥリャーンには、スターリン賞第二席が授与された）。

ショスタコーヴィチのピアノ五重奏曲を厳しく非難したプロコーフィエフの名前がないことが注目される。プロコーフィエフは（罰として？）、スターリン賞第一席をさらに二年待たなければならなかった。

スターリン賞は、パステルナークにもアフマートワにも授与されなかった。これは彼らが候補者として議論されなかったことを意味しているわけではない。ここでとくに示唆的なのが、アフマートワの場合である。彼女の例から、スターリンの文化政策がどれほど複雑で、予測がつきがたいものだったかが理解できる。

アフマートワは回想している。作品は一九二五年から出版されず、代わりに批評論文では、計画的に、一貫して作品は叩かれていた。「この状況は、スターリンが作家たちへの褒賞についてパーティの席で私について尋ねた一九三九年まで続きました[*54]」。

スターリンの側からすれば、これは大きな明白なシグナルだったし、文学分野の官僚主義者はこのシグナルにしかるべき対応を取った。作家同盟幹部会の特別の非公開会議で「アフマートワへの支援」に関する決議が採択された。この決議で「ロシアの詩に対するアフマートワの偉大なる功績にかんがみ」、彼女に個人的な年金を出すことにし、レニングラード市当局に対して彼女に独立した住居を与えるように請願書を提出した。

文学の領域でスターリンから最も信用され、指導者の文化戦術上のごく小さな変化もつねに敏感にキャッチすることができたアレクサンドル・ファジェーエフはただちに、アフマートワは「革命前の偉大な詩人であったし、偉大な詩人でありつづけている」[*55]との声明を出した。この引用もまたスターリン自身に発するものとみなしてよい。というのも、際立って目につくのは、この引用が、有名なマヤコフスキーに関する彼の発言と明らかに似ているからである。

記録的な早さで、アフマートワの詩集が出版された。しかしこれでは足りず、ショーロホフ（スターリン賞委員会の副委員長）とアレクセイ・トルストイ（スターリン賞委員会の文学部門長）が、ただちにアフマートワの本をスターリン賞に推薦した。

アフマートワの最高賞は確保されたかのように思われた。しかし、そうはならなかった。突然、急激な揺りもどしがはじまったのだ。ソ連共産党中央委員会書記局が、特別決議により「イデオロギー的に有害であり、なおかつ、宗教的神秘的なアフマートワの詩集」の出版を非難し、本を没収するようにとの決議を出した。

実際に、すでに没収するべき本はどこにもなかった。本はあっという間に売りきれ、パステルナークはアフマートワ宛てに、「つい最近アンドレイ・プラトーノフが私のもとを訪れてきました。彼の話ですと、販売された本の争奪戦が続いており、中古の本の価格は百五十ルーブルまで跳ね上がっているとのことです。登場と同時に、あなたがふたたび勝利したように見えたとしても、べつに驚くにはあたりません」と書き記した。[*56]

アフマートワ自身はつねに、スターリンが古い詩集に収められた詩の一つ「中傷」（一九二二年）に腹を立てていると考えてきた。「そしていたるところで私への中傷がついてまわりました」。彼女はまた文学的な陰謀や作家たちによる密告を非難していた。[*57]しかし、すでに見てきたように、スターリンはどんなに説得力のある密告でもこれを無視することができた。

この場合、スターリンはおそらく、この詩集の思いもかけぬセンセーショナルな成功が、示威的な性格をもったと考えたのだろう。このような自然発生的な示威行動が、かりに彼の現下の計画に収まらなかった場合、スターリンはたいてい厳しくそれを断ち切った。しかし、アフマートワの本の出版に「責任のある」出版所長への処罰が当時として比較的軽い戒告処分に終わったことは注目に値する。

スターリンのまなざしの下での生活は、想像を絶するほど困難であり、かつ危険だった。ソヴィエト時代の何百万人にとって、「モスクワから辺境まで、南の山から北の海まで（流行歌に歌われていたように）スターリンの名前は、「一生懸命働き、功労を立てる」自分たちを鼓舞する象徴だった。ソヴィエト文化のスーパーエリートは、一体何人いたのだろうか？　ことによると数百人程度だろうか？　スターリンは現実に存在する人間であり、考えうる最初の読者であり、聴衆であり、観衆だった。そして、プーシキンとニコライ一世の場合と同様、「最初の検閲官」だった。

スターリンが自分たちをつねに彼の個人的管理の下に置いていることを知っていた大天才たちの比較的小さなグループにとっては、生きていくことそれ自体がとくに苦痛だった。スターリンとの対話は、とことん消耗させられる一騎打ち――助言者もなければプロンプターも存在せず、時として純粋に直感だけがたよりの――、そしてとてつもない勇気と内面的自負が求められる一騎討ちだったのである。

マンデリシタームの言葉によれば、かりにそれが成功した場合「来るべき世紀に轟きわたるような献身的行為」が約束された。しかしこれに敗れた場合、プーシキンと彼の同時代人が想像しうるものよりはるかに恐ろしい罰の脅威が予見された。

㊟

（1）ショスタコーヴィチのなかで「イエス・コンプレックス」が形成されたのは、おそらく交響曲第四番のフィナーレを作曲している時期であった。この最後の部分は、音楽的な「ゲッセマネの祈り」として解釈できる。

（2）著者は、アドモーニのことはよく知っていた。彼は、恐ろしく警戒心の強い人物で、虚偽の告発によるスパイ容疑によりカザフスタンのラーゲリで長い年月を送った。アドモーニは、反体制的な言動を無責任にまき散らすようなことはいっさいなかった。それゆえ、初演の際、彼も、他の多くの人々にしろ、ショスタコーヴィチの交響曲第五番を「プロテストの音楽」であると真剣にとらえたのも頷けよう。

（3）親類縁者に対してどちらかというとクールな態度を接してきたショスタコーヴィチだが、快活で陽気なコストリキンにたいしては大きなシンパシーを抱いていた。一九三八年にショスタコーヴィチ夫妻に二人目の子どもが授かったとき、死んだ伯父にちなんで、マクシムと名づけている。

（4）まさしく同様に、世界の交響曲の歴史に第九という番号が、作曲家の胸に不安をかきたて、いやおうなくベートーヴェンの交響曲第九番を想起させたのだった。ブルックナーも、マーラーも、シュニトケもこれを経験した。

第五章　戦争――憂慮と大勝利

交響曲のジャンルに政治色を加えることでショスタコーヴィチは交響曲に新たな息吹を吹きこんだ。交響曲第五番がその意味で突破口となった。だが、政治化のプロセスが頂点を迎えたのは、ショスタコーヴィチの交響曲第七番「レニングラード」においてである。第二次世界大戦中における第七番の演奏は、スターリンの文化機関とアメリカのマス・メディア相互による前例のない努力もあって、ジャンルとしての交響曲の歴史全体をとおし、最もセンセーショナルかつ政治的なものとなった。

交響曲第七番の演奏によって、ショスタコーヴィチはさらにもう一つの月並みな原則を打ち破るにいたった。すなわち「大砲が放たれているとき、芸術の神は沈黙する」という原則である。そのために彼の作品は西側において、当初かつてないほどの高みに持ち上げられたが、その後、その台座から引きずり降ろされる憂き目にあった。

ソヴィエト連邦においてショスタコーヴィチの交響曲第七番は変わることなく傑作の一つに数えられてきたし、大祖国戦争の主たる文化プロパガンダのシンボルの一つに変えられてきた。少なくとも二千七百万人の犠牲者を生んだこの戦争は、ソヴィエト連邦にとって未曾有の歴史的大変動であった。ロシア人にとってこの戦争の記憶が神聖な意味をもっていること、戦争に関わるものすべてが、今日にいたるも高い感情的反応を引きおこしているが、それは大いに理解できることである。

このような理由から、交響曲第七番をめぐる公的かつ硬直した解釈は、過去数十年間、とくに議論に付されることはなかった。ところが今日、この交響曲が（ショスタコーヴィチの他のいわゆる戦争音楽同様）ふたたび熱い議論の的となっている。

ナチスドイツ軍がソヴィエト連邦に侵入した一九四一年六月二十二日の日曜日は、それを経験した人々一人ひとりの記憶に深く焼きついている。パステルナークの従姉妹オリガ・フレイデンベルグが回想している。

「これは恐ろしく唐突なことでありもちろん確実に予測されていたこととはいえ、ほとんど有りうべからざることのように思えた。侵攻は考えられないわけではなかった。ヒトラーとの戦争も考えられないわけではなかった。予測できたものだった。私たちの政治は誰にも信用されることはなかった。生活の変革などとても考えられなかった……」*1。

ショスタコーヴィチが開戦を知ったのは、レニングラード音楽院である。音楽院で彼は一九三七年から教鞭を執っていて、卒業試験に出席するために音楽院に来ていた。同日の遅い時間には友人とサッカーの試合を見に行くつもりだった。未使用のチケット（試合は中止となった）をショスタコーヴィチは、その後も長いこと大事に取っておいた。

ひと月も経たないうちに、ショスタコーヴィチは新しい交響曲第七番の最初のページを書きとめはじめた。「作曲する（ソチニャーチ）」という単語ではなく、「書きとめる（ザピースィヴァチ）」という単語をここで選んだのは偶然ではない。ショスタコーヴィチは好んで次の言葉を繰り返したものだ。「私は考えるのはゆっくりだが、書きとめるのは、あっという間だ」。実際にこの言葉は、彼がモーツァルト同様、意識のなかですでにほぼ完全にできあがっていた作品を書きとめていったことを意味している。

この場合、ショスタコーヴィチの想像力のなかでこだましていたものが、たんに五線紙に写しとられていただけにすぎない（映画の分野でこのような仕事の仕方をしたのは、ルネ・クレールとアルフレッド・ヒッチコックの二人である）。このことを強調しておくことが大切である。というのも、伝統的に交響曲第七番は、一九四一年六月の構想と記され、そのことがいくつかの基本的原因に関する誤解を生んでいるからである。

戦争に関する交響曲（もしくは長編小説）を作曲するのと、同じテーマで歌曲を作曲するのとはたがいに別物である。歌曲をつくるのであれば、しかるべきテクストが現実に求められるだけである。ショスタコーヴィチが作曲したものを含め、優れた軍歌が、開戦後まもなく大量に作曲されはじめた。本物の（間にあわせでない）交響曲となると話は別で、これは一定の孵化の時間を経る必要のある巨大な生きた有機体である。

交響曲第七番の構想と音楽テクストがショスタコーヴィチの頭のなかで熟しはじめたのは、ナチスがソヴィエト連邦に侵攻する以前のことであったという点については、ますます増大しつつある証言がこれを物語っている。もちろん、公式の説明のみが信用されていた時点でこの事実を公表できるはずもなかった。たとえば、ショスタコーヴィチのお気に入りの弟子ガリーナ・ウストヴォーリスカヤは、作曲家自身の言葉として、交響曲第七番は戦争前にほぼ完成していたと主張している。[*2]

もちろん、私たちに、従来のヴァージョンのうちのいったいどれが最終的なものになったのかということを知ることはできない。しかし、最終形に似たヴァージョンがすでに存在していたとする考え方、つまり少なくとも作曲家の頭の中にはあったとする仮説は、一九四一年の春に、すなわち開戦前に公表された一九四一年から一九四二年にまたがるレニングラード・フィルハーモニーのシーズンプランに、この交響曲第七番が含まれている事実によって裏づけられる。[*3]

この種の問題には厳格で几帳面だったショスタコーヴィチのことだから、この時期までに新作がどんなものになるかをまったく明確に想像できていなかったとしたら、このような予告など何があっても許さなかったにちがいない。

交響曲第七番がきわめて「戦争的」な出自をもつとの考えを支持する人たちの主たる論拠とは、第七番の第一楽章の公的な「綱領」である。これに従うと、まず第一にいわゆる侵攻のエピソードが暗示されており、十一回も繰り返されるグロテスクな行進のテーマがますます音量を増大させていき（ラヴェルの『ボレロ』のように）、あたかも悪の力のとどまることのない侵攻のような光景をつくりだしている。このエピソードを（不変のメロディの「変奏」と呼ぶことができる）、ドイツとの戦争の最初の月日の出来事を表わすとする解釈が、ソヴィエト連邦でも西側でも絶大な人気を得て、長いあいだ絶対的に争う余地のないものと思われてきたのだった。

しかし、「侵攻のエピソード」の誕生に関する新たな証言では、これまでの伝統的な解釈に対して疑問が呈されている。音楽学者のリュドミラ・ミヘーエワ（ショスタコーヴィチの親友イワン・ソレルチンスキーの息子の妻）は最近、これらの変奏曲を作曲家は、すでにドイツとの開戦前、レニングラード音楽院の生徒たちに演奏して聞かせていたと伝えた。[*4]

注目に値するのは、ショスタコーヴィチ自身、交響曲第七番を説明しながら、「侵攻」のエピソードないしはテーマについて語っていないことである。「侵攻」という名称が登場したのは、多くの解説者たちが書いた論文や批評文においてであった。それとは裏腹に、交響曲第七番の初演に向けた作曲家自身によるきわめて曖昧な（わかりきった理由から）説明では、次のように強調されている。「私は軍事行動（飛行機のうなり、戦車の轟音、大砲の一斉射撃）をリアルに再現するという任務を自分に課してはいなかった。いわゆる戦争を描く音楽を作曲したわけではなかった。厳しい事態の内容を伝えたかった」[*5]。かりにこれが戦争に関するものではないとして、一九四一年に発表されたソヴィエト作曲家の作品ではいったいどんな「厳しい事態」が問題たりうるのか？　こういった問いかけは、ソヴィエトの歴史を知らないか、もしくはソヴィエトの歴史を完全に無視するかのいずれかを証明するものとなるだろう。戦争が始まったからといって、戦争前の大量粛清に関する流血の記憶がスポンジで一瞬のうちに拭い去られたわけではないのである。

　ショスタコーヴィチ自身、かなり後になって、私との話のなかでみずからの立場を次のように説明してくれた。「戦争前にレニングラードには父親もしくは兄弟を、もし肉親でなかったら、身近な人物を失っていない家族はおそらくなかった。一人ひとりに涙を流すべき相手がいた。しかし、静かに毛布に包《くる》まって泣かなくてはならなかった。誰にも見られないように。全員が互いを恐れていた。そして、悲しみに押しつぶされ、息がつまりそうだった。悲しみがすべての人を、私をも窒息させようとしていた。私はこうしたことを書かなければならなかった。これが私の義務だと、私の責任だと感じたのだ。私はすべての亡くなった人に、苦しみを受けたすべての人々に捧げるレクイエムを書かなければならなかった。私は恐ろしい殺戮マシーンを描写する必要があった。そしてそれに対して抗議する気持ちを表現しなければならなかった」[*6]。

　しかし、この、心のこもる、どこから見ても真率さにあふれる言葉は、ことによると、ショスタコーヴィチが、初めのうちはなかった補足的な意味を後知恵で付けくわえようとする試みにすぎなかったのだろうか？「グラスノスチ」の時代に明らかになった、作曲家と同時代を生きた人々の証言は、それとはまったく反対のことを物語っている。

長年にわたってショスタコーヴィチの信頼のおける友人だった音楽学者レフ・レベジンスキーは、一九九〇年、雑誌『新世界』で、交響曲第七番がすでに戦争前に構想されていたと証言している。「第一楽章の有名なテーマは、ショスタコーヴィチによってスターリンのテーマとして定義されていた（これはショスタコーヴィチの身近な知人には知られていた）。ところが開戦早々、このテーマは、作曲家本人により反ヒトラーのテーマとして公表されたのだった。後になってこの「ドイツ的」テーマは、ショスタコーヴィチの多くの発言から「悪」のテーマと名づけられた。これは文句なしに正しかった。このテーマはある意味では反ヒトラーであり、また別の意味では反スターリンのテーマだったからだ。とはいえ世界の音楽人の意識に根づいたのは、これら二つの定義のうち前者の定義のみであった[(1)][*7]」。

一九九六年、雑誌『ズナーミヤ』に、ショスタコーヴィチの身近な知人フローラ・リトヴィノワによる回想が発表された。そのなかで彼女は、作曲家がこの曲を完成させた直後の一九四一年にみずからが耳にした交響曲第七番に関する作曲家自身の言葉を引用した。「これはテロル、隷従、精神の不自由に関する音楽なのです」。彼女はさらにこう付け加えている。「後にドミートリー・ドミートリエヴィチが私を受け入れ、信頼してくれるようになってから、彼はじかにこう語ってくれました。交響曲第七番も第五番も、たんにファシズムだけでなく、私たちの体制、総じてもろもろの全体主義に関する音楽なのですと[*8]」。

現在、私たちは、いわゆる「侵攻のエピソード」を別の視点から分析することができる。だとしたら、交響曲第七番に関する公的解釈を擁護する人々に対し次のような「素朴な」質問を投げかけるのも無理からぬことだろう。「侵攻のテーマ」がなぜオーケストラの弦楽器できわめて静かなピアニッシモで始まっているのか、徐々に拡大し、聴き手の心にはいりこんでいくだけであったものが、なぜあのように化け物じみた咆哮へと転じていくのか？　ナチスは全軍事力を一気に投入し、ソヴィエト連邦に侵攻をしかけたのではなかったか。ナチスの侵攻とは、だれもが文字どおり記憶するように、巨大の力による一瞬の衝撃のようなものではなかったか。

ところが、ショスタコーヴィチの音楽にはそれに類したものが何もない。これが侵攻であるというなら、それは外部からのものであるより、むしろ内側からやってくる感じである。これは突然の侵攻ではなく、恐怖が意識を麻痺させるときに起こる漸次的な支配なのだ。

最初「侵攻のテーマ」は、まったく威嚇的には聞こえない。ショスタコーヴィチは、ロシアで大人気だったフランツ・レハール作のオペレッタ『メリー・ウィドウ』からこれを借用した。この「俗悪で、わざとらしい野卑なモチーフ」について、同じく洞察力に優れたルリエーは次のように特徴づけていた。「こういったモチーフなら、通りがかりのどんなソ連人も口笛で吹けるし、そこには何かゾーシチェンコの登場人物めいたものがある」[*9]。

ここでルリエーの見解は、指揮者エヴゲニー・ムラヴィンスキーのそれと驚くべき一致を見せる。一九四二年三月、ラジオ放送で交響曲第七番をはじめて耳にしたムラヴィンスキーもまた、ショスタコーヴィチが、いわゆるこの侵攻のエピソードで、節度を失った愚鈍さと俗悪さの典型的なイメージをつくりあげたと常々主張していた[*10]。

今日では、同時代人の新しい別の証言も出てきている。一九七一年、まだショスタコーヴィチが生存し、ソヴィエトの検閲が存在していた時代、作曲家の青年時代の近しい女友達だったガリーナ・セレブリャコーワが回想録を出版した。そのなかで、交響曲第七番は、まったく「戦争に関する」作品ではなかったと強調されていた。「地獄と天国、罪と無実、狂気と理性、闇と光、こういったものすべてをショスタコーヴィチはその天才的な交響曲のなかで反映させていました。交響曲は何かある一つのテーマに限定されたものではなく、ダンテの『神曲』のように普遍的かつ不滅の物語なのです」[(2)*11]と。

それまでの作品同様、ショスタコーヴィチはこの交響曲第七番でも音楽的「暗号法」を用いている。その方法は、ショスタコーヴィチの第二の天性となったものである。たとえば、交響曲七番の第二楽章で、交響曲第五番の最終楽章で使用したモチーフをふたたび利用しているのだが、それはすなわち、作曲家がおそらくは「処刑台にむかう行進のテーマ」として意味づけていたモチーフなのである。

私たちはこのことをかなり高い信憑性をもって主張することができる。というのは、ショスタコーヴィチはその後二回、すなわち『英国詩人の詩による六つのロマンス』(一九四二年)と一九六二年に書かれた交響曲第十三番(「バービー・ヤール」)の疑いようのない綱領的コンテクストにおいて他ならぬこのモチーフを利用しているからだ。作曲家はその双方の音楽によって同じグロテスクなイメージを描き出している。死刑囚は、誇り高く面をあげ、軽く小躍りさえしつつ死刑場に向かいながら、死刑執行人にむかって大胆に挑みかかる[(3)]。

このイメージは、ショスタコーヴィチが歌曲集のために選んだロバート・バーンズの詩「処刑を前にしたマクファーソン」の助けを得ることで十分に明確に解読される。

あんなに明るく絶望的に

彼は絞首台に向かった。
最後の時間、最後の踊りに
マクファーソンは向かった。

これらのことは、ショスタコーヴィチが交響曲第七番をすでに戦前から多くの点で、アルトゥール・ルリエーのいう「多くの苦悩に満ちたわが祖国の音楽的肖像」である秘儀的な作品として構想し、作曲しはじめていたことを裏づけている。*[12] そこには、アンナ・アフマートワが同じ時期に書いていた詩『レクイエム』、すなわち大テロルによってずたずたに引き裂かれたロシアの普遍的かつ象徴的なイメージと何か通じるものがあったはずである。

アフマートワは『レクイエム』を自分や親しい友人たちのために書き、書きあげたばかりの詩を友人たちにこっそり読み聞かせると、その場でただちに詩を焼き棄てた。密告者の目に触れさせないためである。このことにより、詩『レクイエム』はきわめて秘儀性の高いテクスト、すなわち「秘密をうちあけた人たち」のための詩となった。ショスタコーヴィチの交響曲第七番は、同じような運命をたどることも予想できた。ところが、ショスタコーヴィチが交響曲第七番を楽譜に書きとめている間に、戦争がソヴィエト連邦に襲いかかった。これによって状況は一瞬にして激変してしまった。

逆説的だが、ヒトラー軍の侵攻により、権力は創造的知識人が自分勝手にふるまうのを大目にみざるをえなくなった。エレンブルグが指摘するように、「戦争はたいてい検閲官に鋏をもたらすのに、わが国では開戦直後の一年半、作家は以前よりずっと自由であると感じていた*[13]」。

この新しい状況のなかでショスタコーヴィチはにわかに、自分のメッセージをたんに紙に書きつけるだけでなく幅広い聴衆に届けることができるかもしれないとの期待を手にすることができた。ただ、個人的な体験を普遍的な体験に変え、自分の隠された情念を表現する秘密の道を探らなくてはならなかった。それもこれも、これらが多くの聴衆の財産となることで、彼らに浄化の機会を与えるためである。

ショスタコーヴィチにとってモデルとなったのは、一九三〇年にイーゴリ・ストラヴィンスキーが作曲した合唱とオーケストラのための『詩篇交響曲』である。『詩篇交響曲』のスコア（知られているようにストラヴィンスキーは最初「詩篇」のロシア語テクストを使い、後になってそれをラテン語に変えた）が、レニングラードにもたらされたとき、ショスタコーヴィチはそれをピアノのための四手に編曲し、しばしば友人や生徒たちと演奏するようになっていた。ストラヴィンスキーのこの作品のもつ巨大な力に、ショスタコーヴィチは変わることなく感嘆させられていた。

交響曲第七番についてさらに思いをめぐらせるなかで、ショスタコーヴィチの最初の動機の一つとなったのが、ストラヴィンスキーを真似て、ダビデの詩篇が利用できるような合唱付の作品を書くことだった。とくにソリストに詩篇の第九番の断片を歌わせるかたちが想定された。

12　主にほめ歌を歌え、シオンに住まうその方に。国々の民にみわざを告げ知らせよ。
13　血に報いる方は、彼らを心に留め、貧しい者の叫びをお忘れにならない。
14　主よ。私をあわれんでください。私を憎む者から来る私の悩みを見てください。主は死の門から私を引き上げてくださる。

ショスタコーヴィチの意識のなかで、個人的な苦悩の主題が、彼にとって重要なテーマである「流血に対する罰」と一つにからみ合っていた。作曲家は戦争が浄化と報復をもたらしてくれること、そして戦争が「浄化の嵐に、新鮮な空気の流れに、救済の兆し」になることを期待していた。この点については、パステルナークが後に『ドクトル・ジバゴ』のなかで書いているとおりである。[*14]

自分の作品に聖書のテクストを使うというアイデアは、ショスタコーヴィチがストラヴィンスキーの『詩篇交響曲』を知った瞬間から彼の意識のなかで揺曳していたが、戦前には明確なかたちでは実現できなかった。しかし、戦争が一瞬にして多くのイデオロギー上の障害を取り去った。そのすさまじい脅威を前に、スターリンでさえロシア正教会に取り入らざるをえなかったほどである。狡猾な戦術家であるスターリンは、敵との戦いのために国を一つにし、動員できるものはすべて利用した。

しかしショスタコーヴィチはおそらく結果的に交響曲第七番を歌詞のない作品として仕上げることで正しい決断を下した。純粋に創作上の観点からすると、そうすることでショスタコーヴィチはストラヴィンスキーと直接対決せずにすんだし、イデオロギー的側面において、この交響曲にソヴィエト連邦において決して途絶えることのない生命を保証したのである（ショスタコーヴィチの多くの主要な作品が検閲によって悲劇的な運命を辿らざるをえなかったことを考慮するなら、これはきわめて重要である）。

交響曲第七番のもつ宗教的内容は言外に込められることになった。しかし、それはあきらかに倍音となってこだましつづけ、聴衆の側からエモーショナルな反応を呼びおこしたのだった。典型的なペテルブルグ知識人だったアフマートワの夫ニコライ・プーニンは、戦争の最初の日々について日記に次のように書いている。「……もしも教会の扉が開かれ、何千人という人が涙を流しながら明滅するろうそくの光のなかで祈りを捧げることができたら、私たちが現に生きている鉄のごとく乾いた環境をどんなに感じないですんだことだろう[*15]」。

交響曲第七番の最初のお披露目の際、ショスタコーヴィチが友人たちにピアノでこれを弾いて聞かせたときですら、聴き手である彼らは涙を流していた。これは典型的な反応だった。格別な印象をもたらしたのが、レクイエム風の響きをもつ第一楽章の数ページである。

オーケストラによる交響曲の演奏は宗教的儀式にも似て、長年にわたって蓄積され隠された意味や苦悩にはけ口をもたらした。この時期、プーニンは次のように記していた。「生きている者の大部分が死ぬ運命にあるはずだ、これは私たちの誰もが知っていることだが、ただ誰もが考えている」。「でも、もしかしたらそれは私ではないかもしれない」と。悲観的な考えの持ち主は、本当に「これは、私だ」と考える。しかし双方のグループともにわけへだてなく死ぬことになるのだろうが、ただ、誰が死ぬかは皆目わからない。こうした点で、私たちが「エジョフシナと呼ばれた大量虐殺の日々」に生きていたときと似ているところがある。当時は誰もが「明日はわが身」と考えていたのだ。[16]

こういったすべての隠された感情があのような力と激しい感情とともに表現されていたがゆえに、交響曲第七番はみるみる大きな社会的大事件へと変わっていった。しかも、この事件はまったく指導部の命令によるものではなく、祖国の知識人の心からの熱狂のおかげで生じたのである。このような自然発生的な反応の意義を最初に評価したのが、スターリンお気に入りの作家、アレクセイ・トルストイだった。かつてショスタコーヴィチの交響曲第五番の運命についても、同様に重要な役割を果たした人物である。

トルストイは、おそらく心から作曲家に感嘆していたのだろう（一九三七年に彼は公にショスタコーヴィチが「天才」だと発言していた）。戦時中、エレンブルグとともに国家の主要スポークスマンになった彼は、一九四二年二月に交響曲第七番のオーケストラによるリハーサルを聴き、すぐさま『プラウダ』

紙に、その感動を伝える批評を発表した。批評はいつものように自由奔放かつ才能豊かなものだった。彼もショスタコーヴィチを「新しいダンテ」と呼んだ。ただし彼が重きを置いたのは、作曲家がロシア人であり、彼の交響曲がきわめてナショナルな作品で、交響曲には若い作曲家の「ロシアの怒れる良心」が語られているという点だった。[*17]

実際に交響曲は、マーラーに（奇妙な第二楽章）、バッハに、亡命したストラヴィンスキー（偉大なアダージョ）に多くを負っていた。しかしトルストイの側からすれば、これは正しい道だった。スターリンは、周知のように、注意深く『プラウダ』紙を読んでいた。スターリンは、トルストイの意見が気に入るはずだった。「ヒトラーにショスタコーヴィチは怖けなかった。ショスタコーヴィチはロシア人であり、つまり怒れる人間であり、ロシア人をしかるべく怒らせたら、常識では考えられない行動を取る」[(4)]。トルストイによって定式化された交響曲第七番の思想は、ドイツとの戦いで当時スターリンがイデオロギー上の重要な切り札としていた民族主義と愛国主義に重点をおく方針に合致していた。

しかし、それと同じくらい重要なことがほかにあった。スターリンは、アメリカとイギリスの支援なくしてソヴィエト連邦をもちこたえることは難しいとの結論に達しており、それゆえ反ヒトラー連合での新たな同盟国に向けたプロパガンダをとくに重要視していたのである。

ショスタコーヴィチは、国際的権威をもっていた数少ないソヴィエトの作曲家の一人だった。まさにこの時点で、スターリンの目にはこのことのほうがむしろ価値があった。東側と西側で同時に交響曲第七番を「展開させる」ことができるからである。周知のように、戦前も戦後もスターリンは大衆の情熱の自然発生的な発現にきわめて懐疑的な態度をとってきた。彼はそこに、――なんの根拠もなく――、反対勢力の気分がたくみに隠蔽された形で発露していると見ていた。しかし、スターリンの理解によれば、戦争時においては、「下からの」情熱を抑えつけることはきわめて愚劣なことだった。

抑えこめなければ、一緒に、というわけで、スターリンは、交響曲第七番をめぐるプロパガンダキャンペーンに「許可」を出した。全体主義国家の効力があるイデオロギー装置が、ショスタコーヴィチの音楽を支えるためにフル稼動しはじめた。

交響曲第七番の演奏会が、次々と開かれていった。クイブイシェフ、モスクワ、ノヴォシビルスク、タシケント、エレバンで……。これらの演奏会はラジオ放送され、ショスタコーヴィチの新しい作品に関する記事が新聞や雑誌にたえまなく掲載された。一九四二年四月、交響曲第七番の初演からひと月あまりの後に、この作品にはスターリン賞第一席が授けられた。スターリンイデオロギーの代弁者である作家のファジェーエフは、この件に関する指導者の考えを創造的知識人たちに代弁した。「戦争時のいまこそ本物の、真剣な、大作をつくる努力をしよう。ただし、それは即戦力として使えるもので、予備の戦力、後々の戦力というわけにはいかない。交響曲第七番のように、いますぐ使えるものをつくっていただきたい……[*18]」。

交響曲は、これまでにない大成功を収めつづけていた。コンサートでは以前のように聴衆が泣いた。フィナーレの部分を聴きながら聴衆はしばし立ち上がり、その後、われを忘れたように、感謝の思いに満たされて拍手を送った。だが、交響曲第七番の栄光が上からも支持されたのは、目的に合致したプロパガンダキャンペーンの枠内においてだった。このキャンペーンが最高潮を迎えたのは、一九四二年八月九日、ヒトラー軍に包囲されたレニングラードで行なわれた有名な演奏会である。このコンサートについては少し詳しく記さなければならない。

一九四一年九月に始まり、ソヴィエト軍が一九四四年一月に包囲網を突破するまで約九百日間続いたレニングラード封鎖の恐怖については、これまで何千ページという紙幅が費やされてきた。目撃者の証言を読み返すたびに、非人間的な苦しみを味わいつつ決してドイツ軍に屈することのなかったレニングラード市民の英雄的行為に心を揺さぶられる。とくに恐ろしいのは、一九四一年から四二年にかけての冬である。この時期、レニングラードでは飢えで十数万人が死亡している。

興味をひくのは、スターリンがこの際、芸術エリートたちが好機を逸することなくレニングラードから無事疎開できたかどうかを気にかけていることである。ショスタコーヴィチ、アフマートワ、ゾーシチェンコやその他の人たちは、特別の軍輸送機で、秋の早い時期にモスクワに送られた（ショスタコーヴィチは必要最小限の物資とともに、ストラヴィンスキーの『詩篇交響曲』の四手のピアノ用編曲をもって出た）。だが、ショスタコーヴィチの出発前、まれに見る成功を収めたプロパガンダ用のシナリオが動きだした。

要は、ドイツ空軍がレニングラード市に火炎弾の投下を開始し、それにともなってレニングラード音楽院内に（市内のその他の建物と同様）「自発的な」消防団が組織されたのである。この消防団は、教員と学生から構成され、敵軍の空襲の際、建物の屋上にあがって見張りをし、ドイツの火炎弾を消火する役割を担わされた。

この消防団の「闘士」だった作曲家ドミートリー・トルストイ（アレクセイ・トルストイの息子）の回想には、特別にショスタコーヴィチを引っ張り出したこの芝居がどう組織されていったかが偏見なく記録されている。「消防用のヘルメットを頭にかぶり、屋上にいき、そこで写真を撮るように依頼された。この写真は世界中に知られている。ショスタコーヴィチが消防団の防空活動に参加したのがたとえ十分以下だったとしても、消防チームの誰ひとり自分と彼とを比較して不満を述べることはなかった。ショスタコーヴィチを守らなければならないということを、全員が理解していたのである」(5)[19]。

このことはスターリンもよく理解していた。彼の個人的命令により、義勇兵として前線に赴こうとする著名人たちのいかなる「自主的」試みも軍当局によって阻止された。彼らの生命を差配できるのは、指導者だけであった。「炊事係」でも何でもいいから前線に送ってほしいとのショスタコーヴィチの申し出も再三拒否された。軍の特派員でもいいから前線に送ってほしいとアレクセイ・トルストイは申請したが、彼もまた断固たる拒否の回答を受け取った。「絶対にだめである。トルストイを保護せよ。前線には送るなとのスターリンによる直々の司令がある」[20]。

トルストイあるいはショスタコーヴィチがかりに兵士になったとしても、どのみち役に立たないことは目に見えていた。しかし、プロパガンダの言動において巨匠であったスターリンは、戦時下において、俳優や音楽家による文化活動がいかに価値ある多くの実利的な効果をもたらすかを非常によく理解していた。戦前に指導者により組織されたプロパガンダ機関は、きわめて柔軟に活動した。その最大の成功の一つが、ショスタコーヴィチの交響曲第七番に関連した行動だったのである。

封鎖下のレニングラードは、この地上にあって地獄絵のごとき光景を現出していた。証言者の回想によると、階段やアパートの玄関口や通り口には、飢えと寒さで亡くなった人たちの遺体が横たわっていたという。「遺体はそういう場所に置かれていた。というのは、以前生まれたばかりの赤ちゃんを打ち捨てた場所がそこだったからである。朝、庭番が、あたかもゴミのように遺体を片付けていった。葬式やお墓や棺のことなどははるか以前に忘れられていた。これはまさに、死の洪水であり、もはやこれに対処することはできなかった。……家族がまるごと、家族集団とともに住居がまるごと消えていった。アパートが消え、通りや区画が消えていった」[21]。

ドイツ軍に包囲されるレニングラードを描く1941年のプロパガンダポスター

1941年7月のショスタコーヴィチ。消防士に扮する作曲家のイメージはプロパガンダに利用された。

この、黙示録的な状況では、音楽どころではなかった。地元のラジオ番組では、音楽に代わって一日中政治的アピールが流されていた。レニングラード放送の幹部の一人がこう回想している。「煽動宣伝部員も不足していたので、一台のメトロノームの音だけが響くまったく沈黙の時間帯もあった。一台のメトロノームが、コツ、コツ、コツ、コツと音を響かせるのだ。想像できるだろうか？　こうした感じで、ずっと夜中じゅう、さらに昼間も続くのである*22」。

飢えと寒さが支配する重苦しい雰囲気のなかで、音楽番組を禁止する上からの決定に対し、突然、それとは正反対の指示が出された。ファジェーエフが考えたように、これはジダーノフの提案だった。当時レニングラード共産党の州委員会と市委員会の書記を務める彼が次のように発言したという。「どうしてあんな陰気くさいものを流しているのですか？　せめて何か演奏させたらどうです*23」。しかし、この場合、他の多くの場合と同様、市の総督でありなおかつソ連の来るべき「主要なイデオローグ」となるジダーノフの屈強な姿の向こうには、パイプをたえずくゆらしている最高指導者の姿がはっきりと垣間見えた。これが彼の表現方法であり、彼のやり方だった。

直ちに状況は急変した。レニングラード放送局にふたたび交響楽団が集められ、楽団員たちには貴重な追加の食糧が支給された。

最初に演奏されたのは、伝統的なレパートリーであるベートーヴェン、チャイコフスキー、リムスキー＝コルサコフなどの作品だった。ところが、一九四二年七月、豊かな経験と厳格さで知られるオーケストラ指揮者カール・エリアスベルグにプロパガンダ上の重大な任務が課せられた。ショスタコーヴィチの交響曲第七番の演奏の準備に入るようにとの任務である。この作品のスコアの表紙には「レニングラードに捧げる」と書かれていた（この交響曲の副題「レニングラード」はここに由来する）。

スコアは医薬品やその他の重要物資とともに、クイブイシェフから封鎖の輪を突破した特別軍用機でレニングラードへと運ばれた。交響曲第七番の練習がはじまったとき、数人のオーケストラ団員がこれに抵抗した。体力を欠いているというのに、どうしてこんなに難しくて、あまり大衆向きとはいえない作品に力を注がなくてはならないのかと？　エリアスベルグは、不満を訴える団員に追加の食糧を渡さないと脅かし、抵抗の動きを容赦なく阻止した。[*24]

その後は、すべてが順調に進んだ。ドイツ軍がレニングラードに対する決戦を準備していたとき、交響曲第七番のレニングラード初演の準備をみずからの管理下に置いたのが、ジダーノフにきわめて近い補佐官で、当時スターリンのお気に入りだったアレクセイ・クズネツォフである。コンサートには市の防衛を司る最高指導者たちが来ることが決定された。そのため、予想される敵の砲撃から音楽院の建物を守ることが求められた。レニングラード前線の司令官の命令により、周到に計画された大規模な軍事作戦が実施された。ソヴィエトの砲兵隊はコンサートの当日、ドイツ軍に対して三千発の大砲で反撃をかけ、ドイツ軍に先んじて猛攻をかけた。

ラジオで中継されたコンサートの前に、「ドミートリー・ショスタコーヴィチが、闘いを訴え、勝利への信念を確信させてくれる交響曲を書きました」とのアナウンサーの短いアナウンスが流された。結果、プロパガンダ行動、言ってみれば、才覚、エネルギー、勢いを借りて入念に計画され実行された行動は、正真正銘の大成功によって幕を閉じた。「そこにいあわせたものたちは、八月九日のこのコンサートを決して忘れることはない。ジャケットを着た人、綿入りジャンパーを着た人、背広を着た人、たて襟のルバーシカを着た人など、てんでばらばらな服装を着た団員たちからなるオーケストラは、意気揚々と、緊張感をもって演奏した。これらすべてを統率し、熱気を発散させていたのは、皮と骨になったエリアスベルグで、菜園の案山子《かかし》のような彼の体はいまにも、ゆるゆるの燕尾服から飛び出しそうだった。……最終楽章の演奏中、会場内の全員が立ち上がった。座って聴いていることなどできなかった。それは不可能だった*25」。

ショスタコーヴィチの交響曲第七番によるショーを企画したスターリンは、最初から国際的反響をあてにしていた。そしてスターリンの狙いはあたった。すでにクイブイシェフでの初演から二日後、ロンドンの『タイムズ』紙に交響曲の初演に関する記事が掲載されていた。ソヴィエト連邦の同盟国からすると、西側の人気新聞に、神をも恐れぬ悪人とか野蛮人とかつい最近まで書き立てられてきたボリシェヴィキのイメージに人間味をもたせることは、きわめて重要であるように思われた。

いまや、それとは裏腹に、ロシアの共産主義者たちは、国民に対し、イギリスやアメリカとともにファシズムからヨーロッパ文化の高い価値観を守ることを可及的すみやかに説明する必要があった。「敵の砲撃のもと、包囲されたレニングラードで作曲された」ショスタコーヴィチの交響曲は、これ以上望むべくないほど好都合だった。

一九四二年五月二十六日、イギリスとソヴィエト連邦とのあいだで二十年間の相互協力条約が締結された。そして六月の終わり、ヒトラーによるロシア侵攻一周年に合わせ、軍服を着た聴衆で大入り満員のロイヤル・アルバート大ホールで、西側での交響曲第七番の初演が行なわれ、何よりも重要な政治的出来事として受けとめられた。

しかし、ショスタコーヴィチの新作をめぐる最も熾烈な宣伝合戦はアメリカで演じられた。アメリカのジャーナリズムは、この交響曲の創作プロセス、そしてそれが飛行機でクイブイシェフからテヘランへ、そこから自動車でカイロに、そこからふたたび飛行機でアフリカ、大西洋を経由してロンドンとニユーヨークへ届けられた状況（それはさながら冒険映画のエピソードを思い起こさせた）をセンセーショナルに報道した。

アメリカでの初演権をめぐる争奪戦が、大指揮者たちによって派手に演じられていた。ボストンのセルゲイ・クーセヴィツキー、フィラデルフィアのレオポルド・ストコフスキー、クリーヴランドのアルトゥール・ロジンスキー、ニューヨークのアルトゥーロ・トスカニーニである。ジャーナリストたちが「王の戦い」と呼んだこの争奪戦では、断固たる反ファシストとして非のうちどころのない評判をもつ七十五歳のトスカニーニが勝ちを制した。

一九〇三年のワーグナー『パルジファル』ニューヨーク初演への期待にも比すべき初演前の盛り上がりは、ショスタコーヴィチの肖像画が表紙を飾った雑誌『タイムズ』が刊行された際に頂点を迎えた。燃えさかる建物と空を舞う譜を背景に、消防士用の金色ヘルメットをかぶった作曲家は、断固たる勇敢な面持ちでどこか前をひしと見つめている表紙のキャプションにはこう謳われていた。「消防夫ショスタコーヴィチ、レニングラードで炸裂した爆撃のさなか、彼には勝利の和音が聞こえた[*26]」。

ストラヴィンスキー、プロコーフィエフ、コープランドを追いこし、ショスタコーヴィチは、『タイムズ』の表紙を飾った最初の作曲家となった。その栄光はこれまで世界の大政治家やニューヨーカーたちが手にしてきたものである（現に手にしつつある）。

一九四二年七月十九日のトスカニーニ指揮の交響曲の初演は、アメリカ全土に放送された。初演に続いて何百回と演奏され、無数の批評記事が出た。シリアスな内容の音楽作品に関する記事が、これほど短期間のうちに掲載されたことはかつて一度としてなかった。これにたいする同僚たちの反応は多少の誇張はあるにせよ、好意的なものと呼ぶことができる。

作曲家のベーラ・バルトークは、ショスタコーヴィチのこの作品が過分な成功に与《あずか》っているとみて怒りをあらわにし、『オーケストラのための協奏曲』第四楽章でショスタコーヴィチの作品を辛辣にパロディ化したほどである。言い伝えによると、ラジオ放送を聴いたセルゲイ・ラフマーニノフの唯一のコメントは厳しいもので「まあまあかね、それよりこれからお茶を飲みにいこう」だったという。

ラフマーニノフにかわって、歯に衣着せぬ意見を述べたのが、ヴァージル・トムソン（アメリカの作曲家で、まったく別陣営の批評家）である。彼は交響曲を「オリジナリティを欠いた、空疎な」作品と呼び、ショスタコーヴィチがこの種の音楽を作曲しつづけるなら、「最終的に、本格的な作曲家として見られる権利を失うだろう」と予言した。

その後、このような批判的意見が西側でますます声高にかつ執拗に吐かれるようになり、冷戦時代には、ついに支配的な意見にさえなった。交響曲第七番は、つねに攻撃のための格好の標的となった。マーラーとストラヴィンスキーの、奇妙な、不体裁なハイブリッド、最初の印象はあまりにも長すぎて、あまりにも感情をあらわにした音楽、等々の攻撃である。作品のもつ大掛かりで物語風の身振りは、多くのクラシック通から見れば、同時に、ナイーヴかつ計算されつくされたもののように感じられた(6)。

交響曲第七番は、せいぜい出来の悪い戦争映画に付けた「つまらぬ」挿絵にすぎないとの嫌悪に満ちた批判が、ロンドンとニューヨークでの初演直後にも聞かれた。しかしそうした批判も、あの時期の文化的・政治的な熱狂のなかでは、実際、なんの効果も発揮しなかった。この場合、ソヴィエトのプロパガンダ機関と感動的ともいえるほど一致団結したアメリカの広報宣伝機関の努力のおかげで、交響曲第七番は、ファシストとの闘いにおけるロシア国民とアメリカ国民の協力と精神的一体性のシンボルとなったのである。

ショスタコーヴィチの社会・政治面における成功は最高レベルに達した。二十世紀の芸術家でこの記録を越えることができたものは誰ひとりとしていない。次の交響曲第八番でそれを超えようとしたショスタコーヴィチ自身でさえうまくいかなった。交響曲第八番は、明らかに第七番よりもさらに野心的だった。

交響曲第七番とアフマートワの『レクイエム』の類似性についてはすでに触れた。[7] 第七番では、戦前、戦後のパステルナークにおける創作分野の進化と彼の意識的努力との類似性をみることができる。パステルナークは、より広い聴衆に向け、重要かつ喫緊の問題について真摯にかつ力強く書くこと、そして過去の作品よりもさらに簡潔で、よりわかりやすい手段と様式を用いる努力を怠らなかった。

しかし、交響曲第八番に匹敵する文学上の作品は何かと言えば、マンデリシタームの詩『無名兵士の詩』である。これは、一九三七年に書かれた詩人の最も複雑な作品である。この詩をショスタコーヴィチは知るよしもなかったが、その類似性は驚くべきものがある。これは、ショスタコーヴィチ自身がこの時代のソヴィエトおよびヨーロッパのエリートたちの広範囲にわたる創造的探求の場に加わっていたことを改めて裏付けるものである。またこのことは、ショスタコーヴィチの「戦争」作品が戦前にそのルーツをもつという、すでに明らかにした考えによっても裏付けられる。彼一人が、大戦のはじまる前に大戦について考えていたわけではない。ミンチ肉製造機としての戦争のイメージが、避けがたく大粛清のミンチ肉製造機のイメージとおりあざなわれたのだ。

『無名兵士の詩』は幻視的色合いを帯びた黙示録的作品で、詩のなかでマンデリシタームは来るべき全面戦争における世界の破滅を予見している。詩人はこの恐ろしい闘いをまるで上から、つまり宇宙から見下ろしているかのようである。これと同じ、人間精神を丸呑みするような宇宙的パースペクティヴが、交響曲第八番の本質をなしている。

イーゴリ・シャファレーヴィチは、ショスタコーヴィチが交響曲第八番のフィナーレに「宇宙空間において地球はみずからの破滅に向かって飛行している」との名前を付けていたと証言している。[*27] 悲劇的な宇宙とヒエロニムス・ボス風のグロテスクなイメージとの驚くべき一体化が、マンデリシタームの『無名兵士の詩』の特徴であり、ショスタコーヴィチの交響曲をも同様に際立たせているものである（ここでショスタコーヴィチがよく知っている絵画、同郷の画家パーヴェル・フィローノフの絵画が思い出される。彼の絵の鋭いリリシズムは画家がそのキャンバスに描き出した人物たちの挑発的な奇形性を隠すか、あるいはこれをより強調している）。

交響曲第八番は社会的マニフェストであり、これまで覆い隠され、隠蔽されてきた何かを大っぴらに語ろうとする試みだった。この意味で第八番は、第五番の路線を受け継ぐものである。第八番に先立つ作品は、むしろショスタコーヴィチの交響曲第六番であり、そこでは、暗号化された自叙伝的性質があまりに誇張されていたため、この作品は謎めいたものに仕上がった。

マンデリシタームの『無名戦士の詩』も同様である。批評家たちは、これまで詩人のこの作品の謎を解く鍵を探しつづけてきた。これら二つの作品が似ているのは、次の一点である。すなわち、問題となっているのが、――あきらかに交響曲第八番においても――地球規模の戦争の結果、私たちの惑星が破滅するということ。

ショスタコーヴィチは、とてつもなく幸運だった。文学者と違って、作曲家はおおやけに悲劇的メッセージを提示することができた。おまけに、当局は何も問題ないというふりをし、作曲家に目配せまでしてみせたのである。ショスタコーヴィチの場合、何度もこういう状況が生じ、それが同時代に感嘆の念を、そしてしばしば妬みを呼び起こしたのだった。

当時、多くの人々が、彼の音楽にひそむ多義性にショスタコーヴィチの「幸運」を関連づけていた。一九四三年十一月、モスクワでの交響曲第八番初演について、エレンブルグは次のように書いている。「私は演奏に感動して帰宅した。突然、ギリシャ悲劇の古代合唱の声が鳴りひびいた。音楽には巨大な長所がある。音楽は、何かに言及せずとも、すべてを語ることができるのだ[*28]」。

音楽における間テクスト的な暗示に気づくことは、かならずしも容易なことではない。たとえば、私が知るかぎり、交響曲第八番の第一楽章と最終楽章に、チャイコフスキーの『マンフレッド交響曲』のテーマが驚くほど引用されていることは、これまでまだだれにも指摘されたことがない。

ショスタコーヴィチの交響曲第八番より六十年あまり前の一八八五年に作曲された『マンフレッド交響曲』は、チャイコフスキーの作品では唯一、公然と明らかにされた綱領的な交響曲である点で際立っていた。この作品は、ベルリオーズ『イタリアのハロルド』をモデルとし、バイロンの主題を用いつつ、宇宙的規模の悲観主義者と異端者を超ロマン主義的な人物像として描きあげていた。

バイロンのマンフレッドは（そしてチャイコフスキーのマンフレッドも）、死を求めてさまよい、恐怖や後悔を感じることなくこの世を去る。芸術面でも政治的にも考えられるかぎり成功の頂点にいたショスタコーヴィチが、この時代、実際に人間の死をめぐる思いにはげしくとらわれていたかどうか、確言することはできないが、ショスタコーヴィチが当時つくりだした自伝的な人間像が自殺者であったことは疑いようがない。

このことは、言及されている『マンフレッド交響曲』からのあからさまな引用のみならず（チャイコフスキー自身がこの音楽を次のように解読した。「マンフレッドの絶望には限りがなく、終わりもない」）、他の音楽的引用《アリユージョン》によっても裏付けられる。ショスタコーヴィチの交響曲第八番には、ワーグナーの『パルジファル』（第四楽章）の「傷」のモチーフが聞こえてくるし、シベリウスの『トゥオネラの白鳥』——神話的な黄泉《よみ》の国をめぐる交響曲伝説——の暗示も聴きとれる。

全宇宙的ともいうべきこの絶望感を、交響曲第八番を最初に耳にした聴衆のなかで最も敏感な人たちが感じとった。そのうちのひとりに、有名な指揮者ニコライ・ゴロワーノフがいる。初演後、ゴロワーノフは、つよい衝撃のなかで次のように発言したのだった。「どんな月のクレーターがこの音楽を、この出口のない悲劇を、世界の終わりを生み出したのだろうか」[*29]。

ゴロワーノフや他の人々は、ショスタコーヴィチの新しい交響曲の謎めいたメッセージを解読したように思った。当局はこの音楽に対して苦々しい反応を示したものの、当時、交響曲第八番を禁止するまでにはいたらなかった。この交響曲に対し、演奏禁止という事態が襲いかかったのは、より遅く、戦争が終結したのちのことである。

「何百万人もが理由なく殺され／むなしさのなかで道を踏み固めた……」マンデリシタームの『無名兵士の詩』同様、死のテーマは、この時期のショスタコーヴィチの音楽に支配的である。彼の作品では最初のことである——がしかし、これが最後ではない——ことを私たちは知っている。陰鬱な想念が五線紙からあふれ出ようとしていた。そのためにはただ理由だけが必要であった。たまたま入ってくる仕事の注文さえ役に立った。

同盟国との団結を表明するため、すでに触れた英国詩人の詩による歌曲集を作曲するようにとの提案が、ショスタコーヴィチに対してなされた。結果、ウォルター・ローリー、ロバート・バーンズ、シェイクスピアの詩による六つのロマンスの声楽作品が生まれた。これはたがいに甲乙つけがたい珠玉の作品である。なかでも際立っているのが、ローリーの『息子へ』とシェイクスピアの『ソネット六十六番』である。両方ともパステルナークが翻訳している。

これは、ショスタコーヴィチとパステルナークが協力しあった唯一の事例である。それゆえにこそこの作品は私たちにとっては特別な意味をもち、かつ重要なのである。作曲家と詩人とのあいだの接近と反発は、これまであまり注目されることがなかった。他方、彼らは仲のよい友人ではなかったし、良好な知人関係さえなかった。全生涯、互いについて執拗に思いをめぐらし、たがいに視線をかわしあってきた。みずから音楽の教育も受け、作曲家たらんとする実現せざる野心をもっていたパステルナークは明らかに、ショスタコーヴィチの交響曲第五番と第七番の、とくに西側における社会的反響を自分のそれとひき比べていた。他方、ショスタコーヴィチの手もとに、一九四〇年（当時、パステルナークは五十歳だった）に出版されたパステルナークの『翻訳選集』があったのは、偶然ではなかった。

ショスタコーヴィチは、エリザベス一世の寵臣でありかつ詩人で、海賊にして探検家のウォルター・ローリーの詩から作曲に入った。彼は、処刑を待つ間、若者と絞首台と絞首のロープの「宿命的な出会い」に思いをめぐらしている。ここでは、パステルナークの複雑な詩法が、バロック様式風のローリーの考え方に理想的に影響を及ぼしていた。避けられない処刑について、直接的にではなく遠まわしに、ある意味で挑戦的に、ブラックユーモアすれすれのところで語られる（この歌曲集で強制的な死というモチーフは、強調される死に対するやぶれかぶれで絶望的な態度ともども、ショスタコーヴィチがバーンズの詩に付けたマゾヒスティックな歌曲『処刑を前にしたマクファーソン』に導入されている）。

これらすべては、ショスタコーヴィチの交響曲第八番における「マンフレッドのテーマ」同様、一九五九年に書かれたアフマートワの詩集『レクイエム』所収の「死に寄せて」と題された詩を思い起こさせる。

どのみちおまえはやってくる、でも、なぜいまではないのか？
私はおまえを待っている。私はとてもくるしい。

そしてこの詩は、シェイクスピア、パステルナーク、ショスタコーヴィチのコンビネーションによる『ソネット六十六番』冒頭のため息や短い叫びとどれほど似かよっていることだろう。

すべてにうんざりしはて、私は安らかな死を願う！

さらに続く。

やりきれない、乞食に生まれた人間が苦しむさまを見るのは、
金持ちが面白おかしく生きていくさまを見るのは、
汚れない信義が不幸にも裏切られるさまを見るのは、
黄金の栄誉が恥ずべき者に与えられるのを見るのは、
貞淑な処女が野蛮に身を持ちくずすのを見るのは、
完全無欠が不当に貶められるのを見るのは、
権力が不能の虜となるのを見るのは、

学芸が権力に口をつぐまされるのを見るのは、
馬鹿が学者面して指図するのを見るのは、
率直な真実が愚か者扱いされるのを見るのは、
囚われの善が悪に隷従するのを見るのは、

すべてにうんざりしはて、もはや一日たりと生きていたくない。
愛する友を一人残すことを恐れ、その願いも叶わない。

ショスタコーヴィチがシェイクスピアのこのテクストを選んだ理由は、もちろんきわめて明確である。彼はこの詩に、外面的には静かな絶望を湛える抑制的な音楽を付け、親しい友人で、音楽評論家のイワン・ソレルチンスキーにこれを献呈したのだった。

ショスタコーヴィチの生涯におけるソレルチンスキーの役割の重要性はいくら評価してもしすぎることはない。ショスタコーヴィチより四歳年上のソレルチンスキーがショスタコーヴィチと関わりをもちはじめたのは一九二七年のことで、作曲家が危機に瀕していたときである（二人を近づけたのは、ショスタコーヴィチの交響曲第一番の初演を行なった指揮者ニコライ・マリコだった）。ショスタコーヴィチと同じポーランド系の出自をもつ（この点が二人の接近を加速させたはずである）ソレルチンスキーは、元老院議員の息子であり、根は懐疑主義者で、皮肉屋で、快楽主義者で、と同時にほとばしるような芸術的テンペラメントと情熱の持ち主だった。

ソレルチンスキーの伝説的な博識は、ひじょうに優れた視覚的記憶力に基づいていたが（彼の知っている二十四ヶ国語で書かれたどんなに難解なテクストでも一瞥しただけで一ページまるごと死ぬまで暗唱することができた)、この博識ゆえにショスタコーヴィチのかけがえのない助言者、そして師となった。専門的な音楽教育を受けていなかったが、ソレルチンスキーはショスタコーヴィチに、当代最高の大作曲家グスタフ・マーラー(批評家は彼を敬愛していた)の作品を紹介し、この若い作曲家を「原始主義的」かつ、彼の考えによれば、アヴァンギャルド風の交響曲から、「ドストエフスキー的な」オペラ『ムツェンスク郡のマクベス夫人』のような心理的多面性への移行を促した。ソレルチンスキーこそ、当時ショスタコーヴィチが「僭称者」の誘惑と危険から抜け出す手助けをした人物であると私は見ている。

ショスタコーヴィチの人生へのソレルチンスキーの関与は深くなおかつ多岐にわたっていた。ソレルチンスキーが相手であれば、作曲家は、セックスからシェーンベルクまでこの世のありとあらゆることを率直に話すことができた。ソレルチンスキーはあらゆることに通じていて、どんなところにでも顔を出し、忠実なブルドッグ犬のようにショスタコーヴィチを守る闘いに身を投げだした。

ソレルチンスキーは、『ムツェンスク郡のマクベス夫人』が、シェイクスピアレベルの振幅をもつオペラであり、その広がりと深さの点でチャイコフスキーの『スペードの女王』と比肩しうるものだとただちに公言した。それに対してソレルチンスキーは厳しい報いを受けざるをえなくなった。

スターリンが『ムツェンスク郡のマクベス夫人』を非難攻撃したとき、このオペラを支持した全員が砲火をあびた。ソレルチンスキーはとくに不運だった。上層部は彼をスケープゴートに仕立てることに決めていたからだ。

これはスターリンの好きな戦術で、その後も一度ならず使われている。すなわち攻撃は、鞭うつために選ばれた作者たちだけでなく、彼らと仲の良い批評家たちにも浴びせられたのである。そうすれば、自分の役に立たない芸術家たちの周囲に「焦土地帯」が作りだせるとスターリンは正しくも考えた。

一九三六年『プラウダ』紙は、ソレルチンスキーを「無能な批評家」、「音楽におけるブルジョワ的な歪曲の擁護者」、「ショスタコーヴィチの音楽を台無しにする流派のイデオローグ」と執拗に呼び、非難した。当時、芸術問題委員会の委員長プラトン・ケルジェンツェフは、ショスタコーヴィチとの話し合いで、スターリンの要望を彼に伝えていたが、そこには、「ソレルチンスキーのごとく、彼の作品の悪い側面を奨励する、何人かの世話好きの批評家の影響を脱すること」という要望も含まれていた[*30]。

過酷かつ危険な時代だった。ついこの間まではみなのお気に入りで、彼らがたえず助言やサポートや新しい論文を求めてきたソレルチンスキーが、突如、完全な孤立状態におかれたからである。ソレルチンスキーの論文はどこも出版しなくなり、注文の電話は鳴らず、知人たちは彼を避けるようになった。このような事態になる一ヶ月半前、ショスタコーヴィチは、ソレルチンスキーに宛てて次のように書いていた。「ぼくは君を唯一の音楽家であるばかりか、個人的な友人であると考えている。君の人生にどんなことが起ころうと、ぼくはつねに全面的に君を支援する[*31]」と。突如として、この約束を果たすことが不可能になった。

しかも、ショスタコーヴィチは、持ち前の深い罪意識から、自分の最も近しい友人を破滅の淵に立たせた責任は自分にあると考えていた。さらなる状況の悪化に向けて二人が準備していたことは、それからさらに後の、ソレルチンスキーとの戦前のやりとりをめぐるショスタコーヴィチの回想が証明している。「人生の最後にぼくたちを待ち受けている避けられない死について話した。ぼくたちは二人とも死を恐れ、死を望んではいなかった。ぼくたちは人生を愛していたが、遅かれ早かれ、それとも別れを告げなくてはならないことはわかっていた[*32]」。

私たちがすでに知っている災厄は、最終的にショスタコーヴィチとソレルチンスキーを避けて通った。しかし、経験したショックの傷跡は、思いもかけない形で批評家に現われた。彼はジフテリアにかかった。大人がかかることはめったにない病気であるにもかかわらず、重い合併症までともなった。ソレルチンスキーは、最初に両足が麻痺し、次にそれが両手に移り、その後は顎が動かなくなった。

ショスタコーヴィチは、ソレルチンスキーを慮って激しく動揺していた。ソレルチンスキーの生命は、数ヶ月間、生死の境をさまよった。しかしソレルチンスキーは病院でも、処刑を前にした伝説的なマクファーソンのようにふるまった。死を前に彼はそれに降伏せず、麻痺した状態のまま、ハンガリー語を学ぶ決心をしたのだ。そのために母親は病院の彼のもとに辞書をもってきた。辞書は特別の書見台に置かれ、ソレルチンスキーのサインで、一枚一枚ページがめくられていった。ソレルチンスキーは、ハンガリー語を習得し、健康を取り戻した！

ティル・オイレンシュピーゲル顔負けの不屈で旺盛な生命力、危険を直視し、創造的な努力でもってその挑戦に応える能力という点で、ショスタコーヴィチはソレルチンスキーと似ていた。おそらく、そこにも、二人の並々ならぬ友情の根源が隠されていたのだろう。心気症を病むショスタコーヴィチにとって、それとは比べものにならないほど明るい楽観主義者のソレルチンスキーは、つねに心の支えであり、見習うべき相手だった。一九四四年二月十一日、心臓発作による彼の急死の知らせは、作曲家に甚大なショックをもたらした。

ショスタコーヴィチは、ソレルチンスキーに偉大な作品の一つ、ピアノ三重奏曲第二番を捧げた。この作品では、ショスタコーヴィチはロシアの重要な音楽的伝統を受け継いでいる。思い出されるのだが、「偉大なる芸術家の死を悼んで」（一八八一年三月パリで亡くなったピアニスト、ニコライ・ルビンシテイン）

チャイコフスキーは過度に感傷的なピアノ三重奏曲を捧げた。作曲家の表現を借りると、「嘆き悲しむ、葬送の調子」はまぎれもなく歴史的大変動とも等しく結びついていた。それは皇帝アレクサンドル二世のテロリストによる殺害であり、チャイコフスキーはこの出来事を個人的なカタストロフィと受けとめていた。

チャイコフスキーは、ただちに「ジャンルの記録」を確立した。彼の三重奏曲はその規模、その特徴、楽器運用法において記念碑的な作品である。それから約十年後、若いラフマーニノフがチャイコフスキーの死を悼む『悲しみの三重奏曲』を書き、偉大なる作曲家との音楽による対話（もしくは闘い）に入った。これはきわめて野心的な作品であり、（チャイコフスキーの三重奏曲と同様）ただちに広範な人気を博した。歴史的世紀の崩壊期につくられたこの作品もまた悲劇的予感に彩られている。

チャイコフスキーも、ましてやラフマーニノフも、ショスタコーヴィチが好きな作曲家ではなかったが、彼はつねに鋭敏な「ジャンルの記憶」（バフチン）と祖国の音楽の伝統における自分の場所を感知する高い能力の持ち主だった。そのためショスタコーヴィチのピアノ三重奏曲は、結果的に、たんなる人間ドキュメントではなく、歴史的ドキュメントとして構想されたのだった。つまり、言外の社会的テクストが感知できる記念碑的作品である。

当初、三重奏曲の作曲はなかなか捗らなかった。ショスタコーヴィチに書く気が起こらなかったとき（これは人生のうちで何回かあった）、彼はやけを起こし、次のように告白した。「働いていないときは絶えず頭痛がします」と。このようなとき、作曲家は創造的な才能が永遠に自分から失われてしまったと、「頭のどこかのバネがはずれてしまったように」感じるのだった。[*33]

しかし、三重奏曲の作曲が突如高速で進捗しはじめるとき（最後の二つの楽章は、一週間あまりで書かれた）、ショスタコーヴィチもパニックに陥り、友人の作曲家ヴィッサリオン・シェバリーン宛ての手紙でこう後悔することになる。「私の「創作プロセス」は、（もっと学問的な表現ができればよいのですが）つかのまの自慰行為のようなものです。あまりにも自分に確信がないため、いろんな性的なイメージの助けを借りて、体力のすべて、いや知力のすべてを超自然的な状態（ヤヴォルスキーが言ったように）にまで緊張させるのですから。へとへとになりますし、あまりにも気分がよくありません。そして、終わりごろには、自分が果たして有益に時間をすごせたかどうか確信がもてなくなります。でも、愚かな習慣が勝って、私はまたしても、あまりに早いペースで作曲しているわけです[*34]」。

凶暴な力でもって襲いかかり、自分を拉し去ろうとする制御しがたい創造力を前にした作曲家の武者震いは、心理的によく理解できる。ここではっきりと見えてくるのは、天才的な人物がしばしば陥る状況である。すなわち彼らのもとにやってくるインスピレーションが彼ら自身を超えてしまうのだ。これは制御不能な自然発生的な力である（『春の祭典』が自分を「通過した」と回想したとき、ストラヴィンスキーが語っていたのは、まさにこの感覚である）。

ショスタコーヴィチの場合、彼に「押し寄せてきた」三重奏曲のフィナーレが衝撃的である。これは悲劇的なユダヤ人の踊りである。ユダヤの民族音楽に特徴的な、涙をとおして笑い、笑いをとおして泣ける力に、ショスタコーヴィチは常々魅了されてきた。何しろ彼は、みずからの作品において、意識的なナラティヴの二面性を開拓してきたからである。

ショスタコーヴィチは以前も、みずからの音楽でユダヤに近いテーマを使用していた。しかし、三重奏曲ではユダヤ・イメージがはじめて前面に出てきた。それが、ソレルチンスキーの死の知らせと、ソレルチンスキーに対する強い罪意識に関連した作品で生じたのは、偶然ではない。この時期、ショスタコーヴィチの耳にもホロコーストに関するニュースがちらほら届いており、友人に対する罪の感情はユダヤ国民に対する罪の感情と毛糸玉のように固く絡みあい増大していった。三重奏曲の最終楽章は、天に向かって大声で呼びかける、心をかきむしるような音楽であり、ホロコーストに関してこれまでつくられた作品のなかで最も優れた作品である。

この驚くべき音楽を作曲しながら、ショスタコーヴィチはおそらくさらにもう一人の人物について思いをめぐらしていたことだろう。二十八歳になる教え子で、ユダヤ人のヴェニヤミン・フレイシマンである。彼は、国民義勇軍のメンバーとして前線に送られ、戦闘がはじまってから最初の数ヶ月のうちにレニングラード郊外で戦死した。その戦闘は、パステルナークの言葉によれば「正真正銘の壊滅」であり、戦争初期、ショスタコーヴィチが引き込まれた軍への志願といったプロパガンダ風のお遊びどころではなかった。ロシアの知識人にとって典型的な、誇大化した羞恥心とともに、ショスタコーヴィチはフレイシマンの死を個人的な傷としてとらえ、それについて彼は私に語ってくれたし、文章にも残している。

ピアノ三重奏曲の作曲と同時にショスタコーヴィチは『ロスチャイルドのヴァイオリン』の完成のための作業を行なっていた。この作品は、(チェーホフによる)ユダヤ人をテーマにしたオペラで、フレイシマンがショスタコーヴィチの指導と励ましのもと、レニングラード音楽院の作曲クラスで戦争前に作曲を開始したものである。フレイシマンのオペラのユダヤ人音楽への内面的な沈潜、教え子の死、友人の死、戦争、ホロコーストのニュース、頭にこびりついて離れないみずからの死に関する考え、すべてこれらが、ショスタコーヴィチの作品のなかで最も絶望的な作品の一つ、三重奏曲の社会的背景と心理的土壌を生み出した。この作品に満ちわたる気分は、マリーナ・ツヴェターエワの詩と共鳴している。

いまこそ、いまこそ、いまこそ
創造主に入場券を返すときだ。

しかし、一九三九年に亡命先からソヴィエト連邦にもどってきたツヴェターエワは、みずからに降りかかった不幸に耐え切れず、一九四一年八月に縊死《いし》をとげるが（「あなたの狂気の世界に答えはひとつ、ノー」）、ツヴェターエワに劣らぬ絶望感を表現するショスタコーヴィチの三重奏曲は、一九四六年にスターリン賞を受賞した。

さらに、当時のもう一つの矛盾した事態があった！　実際、スターリン賞は、指導者のお気に入りのおもちゃだった。「優秀な、才能豊かな人物たち」を選択からはずすことなど彼には考えることもできなかった。このことは、一九四四年と一九四五年、最高総司令部で眠れぬ夜をすごす緊張感と疲労がおそらく最高潮に達し、そのために、スターリン賞が授与されなかったことによって証明される。

スターリンはすべてのノミネート作品に目をとおす機会と体力などまるきりもち合わせていなかったが、かといって最終的な選択を他の誰かに任せるつもりはなかった。ところが、戦争勝利後の一九四六年、スターリン賞は一月には一九四三年から一九四四年にかけてつくられた作品に、六月には一九四五年につくられた作品に、二度にわたり授与されている。

ショスタコーヴィチの三重奏曲は、一月にスターリン賞第二席を受賞した。このとき同じくショスタコーヴィチの交響曲第八番がノミネートされていたが、それは却下された。この件に関するスターリンの考えを理解する一助となるのが、ノミネート作品の事前審査がなされたスターリン賞委員会でのファジェーエフの演説である。

指導者の忠実なサンチョ・パンサともいうべき存在だった作家のファジェーエフは、このときスターリンの考えを伝えるだけでなく、スターリンの話し方そのものを真似ていた。「文学や絵画といった分野では、形式主義がいかなるものであるかをよりよく理解できるし、一瞥してわかる。一方、音楽の分野となると、われわれはとても臆病になり、専門家が話をするときわれわれは心の生きた声をあてにすることなく、恭々しく沈黙する。だが、この声はこの分野ではとても大きな意味をもつものなのだ」。この「心の生きた声」に従うと、交響曲第八番は、「神経をいらだたせ、腹立たせ、神経組織をやすめるためにそこから抜け出たいという願望を喚起している」ことがわかる。同時に、三重奏曲は、それとは裏腹に、「特殊な音楽の問題にあまり興味をもたない人間にも感銘を与える。生ける魂をもっている人間はこの作品に完璧に魅了される[*35]」。

しかし、一九四六年には「生きた魂」(ファジェーエフの好きな表現)をもつ最高の聴き手であるスターリンにとってショスタコーヴィチの三重奏曲はたしかに彼を「魅了する」作品ではあったが、スターリン賞第二席を引き寄せるにとどまった[(8)]。当時、指導者の好感は、明らかに他の作曲家、つまりセルゲイ・プロコーフィエフの方に寄せられていた。一九四六年の一年間に彼は、スターリン賞第一席を三度も授与されていた。交響曲第五番とピアノ・ソナタ第八番、バレエ音楽『シンデレラ』の三つである。そして、最後の第一席はセルゲイ・エイゼンシュテインの映画『イワン雷帝』第一部の音楽に対して授与された。

この前代未聞の成功を得るまで、一九三六年に亡命先のパリからモスクワに最終的に帰国してから、プロコーフィエフは十年の歳月を歩まなければならなかった。ソヴィエト連邦に戻ってきた他の亡命者の運命は、さまざまだった。たとえば、作家のアレクセイ・トルストイは社会主義指導者の頂点に上りつめ栄華をきわめたが、他方では、夫を銃殺され、娘は逮捕されて自らも命を絶ったツヴェターエワのような人もいた。

プロコーフィエフの場合、当初、彼が置かれていた状況はとくに悲惨というほどのものではなかったが、かといって輝かしいというわけでもなかった。モスクワに来てすぐ作曲家は、一九三五年に発注された十月革命二十周年のカンタータに取りかかった。この作品に、彼はレーニン著作集のテクストを利用しようとしていた。

不安に満ちた、暗黒の時代だった。『プラウダ』紙の論文「音楽ならざる荒唐無稽」に関連し、形式主義をめぐる論議がなされたばかりであり、政治的雰囲気は風雲急を告げていた。プロコーフィエフの音楽理念に対しても強い不信感が寄せられていた。彼の考え方に、何かしら隠れた危険性がないかどうか？

プロコーフィエフに対して、レーニンの引用ではなく、ソヴィエト詩人の詩を作品に使うようにとの提案がされた。それに対してプロコーフィエフは思いもかけず激しく反応した。当時まだスターリンのお気に入りだったトゥハチェフスキー元帥を介して、スターリンに近い同志ヴァチェスラフ・モロトフに訴えたのだ。モロトフは、おそらく指導者と掛け合い、ソヴィエト市民になったばかりのプロコーフィエフに対し、聖なる引用を使って作曲することを許可した。

勝利したか、と思えた。だが、プロコーフィエフは（ことによると感謝の思いあまったか）カンタータの最終ヴァージョンにスターリンの演説から二つの断片を入れるというやりすぎをおかした。これが運命的なミスとなった。

スターリンは、芸術作品で自分が描かれるということにきわめて懐疑的で、文字どおり、個々の場合に応じて個人的に許可するか、もしくは禁止した。その決定が、毎回、政治的理由と感情的理由が組みあわさるかたちで下されていたことは明らかである。

ときどきスターリンは、たとえ自分の気に入りの作品であっても、それを公表することが政治的に不適切だと考えれば、禁止した。たとえばその事態が、一九三九年にブルガーコフによるスターリンの青春時代を描いた戯曲『バトゥーム』に起きた。他方、少なくとも賢き指導者のイメージを神格化し、聖人化を促すことになる明らかに凡庸な作品が、何度も手広く発行されたものである。

スターリンの選択には、おそらく一つの法則性をみることができた。スターリンは、すでに述べたように、自分の性格と気性に応じ、すべての可能なもの、不可能なものを個人的な管理下におきたいと願っていた。したがって、たとえば、スターリンの承認を受けて制作された指導者像を描く映画は広く公開されたが、それは（ヴァルター・ベンヤミンの有名な考えによると）たんに認められたオリジナルの正確なコピーにすぎなかったからである。

たとえば、スターリンの役に俳優のミハイル・ゲロヴァーニを配した、セルゲイ・ユトケーヴィチ監督の革命映画『銃を持つ人』（音楽ショスタコーヴィチ）は、一九三八年に一般公開され、後にスターリン賞を受賞した。これが、劇場における芝居となると話がべつで、毎晩俳優が新しく自分の役割をつくっていくというその性格上、高いレベルからの耐えざる監視は及びようがなかった。それゆえ演劇では、ありとあらゆる不祥事が発生しかねなかった。その不祥事に、スターリンはあるとき遭遇するはめになる。

このグロテスクな事件を私に話して聞かせてくれたのは――そして演じてくれたのは、――すばらしい話の語り手でもあった演出家のユーリー・リュビーモフである。一九三八年一月、レーニン没後十四周年にボリショイ劇場で開かれた政府の特別追悼大会で、ワフタンゴフ劇団は演劇版の『銃を持つ人』の最終幕を演じた。このときレーニン役を演じたのは、劇団の看板役者であるボリス・シューキンで、スターリンを演じたのは劇団の指導者ルーベン・シーモノフだった。彼らは、冬宮襲撃にむかう赤軍兵士に挨拶を送るため、二人揃ってステージに登場するはずだった。

ところが、実物のスターリンを前にしてスターリンを演じるはずのシーモノフが拒食症の発作に襲われた。彼の胃は、上演を予定された日の数日前から食べ物を受け付けなくなった。しかし、ステージ上の彼がほんもののパニック状態に陥ったのは、劇場の貴賓席に座るスターリンを目にした瞬間だった。恐怖のあまり、シーモノフは声が出なくなってしまったのだ。リュビーモフが話してくれたのだが、彼は「口を開けたが、音がなかった」[*36]。パニック状態に陥ったまま、彼は舞台からすごすご引き下がるしかなかった。

指導者はこの失敗に対して直ちに対応した。このような事件は「首都の劇場ではあってはならないし、さらに、地方の劇場に同志スターリンの人間像を勝手に演じたり、解釈したりする道を開くことになる」として、諸機関において文化指導部の粛清が行なわれた。[*37] しかし、「罪をおかした」俳優は、粛清をまぬがれた。それればかりか、後に三度もスターリン賞を授与されたのだった。

スターリンが何よりも恐れていたのは、笑いものになることである。そして、プロコーフィエフのカンタータの場合、その可能性が存在していたが、それは何ゆえにも、その作品がきわめて実験的なものと想定されていたからである。とくに問題視されたのが、その編成である。なんと、二つの合唱団、四つのオーケストラ（交響楽団の他に、軍楽吹奏楽団、バヤン［アコーディオン］オーケストラと戦争の場面を描くための特別の音響アンサンブルで総勢五百人からなっていた！）が登場し、レーニンとスターリンの言葉は、ソリストではなく、合唱団が歌うことになっていた――これがもう一つ、潜在的に笑いをさそう契機とみなされたのだ。(9) こういったことすべてがプロコーフィエフに悪く作用していった。そのため、一九三七年夏に、彼がこのカンタータを指導部に披露したときの相手の反応は予測されたものだった。「セルゲイ・セルゲーヴィチ、あなたはなぜ、国民的なテクストを選びながら、あのようなわけのわからない音楽を付けたのですか？*38」

プロコーフィエフの作品は、それからほぼ三十年間演奏されることはなかった。しかし、一九六六年にこのカンタータがモスクワではじめて演奏されたときも（指揮キリル・コンドラシン）、スターリンにかかわるエピソードは省かれた。いまもってそのエピソードが「議論を呼んで」いたからである。注目すべきは、その状況が、ソヴィエト連邦崩壊後もそのままのかたちで残されていることだ。一九九六年にニューヨークでこのカンタータが演奏された際（指揮ワレリー・ゲルギエフ）、ある一部のアメリカの音楽学者たちははげしい義憤にかられ、これはスターリン主義のプロパガンダであるとして演奏者たちを非難した。

嵐のごとく過ぎた一九三七年に、プロコーフィエフは粛清されなかったものの、（明らかにスターリンの命令により）ブラックリストならぬ、いわゆる「グレー」リストに彼の名前は載ってしまった。巨匠として認められ、外国と白系亡命者との関係において潜在的な切り札の役割を果たしていたプロコーフィエフも、こうして完全に後列に押しやられてしまった。

革命を主題にしたプロコーフィエフのすばらしいオペラ『セミョーン・コトコ』（私見では、彼のオペラ作品のなかでは最も完成度の高い作品）は、一九四〇年にスターリン賞に作曲家同盟により推薦されたが、受賞を逃した。プロコーフィエフがスターリン賞を受賞したエイゼンシュテインの映画に自分の音楽から集めてつくったカンタータ『アレクサンドル・ネフスキー』さえ、スターリンの慈悲に与ることはできなかった。ピアノ五重奏曲と交響曲第七番で二つのスターリン賞第一席を受賞したショスタコーヴィチと比較すると、これは意図的にプロコーフィエフを傷つける行為のように見えた（きわめてうぬぼれが強く、短気なプロコーフィエフがどうにかこれに耐え抜いたことは明らかである）。

こうした病的な状況は、プロコーフィエフとショスタコーヴィチの、ただでさえ容易ならざる関係にいやおうない影を落とした。スターリンが、きわめてマキァヴェリ的な方法で、周囲にわかるように、ソヴィエト連邦の作曲家ナンバー1の座をめぐって二人を闘わせたことは明らかである（スターリンは、その他の文学、演劇、映画の分野でも同じような争いをけしかけていた）。

最初、ショスタコーヴィチは、自分より十五歳年上のプロコーフィエフを尊敬すべき巨匠として受けとめていて、彼の作品から作曲法上の新しい技法を学んでさえいた。知られているように、プロコーフィエフはきわめて自信家で、要求の多い、性格の激しい、毒のある人物だった。一九二七年に、有名なコンサートピアニストとしてソヴィエト連邦にやってきた際、彼は若いショスタコーヴィチに対しひどく高慢な態度で接した。「彼には才能がある、だがかならずしも原則に忠実ではない。……メロディストとして大きな才能をもっていない」[*39]。指揮者ニコライ・マリコの未亡人のベルタ・マリコは、プロコーフィエフのみならずショスタコーヴィチとも仲良くしていた人物だが、その彼女が、かなり後になってから私に、総じてショスタコーヴィチを「われらが小マーラー」と呼び、彼のオペラ『ムツェンスク郡のマクベス夫人』についてはとりわけ「性欲の波が上がったり、下がったりしている」というプロコーフィエフのきわめて辛辣な個人評を伝えてくれた[*40]。

作曲家ドミートリー・トルストイの証言によると、プロコーフィエフとショスタコーヴィチがひんぱんに顔を合わせるようになったとき、「性格も趣味もまったく違うことが明らかになった。前者の遠慮のない率直さと、後者の病的な傷つきやすさがぶつかりあった」[*41]。

ドミートリー・トルストイの父親は作家のアレクセイ・トルストイで、一九三四年、プロコーフィエフとショスタコーヴィチを、レニングラードの文化エリートとともに自宅の午餐に招待した。コーヒーを飲んだあと、プロコーフィエフを説得し、ピアノで『古典交響曲』のスケルツォとガヴォットを演奏してもらった。知られているように、プロコーフィエフはすばらしいピアニストだった。ゲストたちは感嘆した。とくに魅了されたのがショスタコーヴィチである。「これはすばらしい、驚嘆するしかありません！」この後、ショスタコーヴィチは自身のピアノ協奏曲を演奏した。今度はプロコーフィエフが自分の考えを披瀝する番だった。「そうだね、ぼくが言えるのは」と彼は（ドミートリー・トルストイは回想している）、足を組み、ソファーの背に手をもたせかけたまま切り出した。「この作品は、ぼくには未熟で、形式面でもばらばらに聞こえるね。素材自体についていうと……このコンチェルトは、様式的にちょっとけばけばしすぎるように思えるな。いわゆる、いい趣味の要求にはあんまり合致していないってことだ」。

プロコーフィエフのこの発言のあと、トルストイによれば、ショスタコーヴィチは、「プロコーフィエフはなんてろくでなしの卑劣漢なんだ！　彼はぼくにとってもう存在しない！」と呟いて、家から駆け出して行ったという[*42]。トルストイが証言しているのだが、ある一定の期間、ショスタコーヴィチは、プロコーフィエフの名前があがるだけで度を失うほどだったが、その事実を、ショスタコーヴィチの親しい友人たちはよく知っていた。その後、表面上の付きあいは修復されたものの、二人の大作曲家の関係には深い亀裂が残った。

繊細でかつ恥ずかしがり屋のショスタコーヴィチは、自分の同僚の平凡な作品でさえしばしば褒めちぎったものだが、いまやその彼も、自分が過去に崇拝していた人に対し、スターリン賞にノミネートされているカンタータ『アレクサンドル・ネフスキー』をめぐってえこひいきのない公正な批評ができると考えた。「全体としてこの作品を好きにはなれませんでした。この作品では何らかの芸術的規範が崩されているように思えるのです。作品にはあまりに物理的に音が大きくて説明的な音楽が多すぎます。とくに音楽の多くの部分がスタートの地点で終わっているように思えます」[*43]。

ショスタコーヴィチのプロコーフィエフ宛て書簡の内容には、あらゆるただし書きがついていた。とくに彼が「この作品がスターリン賞を受賞することができたら私としても本当にうれしいです」と記しているところなど、プロコーフィエフをほとんど喜ばせるものではなかったにちがいない。ましてや当時プロコーフィエフはこの賞を受賞していなかったのだからなおさらである（当時の勝者は、プロコーフィエフがかなり手厳しく批判したショスタコーヴィチのピアノ五重奏曲だった）。

ショスタコーヴィチとプロコーフィエフの公の言葉による反目は、戦争中も続いていた。好敵手の交響曲第七番のかつてないほどの成功の陰で、プロコーフィエフは、ますます自分が敗者であることを感じざるをえなかった。一九四三年、プロコーフィエフは秀逸なピアノ・ソナタ第七番で、ついにスターリン賞第二席を受賞する。プロコーフィエフの親しい友人の作曲家ニコライ・ミャスコフスキーは喜んでいた。「心から祝福する。最も重要なことは一同による黙殺に小さな風穴があけられたことだ」[*44]。だが、スターリンの目からすれば、プロコーフィエフの真の名誉回復は、エイゼンシュテインの映画『イワン雷帝』の仕事に彼が加わることと関連づけられていなければならなかった。

このプロジェクトは、指導者の心のなかにあったものの一つだった。十六世紀の皇帝イワン四世は、半世紀にわたってロシアを統治し、その冷酷な性格から「雷帝」と呼ばれた。彼はスターリンのお気に入りの人物だった。スターリンはイワン雷帝を、ピョートル一世やニコライ一世と並んで、偉大な帝国の建設事業における先駆者の一人だと考えていた。とりわけ、イワン雷帝の統治に六年から七年にわたって続いた、いわゆるオプリーチニナのエピソードにスターリンは惹かれていた。これは、敵対する大貴族との戦いのために皇帝が設立した反乱鎮圧のための親衛隊である。

旧来、カラムジンをはじめとするロシアの歴史家は、皇帝の統一権力に対する実際の反対勢力と仮想反対勢力を何千人と抹殺したイワン雷帝がはじめた「オプリーチニナのテロル」の必然性と妥当性に関して激しい議論を戦わせてきた。リベラル派は、伝統的に、イワン雷帝を躁病患者であり、精神を病める者として描くことで、雷帝の残酷さと勝手気ままな行動を非難してきた。だが、より保守的な思想家たちは、イワン雷帝を聡明な、将来を見すえた治世者として正当化してきた。

ソヴィエト政権初期、イワン雷帝は（もちろん、他のロシアの皇帝も）きわめて否定的に評価されていた。しかし、一九四〇年代の初め、スターリンは、「ロシア史におけるイワン四世の真の歴史的継承を復活させる必要」があると指示した。

スターリンによれば、「皇帝イワンは偉大な、賢知あふれる治世者だった」し、つい最近まで盗賊集団、殺人者集団、強奪者集団と書かれていた彼の親衛隊は、スターリンにより「革新的軍隊」と性格づけられた。[*45] この種の新しい見方が「創造的な労働者」の耳に届くと、彼らにとってイワン雷帝は突如としてかぎりなく魅力ある人物となった。そうして彼らは、雷帝に関する新たな歴史的研究を始めるばかりか、雷帝をめぐる長編小説や悲劇を書きはじめたのだった。

こうした流れの先頭に立った著者の一人が、スターリンのお気に入り作家アレクセイ・トルストイである。スターリンに宛てた抒情的な書簡で、イワン雷帝の突出する人格に「ロシア人の性格のすべての独自性が集まっており、雷帝から源流のようにロシア文学の小川や大河が流れ出ている。十六世紀にドイツ人は何を輩出できたというのか？　古典的な小市民マルティン・ルターだろうか？」と伝えた。[*46]イワン雷帝を独特な人物として、同時に政治的に魅力的な人物として、スターリンお好みのメディア、つまり映画において具現化しなければならなかったことは明らかである。そしてそのためにスターリンは、初期の無声映画『ストライキ』（一九二五年）、とくに若いソヴィエト芸術で最初に国際的成功をおさめた作品『戦艦ポチョムキン』（一九二六年）の頃から彼の作品を観察してきた。セルゲイ・エイゼンシュテイン以上にふさわしい映画監督はいないと考えていた。

怒濤のごとき一九〇五年の伝説的反乱に参加した戦艦の運命に関する大胆な革命的映画により――国家からの直々の注文によって制作された――エイゼンシュテインは西側のアヴァンギャルドのエリートに加わる永遠の切符を手にした。その完全な構成、絶妙なモンタージュ、忘れがたい一連の形象（とくにオデッサの階段でのデモ隊に対する銃撃場面はその非人間性によって、記憶に焼き付けられた）により、『戦艦ポチョムキン』は左翼的な傾向をもつ西側の映画愛好者の想像力を何世代にもわたって刺激し、あらゆる時代の最も優れた映画作品のリストにはつねにその名前が含まれることになった。

この勝利が偶然でなかったことを、エイゼンシュテインは次の作品、一九二七年に十月革命十周年を記念して制作された『十月』で証明してみせた。今度はすでにスターリン自身によるじきじきの監督のもとで撮影された映画だった。エイゼンシュテインと指導者とは個人的な知遇を得ることになり、その後、エイゼンシュテインは明確に、独裁者にとって最も重要なエリート芸術家たちの仲間に加えられた。

スターリンとエイゼンシュテインとのあいだの関係は、ある程度、その時代をおしはかるきわめて重要なパラダイムとみることができる。スターリンにとってエイゼンシュテインは、おそらく新しいソヴィエト文化の最も輝かしい代表であり、その才能は偉大な指導者の優れた監督のもとでしかるべく花開かなくてはならなかった。ゴーリキー、アレクセイ・トルストイ、マヤコフスキーとも異なって、映画監督エイゼンシュテインの創作上の歩みは、たんに革命後にとどまらず、レーニンの死後に始まっており、来るべき文化史家たちの目に、エイゼンシュテインは、新たに指導者となったスターリンの明々白々たる手先として映った。

エイゼンシュテインは、最も大衆的なメディア分野で仕事をしていたし、メディアを議論の余地がないほど革命的なプロパガンダの内容で満たしていた。そしてその際、彼は、ソヴィエト連邦のみならず、スターリンに対して権威をもつ西側の知識人のあいだでも高い評価を得ていた。こうした事情によってエイゼンシュテインは今後のスターリンの文化政策にとって、将来性豊かな、何ものにもかえがたい人物となったのだ。

一方、エイゼンシュテインは映画産業に身を置く者として、自己表現のためには権力側からの大々的な支持が必要だった。彼は「机の引き出し用に」詩や散文を書くことはできなかったし、拒否された絵画やキャンバスをベッドの下に置いておくこともできなかった。こうした状況のなかで彼の映画のスポンサーになりうるのは、国家だけであって、スターリンとの公の衝突はエイゼンシュテインにとって創造上の自殺行為を意味するものとなった。

このジレンマは、エイゼンシュテインと父親——エイゼンシュテインの思い出によれば、まさに「家の暴君」——との関係に深い心理的背景をもっていた。エイゼンシュテインの父親は、映画監督自らの回想によると、その息子にとっては「ありとあらゆる社会的独裁の典型[*47]」であり、その父親に対して彼は、外面的には「模範的な少年セリョージャ」を装って従わざるをえず、しかし同時にその横暴に対して彼は、自分の全存在をかけて反逆していたのである。エイゼンシュテインの回想録のなかに、いわゆる「意識の流れ」とすれすれのところで驚くほど率直に書き留められた苦しい対立は、彼の映画の最も印象深い場面の多くを生み出していた。

エイゼンシュテインの父親は、リガの元主任建築家で（幼いとき私はよくエイゼンシュテインの父親が手がけたモダニズム様式の豪華な建物のそばを通り過ぎたものだ）、白軍とともに国外に出て、亡命先のベルリンで亡くなった。エイゼンシュテインのもう一人の父親であり、かつ師でもあった演出家メイエルホリドも姿を消していた。演出家は一九三九年六月に逮捕され、即刻銃殺された。

エイゼンシュテイン自身は、メイエルホリドを「心の父」と呼び、「私が師としてあんなに愛し、あんなにあこがれ、崇拝した人はかつて一人もいなかった」と書き添えていた。一九四六年、エイゼンシュテインがこの言葉を書いたとき、こういった感情を手紙に表わすことはまさに蛮勇だった。肯定的な文脈でメイエルホリドに言及することは厳然と禁止されており、こういった事態は決して変わることがないように思われていた。エイゼンシュテインは、メイエルホリドの逮捕と銃殺刑は「わが国の演劇史のページから偉大な巨匠たるメイエルホリドの痕跡を永遠に一掃するものだ」と絶望的な筆致で書き留めた[*48]。

「永遠に」とは恐ろしい言葉である！　エイゼンシュテインが自分にも同じような運命がふりかかることを恐れていたのは、それなりに根拠がある。彼が、銃殺された師の、後世にとってきわめて貴重な文書類を救うため絶望的な危険をおかし、自分のモスクワ郊外の別荘にそれらを保管していたのはそのためではなかったろうか？

映画『十月』から始まって、創作活動のほとんどの期間、エイゼンシュテインは危険な橋を渡っていた。『十月』の最初の版では、その直後に政治亡命者となるレフ・トロツキーが肯定的人物として登場していた。エイゼンシュテインにつねにしっかりと注意を寄せていたスターリンは、個人的に次々と作品を発注したり、気前よく褒美を与えたと思えば、厳しく罰したり、励ましては叱責したり、褒めそやしては言いがかりを付けたりしていた。一言でいえば、スターリンは、エイゼンシュテインの人生において異なる二人の父親（本物の父親、心の父親）にも似たふるまいを見せてきたのだ。そしてエイゼンシュテインが、プーシキンの言葉に似せ、「これは異常な人物だった。天才と悪魔は、一人の人間のうちに同居しえないことを示す生きた反証だ」とメイエルホリドについて記したとき[*49]、彼はスターリンのことも念頭に置いていたのではなかろうか？

一九二九年、エイゼンシュテインを、当初はヨーロッパへ、後にハリウッドへと送り出すにあたって、スターリンは、彼に「詳細にトーキー映画を学びなさい。これは私たちにとってとても重要だ[*50]」と、はなむけの言葉を贈った。しかし、エイゼンシュテインのアメリカでの滞在が延び延びになったとき、スターリンはすぐに彼を「義務放棄」の線とソヴィエト連邦随一の敵であるトロツキーとの関係という線の両方を疑った。その疑いは、ソヴィエト連邦のみならず、アメリカに住む「善意ある人」たちが作成した多くの密告文書により次第に大きく膨らんでいった。こういった「善意ある人」たちの一人で、モスクワ在住のアメリカの新聞特派員のエドモンド・スティーヴンスは、内務人民委員会に、エイゼンシュテインはアメリカに滞在し「何度もトロツキーへの同情を表明した」と報告していた[*51]。

一九三九年にスターリンの命令で作家のイサーク・バーベリが逮捕されたとき、バーベリに対する尋問でとくに引き出されたのが、次のような証言である。「一九三六年から一九三七年にかけて、エイゼンシュテインと話をしたときのやりとり。話の中心軸は、次のとおり。神秘主義と奇抜さとむき出しの形式主義を好むエイゼンシュテインは、こうした内容を見出さずにはおかない。そこでは、こういった否定的な性質が弱まるどころか、反対に強調される。時間とかなりの資金を失いつつ、あの評判の悪い『ベージン草原』の仕事は執拗に続行されていった。この映画では、ピオネールのパーヴリク・モロゾフの死が、カトリック風の荘厳さを醸し出す宗教的かつ神秘主義的なエピソードとしての性質を帯びていた[*52]」。

エイゼンシュテインの映画『ベージン草原』の撮影には、(この映画をめぐり意気沮喪して語った)作家のバーベリ自身が脚本家の一人として参加していた。「時代遅れの」父親によって殺害される一人の若い「活動家」の姿を描くアクチュアルかつ政治的な物語が、エイゼンシュテイン、バーベリの手にかかると、聖史劇の性格を帯びるにいたった。これは自分の息子イサクを犠牲にしたアブラハムの話だった。それこそは、映画監督にとってきわめて重要なテーマのさらにもう一つのヴァリエーションであった。

映画を完成に導くことは許されなかった。未編集の素材をみたスターリンは、映画の「非芸術性と明らかな政治的破綻」に憤慨した。一九三七年三月五日付の政治局の『ベージン草原』の公開禁止に関する特別決議でこのように定義されたのである。スターリンの命令により、『ベージン草原』のフィルムは廃棄された。偶然にもフィルムのコマが保管されていた(この個々のフィルムのコマを用いて、三十年後、小規模の写真映画が制作され、これによりエイゼンシュテインの考えを推し量ることができる)。それに代わって誰も見たことのない作品の誤りをめぐる論文集が速やかに出版された。この論文集でエイゼンシュテインは「自分の世界観の誤りを最後まで克服する必要性と、根本的な変革をとおしてボリシェヴィキ思想を身につける必要性を深く」認めざるをえなかった。[*53]

一九三七年五月に政治局は、ふたたびエイゼンシュテイン問題を討議した。議事日程に上った決議案には、「映画監督としてS・エイゼンシュテインを起用することは不可能だと考える」と書かれていた。この決議が採択された暁には、エイゼンシュテインに対し、「不穏分子であることを示す身分証明書」が発行されるばかりか、肉体的抹殺への道が開かれることにもなったことだろう。

しかし、スターリンは最終的に別の判断を下した。その結果エイゼンシュテインに対して、彼が拒否することのできない提案がなされた。それはすなわち、十三世紀のノヴゴロド君主のアレクサンドル・ネフスキー公に関する映画の撮影である。ソヴィエトの独裁者たるスターリンは、現実的な政治的思惑から、アレクサンドル・ネフスキーを「進歩的な」ロシアの歴史的人物のパンテオンに加えることを決断した。アレクサンドル・ネフスキー公は、死後にロシア正教会により聖職者の位階を受け、チュード湖の凍てつく冬の氷上で、チュートン人の騎士団に敗北をもたらした人物である。だからこそ、当時ヒトラー・ドイツとの闘いに備えていたスターリンにとって、彼は勇敢な戦士と愛国者の手本としてうってつけだった。

この新しいソヴィエト英雄をめぐるエイゼンシュテインの映画は、恋愛の駆け引きと「恐怖も非難も知らない」主人公が登場する明快な主題をもち、「ボリショイ・オペラ」様式で撮影された。この映画は、以前の監督の革新的な作品とは著しく異なり、主役は人民大衆であったし、主として短い編集技術が用いられた。映画の「オペラ性」は、特別に映画のためにプロコーフィエフによって作曲された意気揚々たる音楽を全編にわたって使うことによって強調されていた。エイゼンシュテインはプロコーフィエフを、共通の友人であるメイエルホリドを通じて互いに知ることになった（かつて一九二五年にメイエルホリドは、『戦艦ポチョムキン』のために音楽を作曲してくれるようにプロコーフィエフを説得しようとしたことがあった）。

エイゼンシュテインとプロコーフィエフは同じような性格の人間ということで、またたく間に親しくなった。二人の巨匠は信じられないほど野心家で、実務にたけ、エネルギッシュで、どちらかといえば性格は皮肉っぽく、創作に対しては強く合理的な精神をもっていた。プロコーフィエフはなかなか打ち解けず、懐疑的な性格をもつエイゼンシュテインの数少ない友人の一人となり、おれ、おまえの間柄になった。エイゼンシュテインはプロコーフィエフに心酔していた。「プロコーフィエフのイメージ豊かな音楽言語がもつクリスタルのごとき純潔さという点で彼に匹敵するのは、スタンダールのみである」[*54]。一方、プロコーフィエフはエイゼンシュテインを「輝かしい監督であるばかりでなく、きわめて繊細な音楽家である」とみなしていた。

このように互いに崇拝しあっていたことは、それなりの結果を生んだ。『アレクサンドル・ネフスキー』は、映画における音楽と映像の理想的な結合の見本となった。スターリンにもソヴィエトの対外政策における紆余曲折があったため、一九三九年に独ソ不可侵条約が締結された後、この映画は、現実的でないとして上映作品のリストから外された。同じ理由でプロコーフィエフのオペラ『セミョーン・コトコ』も不適切とされた。その代わりヒトラーと戦っていたとき、『アレクサンドル・ネフスキー』は、プロコーフィエフの人の心を燃え立たせる合唱「ロシアの民よ　聖なる戦いへ　決死の闘いへ　立ち上がれ！」とともに、ふたたび最も人気のある愛国主義的作品の一つとなった。

すでにスターリンによる試験済みのエイゼンシュテイン＝プロコーフィエフ「チーム」は、『イワン

プロコーフィエフとセルゲイ・エイゼンシュテイン。『アレクサンドル・ネフスキー』を制作しているところ。

雷帝』の仕事に投入され、その撮影は奥深い銃後のカザフスタンで一九四三年に開始された。エイゼンシュテインは三部作の巨大な映画叙事詩を考え、指導者から承認を得た。困難な戦時中にもかかわらず、スターリンは（あるとき次のような言葉を述べた。「よい映画というのは数個分の師団に値する」[*55]）『イワン雷帝』の製作に金を惜しまず、『アレクサンドル・ネフスキー』のようなプロパガンダの傑作をエイゼンシュテインに期待していた。

しかし、エイゼンシュテインにはこの点について、ある時期まで奥深く隠していた考えがあった。彼の頭のなかで生まれた新しい映画の最初のイメージが、教会で最後の審判のフレスコ画を前にしたイワン皇帝の懺悔だったのは、それなりの理由がある。かつてエイゼンシュテインが、映画『アレクサンドル・ネフスキー』を主人公の死で終えようと計画したことがあったが、スターリンはこのアイデアに反対した。「このような優れた公が死ぬことなどありえない！[*56]」政治の議題のほうが、芸術よりも重要だったのである。今度は、監督が雪辱を果たそうとしていた。

イワン雷帝について考えながら、エイゼンシュテインが最初にスターリンを念頭に置いていたことに疑いはない（数人の研究者もイワン雷帝のイメージには、メイエルホリドの特徴が反映されていると考えている）。エイゼンシュテインは、当時としては前代未聞ともいうべきアイデアを思いついた。それは独裁者の心理を入念に分析することである。エイゼンシュテイン以前に、指導者の周辺にある「絶対入れない空間を壊そうとした」（これは、ブロツキーの表現である）のは、一九三〇年代にスターリンに詩を贈ったパステルナークとマンデリシタームだけであった。

マンデリシタームの『スターリン頌詩』は衝撃的な作品で、このなかで詩人はじかに指導者の目を、いや、ことによるとその魂まで覗きこんでみせたが、詩人の活動範囲はその規模もジャンルも限られていた。この作品（パステルナークの詩『芸術家』と似ている点がある）を理解できたのは、作者の入り組んだイメージを解きほぐすことのできる比較的少数の専門家だけだった。エイゼンシュテインは映画叙事詩に取り組もうと決意した。映画の観客数は数百万人に及ぶものになるだろう。そして、彼は誰がこの作品の最初の（最後の）検閲官になるかをよく心得えていた。それは映画の主人公だ。

こういった事態をすべて考慮すると、エイゼンシュテインの向こう見ずな態度に驚き、感心するばかりである。第一部では皇帝イワンを頑固な手法を用いて国家が定めた目標、つまり統一と国威発揚をめざす若い理想主義者として、強い意志をもった人間として提示している。しかし、目標達成のためなら、すべての手段はよしとされるのか？　エイゼンシュテインはこのプーシキン的質問を課している。恐れと憂鬱のなかで両手で頭をしめつける年老いた専制君主に彼はこう囁かせている。「皇帝イワンよ、どんな法で裁こうというのか？　どんな法で懲罰の剣を振り下ろそうというのか？」これはすでにプーシキンの人物像ではなく、ドストエフスキーの人物像である。

エイゼンシュテインがこの危険な道を意識的に選択したことは、一九四三年に作家ユーリー・トゥイニャーノフ（隠された引喩に長じた歴史的物語の巨匠）に宛てた書簡で証明される。「イワン雷帝を「人間的」な観点から見て、独裁の主題を、悲劇的にも独裁と孤独が同時性をもっていることは避けられないことを私は描くつもりである。ひとりは唯一の人物として、ひとりは一人で取り残された孤独な人物として*[57]」。

エイゼンシュテインのこうした目論見が、パステルナークとマンデリシタームのスターリン頌詩に類似していることは明らかである。しかし、エイゼンシュテインは芸術的課題を映画的手段で解決している。それゆえに『イワン雷帝』の中心的エピソードは、世界の映画で最も印象的な場面の一つと見なすことができる。映画全体は白黒だが、第二部における「親衛隊《オプリーチニキ》の舞踏」の場面だけはカラーで撮影されていた。長さ五百メートルになんなんとするこの映画は、力強さと躍動性の点でファンタスティックとしかいいようのないプロコーフィエフの音楽が随伴し、カラーの花火が上げられている。赤いシャツ、黒いカフタン、青いドーム、金色のイコンなど。こうした悪と破壊の狂乱、狼藉行為、疾風は、まさに皇帝がみずから引き起こしたものだが、皇帝本人は、この恐るべき憎悪の竜巻の中心にあって、プーシキン＝ムソルグスキーがかつて描き出した、内なる苦しみに苛まれているボリス・ゴドゥノフの孤独な映画的分身である。

エイゼンシュテインの友人の一人が、本人にこの類似性を指摘したとき、彼は笑い出して、十字を切った。「これはこれは、それが見えますか？　なんと幸せなことでしょう、なんと幸せな！」そして、彼は偉大なロシアの伝統、良心の伝統を踏まえつつこの映画を制作したことを認めた。「暴力は説明することも、法的効力を与えることも、論拠づけることもできるが、これを正当化することはできない。あなたが人であるならば、償う必要がある*[58]」。

エイゼンシュテインが完成間近の『イワン雷帝』第二部を同僚たちに見せはじめたとき、同僚たちはぞっとなった。同時代の現実とのあからさまな類似が、映画のなかにあまりにも数多く見られたからである。しかし、映画監督のミハイル・ロンムが覚えているように、「イワン雷帝にはスターリンに対する暗示が、マリュータ・スクラートフにはベリヤの暗示が、皇帝の親衛隊にはベリヤの手先たちに対する暗示がありありと感じられることをだれひとり正面切って口にはできなかった。それに、われわれはほかにも多くのことを感じてはいたが、口にする決心がつかなかった。だが、エイゼンシュテインの大胆さ、その目の輝き、その挑戦的ともいえる懐疑的な笑みのなかに彼が実際に意識的にそうしたこと、彼がもう遮二無二突き進む決心をしていることをわれわれは感じとっていた。それは恐ろしいことだった」[*59]。

映画当局は、『イワン雷帝』第一部を一般公開することはおろかスターリン賞にこれを推挙することを恐れはじめた。これには、未完成の作品をこの賞に推すことを禁じるスターリンの指示が口実に用いられた。ところが、スターリン自身が、第一部を観て、エイゼンシュテインのために例外を設けるように指示してしまった。そんなわけでこの映画は、無事一般公開されたばかりか、スターリン賞第一席まで獲得してしまった。エイゼンシュテインとプロコーフィエフにとっては、これは自分たちの仕事がスターリンからの最高の励ましと承認に与《あずか》る瞬間となった。

一九四六年二月二日、映画会館では、今回新たに受賞した面々の栄誉を記念するダンスパーティが開かれ、エイゼンシュテインは、有名な女優ヴェーラ・マレーツカヤとはげしく踊りまくった。そのパーティの席でエイゼンシュテインのこれ見よがしの大胆さに人々は気づいたが、彼にとってそれがマクファーソンのダンスとなろうとはだれも予測しなかった。この時期すでに完成していた『イワン雷帝』第二部をスターリンによる試写に供さねばならなかった。エイゼンシュテインは今回、スターリンがどのような反応を見せるかおそらくはほぼ確実にわかっていたのである。

エイゼンシュテインははげしい心臓発作を起こし、ダンスパーティの会場からそのまま病院に搬送された。エイゼンシュテインが抱いていた危惧はまったく正しく、ドストエフスキーの主人公のごとくイワン雷帝を解釈したことがスターリンを激怒させた。「イワン雷帝は、強い意志と性格をもった人間であるはずなのに、エイゼンシュテインの映画ではそれが何やら優柔不断なハムレットになってしまっている」というのだ。

イワン雷帝の心をやさしくくすぐる親衛隊たちの不吉な踊りもスターリンをかっとさせた。「親衛隊たちをどうにも汚らわしい輩、変質者、なにやらまるでアメリカのクークラックスクランのごとき存在として描いている[*60]」というのである。『イワン雷帝』第二部に対するスターリンの全体的な評価は次のようなものだった。すなわち「映画なんてものじゃなく、一種の悪夢だ！　胸糞悪くなるような作品だ！[*61]」

エイゼンシュテインの映画は、「その非芸術的な性格と反歴史性」を理由に、間を置かず上映禁止とされた。エイゼンシュテインは心臓発作からどうにか立ち直った。イワン雷帝の役を演じたスターリンの秘蔵っ子ニコライ・チェルカーソフの計らいによって二人はクレムリンでの接見にも与った。その席上、スターリン、ジダーノフ、モロトフは、エイゼンシュテインとチェルカーソフの二人に、この映画をどう「修正」すべきか教示した[*62]。

スターリンは、苛立たしげに会話をはじめ、エイゼンシュテインに対してみずから深刻な不満点を列挙した。ジダーノフは「エイゼンシュテインのイワン雷帝はノイローゼ患者になってしまった」と相槌をうった。スターリンはエイゼンシュテインに向かって、映画の政治的メッセージはどうあるべきかをしつこく説明した。「イワン雷帝はとても残忍だった。彼が残忍だったことを示すこと、ただし、どうして残忍である必要があったかを示さなくてはならない」。モロトフもスターリンの意見を繰り返した。全体として粛清を描くことは適切であり、必要でさえある。しかし、粛清そのものに妥当性があることを説明すべきだと。

エイゼンシュテインとチェルカーソフは、異を唱えようとさえしなかった。これは、彼らが以前に取り決めた戦術だった。機知にとむチェルカーソフは、スターリンにタバコをすわせてほしいと許可を求め、最終的にいくぶん雰囲気を和らげた。スターリンはにわかに陽気になって言った。「どうやら上映禁止ということにはならなかったようだな、よければ、票決にかけるが?」

スターリンはチェルカーソフに自分の好きな葉巻「ヘルツェゴビナ・フロール」を勧めた。深夜十二時を告げるクレムリンの大時計が鳴った後、接見は、始まったときよりもはるかになごやかな雰囲気のうちに閉じられた。別れ際にスターリンは、エイゼンシュテインの健康さえ気づかい、こう口にした。「大事になすって!」一日経て、チェルカーソフは新聞紙上でソヴィエト連邦人民俳優の称号の授与に関する命令書を読んだ。

クレムリンを去るとき、エイゼンシュテインはすでに、指導者の指示に従って作品をつくり直すことはないと覚悟していた(もっとも、その彼が、その後一年もたたず一九四八年二月未明に起きた二回目の心臓発作で死ぬことになるなど彼自身予想だにしなかったろう)。『イワン雷帝』の第二部が制作されたままのかたちで奇跡的に上映されるのは一九五八年のことである。エイゼンシュテインの戦術は、その後の行動から明白である。彼は親しい友人には自分のなかでできあがっているイワン雷帝のイメージを変更したくないし、変更できないと説明し、あらゆる手をつくして再撮影の開始を引き延ばしていた。「私は歴史的真実をゆがめる権利をもっていないし、自分の創作活動上の信念を放棄したくない[*63]」。

これは、明らかにエイゼンシュテインが苦しみの末につかみとった立場であり、彼がそこに行き着いたのは戦時中のことである。その立場は、一九四四年一月一日と日付が記されたエイゼンシュテインのすばらしい絵にしっかりと表現されている。私はこの絵を二〇〇〇年にニューヨークの展覧会で見た。エイゼンシュテインはいかにも彼らしい無駄のない、表現力に富んだスタイルによって（エイゼンシュテインがすばらしいデッサン画家であったことは周知の事実だ）、その筆致から有名なロダンの《考える人》を思わせる人物像を描きあげた。その人物は両手両足に枷をはめられながら、自分の顔全体でもって挑戦と不服従の態度を表明しており、しかもそこには短くきわめて意味深長な「自由人」の署名がなされていた。

当時、この内面の自由の相矛盾する感覚を、この人物同様に、手枷足枷をはめられていた多くのソヴィエト文化人がエイゼンシュテインと共有していた。最近、一九四三年から一九四四年にかけてソヴィエト連邦の指導者の机に届けられていた情報提供者の報告書が秘密解除となった。情報提供者のヴィクトル・シクロフスキー（一九七〇年代の彼を知っているが、彼は永久におどおどした人間のように思えたものだ）は、たとえば次のように発言した。「最終的に何を恐れるのか？　文学界で起こった事態より悪いことはもう起きないだろう[*64]」。作家のコンスタンチン・フェージンは、若い世代には文学の専従職員としてだけ見られていた人物だが（一九五九年から一九七七年までソヴィエト連邦作家同盟の議長を務めていた）、彼の名前は戦時中、正真正銘の異端者として鳴り響いていた。「作家が、現実ではなく望んでいることを描くよう強いられるとき、リアリズムに関する話はありえないだろう。このような状況におけるリアリズムに関する話題はすべては偽善行為か、もしくはデマゴーグである。どのような種類の独裁のもとにあっても文学的リアリズムの悲しい運命は、同じである」。

これらすべてに目を通したスターリンには、こういった考え方はまったくばかげたことだと思えたはずである。しかし、本当はソヴィエトの知識人が文化の実情に満足していないばかりか、政治的変革を期待していることを知って、スターリンは本気で警戒しはじめたかもしれない。ゾーシチェンコはこのことについて比較的慎重に語っていた。「創作は自由でなければならないが、わが国ではすべての創作活動が指令や課題や圧力によって行なわれている。戦争が終わったら文学の状況は変化するだろう……」。

コルネイ・チュコフスキーは、もっと明確に発言していた。「ナチスによる専制政治の崩壊とともに、民主主義世界がソヴィエトの専横に立ち向かうだろう。待つことにしよう」。何を待つのか？　これは、密告者が記録したヤコフ・ゴロソフケルの夢のなかに読み解くことができる。ゴロソフケルは、のちに大きな影響力をもつ『ドストエフスキーとカント』の著者である。「ヒトラーは粉砕され、同盟国はもしかしたらわが国に圧力を加え、最低限の自由が得られるかもしれない……」。

また、別の作家P・A・クジコは決然と最後まで言い切っていた。「国民はスターリン以外に自分たちの指導者を推挙した。ジューコフやロコソフスキーなど。これらの指導者がドイツを壊滅させ、勝利した暁には彼らが日のあたる場所を要求するだろう……こういった人気のある将軍の誰かが独裁者になるか、もしくは国家統治の変革を要求するだろう。戦後帰還した大量の兵士は、集団化によっても農業が再興されないのをみてソヴィエト政権を倒すだろう」。

秘密情報部員が報告したこれらの反政府勢力的考えや会話などは、スターリンからするとまぎれもなく、より広範な情報の一部にすぎなかった。ここに、スターリンに言わせると、一連の芸術作品の「政治的に有害な」グループの登場が書き加えられた。エイゼンシュテインの映画の他に、スターリンを怒らせ、憂慮させたのはフセヴォロド・プドフキンとアレクサンドル・ドヴジェンコの映画とシナリオ、イリヤ・セリヴィンスキー、ニコライ・アセーエフそしてコルネイ・チュコフスキーの詩、レオニード・レオーノフ、フセヴォロド・ヴィシネフスキーの戯曲、コンスタンチン・フェージンとミハイル・ゾーシチェンコの散文である。このさまざまなリストは、もちろんこれですべてというわけではない。

音楽作品の中で真っ先に指導者の不満を呼びおこしたのが、ショスタコーヴィチの新しい交響曲第九番であったにちがいない。作曲家はこの作品を一九四五年八月、つまりソヴィエト連邦とその連合軍による第二次世界大戦の勝利での終結の寸前に作曲し終えた（五月八日にドイツ、九月二日に日本が降伏した）。何百万人もの人命が失われた戦いの恐ろしい年月は過ぎ去った。ソヴィエト連邦は未曾有の犠牲を払ってヒトラーの侵攻を撃退し、ヨーロッパとアジアにまたがる新たな、巨大な領土にみずからの影響力を確立し、かつてないほどの権威を享受したのだった。

スターリンはいささかの疑いももたず、このような結果がもたらされたのはみずからの賢明なる指導があったからだとみなしていた。彼はそれなりの根拠をもって、自分が世界の運命の支配者であると考えた。そしていまや、スターリンの新しい役割と偉大さがスターリンの天才にふさわしい偉大な作品において賛美されるだろうと期待した。

ショスタコーヴィチは、スターリンが特別な期待をかけていた芸術家の一人である。二つの記念碑的交響曲である第七番と第八番は戦争時の最も成功した作品だったし、しかもそれらはソヴィエト連邦だけでなく西側で成功を収めていた。当時はこのことがスターリンには重要だった。ショスタコーヴィチは、戦勝を記念し、みずからの「戦争」交響曲三部作を締めくくるに際し、特別に意義深い祝祭的作品を書き上げるだろう。それも、合唱団とソリストが参加する作品を作曲するだろうとの確信が広がった。作曲家マリアン・コワーリが書いたように、「ショスタコーヴィチの作曲活動は、この時期、ソヴィエト楽壇の注目の的だった。どうしてショスタコーヴィチに戦勝をめぐる意気軒昂たる交響曲を期待せずにいられようか？[*65]」

すでに指摘したように、この期待は、「番号による」理由からさらに高まっていた。ベートーヴェンの交響曲第九番は、合唱とソリストによる有名なフィナーレ『歓喜の歌』ともども、世界の交響曲の頂点として、音楽における最も偉大な人道的マニフェストとして知られているではないか。当時、西側においてさえベートーヴェンと比較されていたショスタコーヴィチは（たとえば指揮者のクーセヴィツキーが発言していた）、「ソヴィエトの第九番」のような作品を作曲すると思われていたのだった。

作曲家コワーリは、ショスタコーヴィチの新しい作品のラジオでの初演の様子を書いていた。「作曲家同盟で、ラジオ付電蓄の傍らに作曲家と音楽学者のグループが集まった。彼らはじりじりし興奮しながら、交響曲第九番の放送開始を待った」。ところが、合唱団もソリストも登場しない短い交響曲第九番（演奏時間はせいぜい二十二分だった）の放送が終わると、――コワーリが書いているが――「聴き手たちは、なぜかひどく気まずい思いをしながら散会した。彼らは、ショスタコーヴィチが発表した音楽を一種のいたずら行為と感じて恥しく思ったのである。もはや若くもなく、四十歳にもなっている大の男が、このような大事な時になぜ、と[*66]」。

音楽的ないたずら？　これはショスタコーヴィチの交響曲第九番を聴いた後、スターリンの脳裏に浮かんだ最も大人しい定義だったのではないかと思う。作品には、荘厳さもなければ、頌歌風の趣もなく、その代わりにアイロニーとグロテスク性がふんだんに溢れていた。コワーリの悪意ある（率直な密告者のような）観察によると、「老ハイドンと、チャーリー・チャップリン風の下手なメイクを施したアメリカの下士官が、あらゆる方法で気取ってみせ、しかめ面までして、交響曲第九番第一楽章をギャロップで駆け抜けていった」。

交響曲第九番の続く楽章には、貴重な抒情的エピソードもあれば、この交響曲をショスタコーヴィチの秀逸な作品に数え入れる高い悲劇性に満ちた数ページも含まれている。しかしこの音楽は、党や国家のノーメンクラトゥーラ（特権階級）、そして当然のことながらスターリン自身が考える「大事な時」に決定的といえるほど合致していなかったのである。

政治の上層部からすれば、ショスタコーヴィチの交響曲第九番は「反国民的」作品だった。なぜなら、作曲家は「全国民の歓喜の行事」に参加することを拒否したからである。しかし、ショスタコーヴィチは公式の国民性（ニコライ一世によって理解されていたように）には反していたが、ミハイル・バフチンが書いた真の意味での国民の伝統には忠実だった。「国民はかつて一度も支配の真実のパトスに同調したことはなかった。国家が危険に脅かされるのであれば、国民はみずからの義務を果たし、国家を救おうとするであろう。しかし、国民は決して階級国家の愛国主義的スローガンをまともに受け入れることはしなかった。階級社会のスローガンのもつヒロイズムは、支配的権力と支配的真実がもっている情熱的な調子に対して醒めた嘲笑的態度を示している[*67]」。

交響曲第九番でショスタコーヴィチは、彼がつねに、そうであったような真に直感的なポピュリストの激しさでもって自己を表現したのだった。彼の交響曲は「大衆」の隠された感情を表現していた。バフチンによれば、戦後の不安な時期におけるショスタコーヴィチの生命力と、バフチンのいう「醒めた嘲笑的態度」のもつアクチュアリティに関しては、作曲家セルゲイ・スロニムスキーの回想がこれを証明している。「そして、当時未成年だった私たちも瞬時にあの日々にふさわしいもの、かつ必要なものを感じ取った。私たちは無意識に交響曲第九番の挑戦的意味を受け入れたし、この交響曲が、偽の荘厳さ、偽の超大作を、偽の雄弁さしっかりと嘲笑していることを理解した」[*68]。

数多くの特徴や作者の暗示があることで、ショスタコーヴィチの交響曲第九番は、ブルガーコフの『巨匠とマルガリータ』に、より正確に言うならば、この長編小説のモスクワ編に近いものとなった（ショスタコーヴィチは、戦後、ブルガーコフの自宅での『巨匠とマルガリータ』朗読会に出席していた）。しかし、悲劇性、抒情性、アイロニー、そしてグロテスクさの繊細かつみごとな音楽的融合は、当時のスターリンからすると単なる無責任な悪ふざけだったばかりでなく、直接の挑戦のように思えたはずである。

しかし、ここで重要なのは、『ボリス・ゴドゥノフ』の聖愚者の役割を演じたショスタコーヴィチの、誇示するがごとき作曲上の不服従を、スターリンは今やソヴィエト・エリートたちの間で広範囲に増大しつつある抵抗の一部とみなしていたことである。スターリンの目に高度に危険なものと映ったプロセスは、当局が西側同盟国との接触に耐えていかざるをえなかった戦時中に始まっていた。西側の見本は、芸術家のあいだに、民主主義的な寛容さが生まれるのではとの期待を生んだ。これと関連して、スターリンは、彼なりの根拠をもって、現指導部に対し力をつけつつある反対勢力があることに気づいていた。

文化エリートについては、決然かつ厳正な態度で、適材を適所に置かねばならなかった。『イワン雷帝』の第二部を見た後、怒り心頭に発したスターリンは次のように言明した。「戦時中は目がゆきとどかなかったが、これからはしかるべくあなたたちを監督する」[*69]。

この脅かしは、まもなく実行された。

註

（1）驚くべきことに、作曲家のアルトゥール・ルリエーは、海の向こうで亡命生活を送りながらも、こうしたことを感じたのだった。それについて、彼は一九四三年にニューヨークで書いている。「彼の（ショスタコーヴィチの）交響曲はドイツ軍のロシア侵入以前に始められ、その後、戦争のさまざまな事件と内的に結びつき、かたちをなしていったと考えることもできる」（*Novyi zhurnal*, 4 (1943), p. 368）。ことによると、ルリエーは、この件でロシアから何らかの情報を得ていたのかもしれない。

（2）セレブリャコーワは、ラーゲリ経験者だった。だが、ソ連においてラーゲリでの経験を綴った『竜巻』（パリで、ポーランド語の亡命雑誌『クルトゥーラ』に一九六七年に出版された）を出版することなど、当時としては思いもつかなかった。にもかかわらず、彼女は可能なかぎり、大テロルの時代に彼女が経験したことを比較していた。かつての恋人が書いた交響曲のなかに、彼女は、当時の狂気と恐怖に対する暗号化された反響を聴きとり、スターリン時代の「煉獄」の音楽的な反映としてその交響曲を理解していたのだろう。

（3）ショスタコーヴィチの第七番との関連におけるベルリオーズ『幻想交響曲』の「断頭台への行進」については、繊細な耳の持ち主だったアルトゥール・ルリエーも言及している。

（4）トルストイのこのパッセージで目を引くのは、作家が、スターリン自身の同語反復的な語彙と語り口を意識的ないし無意識的に模倣していることである。

（5）ショスタコーヴィチにまつわる撮影が演出されたものであることは、ガヴリイル・グリークマンが私との会話のなかで裏づけてくれた（二〇〇二年に行なわれたミュンヘンの著者とガヴリイル・グリークマンとの電話対話）。

（6）こうした否定的評価は、西側からソ連のエリート層にも浸透していき、それらが長いこと定着してきた。交響曲第七番を、彼のある作品のアメリカ初演のためにやってきた作曲家のアルフレート・シュニトケとニューヨークで聴いたときのことを思いだす。演奏が終わったとき、私はシュニトケがいま聴き終わった音楽に衝撃を受けているを見た。興奮して青ざめた顔を私に向けながら、彼は「これは傑作だ」と言い、自分がこの第七番を深刻に過小評価していたと述べたのである。

（7）二十世紀におけるサンクト・ペテルブルグ神話の目も眩むほどの変容におけるこれら二つの作品のパラレル性と役割について、私は拙著『サンクト・ペテルブルグ　文化史』で扱っている。

（8）英語版註　ピアノ三重奏曲への授賞という事実それ自体、――それ以前のショスタコーヴィチのピアノ五重奏曲と同様に――スターリン文化の文脈からして驚嘆すべきことである。その複雑さ、洗練性からいってこれらの作品はマンデリシターム、ツヴェターエワ、あるいはパステルナークの最も難解な作品と比肩しうるからだ。

（9）英語版註　ロシア古典オペラの通としてスターリンは、グリンカのオペラ『ルスランとリュドミラ』のワンシーンを思い起こしていたのかもしれない。そこでは舞台の外にいるバス合唱が、舞台中央で起き上がる伝説の巨人の切り落とされた頭を高らかに紹介する。この頭は通常、紙張子でできており、しばしばコミカルな効果を生む。

第六章　一九四八年——「あらゆる場所に目を光らせ、敵を根絶せよ！」

一九四六年八月のある日、アンナ・アフマートワは所用でレニングラードの作家同盟に立ち寄った。ここではインフルエンザでも流行しているのだろうか、と彼女は思った。女性職員たちは鼻をかんでいるし、みな目が充血している。多くの者たちはアフマートワから目をそらした。後にアフマートワが回想しているところによると、帰宅途中で彼女はミハイル・ゾーシチェンコに出くわした。「道の反対側から彼が駆け寄ってくるのが見えた。彼は私の両手にキスすると、こう尋ねた。「ああ、アンナ・アンドレーヴナ、これからどうしたらいいのでしょう？　耐えなければならないのですね？」彼が家庭で何かもめごとを抱えている、と小耳に挟んだことがあったので、私はこう答えた。「耐えるのよ、ミーシェニカ、耐えなければ！」そして私は立ち去った……。そのとき私はまだ何も知らなかったのだ」[*1]。

彼女が知らなかった（あるいは知らないふりをしていた）ことを、すでにレニングラードの文学関係者の全員が知っていた。八月十四日、全連邦共産党中央委員会組織局は特別決議を採択した。それは一週間後、『プラウダ』紙に掲載されるが、そのなかでゾーシチェンコは「低俗な文学の屑」呼ばわりされていた。彼は戦争中に「下劣」な小説を刊行するという「恥ずべき振る舞い」をしたという罪で糾弾されたのである。その同じ決議でアフマートワは、「民衆とは縁もゆかりもない空虚で無思想な詩の典型」と評され、その詩は「わが国の青少年の育成に害を及ぼしている」として非難された。[*2]

イリヤ・エレンブルグの言葉を借りるなら、この決議は「以後八年間にわたるソ連文学の運命を決定づけた」[*3]。リジヤ・チュコフスカヤは、文体から判断してこの決議の作者はスターリンその人に違いないと断言している。「どのパラグラフにもあの堂々たる髭が覗いている……」[*4]。スターリンが出席した一九四六年八月九日の党中央委員会組織局会議の速記録が公開された現在では、同時代人たちのこの推測は正しかったことが証明されている。

最高会議ではアフマートワとゾーシチェンコの「過ち」について討議され、スターリンがその議論を指揮していた。アフマートワには単に過去の名声があるにすぎないとあっさり切って捨てると、スターリンはその怒りの矛先をゾーシチェンコに集中させた。「戦争中、あらゆる人民が血を流したというのに、彼はしかるべき作品を一行たりとも生み出さなかった。この男が書いたのはつまらない屑で、まったく馬鹿にしているとしか思えない」。怒りに燃えるスターリンは次のように締めくくる。「われわれは人々にこんなくだらないものを教えるためにソヴィエト体制を建設したのではない」[*5]。

スターリンの考えを知識人と民衆に伝え、そして解説する役割を託されたのは、当時、思想統制の責任者だった政治局員アンドレイ・ジダーノフである。この件に関する彼の演説は、その年のうちにパンフレットとして編集され、大量に出回って国じゅうに広まり、政治教育の場や各地の学校、大学における必須教材とされた。

ジダーノフの演説文はソヴィエト・イデオロギーの経典となった。[*6] それはあまりにも重要なものとなりすぎたため、直接的な影響力は徐々に薄れていったものの、ようやく正式に撤回されたのは一九八八年末、つまりゴルバチョフのペレストロイカ最盛期のことだった。戦後のイデオロギー推進運動においてジダーノフはあまりに目立つ役割を担っていたがゆえに、その時代全体は（かつて大テロルのピーク期が、当時の内務人民委員エジョフにちなんで「エジョフシチナ」と称されたのと同様に）「ジダーノフシチナ（ジダーノフ期）」と呼ばれている。

「ジダーノフシチナ」という用語は西側でも定着した（日本では「ジダーノフ批判」とも呼ばれる）。とはいえ、ジダーノフは確かに主要な悪役ではあったが、ごく凡庸なエジョフが一九三〇年代の粛清を動かす実権をもっていなかったのと同様、実際にはそれほどソヴィエト・イデオロギーを左右する力が彼にあったわけではない。他の無数の「同志たち」と同じく、二人ともスターリンの操り人形にすぎなかった。したがってこの時代を「ジダーノフシチナ」と呼ぶのは、あくまで仮の呼称にすぎない[1]。

なぜ自分たちがスターリンによって晒し者にされることになったのか、ゾーシチェンコとアフマートワには死ぬまで謎だった（両者ともにそれがスターリンの意志であったことを少しも疑っていなかった）。周知のとおり、スターリンのことを一行も書いたことのなかったゾーシチェンコは、ある作品に出てくる感じの悪い粗野な登場人物のモデルは自分だとスターリンが思ったのだろうと考えた。また彼は、西側の亡命ロシア人向け出版物で自分の諷刺作品が大量に重版されていることにスターリンが苛立っているのだとも考えていた（そしてそれはあながち根拠のないことではなかった）。

付け加えておくと、スターリンがゾーシチェンコの熱心な愛読者だったことは一度もなく、それどころかこの作家への嫌悪感は増すばかりであった。「底辺」の生活に焦点を合わせるゾーシチェンコは、スターリンの文化政策とは明らかに適合していなかった。しかも、彼のパロディ的で無骨な書き方や、限られた語彙を用いて同じ場所で足踏みするように語りを繰り返す作風は、ときとしてスターリンその人の論文や演説の文体と似ているのではないかと思わせるようなものであった。もちろん、その疑念を口に出すことは許されなかったが、いずれにせよその結果としてゾーシチェンコに対するスターリンの好意が増すことはなかったのである。

一方、アフマートワには、スターリンが自分に対してむしろ好意的であると考える根拠がいくつかあった。一九三五年には、彼女がこの独裁者に訴えた直後に夫と息子が牢獄から釈放されたし、一九四〇年にはスターリンの「耳打ち」によって、一九二三年以来となる彼女の詩集が出版されている。独ソ戦で国が困難な状況にあった一九四二年には、アフマートワの愛国的な詩『勇気』が『プラウダ』紙に掲載された。だが、一九四六年、モスクワで開催された大規模な詩の夕べに出演したアフマートワを聴衆が立ち上がって拍手で迎えたとき、彼女は――かつてショスタコーヴィチがそうであったように――喜びよりも重苦しい不安を感じたのだった。

アフマートワの予感は的中した。ほどなくして指導者がこのことに激怒しているという話が彼女の耳に入る。「一体誰が彼女を拍手で迎えよなどと言ったのだ?」スターリンにはこのような感情表現が自然に起きたということが信じられず、これは反対勢力の示威行動であると考えたのだった。

だが、スターリンの逆鱗に触れた一番の原因は、モスクワのイギリス大使館に勤務していたアイザイア・バーリンが一九四五年秋にレニングラードのアフマートワ宅を訪れたことであると、アフマートワ自身は考えていた。他の外国の外交官と同じくバーリンもスパイではないかとスターリンは疑っていた。そのことはいまでは資料によって裏づけられている。一九五二年、アイザイアの叔父で、医学アカデミー付属食餌療法クリニックに勤めていたL・B・ベルリン教授が逮捕されたが、それは甥を通じてイギリスに機密情報を漏らしていたという嫌疑によるものであった。[*7]

当然のことながら、アイザイア・バーリンはつねに「しかるべき機関」による厳しい監視のもとに置かれていた。その意味で、彼がアフマートワと会ったことはどちらの側にとっても狂気の沙汰であった。とりわけスターリンを激怒させたのは、二度目の訪問の際、当時三十六歳だったバーリンが五十六歳のアフマートワのところで一夜を過ごしたことだった。

アフマートワに対する指導者の好意的な態度は、彼がこの詩人に「隠遁した尼僧」のようなイメージをもっていたという理由によるところが大きい（アフマートワの言葉によると、スターリンはよくこう尋ねていたという。「で、われらが尼さんは元気にしてるのかい？」）。アフマートワ曰く、バーリンとの夜の逢引きについて知ったスターリンは自分の善意が侮辱されたように感じたのだった。「つまりわれらが尼さんは外国のスパイを自宅に招いているというわけか！」[*8]

権力者の寵愛を失った詩人がロシア社会でもつ象徴的な意味を鋭敏に察知していたアフマートワは、ソ連のリベラル派知識人層の注目を彼女に向けさせたのはスターリンの誤算だったとも考えていた。当時、恐ろしい日々の渦中にあった彼女は友人に次のように語っている。「だって逆効果でしょう？　人々は私に同情したり共感したり、絶望のあまり気が遠くなったりして、そして私の作品を読むのよ。一度も読んだことがなかった人たちでさえ。どうして私を受難者に仕立てあげないといけなかったの？　それより、私を悪役にすればよかったのに――別荘や車や山ほどの配給券を与えて、そしてこっそり私の作品を発禁にするの！　きっと誰も気づかないし、私が裕福になれば、みんなすぐに私を憎んだでしょうにね」[*9]。

矛盾しているようだが、個人的にはアフマートワにもゾーシチェンコにもスターリンはほとんど興味がなかったようである。彼はいつもどおり、自分にとって喫緊のイデオロギー的・政治的課題をまず第一に考えていた。

一九四六年からスターリンが死ぬ一九五三年までの期間は、ときにソ連史上最も謎めいた時代とされる。それは何より、当時の国内および外交政策の主要課題についての重要な公的記録が不十分であったり、あるいはまったく存在しないことさえあるからだ。スターリンは自分の命令が文書として記録されることを回避するためなのか、口頭で指令を下すことが次第に増えていったとマレンコフもフルシチョフも回想している。

それは、この時代が多くの者にとって謎めいて見えるもう一つの理由にもつながっている。独裁者の死は、一つの歴史的時代を不意に断ち切ってしまった。私たちは彼の長期的なプランが本当はどのようなものであったのかを永遠に知ることができないかもしれない。それは、彼にはそのプランを遂行するだけの時間がなかったという単純な理由による。そして上述したように、その戦略を推測できるような資料をスターリンは意図的に残すまいとしていたのである（しかも、多くの主要なアーカイヴでは、独裁者の死後、その政治的後継者たちによって徹底的に資料が破棄されてしまった）。

何はともあれ、ここで第二次大戦後のスターリンのイデオロギー・文化政策の基本方針を押さえておこう。もちろん主たる課題は、無限の権力を保持し、潜在的な敵対者を含むあらゆる反対勢力を弾圧することであるのに変わりはなかったが、それに加えて、すでに述べたようにスターリンは、第二次大戦中に「手綱の緩んだ」（と彼は考えていた）知識人階級の首根っこをつかんでおとなしくさせようとしていた。スターリンの考えによると、この文化的堕落の主な原因は、戦時中にソ連に入りこんできた西側思想の破壊的影響であった。スターリンの言葉を借りるなら、知識人たちは「ソ連に対する愛国精神が十分に発達していない」。そのことを彼らに断固として知らしめてやろうと独裁者は決意する。「彼らは外国の文化に不当なほど服従している……。この点については何年もかけて矯正していかなければならないし、十年ぐらいは彼らの頭にこのことを叩き込んでやらねばならない」[*10]。

この西側の有害な影響を根絶するための長期計画は、スターリン好みの方式で実行された。つまり、同時多発的にさまざまな方面から不意打ちを食らわせるのである（しかも指導者はそれと同時に複雑な党内の政治ゲームをいくつも展開し、また奨励していたのだった）。

よく知られているように、一九四五年五月、スターリンはクレムリンでの戦勝記念式典で「ロシアの人民の健康を祈って」特別に祝杯を挙げている。「なぜなら、彼らはソ連を構成する全民族のなかで最も優れているからである」。それは、スターリンの「愛国主義」路線の続きだった。こうした路線は少なくともこの十年前に始まっていたが、戦後は明確に帝国主義的な様相を呈するようになる。

このようなスターリンの方針のもと、党や軍、文化関係の上層部では暗黙のうちに親ロシア的な風潮が推奨された。しかしその一方で、スターリンはロシア愛国主義的感情が自分の管理下から逸脱しないように警戒を怠らなかった。そのため、彼はことあるごとに自分の臣下の者たち――ナショナリスト的傾向をもつ者たちと、より正統的なマルクス主義者たち――が互いに対立し合うように仕向けた。

個々の具体的な場合において指導者がどのようなイデオロギー路線を奨励するのか、はっきりと予見できる官僚は誰もいなかった。そのため、文化をめぐる議論が上層部で起きるたびに、それはまるで死にいたる危険をはらむ古代ローマの剣闘士同士の闘いのようなものと化した。そして、その闘いにおいて彼らの運命を決める皇帝役を演じるのは、もちろんスターリンその人なのであった。

党内の政治的謀略を謀るとき、スターリンは何手か先を読みながら計画を練った。たとえばアフマートワとゾーシチェンコに対する批判キャンペーンもそうである。一見すると、ジダーノフには華々しい主役の座が与えられたように思われる。だが、ジダーノフを前面に押し出しながら、同時にスターリンは彼の墓穴も掘ろうとしていた。モスクワの作家たちに対してもスターリンは多くの不満をもっていたのに、批判の矛先がレニングラードの作家たちに向けられたことは偶然ではない。というのも、ジダーノフは（キーロフ暗殺後の）一九三四年以来十年間にわたってレニングラードの「ボス」の座を占めていたので、この批判はジダーノフ自身の上にも間接的に影を落とすことになったからである。

このことは、その後の事態の推移が証明している。二年もたたないうちに、ジダーノフはイデオローグとしての指導的地位を失い、その直後に急死した（公式の死因は心臓発作）。そのわずか数ヶ月後、スターリンはいわゆる「レニングラード事件」の摘発を開始し、党や政府のエリート的地位に就いていたジダーノフの友人や手下の多くが逮捕された。もしまだジダーノフが生きていたとしたら、おそらくは彼も同じ運命をたどったであろう。

だが目下のところジダーノフは栄華の頂点にあり、その時代のもう一つのイデオロギー闘争――ソ連の作曲家たちへの攻撃――でも主役を演じることができた。この批判キャンペーンは、スターリンの命令下に進められた第二次大戦後の文化政策の典型的な一例である。政治イデオロギー的課題と党内謀略、スターリン本人の嗜好と偏見が組み合わさり、一つの固く忌まわしい結び目をつくりあげたのだ。それは強度の文化的トラウマを生み、五十年以上経ったいまでも、その後遺症は一九四八年当時にソ連を構成していたロシアをはじめとする国々や、ソ連の影響下にあった地域の音楽界に残りつづけている。

この批判キャンペーンがどのように始まったのかを、興味深く謎めいた人物であるドミートリー・シェピーロフは、その死の少し前に語っている（彼は一九九五年、九十歳になる直前に亡くなった）。礼儀正しく堂々とした風采のシェピーロフはクラシック音楽、とりわけオペラを愛好しており（彼はチャイコフスキーの『スペードの女王』を最初から最後まで楽譜を見ずに歌うことができた）、第二次大戦後は党の宣伝煽動部局で急速な出世を遂げた。さまざまな事実が示しているように、当時、彼はその博識と勤勉さが評価され、スターリンのお気に入りとなっていた。

シェピーロフは融通無碍な党職員で、そのような者の多くがそうであるように、上層部の風向きが変われば、それに合わせて苦もなく自分のイデオロギー的立場を変えるのだった。シェピーロフの回想によると、ある政治局会議の席上で、スターリンは彼に次のような質問をしたという。「どうしてソ連オペラがないのだろう？　イタリアやドイツや、ロシアにだっていいオペラはあるのに、なぜソヴィエト・オペラはないのかね？」シェピーロフがおずおずと、イワン・ジェルジンスキーの『静かなドン』（一九三六年にスターリン自身が支持した作品である）や、チーホン・フレンニコフの『嵐のなかで』がございます、と答えると、指導者は否定的に手を振ってこう言った。「われわれはこの問題に取り組まねばならんな」[*11]。

かくして新たなイデオロギー・キャンペーンの幕が切って落とされた。スターリンのいつものやり方どおり、まずは悪しき見本を探し出さねばならなかった。生贄となったのは、ソ連作曲家同盟組織委員会の指導的役割を担っていた一人である三十九歳の作曲家ワーノ・ムラデリのオペラ『大いなる友情』だった。その経緯は次のようなものである。

『大いなる友情』は一九四七年、ボリショイ劇場を含む二十近い劇場で上演されることになっていた。この時事的作品は、内戦中の北コーカサスでのソヴィエト政権樹立を目指す闘いという重要な政治テーマを扱っていた。当時、ムラデリのこのオペラはスターリン賞の有力候補と目されていた。だが抜け目のない党官僚たちは敏感に風向きを察し、念のためジダーノフに宛てて『大いなる友情』の上演禁止と出版済みスコアの回収を要求する覚書案を作成した。その理由は、「革命を主導したのがロシア人ではなく山岳民族（レズギン人、オセチア人）だと作者は示している」からだった。

その後、スターリン時代後期に特有の、複雑で官僚的な紆余曲折が始まった。『大いなる友情』の上演禁止に関する覚書は、党のイデオロギー部門の奥底で一時的に棚上げされた。一方、どうやら戦線の拡大を命じられたらしいシェピーロフは、「ソヴィエト音楽の発展における欠陥について」と題された別の覚書を作成した。この覚書でも、やはりムラデリのオペラは「深刻な政治的誤りを含んでいる」と指摘されている。だが、シェピーロフの批判のおもな矛先はすでにショスタコーヴィチとプロコーフィエフに向けられており、彼らの作品（ショスタコーヴィチの第八、第九交響曲と、プロコーフィエフのオペラ『戦争と平和』）は「明確な社会的内容に欠けており、その本質からしてきわめて主観的である」とされた。

あからさまな政治告発のトーンを帯びつつ、シェピーロフはプロコーフィエフとショスタコーヴィチが「わざと複雑で抽象的な形式の歌詞のない音楽を意図的に利用し、ソ連の現実社会の具体例から〈自由〉になっている」[*12]と記している。それは実に「勇気ある」発言だった。なにしろ二人のスターリン賞受賞者を、こともあろうに隠れた反体制者として告発しているのだ。

そのような見解は、上からの後押しがなければ、（たとえ内部向けであれ）公的な文書に現われるはずがなかった。まずはオペラに注力すべしというスターリン好みの考えを、シェピーロフはここへ巧みに取り入れている。「周知のとおり、オペラをはじめとする民主的ジャンルはロシア音楽においてつねに主導的地位を占めてきた」。ショスタコーヴィチとプロコーフィエフは、それを直接妨害しているとまでは言えないにせよ、積極的に推進することもなかった。「オペラ『マクベス夫人』の失敗の後、ショスタコーヴィチはオペラをつくることはなく、一方プロコーフィエフは六つの交響曲と数多くのソナタ、いくつかの出来の悪い歌曲をつくっているが、明らかな失敗作『セミョーン・コトコ』を除くと、オペラは『戦争と平和』ただ一つしかつくっていない[*13]」。

こうして指導者が介入するための舞台が整えられた。そして一九四八年一月五日、他の政治局メンバーたちとともにボリショイ劇場でムラデリの『大いなる友情』の非公開上演を鑑賞したスターリンは、この作品に嚙みついたのだった。

ここで重要な点を指摘しておくと、一九三六年の『マクベス夫人』のときとは違って、指導者の反応はその場で生まれたものではなかった。彼が同じ過ちを繰り返すことは滅多にない。前回、ショスタコーヴィチと妥協する羽目になったことを覚えていたので、今回スターリンは焦らず入念に攻撃準備をととのえようと考えた。文学（アフマートワとゾーシチェンコ）、映画（エイゼンシュテインやその他の監督たち）、そして演劇（一九四六年の党中央委員会特別決議）に関してはすでに片が付いている。次は音楽の番だった。

リジヤ・ギンズブルグの回想によると、当時ソ連の知識人たちは、自分がいずれは攻撃されるに違いないと感じており、それゆえどうしようもない絶望感に苛まれていた。「この絶望感は、攻撃が繰り返され（そういう繰り返しがあると予想していなかったところに）、またかと思うほど変わらぬやり口を前にしておびえるなかから生まれた。当時、誰かが言っていた――以前はくじ引きだったが、いまでは行列になった、と[*14]」。

スターリンがムラデリのオペラを観た翌日、早くもジダーノフはボリショイ劇場で臨時会議を招集した。出席したのは、ムラデリ、台本作者、ボリショイ劇場の上層部、『大いなる友情』制作チームの面々、そしてシェピーロフや他にも数名の文化官僚たちである。

この会議の速記録が残されているが、目の利く人間にとってそれは、無気味な懲罰が下される際の秘められたメカニズムを明らかにしてくれる実に興味深い読みものとなっている。[*15] 出席者の多くは、いわば暗闇で手探りするような状態だった。スターリンが怒っているということはわかっていたが、なぜそれほどまでに激怒しているのかはその時点ではまったく謎だった。ボリショイ劇場の監督が述べているように、「ムラデリのオペラは、まさにあるべき作品のようにわれわれには思われました」[2]。輔祭〔正教会における聖職者の職分のひとつ〕から声楽家になったスターリンお気に入りのバス歌手マクシム・ミハイロフは、会議の席上でまったく意味のないことをしゃべりつづけていた。「これはわれわれにとって、キリスト教徒にとっての復活大祭と同じぐらいの一大イベントでした。昨日、私たちはまるで復活大祭前夜の晴れやかな礼拝に行くかのように、神聖な慄《おのの》きをもって劇場へ向かいました」。

速記録から明らかなように、問題をきちんと理解していたのは三人だけだった。それは、ジダーノフとシェピーロフ、そして……ムラデリである。一見するとそれは驚きだ——ただしあくまで「一見すると」なのだが。

曲が終わるのを待たずに劇場を後にするほどスターリンを激怒させたオペラの作曲者は、その翌日、他の同僚たちと同様、さぞかしショックを受け、混乱し、意気消沈しているものと思われた。だが、まったくそうではなかった！ ムラデリは、まるで楽譜どおりに歌っているかのように雄弁で、歓喜せんばかりだった。「私はこの批判をすべての作曲家と音楽批評家に聞いてほしいと思います。なぜなら、これはソヴィエト音楽の発展の方向性を変える歴史的な転換点となるからです……。ソ連のあらゆる作曲家たちがその音楽観を見直すことを手助けしなければなりません」。

この速記録を注意深く読めば読むほど、『大いなる友情』に対してスターリンがその場で否定的な反応を示したのは作曲家にとって驚きではなく、彼は自分がどのような役柄を演じるべきか事前に警告されていたのだという疑念が強まる。

ムラデリはボリショイでの会議の席上で、独裁者の逆鱗に触れた人間として驚くべきことを——他ならぬジダーノフその人に対して！——口にしている。「オペラ『静かなドン』『開かれた処女地』で知られるジェルジンスキーのような路線を発展させることは間違いだと私は考えていました。われわれが必要とするソヴィエト音楽芸術の路線とはこのようなものではありません。ああいう単純さは普遍の深みに達することがありませんから」。つまり、その前日にひどい過ちを犯した作曲家は、同志スターリンのイデオロギー的代理人の目を直視しながら、同志スターリンのよく知られた発言に厚かましくも反駁してみせたのである。というのも、かつて一九三六年に指導者は『プラウダ』紙を通じて、『静かなドン』の「イデオロギー的・政治的に重要な意義」について述べていたからである！

ムラデリは一流の作曲家ではなかったが、自分を危険にさらすような愚かな人間でもなかった(3)。つまり、「歴史的な転換点」という発言や『静かなドン』の批判はムラデリの自発的な意見表明ではなく、その場で即興的に述べられたものでもなかったのだ。どこからどう考えても、彼はその会議の前に上層部から何か指示を受けていたはずだ。同志スターリンの教えに対する反駁を許可できるのは、同志スターリンその人だけである。

指導者は十八番の戦術を発動したのだった。つまり、罠にかけるための囮としてムラデリを利用したのである。それは、この作曲家が会議の席で突如とった行動によって裏付けられる。

誰も予想していなかったことだが（もちろんジダーノフとシェピーロフを除いて）、ムラデリはオペラ

『大いなる友情』を襲ったカタストロフィの主犯としてショスタコーヴィチの名を挙げた。より正確に言うと、ショスタコーヴィチのオペラ『ムツェンスク郡のマクベス夫人』である。「あのオペラは気に入りませんでした。人間の歌声も人間らしい感情もあの作品にはありません。でも私の周囲の者たちはみなあのオペラに感嘆して天才的だと評し、そして私は時代遅れだと言われたのです」。

さらにムラデリは続けた。曰く、党は芸術にイデオロギーと政治の指針を与え、民衆のためにどのような音楽がつくられなければならないかを指示している。だが、作曲家たちは下劣な批評家やその他の腐った音楽関係者たちのせいで、その指示を実行することができないのだ。彼らは「作曲家が古典作品や民族音楽を利用しようとすると、「実にけっこうだ、だがこういうのは伝統主義的で現代的ではないね」と言うのです。若い世代はこうした誤った空気のなかで育てられています。若者たちは古臭いとか時代遅れだと思われることを恐れているのです」。

「つまり、あなたの魂は抑圧されているということですか？　自分が望まないものをつくらざるをえないと？」とそそのかすようにジダーノフが口を挟み、ショスタコーヴィチをはじめとする、党の指示に従わないモダニストや西欧主義者らによる抑圧の図式を描き上げる。最終的には、それは本当の陰謀のように思われはじめてくる（スターリン好みのやり口である！）。そしてジダーノフによると、陰謀をたくらむ者たちには毅然として対応しなくてはならないのである。「変化というものは、古く、時代遅れになったものを一気に捨て去ることによって成し遂げられねばなりません。文学や映画、演劇においては、まさにそうしたかたちで変化が実現したのです」。

音楽においてそのようなスターリン的「転換」への本格的な出発点となったのは、一九四八年一月十日、十二日、十三日に開催された全連邦共産党中央委員会の緊急招集特別会議であった。この会議には

「労働階級」から特別に選ばれたグループのためにオペラ『大いなる友情』を演奏するワーノ・ムラデリ。モスクワ、1947年。その直後、スターリンは彼を「形式主義者」として名指しする。

ミャスコフスキー、プロコーフィエフ、ショスタコーヴィチ、ハチャトゥリャーン、カバレフスキー、シャポーリン、シェバリーンなど、七十名を超える第一線のソ連の音楽家たちが参集した。前述の『嵐のなかで』（これはレーニンが登場するはじめてのオペラであった）を当時すでに書き上げていた三十四歳の作曲家チーホン・フレンニコフも招集されていた。フレンニコフはすでにスターリン賞を二回受賞していたが、スターリンは彼に関してはもっと先を見越した思惑があった。

会議の口火を切ったのはジダーノフである。[*16] 彼は事前にスターリンの指示を受けていた。そのことは、スターリンの命令が記録された一九四八年のジダーノフのメモから窺える。このなかで最もはっきりとスターリンの意志を示しているのは、「『ムツェンスク郡のマクベス夫人』に言及すること」という一節である。[*17] それはもちろん、一九三六年一月二十八日付『プラウダ』紙に掲載された記事「音楽ならざる荒唐無稽」を念頭に置いたものだ。スターリンはこの記事のことを十二年間忘れていなかった。この不遇な産物がかつてしかるべき熱狂をもって迎えられなかったことへの恨みを、彼は内心秘かにもちつづけていたのである。当時ゴーリキーは、この記事のことでほとんどスターリンをたしなめんばかりだったし、知識人たちは私的な会話のなかでこの記事を嘲笑した（との密告をスターリンは受けていた）。今回スターリンは、そうした屈辱に対して断固たる報復を行なおうとしていたのである。

そういったことをジダーノフに説明するのは一度で十分だった。ムラデリのオペラの欠点を概観することから始まり（「けたたましい音結合の荒唐無稽な連続」というのは、どこかで聞いたような表現ではあるまいか？）、『大いなる友情』では「場面が進むなかでレズギンカが演じられるが、そのメロディはよく知られたレズギンカのポピュラーな旋律とは程遠い」としてこのオペラへの不満を述べた後（関係者のなかで、グルジアの民族舞踊レズギンカのことをこれほどよく知っていた者はいったい誰だったのだろう？）、ジダーノフはいよいよ本題に入る。「……同志ムラデリのオペラの欠陥は、かつて同志ショスタコーヴィチのオペラ『ムツェンスク郡のマクベス夫人』が特徴としていた欠陥と酷似しています」。

この二つのオペラが少しも似ていないことは、会議に出席していた音楽家たちの誰の目にも火を見るより明らかであり、それはおそらくジダーノフにとっても同様だった（伝えられるところによると、彼はそこそこピアノが弾けたらしい）。だが、「これらの欠陥の驚くほどの類似」を主張することは、戦後の数年間のうちに忘れられていた感のあるスターリンの「音楽思想」の秘かな産物を、ふたたび日の当たる場所へ引きずり出すこととなった。「音楽ならざる荒唐無稽」からの長い引用をその場で読みはじめたジダーノフが行なったのは、まさにそれだった。

彼は同時に、この記事の作者に関しても露骨なほどに示唆している。「この記事は党中央委員会の指示によって掲載され、ショスタコーヴィチのオペラに対する党中央委員会の考えを示すものでした」。もはやこの記事の神聖なる出自に関して疑問の余地はなかった。それは不可侵の地位を手に入れ、ふたたび行動の指針となった。なぜなら、ジダーノフが強調しているように、「当時批判された潮流が音楽界ではまだ生きており、生きているだけではなくソ連音楽の方向性を指揮している」からである。

注目すべきなのは、ジダーノフがここで十分にその言葉を引用することが必要だと考えていたもう一人の「権威」が、過ちを犯したムラデリその人であったということである。ボリショイ劇場での会合でのムラデリの告白を引き合いに出したジダーノフは、つい口を滑らせる。「彼の発言は、この会議を招集するきっかけの一つとなりました(4)」。

さらにジダーノフは、ムラデリの発言に関して議論をはじめるよう、集まった音楽家たちを促した。もしかするとムラデリは間違っていて、否定的な面を強調しすぎているのではないか？　あるいは、「音楽におけるリアリズム潮流と古典的な遺産を擁護」しようとする党中央委員会（ということはつまりスターリンその人を意味する）も誤っているのかもしれない。この問題について、出席者たちに率直に語ってもらおう。

これが死の罠への招待であることは明らかだった。党中央委員会に集まった音楽家たち——大粛清の時代を生き延びた経験豊富な苦労人たち——が無分別にもこの罠に飛び込み、彼の指示をめぐって真剣に議論を闘わせるなどとスターリンは本当に考えたのだろうか？　それとも指導者は、逆の効果、すなわち、恐怖のあまり理性を失った有名音楽家たちが、互いに告発し合うことを期待したのだろうか？

いずれにせよ、スターリンを待っていたのは大いなる失望であった。つまり、そのどちらも起きることはなかったのである。当然のことながら、罠に飛び込んで公然とジダーノフに反駁する者は誰もいなかった。一方、「瓶のなかで蜘蛛たちに共食いさせる」という目論見も外れた。

ミャスコフスキーとプロコーフィエフはそもそも沈黙を貫いた。ショスタコーヴィチは一般論でごまかした（彼は、その頃親しかった音楽批評家レフ・レベジンスキーが用意してくれたシナリオに従ったのだった）。当時モスクワ音楽院の監督だったシェバリーンは、仲間たちを裏切る代わりに、音楽院の屋根に穴があいているのでその修繕をしなくてはならない、と訴えはじめた。この発言に苛立ったジダーノフは、「穴があいているのは音楽院の屋根だけではないし、屋根の穴ならすぐに直すことができます。ソヴィエト音楽の土台にはもっと大きな穴があいているのです」と指摘した。

攻撃的な演説をしたのはフレンニコフだが、しかし彼は当時、作曲家仲間のなかで何の権威ももっていなかった。作曲家ウラジーミル・ザハーロフも、ジダーノフが求めるような内容の発言をした。彼は、民衆の視点からするとショスタコーヴィチの交響曲第八番はまるで音楽とは呼べず、芸術とは何の関係もない代物だと説明した。

またザハーロフは、第二次大戦中に包囲されたレニングラードで、工場の工作機械のそばで飢え死にしそうになっていた労働者たちが、ショスタコーヴィチの交響曲第七番ではなくロシア民謡のレコードをかけてほしいと頼んだという根拠のないエピソードをもち出して、ショスタコーヴィチにローブローを食らわせようとした。だがザハーロフは大衆向け歌曲の作曲家で、彼が古臭い考えをもっていることは誰もが知っていたため、その演説が人々に驚きを与えることはなかった。

状況を打開するため、ジダーノフは会議の最終日である三日目にふたたび演説しなくてはならなくなった。彼は、これまで演壇に上がった者たちが「事態が切迫しているのを糊塗しようとしている」ことに対する強い不満を表明した。音楽用語に詳しいジダーノフの表現によると、「演奏は部分的に弱音器を付けて行なわれている」が、しかしながら「われわれは外面的には覆い隠されているものの、ソヴィエト音楽の二つの潮流が激しく闘っている渦中にある」。

スターリン＝ジダーノフによれば、その潮流の一つはリアリズム音楽で、それは民衆との深く有機的なつながりのなかで発展してきた。もう一つは形式主義的音楽で、それは根本的に、民衆への奉仕よりも「ごく少数の選ばれた唯美主義者たちのきわめて個人的な経験に資する」ことを優先しているのだった。

かくして、一九三六年型の古きスターリン思想がふたたび日の目を見ることとなった。それは典型的な報復主義だった。つまり、戦争前にしかるべき要求を満たすことができなかったものを、戦後もう一度やり直したわけである。ただし、今回スターリンのスポークスマン役を担ったのはジダーノフだった。彼は、形式主義的潮流の代表者たちがつくっているのは（ジダーノフの上品な言葉遣いを借りるなら）「歯科ドリルとも人殺し音楽ともつかぬようなもの」を思い起こさせる「粗雑で下品で俗悪」な音楽だと言明した。

社会主義音楽の新たな、そしてきわめて重要な特質としての「上品さ」に関する主張には、とりわけ留意しておくべきだろう。それは会議に出席していた音楽家たちにとって、控えめな言い方をするなら「想定外」のものだった。「上品な」という言葉自体、ロシア文化を論じる際、真剣な美学的規範を表わす用語としてはとっくの昔に使われなくなっており、出席者たちにとっては古臭く感じられたはずだ。にもかかわらず、ジダーノフがまさにこの単語を何度も繰り返すことから察するに、この「上品な」という修飾語はスターリンの口頭による発言や指示からの引用なのだろう。

ジダーノフ自身、ホールに広まる戸惑いを感じたのか、この新奇な美学用語の「起源」について遠回しに指摘せざるをえなかった。「みなさんはもしかすると、ボリシェヴィキの中央委員会で音楽に美と上品さが求められるということに驚いておられるかもしれません。また新たな災難が始まったぞ、と。いいえ、言い間違いではありません。われわれは美しく上品な音楽を擁護するものであることをここに宣言しているのです……」。

スターリンの口頭での指示からの引用であることが間違いないもう一つの例は（これもやはりジダーノフのメモがその証拠である）、形式主義的潮流とは「音楽文化の偉人たちによって築かれた芸術の神殿を破壊しようというヘロストラートス（有名になりたいがためにアルテミス神殿に放火した古代ギリシャの羊飼い）の試み」のようなもので、それは非難しなくてはならないというジダーノフの主張である。

このような「ヘロストラートス」たちが一体どうして何度もスターリン賞を受賞することができたのかという、きわめてデリケートな問題に関するジダーノフの会議での説明も、その源泉はスターリン以外にはありえない。「音楽における形式主義的潮流は党によってもう十二年も前に批判されています。それ以降、政府はみなさんの多くにスターリン賞を与えてきました。そのなかには形式主義という罪を犯した者たちもいました。あなた方に賞を授与したのは、巨額の前金を渡すのと同じことです。あなた方の作品に欠陥がないとはわれわれは考えていませんでしたが、わが国の作曲家たちが正しい道を選ぶための力をみずから見つけ出すであろうことを期待しつつ、われわれはじっと我慢してきたのです。しかし、党の介入が不可欠であったということを、いまや誰もがわかっています」。

このような、どちらかというと商売人的な論拠（「こっちは代金を払ったのに、腐った商品をつかまされた」）が必要とされたのは、会場にプロコーフィエフがいたからという理由もある。大きなフェルトの防寒靴を履き、安物の背広にはみごとなほど乱雑に五つのスターリン勲章を身につけたプロコーフィエフの身なりは、（まったく彼らしくないことだが）どことなく聖愚者を思わせた。

この会議をめぐって、プロコーフィエフにはある伝説的な逸話が残されている。それは、ジダーノフの演説中、プロコーフィエフがあからさまにそれを無視するような挑発的な態度を取っていたというもので、西側の研究者たちは当初この逸話を懐疑的に受け止めていた。だが、火のないところに煙は立たないと言われるとおり、そのようなエピソードは実際にあったのだということがいまでは明らかになっている。それは、何人かの目撃者、とくにフレンニコフの回想によって確認できる。*18 実際、ジダーノフの演説中、プロコーフィエフは左隣に座っていた人物と大声でおしゃべりをしていたという。(5)

プロコーフィエフが意図的にそうした物議を醸すような状況を生じさせていたということは、このエピソードのその後の展開からも明らかである。プロコーフィエフの前には、当時、党統制委員会の指導的立場にあり、スターリンの手下のなかでも最も残忍な一人だったマトヴェイ・シキリャートフが座っていた。有名なことだが、シキリャートフは党内の粛清を行なうとき、とりわけ重要な逮捕者は「彼専用の」牢獄でみずから尋問したという。

さて、他ならぬそのシキリャートフ——かつて人々はその名を耳にするだけで青ざめた——は、これ見よがしな態度を取るプロコーフィエフに何度か注意を促そうとした。初めのうち作曲家はシキリャートフをわざと無視していたが、しまいにひと悶着を起こすことになる。「私はスターリン賞の受賞者だぞ。私に注意するなんて、君は何様のつもりだ？」（背広の勲章がちょうど役に立ったわけである！）二人の言い争いが激しくなったので、ジダーノフも演説を一時中断する羽目になったほどだった……。

他にもう一つ、人々のあいだに広まったエピソードがある。会議の席で、本当の音楽とはどのようなものかをショスタコーヴィチとプロコーフィエフに示そうとしたジダーノフが、みずからピアノの前に座り、何やら弾いてみせたというのである。この出来事については、エレンブルグが一九六五年に出版した回想録で言及しているほどだ。ジダーノフはピアノの前には座っていません。彼はその直後、ショスタコーヴィチから怒りの手紙を受け取った。「ジダーノフはピアノの前には座っていません。彼はその弁舌によって作曲家たちに教えを施そうとしたのです。ジダーノフがピアノを弾いたという伝説を広めたのは、彼に追従する者たちです。私自身、この〈つくられた伝説〉が生まれる現場を目撃したことがあります。「アンドレイ・アレクサンドロヴィチ（とジダーノフは呼ばれていました）は何と凄い人なのでしょう！　形式主義者たちに一撃を食らわせ、その化けの皮をはがそうとして、彼はピアノの前に腰掛けると、メロディアスで上品な音楽を弾き、それから比較のために、何かプロコーフィエフかショスタコーヴィチの曲を演奏してみせたのです。あの二人は恥ずかしさのあまり、文字どおり穴があったら入りたいような様子でした。ああ、何という人なのでしょう！」とね[(6)*19]」。

ピアノの有無はさておき、党中央委員会会議が招集された主要な理由の一つは、いまから思えば明らかではあるが、罰を受けるべき音楽家たちの決定版リストを作成することだった。もちろん、スターリンが自分でそのようなリストをつくることもできた（結局はそうすることになるのだが）。しかし、どうやら彼は、今回は当局によってではなく、公の場での民主的な議論の結果、音楽家たち自身の手によって「罪人たち」があぶり出されることを望んだようである（スターリンはそうやって、一九三六年の「反形式主義」キャンペーンでの過ちが繰り返されるのを避けようとしたのである）。

そのためジダーノフは、主要な「形式主義者」たちを列挙し、集まった者たちに公然と「密告」することを呼びかけたのだった。「これらの者たちの仲間に加えた方がよいのは誰でしょうか？」だが、この民主主義的な「魔女狩り」ゲームは何の結果ももたらすことはなかった。どこかから誰か一人が「シヤポーリン！」と叫ぶのが聞こえた。しかし、その囮の叫び声に加わろうとする者は、出席者のなかに誰一人としていなかった……。

このジダーノフ演説に基づいて行なわれた討論を、そのときショスタコーヴィチは友人に対して「恥ずべき醜悪なもの」だと評したという。このときショスタコーヴィチをつぶさに観察していたシェピーロフは、作曲家が「事態の推移にひどく傷つき、その心は血まみれになっていた[*20]」のを目にした。シェピーロフはこの党による裁きの場（それはシェピーロフ自身が積極的に関与して開催したものだった）でのショスタコーヴィチの様子をありありと描写している。「彼は青ざめ、眉間にしわを寄せ、分厚い眼鏡に覆われた灰色の鋭く熱っぽい目は、聡明で集中した眼差しをしていた。ときおり顔と体が、まるで電流に触れたかのようにびくっと震えた。人と会話をしたり、何か行動しても、それは単に目に見える外面だけそうしているかのようだった[*21]」。

鋭い観察力をもつこのスターリン政権の官僚は、その当時のショスタコーヴィチの「外面」の裏側には、信じられないほどの創造力と頑固さが秘められているということを見抜いていたのである。すでに触れたように、一九三六年に攻撃を受けた際には、ショスタコーヴィチはそれに応えて斬新な交響曲第四番の最終部に取りかかった。作曲家が生涯変わらぬ誓い——「もし私が両手を切り落とされたとしても、それでも私は歯でペンをくわえて作曲をするだろう」——を立てたのは、まさにこのときだった[*22]。そしてふたたび砲火を浴びた一九四八年には、またしても創作が救済と返答になったのである。

ショスタコーヴィチにとってそれは、圧迫に対する典型的なリアクションだった。ハチャトゥリャーンはよく私に言っていたが、弾圧に対して新たな音楽のインスピレーションで応えるショスタコーヴィチの類まれなる能力を、彼はとても羨ましく思っていたという。「だからこそ彼は天才なんだ。単に有能なだけのわれわれとは違う」というのがハチャトゥリャーンの結論だった。[*23]

ジダーノフ批判の後、帰宅したショスタコーヴィチは、並はずれて鮮烈で力強い新作であるヴァイオリン協奏曲第一番を仕上げる。この作品を書きはじめたのは一九四七年末だが、着想したのはおそらくそれよりも前のことである（一九四二年にショスタコーヴィチは友人シェバリーンのヴァイオリン協奏曲に強い印象を受けている）。

ショスタコーヴィチはヴァイオリンはモノローグ的な楽器だと感じ、それを演説の雄弁さに重ね合わせていた。交響曲第四番以降、ショスタコーヴィチの主要な作品の大半は、多かれ少なかれ自伝的な要素をもっている。ヴァイオリン協奏曲もその一つだが、ヴァイオリンの音はこの作品の行間に響く演説的性格をいっそう際立たせている。

一九四五年につくられたショスタコーヴィチの交響曲第九番から期待していたような賛美の音色を得られなかったスターリンは、明らかにこの作品に失望し、立腹していたにもかかわらず、すぐにその不満を表わすことはせず、これまでもよくそうしていたように、適当なタイミングが来るのを待っていた。一九四六年には、ショスタコーヴィチに施しを与えてやったほどである。

スターリンの命を受けてショスタコーヴィチに電話をかけ、モスクワの広いアパートと冬用の別荘、自動車、そして六万ルーブルが支給されることを彼に伝えたのは、当時この独裁者の右腕だったラヴレンチー・ベリヤその人である。自分は金銭的な援助がなくてもやっていけるし、これまでずっと自分で稼ぐのが当たり前だったのだと訴えて、ショスタコーヴィチはこの予期せぬ大盤振る舞いを辞退しようとした。どういうわけかベリヤ（スターリンと同じくグルジアの出身だった）は作曲家が辞退しようとするのをコーカサス流の礼儀に反するものと受け止め、腹を立てた。「これはプレゼントなんだぞ！　もしもスターリンが自分の古着を私にくれたとしても、私は辞退などせず、感謝するだろう！」[*24]

このような状況で押し問答を続けるのは危険な様相を帯びはじめてきたため、ショスタコーヴィチもこの皇帝のお恵みを受け入れざるをえなかった。ただし、「贈物を携えてくるダナオイ人を恐れよ」（トロイア戦争でダナオイ人（ギリシャ人）が巨大な木馬にひそんでトロイアに潜入した、いわゆる「トロイアの木馬」の逸話に由来する慣用表現）との言葉を彼は忘れてはいなかったのだが。文字どおりベリヤの口述に従って、作曲家はスターリンに感謝の手紙を書いた。「貴兄が私の状況に大変同情してくださったとベリヤ殿からうかがいました。すべてがすばらしく順調です。六月には五部屋のアパートをいただく予定です。七月にはクラートヴォの別荘と、加えて六万ルーブルの支度金を支給されることになっています。まったくもって恐悦至極であります[*25]」。

挑戦的なショスタコーヴィチ、1948年。この年、ヴァイオリン協奏曲第一番を完成。ロシア語で言うように「机のなかへ入れるために」書かれた。

ソ連文化人たちが指導者に宛てた感謝の手紙は他にも知られているが、ショスタコーヴィチのスターリン宛て書簡は、それらと比べて際立って事務的な調子で書かれており、まるで何かの受取証を思わせる[7]。自分は「何にもとりたてて喜ばず、何にもとりたてて落胆するなかれ」というルールを守ろうと努めているのだ、とよくショスタコーヴィチは言っていた。彼の精神状態はつねにきわめて敏感なレーダーのように作動していた。スターリンに注視されながら生きているうちに、作曲家はひどく神経過敏になり、いつ何時攻撃がやってくるかもしれないと身構えるようになっていたのである。

友人の回想によると、一九四八年の新年を祝っている途中でショスタコーヴィチはふと物思いに沈み、こう言ったという。「このうるう年の一年が恐ろしいよ。何か不吉な予感がするんだ」[*26]。今回もまたその予感は的中したのだった。

そういうわけで、ヴァイオリン協奏曲第一番の感情的なトーンと、一九四八年初めの数ヶ月の劇的な雰囲気とが共通しているのは意外なことではない。ショスタコーヴィチのこの作品は、明らかにアルバン・ベルクのヴァイオリン協奏曲の影響を受けてつくられている。よく知られているように、死の直前につくられたこの傑作のなかで、ウィーンの巨匠はさまざまな音楽的引喩や引用を重層的に組み入れている。ショスタコーヴィチにとって（彼はベルクに敬意を抱いており、一方ベルクのほうは、レニングラードの若き作曲家のつくった交響曲第一番を好意的に評価していた）偉大なオーストリア人作曲家が用いたこの手法は、これ以上ないほどおあつらえ向きのものだった。

ショスタコーヴィチのヴァイオリン協奏曲は、冒頭部分からすでに音の暗号による暗示に満ちあふれている。その基本的な曲調は深い悲嘆で、それが気高い怒りへと転じてゆく。ここで思い出されるのは、十八世紀ロシアの作家で革命思想家だったアレクサンドル・ラジーシチェフの有名な言葉である――「私は自分の周囲を眺めた。すると私の魂は人類の苦しみによって傷つけられたのだった」。

この曲の第二楽章では、ショスタコーヴィチの音楽的シンボルのなかでも最も重要なもの――彼の音楽的署名であるD－Es－C－H音型（D－Eb－C－Bのドイツ音名で、作曲家のイニシャルのドイツ語表記D・Schを表わしている）――の明らかな原型が聞かれる。そしてピアノ三重奏曲と同様に、またしてもユダヤの舞曲（ある作家の言葉を借りるなら、「血まみれのフレイレフス〔ユダヤの舞曲の一種〕」）

が、きわめて悲劇的な、ほとんどヒステリックと言ってもよいほどのトーンで流れ込んでくる。[*27]

第三楽章は、まさにジダーノフの会議が開催された時期に書かれたものである。形式的にはパッサカリアというゆるやかな舞曲（バッハやヘンデルはその暗い荘重さを好んでいた）である。ショスタコーヴィチはこの古風な形式の助けを借りて、いわば演壇のようなものを構築している。彼はそこから熱弁をふるっているのだ――だが、一体その弁舌は誰に向けられているのだろう？　まさかスターリン本人なのだろうか？

そのような推測を誘う音楽的暗示がある。この楽章は、交響曲第七番で「スターリンを表現した」とされる一節によって始まり、また、フレンチホルンがベートーヴェンの交響曲第五番の名高い「運命の動機」のリズムを奏でるのである。ベートーヴェンはこの主題について、「このようにして運命は扉を叩くのである」と述べているが、ショスタコーヴィチはこの残響を――本人の言葉によると、完全に意識的に――スターリンへの想起と結びつけている。そのような意味がこめられていることは、あまりにも明らかだ。

ヴァイオリンのモノローグによる心を揺さぶるようなカデンツァには胸を衝かれるばかりである。それは、アフマートワの『レクイエム』の一節――「やつれ果てた口、その口で一億の民が叫び声を上げる」――を想起させながら、熱狂的なフィナーレのカーニヴァル的舞踏のなかで四散してゆく。

ショスタコーヴィチはこのヴァイオリン協奏曲のカーニヴァルを、「民衆の笑いの文化」をめぐるミハイル・バフチンの論考を思わせるようなかたちで展開している。「民衆の笑いの文化」の主題は、生と死が相互に転換し合うことだとバフチンは考えていた。バフチンは、恐怖から解放してくれる「カーニヴァル的感覚」について述べている。ショスタコーヴィチも恐怖からの解放をしばしば作中で死にゆく者の踊りと結びつけていた。それは彼にとって自身のバイオグラフィーに基づく感情である。この感情はあまりにも強いものであったがゆえに、ショスタコーヴィチは自作のなかで繰り返しそこに立ち戻ってしまうのだった。

ヴァイオリン協奏曲の嵐のようなバーレスク的フィナーレもその一つで、それは真に超人的な努力を演奏者に要求する。この協奏曲は、世界のヴァイオリン曲の頂点の一つだが、それにふさわしい演奏はめったにない。それは何より、この曲に求められる肉体的要求の水準が度を超しているからでもある。

ショスタコーヴィチの音楽とバフチンの文化哲学との関連は明らかだ。それは次第に綿密な研究対象になりつつある。(8) ショスタコーヴィチの多くの作品には、文化における「カーニヴァル的」形式に関するバフチンの論考があてはまる。カーニヴァル的形式は、「生を芸術的に理解する際の強力な手段となり、象徴的一般化を行なうきわめて強い力をもつ語彙と形式を備えた特別な言語となった」[*28]。もちろん、バフチンはロシアのカーニヴァル的伝統にも関心を抱いていた。彼は愛してやまないドストエフスキーだけではなく、ゴーゴリやプーシキンにもそのような伝統があると考えていた(バフチンによると、プーシキンの作品のなかで最も「カーニヴァル的」なものの一つは『ボリス・ゴドゥノフ』であった)。

聖愚者、旅芸人《スコモローフ》としてのショスタコーヴィチというイメージは、まさにバフチン的パラダイムの枠組みに収まる。旅芸人《スコモローフ》とは、ロシアのカーニヴァル文化の中心的な存在である。それは中世の放浪芸人・音楽家・道化のことである(ただし、貴族の邸宅に住みついていた者もいる)。その末裔は二十世紀初頭まで存在しており、そうした芸人たちがペトログラードのマルス広場で、いわゆる「ラヨーク」と呼ばれるジャンルの見世物を上演するのを、若きミーチャ・ショスタコーヴィチはまだ目にすることができたはずである。

厳密に言うと、「ラヨーク」という語は、西欧で「覗きからくり」と呼ばれているものに相当する。それは、箱を覗き込むと、絵（よからぬ内容であることが多い）が入れ替わっていくのを特別な拡大鏡を通して見ることができる仕組みになっている。ロシアでこの箱が「小さな楽園《ラヨーク》」と呼ばれたのは、最も人気のある演題の一つがアダムとイヴの原罪についての物語『楽園劇』だったからである。

　時事的で、ときに危険な政治的ジョークを織り交ぜつつ、このような二重の意味をはらんだ絵物語を観衆のために解説する役目を担ったのが「ラヨーシニク」と呼ばれる縁日の旅芸人《スコモローフ》だった。この見世物は若きショスタコーヴィチの心を惹きつけた。一九二五年、彼は友人に宛てて次のように記している。「最近私はラヨーシニクの歴史を調べはじめました。それで、ときに私自身ラヨーク風な表現をしてしまうのです[*29]」。

　一九四八年、「ジダーノフ会議」とそれに続いて繰り広げられた虐殺の躁宴が強く印象に残るなか、「反形式主義的ラヨーク」と題された、世界の音楽史上最も毒に満ちた諷刺作品の一つを考案したとき、ショスタコーヴィチはこの若き日に見た光景のことを思い出していたのだろうか？　おそらくそうだろう。だが、意識的に文化の伝統のなかへみずからを位置づけ、間テクスト性に敏感だった彼にとってより大きな意味をもっていたのは、彼が最も尊敬するロシアの作曲家ムソルグスキーが一八七〇年に『ラヨーク』という名の作品を書いていたことである。

　ムソルグスキーの『ラヨーク』は音楽による容赦ない諷刺であり、作者は（正真正銘の旅芸人《スコモローフ》とまったく同様に）自分に敵対する音楽学者や批評家、作曲家たちを辛辣に嘲笑している。ショスタコーヴィチはムソルグスキーから多くの手法を借用した。それはたとえば、弾けるような形式や、生き生きした芝居小屋風のテクスト（その作成にあたっては友人レフ・レベジンスキーが大いに助けてくれた）、パロディ的引用などである。しかしショスタコーヴィチが諷刺の対象として選んだのは、もう少し大物だった。すなわち、他ならぬスターリンとジダーノフである。

『反形式主義的ラヨーク』でショスタコーヴィチはこのソ連の指導者二人をかなりわかりやすい名――同志イェジニーツィン〔「一点の者」の意味。ロシアの成績評価は五点方式で、一点と二点が落第点〕と同志ドゥヴォイキン〔「二点の者」の意味〕――で登場させている。二人は反人民的作曲家たちの形式主義音楽を断罪するために文化宮殿で開かれたある会議で演説を行なう(9)。同志イェジニーツィンはグルジアの民衆歌曲「スリコー」のメロディで自分の台詞を朗唱する。「スリコー」がスターリンお気に入りの歌であることはソ連では老いも若きもみなが承知していたことで、それが何を意味しているかは一目瞭然である。一方ドゥヴォイキンはワルツを口ずさみながら、ジダーノフと同じく音楽に「美と上品さ」を要求し、形式主義者たちの作品を「歯科ドリル」や「人殺し音楽」になぞらえる。

ショスタコーヴィチのこの作品の最後で、フランスのオペレッタに使われる陽気なカンカンに合わせてスターリンがブルジョワ思想と闘うことを呼びかけ、そうした思想にかぶれた者たちを矯正収容所に入れるよう命じると、密告者たちは待ってましたとばかりにこの指導者の命令に唱和する――「あらゆる場所に目を光らせ、敵を根絶せよ！」

おもしろいことに、ショスタコーヴィチが作曲したこの悪意に満ちた華々しいフィナーレは、その愚弄的な調子が実に冴えわたっているので、演奏会では必ずここがアンコールされる。私は西側での『反形式主義的ラヨーク』の記念演奏会に何度か居合わせたことがある（指揮者はムスチスラフ・ロストロポーヴィチ、ウラジーミル・アシュケナージ、ウラジーミル・スピヴァコフだった）。歌い手たちはロシア語で歌い、聴き手は台詞にちりばめられた言語的・音楽的隠喩や暗示の大部分を理解できなかったとしても、ホールの観客は決まって腹を抱えて大笑いするのだった。

一九六五年に「反ソヴィエト的」執筆活動によって矯正収容所に送られたアンドレイ・シニャフスキーの回想によると、ある囚人が羨ましそうに彼にこう言ったという。「あんたたち作家さんにとっては、死ぬのも役に立つんだよな[*30]」。つまり、作家はネガティヴな経験でさえも利用して芸術作品に変えることができる、というのである。

それはまさにショスタコーヴィチがしたことだった。頭のてっぺんから爪先まで官製の汚物にまみれながら、彼はそれを黄金のような音楽――ヴァイオリン協奏曲第一番と『反形式主義的ラヨーク』――に変えることができた。しかもこの二作品はまったくタイプが異なる。一つは悲劇の一大絵巻、もう一方は旅芸人《スコモローフ》の見世物である。だがどちらも力のこもった、全身全霊を捧げて書かれた作品である。

それ以外にもう一つの典型的なショスタコーヴィチの特徴が両作品を結びつけている。どちらの作品も「机のなかへ入れるために」、つまり、すぐに演奏してもらえるという希望がないままにつくられたにもかかわらず、ショスタコーヴィチは未来の聴衆のために、彼らにとって興味深く聴くことができるおもしろい作品になるように気を配っていた。

ショスタコーヴィチのもつ稀有の特質――つねに聴き手の受け止め方に注意を払い、聴衆が作品の最後まで関心を保ちつづけられることを目指す――は、しばしばスノッブな批評家を苛立たせ、途方に暮れさせた。ショスタコーヴィチの交響曲第五番のフィナーレは悲劇的なのに、なぜか聴衆が演奏後に歓喜のあまり熱狂するのが彼らには不満だった。だがそれは、『反形式主義的ラヨーク』のフィナーレのカンカンが刺激的であるのと同じ理由なのだ。つまり、真の旅芸人《スコモローフ》にして聖愚者たるショスタコーヴィチは、創作行為の火花のなかで自己表現することによって悪の力を克服しようとしているのである。

悲劇的な音楽というのは、必ずしも単調で退屈でなければならないわけではない。同様に諷刺も、単に辛辣で教訓的であるだけではなく、おもしろいものにもなりうるのだ。

ムソルグスキーとショスタコーヴィチ両者の『ラヨーク』の運命を比べてみると興味深い。すばらしいピアニストでもあったムソルグスキーは一八七〇年にこの諷刺作品をあちこちで演奏し、聴衆たちをいたく喜ばせた。しかも、批評家ウラジーミル・スターソフの回想によると、「諷刺されている者たち自身までもが涙を流して笑い転げていた」。

一年あまり後に出版されたこのムソルグスキーの小曲の楽譜はすぐに売り切れた。だが、時がたつにつれてこの作品が演奏されることは少なくなっていった。ムソルグスキーの『ラヨーク』を十二分に楽しむには、ロシア音楽史をよく知っていなければならないからである。

ムソルグスキーと違って、ショスタコーヴィチは誰にも内緒で『ラヨーク』を作曲した。その諷刺の対象とソ連の状況を考えればもっともである。そのため、『反形式主義的ラヨーク』創作の経緯には、おそらく完全に解き明かされることはないであろう多くの謎が残されている。それは、厳しい処罰に脅えつつ、隙を見ながらこっそりと非合法的につくられた、典型的な「地下文化」の作品である。世界が『反形式主義的ラヨーク』の存在を知ったのは、ショスタコーヴィチの死後、一九七九年に西側で出版された彼の回想記に付された序文からで、その初演はようやく一九八九年になって実現した。以来、ショスタコーヴィチのこの諷刺作品の人気は高まりつづけ、もはや二十世紀を象徴する音楽作品の一つと言ってもよい。

パステルナークの言葉を借りるなら、「ここを不可思議な謎の爪が通り過ぎた」(一九一八年に書かれたパステルナークの詩より)。そのようにして印を付けられた作品に対して、運命はしばしば好意的に遇

左からセルゲイ・プロコーフィエフ、ショスタコーヴィチ、アラム・ハチャトゥリャーン。彼らは「反人民的形式主義者」として非難された。

するものである。

『ラヨーク』でショスタコーヴィチは、スターリンが企てた一九四八年の文化的虐殺《ポグロム》について辛辣かつ簡潔に描き出している。「ジダーノフ会議」の後、二月十一日付『プラウダ』紙には、二月十日の全連邦共産党中央委員会決議「V・ムラデリのオペラ『大いなる友情』について」が掲載された。それはスターリン的文書の典型であり、その当時の文化状況についての指導者の見解と命令が総括されている。

そこには関係者にとってとくに目新しい情報はなかったが、ただ、「形式主義的で反人民的傾向」をもつとされる作曲家の決定版リストが記されていた。名前が挙がっているのは、ドミートリー・ショスタコーヴィチ、セルゲイ・プロコーフィエフ、アラム・ハチャトゥリャーン、ヴィッサリオン・シェバリーン、ガヴリイル・ポポーフ、ニコライ・ミャスコフスキー。まさにこの順番で、つまり、アルファベット順ではないことが一目瞭然の並び方で列挙されていたのである。[10]

ソ連時代にはこの種のリストが大きな儀式的意味をもっていた。一言の説明もなかったとしても、そうしたリストはその人間が社会的ヒエラルキーにおいて、良くも悪くもどのような位置を占めているのかという図式をきわめて鮮やかに示してくれたのである。

よく知られているように、スターリンはこの手のものに大きな注意を払っていた。いまでは公表されている準備段階の秘密メモによると、「形式主義者たち」のリストは最後の最後まで揺れ動いていた。リストの先頭はプロコーフィエフになったりミャスコフスキーになったりした。また、リストに載る顔ぶれも変わりつづけた。最終版でショスタコーヴィチがリストの先頭に据えられたのは、明らかにスターリンの意向を反映している。決議に記されているように、ショスタコーヴィチは「音楽の発展を行き詰まらせ、音楽芸術を滅ぼすような、ソ連の音楽文化には無縁であるはずの傾向をソ連音楽文化関係者たちのあいだに広めたこと」に対して重大な責任があるとスターリンは考えていたのである。[*31]

近年明らかになったのだが、こうしたことすべてについてショスタコーヴィチは、アメリカ人の言い方を借りるなら「馬の口から〔「確かな筋から」という意味〕」知ったらしい。二月十一日の朝六時、彼はスターリンの秘書アレクサンドル・ポスクリョーブィシェフから電話を受け、クレムリンに呼び出された。スターリンは、ポスクリョーブィシェフがみずからショスタコーヴィチに党決議の文面を読み聞かせるよう指示したのだった。[*32]

スターリンのこの行動は、いつものやり口と同じく、二重の意味をはらむ狡猾なものだった。一方でそれは、指導者が個人的に注目しているのだという合図であり、その一方で、「打ち叩きつつ、泣くことを許さない」というサディストの鞭を思わせる。それと同時にスターリンはおそらく、ショスタコーヴィチがこの「鞭」をどのように受け止めたのかをポスクリョーブィシェフから聞こうと思ったのだろう。

神経質で敏感なショスタコーヴィチは、もちろんこうしたことすべてを大きな屈辱と感じた。後に彼

作曲家同盟の第１回大会は、とりわけショスタコーヴィチを告発する決議をした。モスクワ、1948年。

は回想しているのだが、ポスクリョーブィシェフが決議の文面を読み上げているあいだ、作曲家は彼の顔を見ることができず、その代わりにこのスターリンの秘書が履いていた黄色い革のブーツの先端を凝視していたのだという(11)。

決議が掲載されるとすぐに「公的処分」が始まった。ショスタコーヴィチはモスクワとレニングラード音楽院から解雇された。彼の作品の多くは（他の「形式主義者たち」の曲と同様）レパートリーから外された。スターリンは一九三二年以来、実に十六年間棚上げされていた作曲家同盟の設立を推し進めることにした。一九四八年四月、この団体の最初の大会が開催される。その基調報告を行なったのは、作曲家同盟の書記長（この役職はスターリン自身が提案したものだ）に着任したばかりのチーホン・フレンニコフだった。

血気盛んな三十四歳のフレンニコフは、自分に課された文化の根本的「改革《ペレストロイカ》」という使命を情熱的に果たすべく、驚いた顔つきの聴衆たちに向かってこう叫んだ。「退屈なインテリの自己分析を意味ありげな外見で隠した私的日記のような交響曲、偽哲学的交響曲はもうたくさんです！……われわれの聴衆はモダニストの不協和音にはうんざりしているのです！　われわれの音楽を明晰さとリアリズム的簡潔さの道へと取り戻すときが来ました！……過去の天才的な作曲家たちによって築かれた偉大な音楽の神殿を、これ以上破壊することは許されません！[*33]」

この罵倒が向けられた人々が公の場で懺悔を強いられたことにはもはや何の驚きもなかった。ただ、道化役のムラデリが大きな声で次のように言いはじめたときは、さすがに会場もざわついた。「みなさん！　私は党中央委員会の決議に百パーセント賛成はできません！」

この大会の代表委員だったドミートリー・トルストイの回想によると、このときホールには緊迫した沈黙が訪れたという。だがムラデリは続けてこう言う――「党が私に下した処罰は甘すぎます！　もっと厳しく、強く私を罰するべきでした！[*34]」するとみなは安堵のため息をつき、場の空気は通常どおりに戻った。

「退屈なインテリの自己分析」を批判された一人であるミャスコフスキーは、用心深く次のように日記に記している。「ムラデリのオペラに関する全連邦共産党中央委員会決議は興味深い。確かな真実と、残念な不正確さ。ソヴィエト音楽にむしろ有害とならなければよいのだが。凡人たちはすぐさま大喜びで活気づきはじめた[(12)*35]」。

残念ながらこのミャスコフスキーの覚書は、文化的損失がどれほどのものであったかのほんの一端を示しているにすぎない。「上」によって開催された公開会議の波が国じゅうを覆った。広くマス・メディアに喧伝されたこれらの会議の席上では、あらかじめ確立された儀式に従って「歴史的な決議」が称讃され、「反国民的形式主義者」たちは悪意をもって口汚く罵られた。

やがてこの波は、強力なポピュリズム的反知識人キャンペーンへと転じる。念入りに選ばれた「国民の代表たち」が、世界に名だたる作曲家たちに有無を言わせず説教を食らわせる機会を与えられた。その典型は、ある新聞に掲載されたナリチク市の機械工場の鋳物組合に所属する職人A・ザゴルイコの投書である（そして『ソヴィエト音楽』誌は卑屈にもこれを転載したのだった）。「……この決議は正しい。それは音楽を人々に近づけてくれる……。ソ連の作曲家のなかには、創作に必要なあらゆる条件を国民に整えてもらっているにもかかわらず、聴くに堪えないような音楽を書く者もいる。それはまったく支離滅裂で、野蛮な音の嵐である……[*36]」。

同志スターリンから同志ザゴルイコまで国じゅうが一つの声で喋り、この「魔女狩り」のなかで冷静に状況を判断しようといういかなる試みも不可能であるように思われた。だからこそなおさら、モスクワ在住の学生で共産党青年団員《コムソモール》だった二十二歳のマルク・シチェグロフが当時記した日記は驚くべきである。「新聞の反応からは次のような印象を受ける。つまり、長年のあいだ、人々はショスタコーヴィチやプロコーフィエフ、ハチャトゥリャーン等の音楽を我慢して聴き、演奏してきた。彼らがこうした音楽を（少なくともこれほど公然と激しく）批判しなかったのは、単に中央の権威ある人々のなかで、それが共感をもって受け入れられていたように見えたからだ。新しい音楽を理解できないということを進んでさらけ出そうという者はいなかった。というのも、そういうのは決してほめられたことではないから。だがいまやそれは〈誤った羞恥心〉だったことを突如としてみなが理解し、歓喜せんばかりの様子で世界中に告げて回っている――自分はもうずっと前からショスタコーヴィチ等々の音楽のせいで頭痛がしていたのだ、と[*37]」。

理想主義のシチェグロフ青年は、いま起きている事態をどうにかして理解しようとしていた。とても多くの人々がショスタコーヴィチやプロコーフィエフだけではなく、グリンカやムソルグスキー、そしてチャイコフスキーさえも嫌いで理解しておらず、そういう「交響曲」などよりもロシア民謡の合唱やポピュラー・ソングを好んでいるということを、彼はよく知っていた。つまり、真面目な音楽は大衆的なジャンルに場所を譲って姿を消さなければならない、ということなのだろうか？　シチェグロフはこう締めくくっている。「ショスタコーヴィチに民謡のアレンジしかさせないでいるなんて不可能だ。彼はわれわれが口出ししなくても、難解きわまるオペラだけではなく、大衆的な歌曲や、平均的な聴き手にも十分わかるような作品も作ってきたではないか。ショスタコーヴィチに申し訳なくて腹が立つ[*38]」。

悲しいことに、当時そのように考えていたのは少数派だった。音楽関係者のあいだでさえ、ショスタコーヴィチが頼りにできたのは、親しい十数名程度にすぎなかった。作家エヴゲニー・シュワルツは、ショスタコーヴィチに対する音楽業界のプロたち（彼らのことをシュワルツは「音楽界の虫けら」と呼んでいた）の態度について次のように回想している。「この虫けらたちが這い集まると、きまっていつもショスタコーヴィチについての会話が始まる。彼の女性関係や、振る舞い、顔、ズボン、靴下のこと。その音楽については語られない。何の役にも立たない音楽だということを彼らはわかっているから。だが、この虫けらたちはこの音楽の作り手から離れることができない。ショスタコーヴィチは孤立しているが、しかしやはり彼らのなかにあり、存在するというその事実によって、虫けらたちを脅かす何らかの掟があることを証明しているのである[*39]」。

こうした「虫けら」音楽家たちはショスタコーヴィチに恐怖を抱いており、その妻たちはさらに憎悪も感じていたのだとシュワルツは断言する。シュワルツによると、彼らにとってショスタコーヴィチとは何か変種のようなものであり、生物学的異常なのだった。彼らはこの作曲家に対して、まるでプーシキンの名高い小悲劇で作曲家サリエリがモーツァルトについて感じたのと同じような感情をもっていた。

……私は選ばれたのだ　彼を

止まらせるために――さもなくばわれわれはみな滅びていた

われら音楽に仕える祭司たちは……

このほとんどメシア主義的ともいえる嫉妬と憎悪は、作曲家同盟の新しいリーダーの一人であったウラジーミル・ザハーロフの特徴的な身振りのなかに表われている。彼は会議の席上で机をこぶしで叩いてこう叫んだのだった。「同志諸君！　覚えておいていただきたい！　ショスタコーヴィチに関してはこれでもうきっぱり片がついたのだ！」[40]

当時、「片がついた」ことを確信していたのはザハーロフだけではなかった。別の寵臣マリアン・コワーリは馬鹿にするような調子で、ソ連の「恋する高等中学生のような音楽評論家たち」や西側の「名声を売り買いする商人たち」がショスタコーヴィチを「古典」「世界の音楽文化の天才」という地位に祭り上げたのだと記している。「そんなことだから彼はのぼせ上がるのだ！」とコワーリは叫び立て、そうした「おべっか使いたちの追従」は、「ショスタコーヴィチが『プラウダ』の記事について深く熟慮し、自覚することの妨げとなった」と説教するような調子で付け加えるのだった。コワーリの考えによると、そのせいで無反省なショスタコーヴィチは「自国民の音楽言語たるロシア民謡を以前と同じく軽視し、コスモポリタン主義のほうを重視しつづけた」[41]。

それは、一見すると美学上の批判のように思われるが、実際には政治的批判であった。当時のソ連では、党の方針からほんの少しでも逸脱すると（たとえそれが想像のなかでの逸脱であっても）、それは「冗談ではなく完全な破滅」（パステルナーク）につながりかねないものだった。ラーゲリで囚人を護送する際の悪名高い指令によれば、「左右に一歩でもそれたら逃亡とみなされる」のである。以前からショスタコーヴィチの運命を自分のことのように考えていたパステルナークは、この頃作曲家に贈った自著に献詞を記し、強い心をもつよう彼に呼びかけている。「……そしてどうか貴方のことを貴方の偉大な未来が遠くから守ってくれますように」(13)*42。

だがショスタコーヴィチは、表面的には強がっていたものの（ある手紙のなかで、彼はよく知られたチェーホフの一節――「私たちはまだこれからダイアモンドのきらめく空を目にすることになるのよ」――を引用しているほどである）、実際には完全な絶望の淵にいた。一九三六年のカタストロフィのときにはいまよりも十二歳若かったが、今回は精神面だけではなく肉体的にも力が衰えたことを不意に感じた。「しょっちゅう頭が痛くなり、それだけではなく、いつも気分がすぐれません。というか、平たく言うなら〈吐き気〉がします。……この一週間か十日のうちに私はひどく年を取ってしまいました。この老化のプロセスはものすごい速さで進行しています。残念なことに、肉体の老化は精神的な若さの喪失にもつながっていくのです」*43。ショスタコーヴィチの前には暗雲が立ち込めていた。友人たちの証言によると、彼は逮捕されることを予感して、プーシキンの詩の一節「私は疲れた奴隷、もうずっと逃走しようと企てている……」を思い起こしながら、また自殺について考えるようになっていた。だが彼は、スターリンが別の目論見を自分に対して抱いていることを知らなかったのである。

註

（1）ある研究者は適切にも次のように指摘している。「その論理に従うなら、一九四一年以前は〈アンドレーエフシチナ〉、一九四一年から四五年までは〈シチェルバコフシチナ〉、そして一九四八年以降は〈マレンコフシチナ〉と呼ばれなくてはならない」(Babichenko, *Pisateli i tsenzory*, p. 4)。

（2）このオペラのボリショイでの初演を見た指揮者キリル・コンドラシンは、何年も後になってから私との会話の中で、『大いなる友情』は「かなりプロフェッショナルな作品だった」とコメントしている（一九八〇年にワシントンDCで行なわれたキリル・コンドラシンと著者との対話）。

（3）フルシチョフ時代にムラデリはモスクワ作曲家同盟の指導者になった。そして、ソ連作曲家同盟理事会の書記というかなり重要な地位に在任中の一九七〇年に亡くなっている。

（4）ジダーノフがみずからの演説を公刊する際、秘められた陰謀のメカニズムを露骨なほどに露呈させるこの一節を削除したことは実に象徴的である。

（5）イリヤ・エレンブルグがプロコーフィエフ本人から聞いたところによると、プロコーフィエフは「居眠り」し、目を覚ますと大声で「あの演説しているのは誰だ？」と尋ねはじめたらしい。

（6）基本的にはジダーノフを優れた人物と考えていたフレンニコフだが、この件に関してはショスタコーヴィチを支持している。彼の話によると、ジダーノフはピアノの前に座ることなど絶対にできなかった。理由は単純で、会議が開かれた党中央委員会議場には「楽器は置いていなかった」からである（*Tak eto bylo*, p. 124）。

（7）「スターリンの」別荘を与えられるのは、ショスタコーヴィチには苦痛でたまらなかった。指導者が死去すると、作曲家は早々に他の別荘を買い、「スターリンの」は国に返還した。それはきわめて例外的な行為だったため、当局は疑念を抱いた。別荘を売却する正当な権利があるのに、売る代わりに無償で返そうとするなんて、「きっと何か隠しごとがあるに違いない」というわけである。

（8）バフチン・サークルには作曲家の親友イワン・ソレルチンスキーも加わっていた。「布教熱心」な気質のソレルチンスキーは、まず間違いなくバフチンの思想についてショスタコーヴィチと議論したはずである。

（9）ショスタコーヴィチの『ラヨーク』には同志トロイキン〔「三点の者」の意味〕も登場するが、これは「ジダーノフ会議」の発案者の一人ドミートリー・シェピーロフのカリカチュアと考えられる。

（10）二月十日から十一日にかけての夜、セルゲイ・エイゼンシュテインが心筋梗塞のため、机に向かったまま亡くなった。当時彼は映画『イワン雷帝』の修正を迫られていたが、この作品の音楽を担当していたのがプロコーフィエフだった。そのことは、彼の死と何か関係があったのだろうか？『プラウダ』紙にこの虐殺的な文面が出ることを、エイゼンシュテインは事前に知っていたのだろうか？それについては私たちはただ推測するよりほかない。

（11）この不愉快なエピソードには、どちらかと言えば滑稽なエピローグが待っていた。一九五六年、すでにスターリンが亡くなった後のことだが、ショスタコーヴィチは姉のための薬を買おうと要人向け薬局に行った。行列に並んでいると、不意に聞き覚えのある声がした。「ドミートリー・ドミートリエヴィチ、古い友人のことをお忘れになったのですか？」話しかけてきた人の顔にショスタコーヴィチは見覚えがなかったが、しかしその黄色い靴にはすぐ気がついた。そう、あの同じブーツを履いて（どうやら外国製の革はとても頑丈のようだ）彼の前に立っていたのは、スターリンの元秘書ポスクリョーブィシェフだったのだ！　列に並びながらポスクリョーブィシェフは、自分もまた個人崇拝の犠牲になったのだとショスタコーヴィチに語った。スターリンの死の直前、彼は職務を解任され、危うく逮捕されるところだったが、いまではしかるべき年金を受け取って生活しているのだった。

（12）この二十五年後の一九七三年になっても、故ミャスコフスキーの記したこの最後の二文はソ連の検閲官たちにとってあまりにも衝撃が強すぎるものであったため、出版に際して削除されたのだった。

（13）パステルナーク自身、一九四八年にはまたしても、その作品が「ソヴィエト詩に甚大な損害を与えた」との批判を受けている。

第七章　断末魔の痙攣と皇帝の死

スターリン時代末期、ソ連知識人のあいだでは次のようなジョークが流行した。「アルメニア・ラジオに質問があった。第三次世界大戦は近いうちに始まるのでしょうか、と。ラジオの回答はこうだった。「戦争は起こりませんが、平和のための闘いが始まり、激戦の末にすべては破壊しつくされるでしょう」」。

一九四九年三月、当時スターリンに次ぐソ連のナンバー2と目されていた外務大臣ヴャチェスラフ・モロトフに呼び出されたとき、おそらくショスタコーヴィチの頭にはこのアネクドートが思い浮かんだはずである。モロトフは作曲家に、ニューヨークで開催される「平和のための世界文化科学会議」にソ連代表団の一員として出席し、「平和のための闘い」に積極的に関与するよう提案したのだった。だが、長年アメリカに行くことを望んでいたにもかかわらず、ショスタコーヴィチはこの申し出を断った。彼はモロトフに、自分は体調がよくないのだと説明した（前述のように、それは嘘ではなかった）。

三月十六日、ショスタコーヴィチのところに電話があり、これから同志スターリンがあなたと話をされるので受話器から離れないように、という予告を受けた。最初、自分はからかわれているのだと作曲家は思った。だがその後、こんな危険な冗談を言う者などいるはずがない、と考え直した。そして実際、受話器からは聞き覚えのあるスターリンの声（一九四三年にボリショイ劇場で新しい国歌について議論されたときに、彼はスターリンと会ったことがある）が聞こえてきた。スターリンは、どうしてあのような重要な任務を断ったのか、とショスタコーヴィチに尋ねた。

ショスタコーヴィチは頭の回転が速く、指導者と対話するときにも怖気づいたりしないということをすでに一度証明していたが、今回もまた動揺することなく（どうやらあらかじめ心の準備ができていたようである）、自分がアメリカへ行かないのは、もう一年以上も自分や仲間たちの音楽がソ連で演奏を禁止されているからだ、と答えた。*1

すると前代未聞のことが起きた。作曲家を追い詰めようとしたスターリンのほうが動揺したのである。みずからのイデオロギー的指令が実行されているかどうかを細部まできっちり監督し、すべてを把握していることを誇り、そしてそれを事あるごとに誇示し、強調してきた指導者は、今回はその事態を知らなかったような様子をして、ひどく驚愕してみせた。「演奏されないとはどういうことですか？　どうして演奏されないのですか？　一体どういう理由で演奏されないのですか？」

ショスタコーヴィチは、レパートリー委員会（つまり検閲）がそのような命令を出していることを説明した。するとスターリンは、自分のほうから譲歩してきた。「いや、われわれはそのような命令は出していません。レパートリー委員会の者たちに訂正しておかなければ」。そして彼は話題を変えた。「で、体の調子はどうなんですか？」

ショスタコーヴィチは正直に答えた。「気分がすぐれません」。それはスターリンにとってもう一つの予期せぬ返答だった。おそらく彼は面食らっただろうが、経験豊富でわざとらしいほど落ち着き払った人物であるスターリンは、そのような素振りは見せず、ショスタコーヴィチの言葉を比喩的にではなく、文字どおりに解釈した。「どうして気分がすぐれないのです？　原因は？　診察を受けさせましょう」。

いわゆる「クレムリン屋」、つまり、政府とソ連エリート用の特別クリニックの一大医療チームが入念な診察に当たった。クレムリンの医師たちの出した結論は、ショスタコーヴィチは確かに病気である、というものだった。ショスタコーヴィチはこの診断について知らせるため、既知の仲であるスターリンの個人秘書ポスクリョーブィシェフに電話した。しかし、どうやらポスクリョーブィシェフはボスから指示を受けているようだった。彼は、スターリンには何も知らせないつもりだ、と作曲家に返答した。アメリカには行かねばならない、そして指導者にはしかるべく感謝の手紙を書くように――ご主人様に口答えしても無駄なことなのだ。

もちろんスターリンには医師の結論は別途報告されていたが、彼はそれを無視することにした。独裁者はおそらく、もう自分は十分すぎるほど善意と忍耐を示してやったのだと判断したのだろう。ショスタコーヴィチ、プロコーフィエフ、ハチャトゥリャーン、シェバリーン、ミャスコフスキーなどの「形式主義作曲家」たちの一連の作品の演奏を禁じたレパートリー委員会の命令は、すでに取り消されていた。

ショスタコーヴィチの回想録ではじめて明かされたこのエピソードが事実であることは、いまでは公表されている諸資料によって確認されている。[*2]　しかもそれらの資料からは、スターリンの反応がまさに電光石火の勢いだったことがわかる。スターリンがショスタコーヴィチと話をした直後、文字どおりその日のうちに、指導者の机の上には、ソ連閣僚会議付芸術問題委員長代理に彼が提出を求めた調査資料が届けられた。担当職員はびっくり仰天して、風向きが突然どう変わったのかわからぬまま、ショスタコーヴィチの禁止作品リストを正確に報告してきた。彼は念のために媚びるような調子で、「彼の作品のなかでより優れているもの、つまり、ピアノ五重奏曲、交響曲第一番、第五番、第七番、映画音楽、そして歌曲は、コンサートにおいて演奏されている」とも記している。

だがそうした努力はまったく無駄であった。罰を受けるはめになるのはいつも現場の人間である。そして早くもこの翌日（！）、運の悪い官僚たちは以下のようなソ連閣僚会議命令によってお灸をすえられたのだった。「モスクワ、クレムリン。一、ソ連作曲家たちの一連の作品の演奏禁止とレパートリーからの削除に関するソ連閣僚会議付芸術問題委員会レパートリー委員会の一九四八年二月十四日付指令第十七号が違法であることを認め、同指令を破棄すること。二、違法な指令を発令したことに対して、レパートリー委員会を戒告処分とすること」。署名しているのは「ソ連閣僚会議議長I・スターリン」である。[*3]

このエピソードを、ブルガーコフやパステルナークへのスターリンからの電話（前者には一九三〇年、後者には一九三四年にスターリンから電話があった）と比べてみるのは興味深い。ブルガーコフとパステルナークが誠実で勇敢であり、強い心をもっていたことは疑いない。今日、どちらもショスタコーヴィチよりもはるかに明確な「反スターリン」的イメージをもたれている（指導者の名を冠した賞を何度も受賞したショスタコーヴィチと違って、ブルガーコフもパステルナークもスターリン賞には縁がなかった）。だがこの両者にとって、短時間ではあれ指導者と電話で会話したことは、きわめて重要な事件となった。後年、ブルガーコフもパステルナークも、スターリンとの対話を心のなかで何度も繰り返し反芻することになる。

ショスタコーヴィチの場合、そのようなことはまったく起こらなかった。スターリンは明らかにそうした効果を狙っていたのだが。ブルガーコフにとっても、パステルナークにとっても（彼はスターリンのことを「紀元前の巨人」と呼んでいた)、指導者は(アメリカ人的な表現を借りるなら)「スーパーマン」のような存在だった。皮肉屋のショスタコーヴィチは逆で、すでに述べたように彼は指導者を神格化するような感情は少しも抱いていなかった。彼のイメージするスターリンは、これっぽっちもオーラを帯びてはいなかった。並はずれて人の心理を読むことに長けていたスターリンがそれを感じとっていたというのは大いにありそうなことである。

また、ショスタコーヴィチはブルガーコフやパステルナークと違って、自然な会話ができる人間でもなかった。後者二人は——もちろん各人それぞれのスタイルではあるが——生まれながらの詩人であり、話し上手であった。ショスタコーヴィチは対照的に、人付き合い(とりわけあまりよく知らない人々との)においてはきわめて閉鎖的でよそよそしく、神経質になることが多く、そのため(エヴゲニー・シュワルツによると)「周囲の者たちにとって耐えがたい人間」なのであった。[*4]

作曲家をよく知るマリエッタ・シャギニャーンの観察によると、ショスタコーヴィチはときとして、「何か電力のようなもの、彼自身の全身が発する生体電流の大きな力の放出」によって活動している異星人を思わせた。「彼はいつもとても緊張しながら話をした。はじめて私の部屋を訪れたときのことだ。部屋は大きく固く、とてもしっかりした衝立で半分に仕切られていたのだが、彼が敷居をまたいだ瞬間、そのしっかりした衝立が、まるで風にあおられたかのように突然床に倒れたのだ。私の家族はみな、私と同じく動揺した。彼と話をはじめるのはいつも大変だった。会話を成立させるためには何から話をはじめたらいいのか、前もってよく考えておかなければならなかった[*5]」。私もショスタコーヴィチに対して同じような印象をもっていた。

スターリンが会話において一番の心理的武器にしていたのは、その謎めいた寡黙さだった。だがショスタコーヴィチはさらに謎めいて寡黙でいることができる相手だったのである。

それは、詩人ウラジーミル・マヤコフスキーとの一九二九年の出会いについてショスタコーヴィチが語ったエピソードを思い起こさせる。駆け出しの作曲家と知り合った著名な作家は、尊大な様子で二本指を差し出してきた。これに対してショスタコーヴィチは落ち着き払って指を一本差し出した。「そうやって私たちの指と指は接し合ったのです」[*6]。

ショスタコーヴィチとスターリンの会話においても同じようなことが起きた。対話する両者の立場は明らかに不釣り合いであったが（似たような状況に置かれた作家ヴィクトル・シクロフスキーの言葉を借りるなら──「あちらは陸軍と艦隊が付いているのに、私がもっているのは私のペンだけだ」）、指導者と作曲家の対話は相互に妥協し合う結果に終わった。ショスタコーヴィチに対しては、スターリンは自分自身が教唆した命令を破棄することになった。当然のことながら、そのような行動はこの指導者にとってはきわめてまれで、なおかつ実に好ましくないことだった。一方ショスタコーヴィチのほうは、ニューヨークで開かれる「平和を守るため」の会議に出向くことを余儀なくされた。

当時スターリンはこの会議をきわめて重要な外交活動と考えていた。スターリンの指示によって、「平和のための闘い」は主要なスローガンとして打ち出されていた。したがって、「平和主義運動」を構築し、発展させることは優先事項とされ、そのために多大な努力とお金が投じられた。

「平和のための闘い」という理念それ自体はいたって高潔なもののように見える。「平和運動」の最も積極的な参加者の一人であった作家イリヤ・エレンブルグの回想によると、「第三次世界大戦は文明を滅ぼすのだということを皆に知らしめようと努めるのは、ただ純粋な行為だった」[*7]。もちろんエレンブルグの言い方は狡猾だ。政治がそれほど「純粋」な行為であるなど──もしそういう例が過去にあったとしても——滅多にあることではない。

ショスタコーヴィチが派遣されたニューヨークでの会議もまた、そのことを証明している。この会議はニューヨークの高級ホテル「ウォードーフ＝アストリア」で三月二十五日から二十七日にかけて開催されたため、「ウォードーフ会議」と称された。集まった代表団は約三千名で、その多くが元副大統領で一九四八年の大統領選候補者ヘンリー・ウォレスを支持するリベラル左派のアメリカ人だった。

ソ連代表団には作家アレクサンドル・ファジェーエフとピョートル・パヴレンコ、映画監督セルゲイ・ゲラーシモフとミハイル・チアウレリも加わっていた。彼らはソ連では著名な人々で、スターリン賞受賞者である。だが、アメリカでは誰も彼らのことを知らなかった。アメリカ人にとって唯一のスターはショスタコーヴィチで、ニューヨークの空港では彼のファンが大挙して作曲家を出迎えた。

ここでもやはりパステルナークとの興味深い共通点を見ることができる。一九三五年、スターリンはパリで開かれた「文化擁護のための国際反ファシスト作家会議」にパステルナークを強制的に派遣した。詩人は（ショスタコーヴィチと同様）体調不良を理由に辞退しようとした。だがスターリンは（同じくポスクリョーブィシェフを通じて）、これは命令であり、必ず遂行しなければならないのだということを伝えてきた。

ショスタコーヴィチと同様に、パステルナークは深い屈辱を感じつつも、この命令に従った。パリでの会議で、作家アンドレ・マルローに「現代の最大の詩人の一人」として聴衆に紹介された彼は、短くて非常にわかりにくいスピーチを述べたが、長い拍手を受けた。[*8] この会議でソ連代表団長を務めたエレンブルグによると、パステルナークの作品について事実上何も知らなかったフランス人たちは、いかにも詩人というイメージにぴったりな彼の姿そのものに感銘を受けたのだった。

眼鏡をかけ、不器用そうな、見るからにこわばって人を寄せつけなさそうな様子をしたショスタコーヴィチもまた、彼をよく知らない人々に対してさえ、何か選ばれし者のような印象を与えたかもしれない。だがパステルナークの場合と違って、彼の作品はこの頃すでにアメリカの知識人層にはよく知られていた。しかもアメリカでのショスタコーヴィチは、政治的な評判に関してもそれまでは運に恵まれていた（運というのはそれなりに重要なものである）。

アメリカの対ソ連観は何度か変化してきたが、三〇年代にはソ連は非常に敵視されていたので、一九三六年にショスタコーヴィチが『プラウダ』紙の攻撃を受けたときには、当時すでに西側でもよく名の知られていたこの作曲家の名声は、かえって高まることになった。第二次大戦中、ソ連が西側の民主主義陣営の同盟国になるという急激な変化が生じると、その名声は伝説的なものとなる。そして戦後、アメリカにおいてソ連に関わるものすべてが疑いの目で見られるようになった冷戦期、奇跡的にもそれは当初ショスタコーヴィチには影響が及ばなかった。というのも、「反形式主義」を訴える一九四八年の党決議が出されたからである。

だが、このショスタコーヴィチとアメリカとの蜜月は、一九四九年に唐突で荒っぽい結末を迎える。その原因となったのは、イデオロギーと文化の領域において冷戦初期を象徴する出来事となったウォードーフ会議にこの作曲家が参加したことだった。

この会議はソ連に対するアメリカの態度を直接探る機会をスターリンに与えてくれた。どうやら疑い深い指導者は、この点に関してプロの外交官たちが報告してくることをあまり信用しておらず、広い視野と心理的嗅覚をもった芸術家たちからその印象を聞くほうがよいと考えたようである。一九四六年にも彼は作家イリヤ・エレンブルグとコンスタンチン・シーモノフに同様の任務を課してアメリカに派遣している。ウォードーフ会議でそのような情報提供係となったのはファジェーエフとパヴレンコだった。彼らも作家だったが、政治に対してはより積極的だった。よく知られているように、スターリンはこの二人の意見を非常に傾聴していた（とりわけ、マンデリシタームに対する一九三八年のパヴレンコの密告が、この詩人の命運に決定的な役割を果たしたことがいまでは知られている）。

ショスタコーヴィチは（一九三五年のパステルナークと同様）、代表団の箔付けとカムフラージュのため、スターリンによってメンバーに加えられた。だが、衆目の関心を集めた作曲家は、誰よりもその報いを受けることになる。

会議には、アーサー・ミラー、ノーマン・メイラー、リリアン・ヘルマン、ダシール・ハメット、クリフォード・オデッツなど、多くの著名な左派系アメリカ人が参加した。音楽部門にはレナード・バーンスタインが参加し、『ニューヨーク・タイムズ』の音楽批評家オーリン・ダウンズが議長を務めた。だが、右派陣営も手をこまねいていたわけではなかった。アメリカの反共リベラルたちの小グループは、「自由を擁護するアメリカ知識人たち」と称する特別委員会を結成し、ウォルドルフ会議を妨害するまではいかなくとも、せめてできるかぎりのダメージを与えようと考えた。

メアリー・マッカーシー、ドワイト・マクドナルド、アーサー・シュレジンジャーなど、ニューヨークの錚々たる知的エリートたちが参加したこの反ソ連グループ（後に判明したように、彼らはＣＩＡに財政的支援を受けていた）の委員長を務めたのは哲学者シドニー・フックである。音楽の分野で前線に立って反撃を行なったのは、著名な作家の従弟で、アメリカ政府筋に顔の利く作曲家ニコライ（ニコラス）・ナボコフだった。

ナボコフは音楽部門の会議に出席した。その席上で、まな板の上の鯉のような心境のショスタコーヴィチが緊張して震える声で、ソ連への攻撃を計画し、「戦争を扇動しようとする一味」を非難するお約束の演説（その原稿はモスクワで当局が彼のために準備してくれた）をはじめた。アメリカ人通訳がショスタコーヴィチの言葉を訳し終えると、ナボコフは立ち上がって質問した。「『プラウダ』紙に掲載された、ストラヴィンスキーやシェーンベルク、ヒンデミットといった西側の作曲家の音楽への攻撃に、ショスタコーヴィチ氏は個人として賛成しているのか？」[*9]

ショスタコーヴィチは答えるために立ち上がった。マイクを手渡された作曲家は、目線を落とし、内心では恥辱と怒りに燃えたぎりながら、ええ、自分は『プラウダ』紙と完全に同意見です、とぼそぼそと述べた。ナボコフは回想のなかで、勝ち誇ったようにこう述べている。「彼の答えがどのようなものになるのか、その答えを聞く前に私にはわかっていた。そして、その答えが彼の正体を暴露するだろうということも……。だが、それはロシア共産主義の内部で行なわれている慣行を暴露する唯一の合法的手段だったと私は思う」[*10]。

なんという過酷な情景であろうか。運命と冷戦のせいで、二人のロシア人作曲家が屈辱的で非人間的な容赦ない一騎打ちをするはめになったのである！　スターリンの無慈悲な意志によってこの恥ずべきリングに突き出された不幸なショスタコーヴィチのことも、共産主義イデオロギーに打撃を与えようと意気込んで、手近で手頃な標的をこっぴどく攻撃したナボコフのことも理解できる。その標的が偉大なロシアの作曲家であるということなどナボコフは考えもしなかった。ウォードーフ会議で二枚舌を使わなければならなかったショスタコーヴィチの苦しみは、亡命者ナボコフであればなおのことよく理解できたはずなのだが。

だがおそらくそのときのナボコフには、目的が手段を正当化すると思われたのだろう。ときにそういうこともある。しかし、思い返してみるなら、この二人のうち、当時実際に圧力にさらされ、命の危険すらあったのは、ショスタコーヴィチだけである(1)。

ナボコフとその仲間による攻撃は、さまざまな点においてウォードーフ会議と、そして同時に、アメリカでのショスタコーヴィチの名声にダメージを与えた。これ以降西側では、作曲家自身の本当の感情や信念とは無関係に、彼は共産主義イデオロギーの代弁者と目され、またその音楽はソ連のプロパガンダと見なされることがますます増えていった。加速する冷戦の無慈悲な論理とはそういうものだ。その後三十年にもわたって、ショスタコーヴィチの音楽への反応は敵対的でアンフェアなものが主流となる。

一九四九年は緊迫した年となった。冷戦はともすれば「熱い戦争」へと移行しそうになった。中国は共産主義国となり、ギリシャとベトナムでも共産主義者たちが戦闘を繰り広げた。すでにＮＡＴＯの基盤は築かれていたが、イタリアとフランスは強力な反米デモに揺れていた。

ウォードーフ会議が失敗に終わった後、スターリンはアメリカの世論へ積極的に働きかける可能性をあきらめたものの、そうした状況のなかで依然として西欧をアメリカから引き離そうと画策していた。彼は、「いくつかの国における平和のための闘いが、社会主義のための闘いへと転換していく」ことを期待していたのである[*11]。

『ル・モンド』紙は「平和のための闘い」に関して、共産主義者たちは「誰にでもわかるスローガンを見出した」と報じている。共産主義陣営が主導して採択された、核兵器の禁止を訴えるいわゆるストックホルム・アピールは、世界各国で数億にのぼる署名を集めた。この運動には、カンタベリー主任司祭のヒューレット・ジョンソン、ベルギーのエリザベート王妃、ノーベル賞物理学者フレデリック・ジョリオ＝キュリーなど西側の多くの著名人が参加した。最もよく名の知られた「平和のための闘士」の一人がパブロ・ピカソで、鳩を描いた彼のリトグラフはこの運動全体の象徴となり、また二十世紀の文化的・政治的なアイコンの一つともなった。

ピカソのこうした活動は、いまもなお西側では、天才の気まぐれ、不滅の変人による説明不能な奇行として語られるのがつねである。だが、多くの回想記作者が認めているように、「平和運動」でみずからが果たすべき義務について、ピカソはきわめて真剣かつ責任感をもって考えていた。エレンブルグの回想によると、ピカソは関連する諸会議に喜んで参加し、嫌がることなくスピーチを引き受け、スターリンを称讃したり、アメリカ帝国主義を非難したりする演説者たちの言葉に注意深く（同時通訳専用のイヤフォンを装着して）耳を傾けた。あるとき彼はエレンブルグにこう説明したという。「私にとって共産主義は、芸術家としての私の人生と固く結びついているのです……」。[*12]

ピカソの例をショスタコーヴィチの行動と比較してみると興味深い。作曲家もスターリンの「平和のための闘い」に関与したが、ピカソとは違って、彼はソヴィエト政権の絶え間ない乱暴な圧力のもとで、心底嫌々ながらそのような行動を取っていたのだった。

同じエレンブルグの証言によると、一九五九年にワルシャワで開催された第二回世界平和擁護会議に参加したショスタコーヴィチは、雨雲よりも陰鬱な顔つきをしながら、こういう馬鹿げた話をずっと聞かなければならないことへの愚痴を彼にこぼしてきたという。作曲家はこの状況からの出口を見出すと、ようやく楽しげな様子になった――彼はイヤフォンのプラグを引き抜いたのだ。「これでもう何も聞こえないよ。実に快適だね！」このときのショスタコーヴィチは、大人の裏をかくことに成功した子どものようだった、とエレンブルグは回想している。[(2)*13]

ショスタコーヴィチがスターリンやスターリン主義を信奉する西側の人間に心底憤慨し、（フローラ・

リトヴィノワとの内輪の会話のなかで）ピカソについて強い軽蔑をあらわにしていたのは驚きではない。「おわかりになるでしょう、私は牢獄にいて、子どもたちや自分の身の安全を危惧しているようなものです。でも彼は自由の身なんだから、嘘をつかなくてもいいでしょうに！」そしてショスタコーヴィチはこう続けたという。「誰が彼にあんなことを言わせているのでしょう？　ヒューレット・ジョンソンやらジョリオ＝キュリーやらピカソやら、ああいう連中はみんな悪党ですよ。生きることがものすごく簡単ではないにせよ、真実を語り、働き、必要だと思うことをできるような世界に彼らは住んでいるんです。それなのに、平和の鳩だなんて！」[*14]

ショスタコーヴィチがこのように激怒する理由は明白だ。一九五〇年に「平和の強化」を理由に国際スターリン賞を受賞しようと（西側で書かれたピカソの伝記では、決まり悪そうに「レーニン賞」と称されているが）、スターリンの死後、フランス共産党系の週刊誌『レットル・フランセーズ』の追悼特集号に理想化された指導者の肖像画を掲載しようと、何をしてもピカソはお咎めなしなのだ。

若き反共主義者で在仏アメリカ軍諜報機関の士官だったジェイムズ・ロードは、ピカソが「平和運動」の重鎮である詩人ポール・エリュアールに、スターリン平和賞は自分に与えられるべきだ、なぜなら自分は誰よりもこの賞に値するから、と主張する場面を目撃している。ロードはその回想記のなかで、なぜこのコミュニストの賞を画家が必要としているのか、当時自分には理解できなかった、と述べている。だが、ロードの回想からわかるように、ピカソがスターリンから賞をほしがっているという事実をこのアメリカ人青年がまったく不快に思っていないというのは象徴的だ。ロードにとってピカソとは、モダニズムの神だったのである。[*15]

二十世紀中頃、高尚なるモダニズムは正統的な芸術潮流として世の趨勢を支配していた。強い影響力

ショスタコーヴィチと映画監督ミハイル・チアウレリ。1949年『ベルリン陥落』を制作していたころ。

をもつモダニズム支持者たちは、ピカソのスターリニズムやエズラ・パウンドのファシズムを正当化する論拠を山ほど見つけ出していた。当時ショスタコーヴィチは、より保守的な手法の作品に取り組んでいたので、他のモダニストたちのように庇ってもらうことは期待できなかった。オラトリオ『森の歌』やカンタータ『わが祖国の上に太陽は輝く』、さらには、『ベルリン陥落』『忘れがたき一九一九年』といったスターリンを賛美する映画の音楽など、四〇年代終わりから五〇年代初めにつくられたショスタコーヴィチの妥協的な作品が、西側でこれほど手厳しく評価された理由の一端はそこにある。

指摘しておかなければならないことだが、これらの作品を誰よりも手厳しく批判したのは作曲家自身であった。たとえば、ショスタコーヴィチは自身の『森の歌』を恥ずべき作品だと考えていると公言していた[(3)][*16]。『森の歌』と『ベルリン陥落』の挿入音楽に対して作曲家は四度目のスターリン賞を授与され、作曲家同盟の新執行部は次のような称讃のコメントを発する機会を得た。「D・ショスタコーヴィチはオラトリオ『森の歌』において、ソヴィエト人民の英雄的な労働を賛美しつつ、自然改造の偉大なる計画の天才的創造者たる同志スターリンを褒め称えているのである[*17]」。

実際にはショスタコーヴィチの作品は「同志スターリンを褒め称えて」などいなかった。そのタイトルどおり、これはまさしく植林についての物語だった。第二次世界大戦の激しい戦闘のためにソ連領内

1949年12月15日。ショスタコーヴィチと妻ニーナ。オラトリオ『森の歌』初演を観賞している。この作品で4度目のスターリン賞を受賞。

では広大な森が破壊されており、森林地帯の拡大は喫緊の課題であった。「祖国に森を着せよう！」という呼びかけがこのオラトリオの中心的な音楽イデーであり、スターリンにはいくつかのおざなりなフレーズが割り当てられているにすぎない。指導者の死後、この『森の歌』がスターリン関連の箇所が削除されたかたちで好評のうちに上演され続けたという事実は、そうしたフレーズがまったく不要なものだったことを証明している。

一九四九年の『森の歌』初演前、ショスタコーヴィチの友人は彼に言った。「君のオラトリオに登場するのがスターリンではなく、たとえばオランダ女王だったらよかったのに。彼女は植林が大好きなようだから」。それに対して作曲家は嘆声を上げた。「そうできたらよかったのに！　音楽はぼくの責任だけれど、ただ歌詞のほうはね……」。[*18]

実際、確かにそうだったのだ。『森の歌』はショスタコーヴィチの最良の作品、あるいは人気のある作品のうちには入らないが、いまでも上演、録音されつづけている。それはまず何よりも魅力的な音楽的パスティーシュであるからに他ならず、そこにはグリンカやチャイコフスキー（オペラ『スペードの女王』の少年たちの合唱）、さらにはショスタコーヴィチが愛してやまないムソルグスキーも想起させるような箇所が含まれている。

この作品では（どういうわけかいままで指摘されてこなかったが）、グスタフ・マーラーの『大地の歌』、とりわけその瞑想的な第三楽章と第四楽章からの直接的な影響が見て取れる。ショスタコーヴィチ本人も、明らかに似たようなタイトルを付けることでこの影響関係についてそれとなく示唆している。『森の歌』のソヴィエト・イデオロギー性はまったく外見的なもので、いわば秘所を隠す「イチジクの葉」にすぎず、この作品の本質ではない。だが、当局はこの「イチジクの葉」に満足していたのだった。

そもそも当時、ますます多くのイデオロギー的な催し物が、ただ形式的に「体裁を整える」ためだけに開催されるようになっていた。若い世代にとって共産主義イデオロギーは、必要に迫られた場合に権力への忠誠を示すために暗記しなくてはならない単なる一連の決まり文句へと化しつつあった。スターリンでさえそのことをわかっていた。ドミートリー・シェピーロフの証言によると、あるときスターリンは憤慨しながら彼にこう言ったという。「われわれは『資本論』を研究して、レーニンを暗記したものだ。いろいろとメモを取ったり、要約したりして……。ところが若い連中ときたらどうだ？　マルクスもレーニンも知らない。彼らはカンニングペーパーや断片的な引用でしか勉強していないからな」[*19]。

この点でスターリンがとりわけ大きな不満を抱いたのは、知識人に対してだった。スターリンの命令により、国じゅうの作家や俳優、音楽家等々に対する大々的な強制「洗脳」が開始された。高位の肩書きや賞をもつ者たちは、有名無名にかかわらず、誰もが学校の生徒のようにマルクス・レーニン主義の基礎や同志スターリンの著作を学び、ノートを取り、口答試験を受けなければならなかった。

だがスターリンの意図に反して、すべては中身のないかたちだけの儀礼と化すこととなった。このマルクス・レーニン主義の口答試験については、かなり後になってからも人々は笑いの種にしていた。たとえば、ボリショイ劇場の著名なバス歌手で、スターリンのお気に入りだったマルク・レイゼンは、ブルジョワ革命と社会主義革命の違いは何かと試験官に問われ、少し考えてから次のように答えた。「それについては私は知っていますので……次の質問をお願いします……」[*20]。

ショスタコーヴィチにはマルクス・レーニン主義教育のための特別教官が付けられ、作曲家の自宅で一対一の授業が行なわれた。そのようなやり方を承認できたのは「上」の意向でしかありえない。というのも、これは規則にそぐわない例外的な措置だったからだ。こうした方式がとられたのは、もちろん音楽における「形式主義者」のリーダー格の教化に対してスターリンが強い関心を抱いていたためである。

明らかにスターリンは、共産主義の叡智をしっかりと身につけなくては、頑迷な創作者を本当に再教育することはできないと考えていた。だが、ショスタコーヴィチの家を訪れ、その書斎で腰を下ろしたマルクス・レーニン主義の個人教師は、この教え子が重大で奇異な過失を犯しているのを発見した。というのも、必ずどこにでもあるはずの同志スターリンの肖像画が、壁にもショスタコーヴィチの仕事机の上にも、これ見よがしに飾られていなかったのである。ショスタコーヴィチにはしかるべき注意が与えられた。作曲家はよくできた学生のように、過ちを正すことを約束した。だがショスタコーヴィチは急いでその約束を果たすつもりはなかった。結局、彼の家にスターリンの肖像画が飾られることはなかった。

ショスタコーヴィチは友人レフ・レベジンスキーに、この個人教師との別の会話について語っている。

あるときその先生は作曲家に、一九四九年にスターリンからかかってきた電話について根掘り葉掘り訊きはじめ、こう言ったという。「だって誰と話をしたのか考えてもごらんなさい！　世界の半分を支配する主人ですよ！　もちろんあなたも有名人ですが、あの方と比べたらどれほどのものでしょう？」「虫けらですね」とショスタコーヴィチは答えた。「そう、まさに、虫けらです！」と教師は同意した。[*21]

音楽家でないこの教師は、ベランジェの詩にアレクサンドル・ダルゴムイシスキーが曲を付けた有名な諷刺歌曲『虫けら』を暗に踏まえつつ答えたショスタコーヴィチの悪意ある皮肉がわからなかった。この曲のグロテスクなリフレインは次のようなものである。

　だって私は彼と比べれば虫けら
　彼と比べれば　あのようなご尊顔と比べれば
　あのお方と比べれば！

レベジンスキーの回想によると、ショスタコーヴィチはこの話をしたとき、にこりともせず、まるで何かおもしろくない物思いに耽っているかのようだったという。「何を考えているんです？」とレベジンスキーは尋ねた。「わが国の国民の九十パーセントはこういう愚か者で占められているんだって考えていたんだよ」。[*22]

ショスタコーヴィチは生涯を通じて徹底したポピュリストだったが（少なくともそうあろうとしていた）、そのような人間にとって、おそらくそれは絶え間ない圧力のせいで蓄積された信じがたいほどの疲労感

ショスタコーヴィチがチーホン・フレンニコフによって国際平和賞を授与される。1954年、モスクワ。

と精神的荒廃から生まれた恐ろしい結論だった。[4] そして驚いたことに、まさにちょうどこのとき、作曲家のいわゆる「机のなか」〔発表の見込みのない作品をつくることを、ロシア語では「机のなかに向けて書く」と言う〕には、彼の最もポピュリスト的作品の一つ——一九四八年作曲の歌曲集『ユダヤの民族詩より』——が眠っていたのである。

この作品の運命も、そしてショスタコーヴィチの創作のなかで占める位置づけも特異なものである。『ユダヤ歌曲集』は、ゴーゴリやドストエフスキー、ムソルグスキーなどロシア文化の古典において中心的なテーマであった「小さき人間」をこの作曲家が扱った主要な作品の一つである。前述の三人は、穏やかな表現を使うにしても、親ユダヤとは言いがたい人々である。したがって、ショスタコーヴィチが彼らの美的・倫理的路線に則りつつ、ユダヤ的な素材を用いて作曲しようと考えたことは、きわめて大胆であるように思われる。そのような異例の選択をしたことで、ショスタコーヴィチが当時、上からの承認を得てソ連で力を増しつつあった反ユダヤ主義と衝突するようになるのは当然の結果であった。

ロシア帝国民だったユダヤ人と政府との関係は、ほとんどつねに多かれ少なかれ問題をはらんでいた。多くの者はユダヤ人居住区と呼ばれる小さな町々に住まわされた。高等教育機関への入学を希望するユダヤ人には一定の枠が定められていた。ときとして国内では集団迫害行為が起こり、血が流された。その結果、ロシアのユダヤ人たちは大量にアメリカへ移住することとなり、四十年のあいだに二百万人以上の人々がアメリカへ渡った。

一九一七年にボリシェヴィキが政権の座につくと、状況は改善された。最終的にユダヤ人はロシア人と同等の権利を与えられ、反ユダヤ主義は公式に禁じられて厳罰に処された。ソヴィエト・ロシアではシオニスト活動は厳しく制限されていたが、イディッシュ語の文学や演劇は奨励された。初期ボリシェヴィキ指導部にはレフ・トロツキー、グリゴーリー・ジノヴィエフ、レフ・カーメネフなど、ユダヤ人も何人かいた。だが一九二六年になるとスターリンは早くも彼らを「政治局から解任」し、その結果、当時広く知られたジョークが生まれた。「スターリンとモーゼの違いは何だ？　モーゼはユダヤ人をエジプトから連れ出したが、スターリンは政治局から連れ出したのさ」。

歴史家たちはいまもなお、スターリンが反ユダヤ主義的な信念をもっていたのかどうか、もしそうだとすると、それはいつからなのか――（何人かの者たちが主張しているように）子ども時代からなのか、あるいは神学校時代や非合法のマルクス主義活動をしていた後年からのことなのか――について議論を繰り広げている。この問題に関してスターリンはむしろプラグマティックで日和見主義的な考え方をしていたのだとする意見は、一定の説得力をもっているように思われる。[*23]

たとえば、一九三六年には『プラウダ』紙にスターリンの「反ユダヤ主義について」という記事（アメリカのユダヤ人ジャーナリストによるアンケートへの回答）が掲載されている。「民族的・人種的排外主義は、カニバリズム時代に特有の人間憎悪精神の名残りだ。人種的排外主義の究極的形式である反ユダヤ主義は、カニバリズムの残滓のなかでも最も危険なものである」[*24]。このような断固たる声明を、たとえばヒトラーやその他の反ユダヤ主義者が出すというのは考えにくいことである。

一方で、イデオロギー闘争に使用する武器を拡張、刷新しようとしたスターリンは、ほどなくして大国主義的政策を推し進めるようになるのだが、それは必然的に反ユダヤ主義の復活を招くこととなった。そうした問題に神経質だったレーニン未亡人のナジェージダ・クループスカヤは、すぐに独裁者へ次のような手紙を書き送っている。「〈ユダ公〉という罵り言葉をみんなが使いはじめています」[*25]。

ドイツとの戦争中、ソ連ではそれまでに下火になりかけていた排外主義と反ユダヤ主義の新たな波が湧き上がりはじめた。それは公然と主張されることはなかったが、さまざまな政治ゲームのなかで、とりわけイデオロギーと文化の分野で顔を覗かせた。一九四二年には、全連邦共産党中央委員会の宣伝煽動部局で「芸術における人員の選抜と登用について」と題された秘密の覚書が作成された。そこには、「非ロシア人（とりわけユダヤ人）」が文化の領域を主導していることに対する懸念が記されている。とりわけ強調されたのは音楽界の現状である。党官僚の言葉によると、ボリショイ劇場やレニングラードとモスクワの音楽院は、「ほとんどすべてが非ロシア人たちの手中にある」[*26]。

この文書は明らかに党上層部の見解を反映している。ほどなくしてそうした「非ロシア人たち」の更迭が始まった。注目すべきことに、解雇されたユダヤ人音楽家たちを支援する請願書に署名した人々のなかにはショスタコーヴィチもいた。

ショスタコーヴィチもそうだが、ロシアの知識人家庭においては、反ユダヤ主義が尊ばれたことは決してなかった。だが、若きショスタコーヴィチの友人のあいだには、ときとしておそらく反ユダヤ主義的な空気も感じられたであろう。一九七一年に亡くなったレニングラードの音楽批評家・作曲家ワレリアン・ボグダーノフ＝ベレゾフスキーは非の打ちどころのない紳士のように私の目には映っていたのだが、彼の遺稿を整理していたとき、一九二〇年代初頭に書かれた日記に、「ユダ公たちが芸術を乗っ取っている」ことについて若きショスタコーヴィチと交わした会話のことが記されていて、ひどくショックを受けたのを覚えている（いまではこの日記は部分的に公刊されている）[*27]。

大人になってからのショスタコーヴィチは、もちろん反ユダヤ主義的傾向をもっていたという疑いをかけることなど不可能だ。彼が反ユダヤ主義に対して毅然とした態度を取っていたことは、多くの証言が物語っている。レベジンスキーの回想によると、「反ユダヤ主義者」という言葉はショスタコーヴィチにとって罵り言葉、あるいは「非人間的」と定義されるのと同じことであった[*28]。

ショスタコーヴィチが公の場でユダヤ人を擁護する演説をはじめて行なったのは、おそらく一九三八年十一月二十七日と考えられる。その日、作曲家はレニングラード・フィルハーモニーで開かれた集会で、ドイツのユダヤ人虐殺に対する抗議を表明している。だが、私の目に重要と映るのは、一九三三年の時点で早くもショスタコーヴィチがユダヤ音楽の主題を自分のピアノ協奏曲第一番に取り入れていることである。反ユダヤ政策をとるヒトラーがドイツで政権の座についたのと同時期につくられているのは、偶然ではなかろう。

それ以来、ショスタコーヴィチがユダヤ的調音や表現を使っている主要作品の数は増え続け、とりわけ第二次大戦後にはそれが顕著であった。この点に関しては、すでに言及したピアノ三重奏曲第二番、あるいは弦楽四重奏曲第二番を想起されたい。これは驚くべきケースである。彼のようなレベルの非ユダヤ人作曲家が、これほど強くユダヤ音楽に取りつかれたことは、後にも先にも例がない。アメリカのティモシー・ジャクソン教授によると、ショスタコーヴィチは伝統的な親ユダヤ主義の枠を完全に逸脱するぐらいに自身をユダヤ人と同一視していた。[*29]

ショスタコーヴィチにとって、つねに抑圧され、いたるところで迫害されるユダヤ人は、明らかに排斥と圧迫と差別を象徴する存在となっていた。ユダヤ人の運命のなかに、ショスタコーヴィチは自身やその他のロシア文化人たちの運命を見て取っていた。マリーナ・ツヴェターエワがチェコスロヴァキアに亡命中の一九二四年に執筆した『終わりの詩』の一節は、ショスタコーヴィチが書いたものだったとしてもおかしくはないだろう。

このあまりにもキリスト教的な世界のなかで
詩人とはユダヤ人なのだ！

世に受け入れられていないという感覚や、自分の人生が「十字架の道」を歩んでいるのだという思いは、最初にスターリンによる抑圧を受けた一九三六年以来ずっとショスタコーヴィチをとらえて離さなかったが、一九四八年の「ジダーノフの暴虐《ポグロム》」の頃にはとくにそれが強まった。だからこそ、当時作曲されたヴァイオリン協奏曲第一番のフィナーレで「血まみれのフレイレフス」が生まれたのである。ほどなくしてショスタコーヴィチが取りかかることになる歌曲集『ユダヤの民族詩より』を触発した一つの要因もそこにある。

だが、それに加えてこの二つの「ユダヤもの」の作品のうえには、一九四八年一月十二日に起きたある流血の悲劇が影を落としていた。この日、スターリン賞委員会の演劇部門の責任者を務めていた偉大なユダヤ人俳優ソロモン・ミホエルスが、委員会の出張のために訪れていたミンスクで、大型トラックに轢かれて死亡したのである。ミホエルスが轢かれた現場を目撃した者はなく、当局は当時、事故と発表したのだが、いまでは広く認められているように、実際にはそれはスターリンが直接指示して計画、実行されたものだった。*30

盛大な公葬が行なわれ（その豪華さは一九三六年のゴーリキーの葬儀に匹敵するほどだった）、心のこもった弔辞や大々的な追悼文が出されたにもかかわらず、スターリンの執拗な監視のもとにあったソヴィエト文化の著名人たちのなかには、背筋がぞっとするのを感じた者もいた。ミホエルスの葬儀に参列したエイゼンシュテインは、友人の耳元でこうささやいたという。「次は私だ……」(5)*31。

当時、どのような思いがショスタコーヴィチを苛んでいたのか想像にかたくない。他の人々と同じく、彼はミホエルスの死について一月十五日に知り、家族にお悔やみを伝えるため、その日のうちに故人の家を訪れた（ミホエルスはショスタコーヴィチの熱狂的な崇拝者だった）。作曲家がそこへ来たのは、全連邦共産党中央委員会で行なわれた「ジダーノフ会議」において屈辱的で疲弊させられる一日を過ごした後のことだった。ジダーノフが閉会のスピーチで、「反国民的で形式主義的」な傾向をもつ作曲家たちのブラックリストの筆頭にショスタコーヴィチの名を挙げたのは、まさにこの一月十五日のことだったのである。

ミホエルス宅で作曲家は、黙って故人の娘を抱きしめると、こう言った。「私は彼が羨ましいよ……」*32。このときのショスタコーヴィチにとって、一瞬の死は救いのように思われたのだろう。ここでふたたび、アフマートワの『レクイエム』の一節を思い出さずにはいられない。そのなかで詩人は死にこう呼びかけている。

どのみちおまえはやってくる、でもなぜいまではないのか？

私はおまえを待っている。私はとても苦しい。

先に言及したジダーノフの脅迫的な演説で、いわゆる根無し草の「コスモポリタン」についても取り上げられていたことは偶然ではない。次第にこの婉曲的な呼び名は、ソ連の政治・文化生活においてユダヤ人が担っていた否定的な（と当時スターリンは考えていた）役割を意味する暗号的な単語になっていった。当時、知識人たちはこんなブラックジョークを飛ばしていたものだ――「反ユダヤ主義者だと思われたくなかったら、ユダ公のことは〈コスモポリタン〉と呼ばないと駄目さ」。

ミホエルスの暗殺はソ連におけるユダヤ人排斥キャンペーンがより一層激化していく幕開けを意味していた。その流れは、スターリンが死去する一九五三年三月まで止むことなく強まりつづけた。反ユダヤ人キャンペーンは、次々と新たな分野を侵食していった。ユダヤ系の劇場や出版社は閉鎖され、あらゆる種類のユダヤ人団体が解散させられた。それと同時に、ユダヤ知識人のさまざまなグループから逮捕者が出た。

当時このスターリンの方針に対してソ連では何の抵抗も起きなかったかのようにいまでは思われるかもしれないが、それは誤解である。実際には、多くのソ連文化エリートたちがこの反ユダヤ政策への転換に反対した。たとえば、著名な微生物学者でスターリン賞受賞者でもあった九十歳のニコライ・ガマレヤ（ウクライナ出身）はスターリンに書簡を送り、「現在わが国ではユダヤ人に対して何やらよろしくないことが起こりつつある」として、それに対する異議を表明した。ガマレヤは勇敢にも次のように述べている。「まったく議論の余地のない明白な兆候から判断するに、ふたたび現われた反ユダヤ主義は、下から、つまりユダヤ人に対して何の憎しみも抱いていない一般大衆から起こっているのではなく、上のほうから、誰かの目に見えない手によって送り込まれています。今日、反ユダヤ主義は党の指導的機関に属する高官たちから生まれているのです……」[*33]。

当然のことながら、このスターリンへの訴えに対する返信はなかった。ショスタコーヴィチはガマレヤとは違って、反ユダヤ人キャンペーンの背後にいるのが誰なのか、はっきりと認識していた。「われわれが奴隷なのは、みんなコスモポリタンやユダヤ人たちが悪いのさ」と作曲家は皮肉をこめてフローラ・リトヴィノワに語っている。「反ユダヤ主義というのは文化や理性に対する闘いなんだ」[*34]。彼はスターリンへの手紙は書かず、しかし『ユダヤ歌曲集』をつくったのだった。

当然のことながら、当時この作品を公の場で演奏することは不可能だったのだが(初演はスターリンの死後、一九五五年になってからのことだった)、それは迫害される者たちを擁護するためのショスタコーヴィチによるパルチザン攻撃となった。そこには、過去と現在におけるユダヤ人の運命に対する作曲家の同情と熱い共感が溢れている。この曲からは、痛みと絶望だけではなく、真の優しさも聞こえてくる——そのような感情は、ショスタコーヴィチの作品のなかではそうそうお目にかかれるものではない。

連作の最初の三曲(そこにはショスタコーヴィチが愛してやまないグスタフ・マーラーの歌曲集『少年の魔法の角笛』との明らかな連関を聞き取ることができる)は、三つの子守唄が連続している。このようなことは以前のショスタコーヴィチにはありえなかった。しかも、これらの子守唄は実に多彩だ。「死んだ赤ん坊を嘆く」は墓前での悲嘆(「モイシェレは墓のなか、墓のなかにいる」)、その次に続くのは優しく胸を打つ「心配性の母と叔母」である。そして三曲目では、子どものベッドの脇で、勝ち誇る暴力的な力を前に母親が諦めの心境を歌う。「お前のお父さんはシベリアで鎖につながれ……私は貧しさをこらえている」。

貧困、困窮のテーマは、全般的に『ユダヤ歌曲集』のなかできわめて強く表われている。ここには明らかに、作者自身の心労が映し出されている。というのも、ちょうどこの頃ショスタコーヴィチはモスクワとレニングラードの音楽院の職を追われ、また、演奏を許可された作品数も激減していたからである。若い頃から作曲家に付きまとって離れなかった飢えへの恐怖は、『ユダヤ歌曲集』のなかでは『貧困の歌』の叫びとなって迸り出ている。「ああ、かみさんや、子どもたちのために干からびたパンのかけらを借りてきておくれ」。そして、連作全体のクライマックスである『冬』では、もはや非情な運命に抗う力もないという最終的な絶望が歌われる。

凍てつきと風が戻ってきた
耐える力も黙る力もない
子どもたちよ、叫べ、泣け、
また冬が帰ってきた……

ここにもまたきわめて個人的な要素が表われている。それは、近しい者たち——妻ニーナ、娘ガリーナ、そして息子マクシム——の運命をつねに案じつづけた作曲家の心情である。もしかすると彼らを養うことができなくなるかもしれない、あるいは、ひょっとして何かもっと恐ろしいことが起きれば、シヨスタコーヴィチ自身が「シベリアで鎖につながれ」るかもしれないのだ。実際、そのようなことになる危険性はあった。ミホエルスの悲劇は恐ろしい警告だった。

というのも、ミホエルスは最も著名なソ連文化人の一人だったからである。彼はソ連人民芸術家の称号を与えられ、一九四六年にはスターリン賞を受賞している。だが重要なのは、彼がスターリンによって政治的要職に取り立てられているということだ。独ソ戦勃発後の一九四一年、ミホエルスはユダヤ人反ファシズム委員会の委員長に任命されている。委員会の任務は西側のユダヤ人にソ連への共感を抱かせることであり、また、戦費調達のためにアメリカで寄付を集めるというのが最重要課題であった。

そのため一九四三年にミホエルスはアメリカに派遣され、アルベルト・アインシュタインや旧友マルク・シャガール、そしてチャーリー・チャプリンと面会した。また、ソ連軍を支援するための諸会議で演説を行なっている。この出張でミホエルスは祖国のために数百万ドルを集めた。だがスターリンの政治的な辞書に「感謝」という言葉は存在しなかった。

誰であれ、スターリンはいまその時点でその人物が自分の役に立つかどうかという尺度でしか人間の価値を見ていなかった。戦争に勝利すると、ユダヤ人反ファシズム委員会の必要性は失われ、今度はミホエルスやその仲間たちとアメリカのユダヤ人たちのつながりがスターリンの疑念を生むことになった。彼らの結びつきは、世界のユダヤ人たちがソ連に対して陰謀をたくらんでいることの証明であるとスターリンは考えたのである。ミホエルスは、ますます強まるばかりだったこのようなスターリンの思惑による最初の目に見える犠牲者となったのだった。

晩年のスターリンの肉体的・精神的状態についてはさまざまな（そしてしばしば相反する内容の）推測や証言が存在する。しかしその多くは、かつては鉄のようであった指導者の健康が衰えはじめていたという点で一致している。それは、年齢によるものでもあり、また戦時中の極度の過労も影響していた。忍び寄る老いはスターリンを脅かしていたはずである。彼は自分が不死身ではないことをはじめて感じたのだった。無力な怒りにとらわれた指導者は、みずからの衰えの「戦犯」を探そうとした。そして、悪いのは自分を担当する医師たち（その多くはユダヤ人だった）だという結論にいたった。

スターリンはいつも、自分には物事を動かしている秘められた要因が何であるのかを突き止める能力と洞察力があるということを誇っていた。彼は、二掛ける二を計算するように、自分の悪化する健康と、目の前にちらつく反ソ的な「国際シオニズムの陰謀」とを掛け合わせたのである。かくして、「医師団陰謀事件」が生まれた。医師たちの逮捕についてソ連国民が知らされたのは、一九五三年一月十三日のことだった。

知識人たちはぞっとしながら新聞の特別報道記事を読んだ。その文面にはスターリンのイントネーションがはっきりと感じられた。「人類の屑と化し、科学の神聖な旗を踏みにじり、科学に携わる者たちの名誉を傷つけたこれらの殺人医師たちは、外国の諜報機関に雇われたスパイであったことが判明した」[*35]。

国中を新たな反ユダヤ主義の波が襲った。だが、身の危険を感じたのはユダヤ人だけではなかった。過去の悲しい経験に学んだ多くの者たちは、国が第二次大戦前の大テロルのような集団粛清の危機に瀕しているのではないかと感じていた。

大テロル時代と同様、それまでの貢献や褒賞は明日という日をまったく保障してはくれなかった。それは、上層部から下層部まで誰にも当てはまることだった。スターリンは、こいつはイギリスのスパイ、あいつはアメリカのスパイだと断定して、自分の腹心の部下たちを切り捨てていった。文化の分野では、かつては名誉ある称号だったスターリン賞も身の安全を約束してくれるものではなくなった。スターリン賞受賞者ミホエルスに対してなされた制裁はその証明だった。

もう一つのシグナルとなったのは、作曲家ゲルマン・ジュコフスキーに授与されたスターリン賞を取り消すという、前代未聞の政治局決議である。彼のオペラ『衷心より』は、どういうわけか年老いつつある指導者の逆鱗に触れたのだった。[36] これ以降、スターリン賞受賞者の誰であっても、このような罰や、その余波を受ける可能性からは逃れられなくなった。

神経を尖らせながら待ちつづけるこの状態は、日増しにその緊張の度合いを高め、考えられないほどのレベルに達していた。それは、もしもスターリンがあと一、二年長生きしていたならば、一体どのようにして解消されることになっていただろうか？　この問いに対する答えは、ずっと仮説のままである。というのも、運命が介入したからである。一九五三年二月末、指導者は脳卒中の発作に見舞われ、三月五日（公式発表による日付だが、これが正確なものであるとすべての歴史家が信じているわけではない）、スターリンは死去した。七十三歳であった。

エレンブルグは、この報せを聞いたときに感じた衝撃を次のように回想している。「……スターリンも人間であるということを私たちはとっくの昔に忘れていたのだ。彼は全能で神秘的な神と化していた。そしてその神が脳の出血で死んだのだ。それは信じられないことのように思われた」。[37] こうした反応は、約百年前の一八五五年二月にニコライ一世が死んだときの同時代人たちの感情と驚くほどよく似ている。ある者は日記でこう記している。「私はいつも、いや、私一人だけではないが、ニコライ皇帝はわれわれやわれわれの子どもたち、あるいはひょっとすると孫たちよりも長生きするのだと思っていた」。[38]

アヴァンギャルド芸術家ナジェージダ・ウダリツォーワは、一九五三年三月六日付の日記に、そのとき多くの知識人たちを襲った茫然自失と恐怖感を書きとめている。「言葉もない。何もない」[*39]。

当然のことながら、党上層部はパニックに見舞われた。シェピーロフは、「国家という巨大な機械のなかの主要なメカニズムの何かが壊れたかのよう」な感覚について回想している。一般市民のあいだにも終末的雰囲気が広まった。ただ、そうした空気に誰もが染まったわけではなかった。

詩人ヨシフ・ブロツキーは次のような話をしてくれたことがある。当時十二歳だった彼は、三月六日に他の生徒たちと一緒にレニングラードの小学校の講堂に集合させられた。講堂では、女性教師が子どもたちに熱狂的な調子で演説をはじめた。「彼女はステージに出てくると、何やら話しはじめたんだが、その途中でとっ散らかってしまって、甲高い声で叫び出したんだ。「ひざまずけ！　ひざまずけ！」って。そうしたらもう大変さ！　あたりではみんながわめき出すから、ぼくもそうしないといけないような気にさせられた。でもぼくはわめいたりしなかった。そのときは恥ずかしかったからだけれど、いまからすると名誉のためだったんだと思う。そういうのは野蛮な感じがしたんだ。周りではみんな立って鼻をすすっている。すすり泣いている者もいたし、本気で泣いている者もいた。その日はいつもより早く家に帰らされた。そして奇妙なことに、両親はもう家でぼくのことを待っていた。母は台所にいた。うちは共同住宅だった。台所には鍋が置いてあって、隣人たちもいて——そしてみんな泣きわめいているんだ。ぼくはびっくりして部屋に戻った。すると不意に父が目配せしてきて、それでやっとわかったんだ。スターリンの死に関して、ぼくはとくに落胆したりする必要はないんだって」。

スターリンの死の知らせを聞いたショスタコーヴィチは、その瞬間、間違いなく深い安堵感を覚えたはずである。だが、強い幸福感はなかった。そのことは、作曲家の友人や子どもたちの回想からもわかる。他の多くのソ連知識人たちと同じくショスタコーヴィチも、今後弾圧のメカニズムは——予防的措置のために——よりいっそう締めつけを厳しくするのではないかと恐れるだけの理由があった。加えて、プロコーフィエフの死の知らせも、予想外の衝撃であった。プロコーフィエフはスターリンと同じ日に、しかも同じく脳卒中で、六十二歳になる一ヶ月前に亡くなったのである。[*40]

すでに触れたように、ショスタコーヴィチとプロコーフィエフの関係は複雑で、その時々において緊張の度合いは異なっていた。若い頃のショスタコーヴィチは、多くの点で年上のプロコーフィエフを参考にしていたが、その後、創作上のライバル関係や論争が始まった。その結果、両者の仲は、外面的には概ね礼儀正しくはあるが、張り詰めたものとなった。二人の作曲家はどちらも一九四八年の「反形式主義」キャンペーンの犠牲となり、それがきっかけとなって両者は接近し、和解することになった。いまやショスタコーヴィチは、自分とプロコーフィエフは「同じ船に乗る仲間」だと感じるようになっていた。

スターリンの晩年、プロコーフィエフもショスタコーヴィチもふたたび独裁者に表彰された。プロコーフィエフは一九五一年、オラトリオ『平和の守り』によって六度目のスターリン賞を受賞し、ショスタコーヴィチは一九五二年に、一九〇五年革命に関する連作合唱曲に対して五度目のスターリン賞を授与された。だがどちらの作曲家も、この褒賞が免罪符とならず、スターリンからの新たな落雷はいつ何時襲って来るとも限らないことをよくわかっていた。

だからこそ、独裁者の死の病が始まったことを公報によって知ったプロコーフィエフは、それほどまでに神経を張り詰めていたのだった。終わりを待ち焦がれる思いがプロコーフィエフの死を早めたのだと考えられている。そして実に奇妙なことに、独裁者と作曲家の年忌は、これからもずっと同時期に営まれつづけ、そのたびに政治と芸術の不可思議な交錯と相互的影響と相互背反を思い起こさせることになるのである。

作曲家会館の粗末な半地階に置かれたプロコーフィエフの棺の脇で、ショスタコーヴィチはかつてないほど恭しく丁重な様子だった。彼は故人の手にキスをすると、こう言った。「セルゲイ・セルゲーヴィチ・プロコーフィエフのような偉大な音楽家と隣り合って生き、仕事をするという幸運に恵まれたことを私は誇りに思います[*41]」。プロコーフィエフの棺に手向けられた花はわずかだった。花という花は、スターリンの亡骸が収められた棺のある連邦会館の列柱大広間に集められていたからである。寒く暗い三月七日、プロコーフィエフの亡骸を抱いた葬列が墓地へ向けて出発したとき、その棺を送る人々のなかにショスタコーヴィチの姿もあった。

ごく少人数のこの一団は、指導者に別れを告げるために反対側の方角へ向かう大群衆を避けるようにして、ほとんどひと気のない通りを進んでいった。この出来事が何を象徴しているのか、わかりすぎるほどのその意味にショスタコーヴィチが気づいていないはずはなかった。このとき、彼は何を考えていたのだろうか？　きっと葛藤する感情が彼の胸を引き裂いていたに違いない。

プロコーフィエフの生涯が悲しい響きのうちに閉じられたことをショスタコーヴィチはよくわかっていた。プロコーフィエフは虐げられ、打ち砕かれた人間として死んでいったのだ。そして、スターリンと自分との格闘が不当にも敗北寸前の妥協に終わったことを彼はおそらく感じていたことだろう。そのような感情は、間違いなくショスタコーヴィチにもおなじみのものであった。だが彼はまだ年老いておらず（当時四十六歳だった）、まずまず健康で、何といっても音楽的アイデアと創作意欲に満ち溢れていた。そしていま、スターリンの死とともに、運命はショスタコーヴィチに復讐のための真のチャンスを与えたのである。

㊟

（1）この一九四九年のニューヨークでのきわめて辛い日々のことを、ショスタコーヴィチは死ぬまでずっと嫌悪と恐怖とともに思い起こすのだった。自分はスターリンに命令されたのであり、このときニューヨークでは自分のために「しかるべき機関」が作成した文章を読み上げたのだいうことを、十八年後、彼がナボコフに語っているのは興味深いところである（Nicolas Nabokov, *Bagazh: Memoirs of a Russian Cosmopolitan* (New York, 1975), pp. 235–6）。

（2）まだショスタコーヴィチが存命中の一九六四年、エレンブルグがこの回想を、当時ソ連で最もリベラルだった雑誌『新世界』に寄稿したところ、作曲家の振る舞いを正直に記した一節――「ショスタコーヴィチは平和問題にはまるで無関心らしく、会議の最中にイヤフォンを外してしまったほどである！」――は、同誌の編集長代理にとってあまりにもショッキングに思われた。結果的にこのエピソードは当時印刷されることはなかった。

（3）この点もやはり、一九五一年に描かれた自分の反米プロパガンダ作品『朝鮮虐殺』を決して否定することのなかったピカソの立場と比較してよかろう。彼の崇拝者でさえも、これは画家よりもアジテーターの性格のほうが勝った作品だと考えていた。

（4）一八二八年のプーシキンも同じような精神状態だった。彼にとって憂鬱なものだったこの年に、プーシキンはある詩の中で周囲の「群衆」に呼びかけつつ、嫌悪と怒りをこめて次のような叫び声を上げている。

　竪琴の声もあなた方を呼び覚ますことはないだろう！
　あなた方は不愉快極まりない　まるで棺のように。

（5）このように危機が間近に迫っているのを強く予感していたことがエイゼンシュテインの死期を早めた。二週間後、彼は心臓発作に見舞われるが、救急車が搬送に来たとき、彼はそれに乗ることを拒否した。そこから生きては降りられないのではないかと恐れたのである。代わりにエイゼンシュテインは、やっとのことで自分の車まで自力で歩いてたどり着いた。そのため病院へ行くのが遅れ、それが致命的だったという可能性は大いにある。そして二月にエイゼンシュテインは死去したのだった。

エピローグ　スターリンの陰に

　二十世紀から急速に遠ざかるにつれて、スターリンの死が、その時代とりわけソヴィエト帝国にとってどのような転換点であったかがより明確になりつつある。仲間で集まったアメリカ人が、しばしば、ジョン・F・ケネディ大統領の殺害が公表されたとき、どこに自分たちがいたかを思い出していることは知られている。ある年齢のソヴィエトの人々にとって（実際にはこういった人々はますます少なくなっているが）そうした運命的な日が、一九五三年三月五日だった。逝去した全能の独裁者を個人的にどう思っていたかに関係なく、この巨大国家の国民は、期待と恐怖で呆然となった。すべての人が過去に何かけりがついたことを理解していた。しかし、未来はどうなるのか？　それは誰もわからず、ある者は恐怖を、ある者は期待を抱きながら明日という日の不確かな姿を見つめていた。

　スターリン死後、ソヴィエト連邦の支配的なエリート層が抱いていた感覚については、独裁者の政治的後継者の一人ニキータ・フルシチョフが個人的な会話で誰よりもうまく表現している。「以前、私たちはスターリンの広い背中の陰に隠れて暮らしていた。すべてがスターリンに委ねられていた。私達はスターリンがすべてを正しく決めることを知っていた。そして穏やかに暮らしていた。ところがいまや誰にも期待することはできない。すべて自分たちで決めなくてはならない」[*1]。

スターリンにどんな思いを抱いていたとしても、スターリンが二十世紀の政治的大立物の一人だったことは認めざるをえない。死してなおスターリンは巨大な影を落としつづけていた。そしてその後フルシチョフからゴルバチョフにいたるソヴィエト連邦の全指導者たちが、その影のなかでいやおうなしに、生きていかざるをえなかった。指導者たちはすべて、自分の個性と政治綱領をスターリンのパラダイムの枠内で決めていた。彼らは、スターリン様式と国家路線から遠ざかるか、もしくは近づくか運命づけられていた。この意味でスターリンのイメージは、一九九一年のソヴィエト帝国の崩壊にいたるまですべての物事の物差しでありつづけた。もしかしたらその後においても。

ソヴィエトの知識人たちでさえ、多くの優秀な、冷静な人物が、スターリンという人間像の魔力に耐えられなかった。永遠の懐疑論者イリヤ・エレンブルグは次のように白状した。「私はスターリンが好きでなかった、しかし長いあいだ彼を信じていたし、恐れていた。……国の将来を二十年間、毎日「天才的指導者の賢智」と呼ばれていたものと結びつけていた」[*2]。

死してなおスターリンは、ソヴィエト文化の多くの大物活動家たちの運命に劇的に影響を与えつづけていた。最もよく知られる悲劇的な例が、スターリン時代に長年『文学戦線』の指導者だったアレクサンドル・ファジェーエフの一九五六年の自殺である。

ファジェーエフ初期の長編小説『壊滅』（一九二七年）は、この思想家が魅力的な文学的才能の持ち主だったことを物語っている。その後、彼は文化政策に身を捧げ、そのなかでスターリンに最も近い人物の一人となった。スターリンとの定期的な付き合いからくる恐ろしいストレスを解消するため、ファジェーエフは今や伝説となった数週間にわたる暴飲に身をまかせた。

背が高く、ハンサムなファジェーエフがそうした暴飲から明け、土気色の顔で現われたとき、スターリンは慎重にファジェーエフにこう尋ねたという。

「ファジェーエフ同志、この状況は通常どのくらい続くのか？」

「残念ながら三週間です、そういう病気です」。

「少し短縮して、二週間にはできないか、ファジェーエフ同志、このことを考えてみてください」[*3]。

しかしファジェーエフは「われを忘れるほど」飲みつづけ、スターリンはいたしかたないと思った。ファジェーエフを才能ある作家として、優れたオーガナイザーとして評価していたからである。

しかし、フルシチョフが政権に就いてからファジェーエフにとってはすべてが変わってしまった。スターリンの同志であるこのずんぐりして、頭が禿げ上がり、気性の激しい、単純そうな小太りの男は、空席となった国の指導者のポストにつくために他の候補者を巧みにだましました。最初に秘密警察の権勢を誇っていたラヴレンチー・ベリヤを（最終的にフルシチョフは彼を掃討した）、ゲオルギー・マレンコフを、ヴャチェスラフ・モロトフを。そしてスターリン神話をぶちこわすきわめて勇気ある行動を取り、ソヴィエト連邦の指導者となった。

スターリン神話を破壊する一連の行動のなかで最も劇的なものが、一九五六年二月のソヴィエト共産党第二十回大会における非公開会議の席で行なった、いわゆるスターリンの誤りと犯罪行為に関する秘密報告である。その瞬間この報告はほんものの大地震となり、二十世紀における諸事件のその後の展開に大きな影響を与えた。フルシチョフの反スターリン演説は、ソヴィエト連邦内だけでなく全世界にセンセーションを引きおこした。そして国内では、このフルシチョフの演説が、つい最近まで神と崇められてきた指導者の恐ろしい非道行為に「目を見開かせた」と多くの人が述べた。

ショスタコーヴィチは、もちろん、それほど単純ではなかった。スターリンの犯罪に関するニュースは、他の何人かの人々と同様、とりたてて思いがけない出来事ではなかった。しかし作曲家は、周知のように、監獄から帰還した知人や友人たちが体験した非人間的な苦悩や精神的苦痛をめぐる赤裸々な話に深く傷ついていた。

ファジェーエフもこういった話を聞いていた。しかし、ショスタコーヴィチと違って、ファジェーエフは、いまや上から違法と宣せられた弾圧に直接関係していた。スターリンの指示により組織された、いわゆる創造的な諸同盟の他の指導者と同様、同僚たちの逮捕に彼が同意せざるをえなかったのは一度や二度ではなかった。このことに、ファジェーエフはいま苦しんでいた。ソ連中央共産党中央委員会宛ての遺書で、彼はかつてなかったほどきびしい言葉を吐いた。「これ以上生きていけない。なぜなら、私が全人生を捧げてきた芸術が、自信過剰で無教養な党指導部により破綻させられ、いまやもう修復もできない状態だからだ。ツァーリ時代には考えられないほど数多くの優秀な文学人材が、権力保持者の犯罪を黙過していたために、肉体的に殲滅されるか、あるいは非業の死を遂げた」[*4]。

ファジェーエフは自分自身がこの「権力保持者」の一人だったことを、最後の最後までどんなことがあっても黙して語らなかった。しかしフルシチョフは、彼に対してスターリンほどに好意的な態度を取らなかった。フルシチョフはファジェーエフを遠ざけた。作家は恐ろしいむなしさを感じた。

エレンブルグは、ファジェーエフの身に起きた出来事について次のように説明していた。「厳しい冬が続く間、彼はもちこたえることができたが、人々の顔に笑顔が戻りはじめたとき、彼は自分が何を耐え、何を書かなかったかを考えはじめた。あるときすべてが明るみになった。すると心が壊れはじめた」[*5]。ファジェーエフは、フルシチョフとフルシチョフの新しいチームを「自己満足の成金たち」と侮蔑的に呼び、「彼らから期待できるものは、スターリンの暴虐な役人から期待できるものよりさらに悪い」と予言した。「スターリンは教養はあるが、こいつらときたらまるで無学だからだ」[*6]。

ファジェーエフからすると（かつての多くのスターリン側近にとっても）、今はなき指導者と比較して、フルシチョフは明らかに劣っていた。こうした人々にとってスターリンなき世界は、中心と意義を失った世界のように思えた。これがファジェーエフの自殺の原因だった。彼の別荘に駆け込んだ友人は、下着姿のまま、名状しがたい苦悩にその顔をゆがめ、半分ベッドに体を横たえている作家を発見した。そしてそのだらりと垂れた右手にはリボルバー銃が握られていた。ベッドわきのサイドテーブルには、スターリンの肖像写真がおかれていた。

ファジェーエフの自殺を知り、フルシチョフは声を荒げ、「彼は自分を撃ったのではなく、党を撃った！」[*7]と言った。そして彼の暴露的な遺書は、三十四年の長きにわたって極秘扱いとされた。

ドン・ジュアンをテーマにした才能豊かな作品プーシキンの『石の客』で、ドン・ファンは「なんて彼の右手の握手は強いのだ」と叫んだ。ファジェーエフと違ったかたちで、スターリンの運命的な石の握手を感じたのが、もう一人のスターリンの死後の犠牲者である諷刺作家ミハイル・ゾーシチェンコである。

一九四六年にゾーシチェンコは、アンナ・アフマートワとともに、スターリンが仕組んだ特別の党決議によって不当に糾弾された。決議は、フルシチョフ時代も効力をもちつづけた。一九五四年、スターリンの死からほぼ一年がたったとき、ゾーシチェンコにとって新たな悲劇的出来事が起きた。当局が、彼とアフマートワをモスクワに来たイギリスの学生グループと会うようにと呼び出したのだ。学生たちは、二人の作家が一九四六年の党決議についていまどう思っているかに関心を寄せた。アフマートワは立ち上がって、決議はまったく正しいと思っていると短く答えた。ところがゾーシチェンコは、イギリスの学生たちに真剣に話しはじめた。自分はこの決議を不公正だと感じ、同志スターリンに手紙を書いたが返答はなかった、と。

ゾーシチェンコは後で、自分が、俗物で、卑劣な人間で、よた者で、中傷者で、おまけに臆病者とされていることにあたかも同意しているかのような印象を、イギリス人学生に対して残すわけにいかなかったと、説明した。「多分、イギリス人はどんな悪口雑言にも耐えることに応じる作家をあざ笑っていたことだろう。……二度前線で戦ったし、対独線で戦功勲章を五つ持っていたし、赤軍の志願兵だった。臆病者であるなど認めるわけにはいかない……私はずっと祖国の愛国者だった。こんなことに同意できない。何が求められているのか？　私が、ずる賢い、いかさま師で、臆病者であるなどといったことをどうして認めなくてはならないのか？」[*8]

外国人に説明し、自分を正当化しようとするこの試みは、ゾーシチェンコにとって高いものについた。党員集会で、フルシチョフは、激怒し、作家に対して、新たな酷評や侮辱をはじめた。レニングラードの作家たちのフルシチョフは、ゾーシチェンコがスターリンの決議から何ひとつ学んでいなかったと憤慨して述べた。「最近の事実は、M・ゾーシチェンコがこの決議に対する自分の本心を隠し、不正直な立場を主張しつづけていることを物語っている」[*9]。

決定的に追いつめられたゾーシチェンコの精神状態は崩壊した。彼はほとんど食することも止めてしまった（毒殺されることを恐れたのだ）。痩せ細った彼は、憔悴しきった姿で杖をつきながらやっとの思いで歩いていた。その姿についてチュコフスキーが日記に次のように記している。「生気のない目をし、沈痛な面持ちで、全世界から切り離され、踏みにじられた……。いまや彼は棺桶に送り込まれた死体だ」[*10]。

まもなくゾーシチェンコは死んだ。人目を恐れ、急いで葬られた。作家の友人たちは苦い思いで、百二十年あまり前のプーシキン密葬にも似た葬儀を執り行なった。墓地にショスタコーヴィチも来た。十年後にゾーシチェンコの墓を訪れたとき、作曲家はある友人に語った。「彼が死刑執行人のスターリンとジダーノフに耐えて生き抜いたことは幸いだ」[*11]。

しかし作曲家は、好きだった作家のひとりの墓のそばで、苦い思いに激しくとらわれていたはずである。なぜなら、スターリンはゾーシチェンコに打撃を与え、ゾーシチェンコは一度もこの打撃から立ち直ることはなかったからだ。指導者の長い手が、あの世からゾーシチェンコの喉元にまで伸びてきた。ショスタコーヴィチは、ゾーシチェンコを人間的に不憫と感じたし、晩年の創作において「敗北と死」をゾーシチェンコが自覚していたことに失望していた。

ゾーシチェンコは死を前にして、最後の十五年間自分は決定的に「脅えていた」と告白した。「脅えた精神の作家は、すでに作家として資格を喪失している」。この「資格の喪失」をショスタコーヴィチは生涯にわたって恐れつづけ、全力でそうならないように努力しつづけた。

ショスタコーヴィチは、ゾーシチェンコの悲劇を、彼が一九四六年の決議後も作品を書きつづけながら（それらを出版しようと努力したが大半はうまくいかなかった）、以前の傑作のレベルに近いものはすでに何ひとつ創作できなくなっていたことにあると見ていた。文学サークル内ではこのことは知られていて、そのゾーシチェンコに、ある者は心から、ある者は偽善的に同情していた。

こういった同情をみずからが受けることをショスタコーヴィチは心よしとしなかったし、恐れさえしていた。彼はいつも、この上なく恐ろしい運命の打撃を受けながらも仕事を続け、しかも最悪の時期にあたる一九三七年には交響曲第五番、一九四八年には歌曲集『ユダヤの民族詩より』とヴァイオリン協奏曲第一番といった真の傑作を生みだしていた。しかも後者でショスタコーヴィチは、スターリンと想像上の音楽論争を行なっていたのである。

スターリンの死後すぐにこの「路線」論争をショスタコーヴィチは、私の見るところ、彼の最も完成された作品である交響曲第十番で続けた。

交響曲第十番の音楽はきわめて自然に、かつ有機的に流れていくので、聴き手は、おのずから生み出された波によってあるべき方向へと流れていく力強い川に身を浸すように沈潜し、その気まぐれで軽快な動きに身を任せるだけとなる。この第十番において音楽的形式はほとんど溶けてしまい、それとして意識されることはない。また、何ら決まった壁も継ぎ目も感じられず、魔法にかけられたように鼓動する芸術上の思想だけを吸収しつつ、燃えさかる音楽的情念を感じることができる。

ところが、交響曲第十番の根底には、明確かつ厳格なイデオロギー上のスキームがある。すなわち芸術家と独裁者の対立というスキームである。聴き手に襲いかかる狂気じみた恐ろしいスケルツォ（交響曲第二楽章）は、スターリンの音楽的肖像画である。これはショスタコーヴィチがかつて私に話してくれたことであり、のちに息子のマクシムによって確認された。[*12] だが、このような解釈が作曲家による後づけの理屈ではないという証拠は、いつものことながら、隠されたモチーフとリズムの引用と対比に抜きん出た巨匠ショスタコーヴィチの音楽それ自体に見出すことができる。

交響曲第十番の「スターリン」楽章は、映画『ベルリン陥落』（一九五〇年）にショスタコーヴィチが付けた音楽から多くが構成されている。この映画では指導者はひときわ目立つ人物だった。第十番ではよりわかりやすいかたちで主人公＝芸術家が特徴づけられていた。すなわち、以前の作品ではたんに暗示だけにとどまっていたショスタコーヴィチの音楽的署名（D－Es－C－Hの主題）によって呈示されているのである。

交響曲第十番において作曲家の音楽的モノグラムは、たんに表面に浮かびあがってくるだけでなく、文字どおり作品全体を埋めつくし、事実上その中心的主題となっている。そしてショスタコーヴィチはそのモノグラム（交響曲のフィナーレで）を遠い彼方から姿をふたたび現わす「スターリン」の主題と衝突させる。これは直接対決となり、「ショスタコーヴィチの主題」が勝利する。ショスタコーヴィチの主題はあたかもふたたび荒れ狂いはじめる圧政の嵐を防ぎとめようとしているかのようである。

交響曲全体は、さまざまな楽器（最初はホルンとトランペット、その後弦楽器と木管楽器、最後はティンパニー）によって偏執狂的執拗さで繰り出されるテーマD－Es－C－Hで閉じられるが、作曲家はあたかも呪文のように「ああ、私は生きている！」（ショスタコーヴィチがゾーシチェンコの墓前で口にした言葉を思い出す）を繰り返している。

もちろん、ショスタコーヴィチの交響曲第十番がたんに、暴君は死ぬべき運命にあり、芸術は永遠である、あるいは文化は悪と暴力との闘いにおいて防御にも盾にもなりうるとの考えを図示する音楽的例証にすぎないとしたら、この作品はそれが書かれた紙にも値しなかっただろう。

いや、交響曲第十番は、何はさておき、じつにすばらしい魅力的な音楽である。際限なく変容し、柔軟性に富み、多面的である。そこには微笑も、憂鬱も、純粋な抒情詩もある。第三楽章のホルンのソロのメロディはすばらしく、何か謎めいたエコーのように、十二回繰り返されている。このモチーフの五つの音符において、当時ショスタコーヴィチが夢中になっていた若い女性エリミラ・ナジーロワの名前が暗号化されていることが確認されている。(1)*13

それでもやはり、交響曲第十番の隠された内容の多くが、一九五三年十二月にレニングラードで行なわれたエヴゲニー・ムラヴィンスキーによる初演に接した最初の聴衆に理解されたのだろうか？　聴衆がすべての音楽的サインやシンボルの謎を解くことができたとは思わない。何しろすでにショスタコーヴィチの「音楽による署名」の意味に精通する多くのソヴィエトの音楽学者たちが、（たとえば、ゲンリフ・オルロフが述べたように）「このモノグラムのテーマに伝記的な意義を与えるべきではない」となくもがなの執拗さでもって主張しつづけているのだから。[*14]

しかし、交響曲第十番の全体的な情緒的意味とテクストには多くの人がすぐに満足した。このことは公式のプレスに掲載された初演の反応をみれば明らかである。交響曲第十番は「自分の苦悩と疑念の出口が見えない孤独な人間の悲劇」として意味づけられ、そこに「痛みの感覚、ときにはヒステリーとすれすれの苦悩」を感じ取った。[*15]

この点で他のだれよりも先んじていたのが、正統派の洞察力ある批評家ユーリー・クレムリョフである。彼は、すでに一九五七年に、交響曲第十番を、先にフルシチョフが暴露したスターリンの「個人崇拝」と直接結びつけ、雑誌『ソヴィエト音楽』（！）で次のように述べていた。「……心理的抑圧と異常性を帯びた交響曲第十番の音楽は、世紀の真実の文書である」と。[*16]

今回もショスタコーヴィチだけがうまくやってのけた！　一九三七年、ショスタコーヴィチの交響曲第五番は、大テロルについて同時代人が聞き知ることができる唯一の物語だった。交響曲第七番と交響曲第八番は、恐怖、絶望、戦前から戦中時代への移行にともなうかつてないほどの感情の二面性を最大限伝えていた。

いまや交響曲第十番は厳しいスターリンの冬から危うげな「雪どけ」への移行を深く映し出す最初の

作品となった（エレンブルグのおかげで、フルシチョフによる「リベラリズム」の短い期間は「雪どけ」と呼ばれるようになった）。

ショスタコーヴィチのこれらすべての交響曲は、時代を描いた真の長編小説である。作品では鳥瞰する高みから歴史的事象が叙事詩のようにとらえられ、それが細心きわまる心理的な洞察力や真の詩人にふさわしい抒情的なインスピレーションとが尋常ならざるかたちで一つに結びついている。

すでに見てきたように、ショスタコーヴィチの創作の道を注意深く、熱心に見守っていたのが偉大な同国人であり、現代にあって大長編小説はどうあるべきかについて独自のしっかりした考えをもっていたボリス・パステルナークである。知られているように、彼は、音楽教育を受けたなかなかのピアニストだった。若いときには作曲に挑戦し、真剣に作曲家になることを夢見たこともある。パステルナークにとって偉大な音楽はスクリャービンで終わっていたが、ショスタコーヴィチの音楽に対するパステルナークの理解はプロフェッショナルであり、いわゆる「内面から」出ていた。

若いころ、パステルナークは自分の友人に、「書物は熱くくすぶる良心の三次元の塊だ」と述べたことがある。[*17]

この定義は、驚くべきかたちでショスタコーヴィチの作品を言いあてている。パステルナークはまさにこれを感じることができたのだ。おまけに、ショスタコーヴィチのスタイルがさらなる簡潔さと明快さに向かって進化していること、しかも感情的内容の多層性と二面性が保持されていること、すなわちプーシキンと同じ道に進んでいることにパステルナークは畏敬の念を抱かざるをえなかった。

パステルナーク自身も同じ方向に進んでいた。詩人として優れた隠喩的な複雑さと洗練さからスタートした彼だが、徐々に「すべての人にわかるように」書こうとしていた。彼の夢は「すべての人に関わるような本を」書くことだった。

戦時中、それに類する作品が、世界的にセンセーショナルな成功を収めたショスタコーヴィチの交響曲第七番である。当時パステルナークも同じようなことを試みに挑戦しようとしたが、うまくいかなかった。一九四三年、彼は『プラウダ』紙上での掲載を当てにして戦争詩『朝焼けの輝き』を書きはじめた（彼にはそう約束されていた）。しかし、結局『プラウダ』紙にはその断片が掲載されただけで、失望したパステルナークはその後この詩を書くのをやめてしまった。「お詫びのしるし」に、グルジアの詩人ゲオルギー・レオニッゼのスターリンに関する詩『指導者の幼年時代』を『プラウダ』紙用に訳してはとの提案がなされた。しかし、これにひどく立腹したパステルナークは、もちまえの頑固さを示し、その提案を拒否した。

提案を拒否したことで、詩人は罰せられた。この年のスターリン賞候補者リストから削除されたのである。パステルナークは『ハムレット』と『ロミオとジュリエット』の画期的な翻訳によってこのリストに含まれていた。その代わり、これらの翻訳はイギリスのエリート層に注目された。イギリスのエリート層には、一九二〇年代の末からすでに小規模ながら有力なパステルナークのファン層が形成されはじめていた。こうしたイギリスの知識層が頻繁にパステルナークを称賛しては、その詩や散文を英語に翻訳していたのである。

パステルナークにとって、こういった状況はすべて、完全密閉された部屋に吹き込んできた一陣のそよ風だった。彼は女友だちにこう説明している。すなわち、西側とのこうしたパイプは、「最も大胆な夢の中で予測してきたよりも数多く、より直接的で、よりシンプルだった。それはかつてない奇跡的なかたちで私の内面的な生活や、思考様式、さらには活動や課題をわかりやすく楽なものにしてくれた。

しかし対外的な生活は同じくらいいちじるしく困難なものになった[18]」。

実際にソヴィエト当局は、パステルナークの予定外で管理できない国際舞台への進出を、大きな不信感を抱きつつ見守っていた。ソヴィエト当局がとくに不満だったのが、パステルナークがノーベル賞の候補になったという非公式のニュースだった。

パステルナークの頭上に暗雲が立ち込めはじめた。恋人のオリガ・イヴィンスカヤは逮捕された。しかし、彼は、西側の潜在的な読者はソ連国内の読者に劣らず——いや、むしろより重要だとするみずからが選んだ新たな道を後もどりすることはできなかった。のちに彼自身がコメントしているが、「あれは、転換点だった。決意を下したのだ。あれは最後まで包み隠さずすべてを語りつくしたいという願いだった[19]」。

一九四五年から一九四六年にまたがる冬から、パステルナークは、「すでに老年であり、まもなく死ぬかもしれない、現在の自分の考えを自由に表現する機会を永遠に先送りするわけにはいかない」と表明し、二十世紀の初頭から第二次世界大戦までのロシア知識人の歩んだ広大な歴史的、哲学的、詩的パノラマ長編小説『ドクトル・ジバゴ』を書きはじめた。彼はこの長編小説を自分の代表作であり、集大成であると考えていた。

すでに『ドクトル・ジバゴ』の最初の章の手稿を、まだ出版許可が出ないうちにパステルナークはイギリスのファンに託すべくあれこれ画策していた。これは、最初から彼がこの作品の読者として誰を想定していたかを物語っている。長編小説はきびしいストレスのなかで、一九五五年末まで長い歳月をかけて書かれた。私の想像だが、この間パステルナークは、ショスタコーヴィチと内面的かつ熾烈な対話と論争をつづけていたのではないだろうか。

私がこのように推察する理由は、スターリンの死後、とりわけ交響曲第十番の初演の少し前の一九五三年にパステルナークが書いた手紙に次のような興味深い炎のごとき一節にあるのである。「……音楽、それは世紀、空への、将来へのいかなる回答も避けることのできる最も広く普及したジャンルであり、心をカムフラージュするのに最もよく使われる方法だが、そのかけがえのない響きの助けを借りて、物質化された日常性さえ聞くことができる」[*20]。

ショスタコーヴィチ自身にとっても、多くの聴衆にとっても、彼の交響曲第十番はまさにパステルナークの書いた「世紀への、空への、将来に対する回答」だったが、私にはパステルナークのいら立ちと焦燥感が理解できる。交響曲第十番は、『ドクトル・ジバゴ』[(2)]より完成度の高い作品のように思える。

ただし、イデオロギー的かつ道徳的観点からみて、『ドクトル・ジバゴ』は、そのキリスト教的世界観とあわせて巨大な突破口となっていた。驚かされるのは、パステルナークが、絶え間ない洗脳による数十年を経てなお、ソヴィエト文化の最も才能豊かな担い手にとってさえ唯一可能なパラダイムとされたマルクス主義的志向から、あの世紀では考えられなかったほど解放されていたことである。

そして、もちろん、パステルナークが西側の読者に向けて書いていたことも前例のないことだった。そのため、パステルナークが『ドクトル・ジバゴ』を本国で出版するさい、通りぬけできない党の検閲が越えがたい壁として立ちはだかった。結果としてイタリアで最初に本が出版され、その後、フランス、イギリス、アメリカ、ドイツと続いた。西側で『ドクトル・ジバゴ』が出版後（西側で小説は文学的に、政治的にセンセーショナルな出来事となった）一年あまりたった一九五八年、パステルナークはついにノーベル賞を受賞した。

パステルナークはノーベル賞委員会に電報で次のように答えた。「心から感謝している。感動している、誇らしい、驚いている、当惑している」。彼はノーベル賞を受賞した最初のソヴィエト作家となったが、当局（および妬みから理性を失った多くの同僚たち）の反応はすさまじいものだった。上から許可されたパステルナークに対する個人攻撃キャンペーンが始まった。そしてそのキャンペーンのさなか『プラウダ』紙に「文学的雑草に関する反動挑発プロパガンダ騒動」という論文を、ジャーナリストのダヴィード・ザスラフスキーが書いた。彼は一九三六年に同じ『プラウダ』でショスタコーヴィチ攻撃のためにスターリンが利用した人物でもある。[*21]

あの当時の雰囲気を私はよく覚えている。スターリン時代が戻ったと感じたし、それにスターリンによって承認された鉄のシナリオに従うかのように事態は進展していった。集会でパステルナークは激しく罵倒され、作家同盟から除名され、新聞には、にわか仕立ての激怒する「労働者の反応」が登場した。そのなかで士気喪失したこの知識人に最も重苦しい印象をもたらしたのが、スターリングラードに住む掘削機運転手フィリップ・ワシリツォフの手紙だった。「カエルが歌っている……私はパステルナークを読んだことはないが、文学にはカエルがいないほうがましなことぐらいわかっている」。[*22]

「パステルナーク事件」の進展をショスタコーヴィチは重苦しい気持ちで見守っていたことだろう。すべてが一九三六年と一九四八年に自分に向けられたキャンペーンを思い起こさせたからである。作曲家自身がこのとき、政治的な意味でとくに複雑で、デリケートな状態にあった。

要は、アフマートワとゾーシチェンコに対する一九四六年の党決議の取り消しについて話を聞くことさえ嫌がっていたフルシチョフが、一九五八年五月、十年前の、ショスタコーヴィチ、プロコーフィエフやその他の主要な作曲家に関する「ジダーノフ決議」を突如無効とすることに同意したのである。この決断は、条件付きでしかも慎重を期して下されたが、当時はスターリンの文化的ドグマから根本的に離脱するものと受け止められた。[*23]

ショスタコーヴィチは、周知のように、プライベートな会話でこれを「歴史的決議の修正に関する歴史的決議」と呼んで、どちらかと言えばアイロニカルに反応した。彼には、それがフルシチョフ側からの重要かつ友好的なジェスチャーであることを理解できなかったのである。

注意すべきことがひとつある。ソヴィエト連邦ではほんのわずかな間隔を置いて、権力がふたたび一ヶ所に集中しはじめたのである。フルシチョフは、かなりすみやかに個人ですべてを決めてしまう新たな独裁者へと変身した。こうして彼はスターリンを見習い、文化を修正しようとしたのである。

フルシチョフは、狡猾で抜けめのない政治家だった。彼の表面的な衝動性や直情性はかなりの程度仮面であり、その仮面の下に彼は、おのれの計算高さと、困難な状況において抜け目なく立ち回れる能力を押し隠していた。[*24] そのフルシチョフといえど、国を統治する主要な推進力として大量テロルを利用することはもはやできなかった。しかしこの仕事をかつてスターリンはみごとにやりおおせてみせたのだ。この巨大な国は長いあいだ、深刻におびえた状態にあった。

したがって、スターリンの後継者としてフルシチョフには策を講じる余地が十分にあった。文化分野で彼は飴と鞭の政策を実行することができた。

飴と鞭が誰にふりかかるかは、主にそのときの戦術的必要性によって決められ、（スターリンのときはそうだったように）フルシチョフの個人的趣味や偏った考えによるものはきわめて少なかった。

フルシチョフはスターリンと異なり、かつて一度もショスタコーヴィチの交響曲を聴いたことがなかったし、ましてやオペラを鑑賞したことなどなかったはずである。パステルナークについて、フルシチョフは、のちに彼の詩も『ドクトル・ジバゴ』も読んだことはなかったと告白している。しかし一九五八年の政治状況は、ショスタコーヴィチには飴を(かなり冷淡ではあったが)、パステルナークには鞭を与えた。

フルシチョフの回想録に『ドクトル・ジバゴ』に関する次のような一節がある。「……私はこの作品が出版されなかったことを遺憾に思っている。いわゆる行政的手段によって、いわば、警察的なやり方でもって創造的知識人に判決を言い渡すなどもってのほかだからである」。

しかし、こう語ったのはあくまで年金生活者のフルシチョフであって、ソヴィエト連邦の指導者であったときの彼はまったく違う態度を取っていた。当時パステルナークには逮捕の危機が迫っていたし、祖国から追放されようとしていた。当局の恐ろしい圧力のもとで、作家はノーベル賞を公式に辞退し、フルシチョフと『プラウダ』編集局に懺悔の書簡を送った。書簡のなかで彼は事実上自分の長編小説を否定した。

これは耐えがたい侮辱だった。というのも、事実パステルナークは、この『ドクトル・ジバゴ』を自分の人生でもっとも大事な仕事だと見なしつづけてきたからである。だが、みずからの決然たる行動のために死力を尽くし、恐怖の魔力のかかった一線を大胆にのりこえたこの十分に勇気ある人間も、ついにはポスト・スターリン時代の強大な粛清装置に押しつぶされてしまった。まさにこういう結末になることをフルシチョフは望んでいた。最晩年のフルシチョフがいかに偽善的に悔いて見せたところで、事の本質はまったく変わらない。

共産党第二十回大会で、フルシチョフは手綱を緩めた。ショスタコーヴィチの表現を借りると、「たるませた」が、しかしハンガリー暴動を戦車で抑えつけ、すぐにその路線を修正した。ソヴィエトの知識人に対しても、相手が強い決断力ある指導者であることを示す必要があった。一九五七年からフルシチョフは文化活動家と一連の会合をもち、会合で彼は無遠慮に作家や詩人や画家などに説教し、怒鳴りつけたり、地団太を踏んだり、悪口雑言をあびせたりと、自分もくたくたになるほど奮闘した。フルシチョフは本ものの敵、潜在的な敵や、想像上の敵に、彼お得意の「ひどい目にあう」ということを示してやりたかった。そして大成功を収めた。

「パステルナーク事件」は、あまたあるこうした事例の一つにすぎなかったが、おそらくはフルシチョフ時代の最も象徴的な出来事であり、それゆえ最大の反響を呼びおこしたのだった。この事件によって、ショスタコーヴィチとしても、遠くを見越した結論を下さざるをえなくなった。

こうした結論の一つが、フルシチョフ政権下にあっても、ソヴィエト連邦の創作活動を行なう個人の不可侵は見せかけにすぎないという感覚である。逆説的だが、肉体的殲滅の可能性が著しく減少すると同時に、指導者との個人的関係という感覚も失われた。フルシチョフはスターリンと比べて、天才という現象にあまり関心を示さなかったので、フルシチョフにコンタクトをとるのはかなり大変だとパステルナークは不満を述べた。「あの恐ろしくて、残酷なスターリンでさえ、囚人に関する私の陳情を実行しても、べつに自分の尊厳をおとしめることにはならないと考え、その件について自分から私に電話をかけてきたほどだった」[*25]。

フルシチョフには、電話でパステルナークと話すべき内容など何もなかった。詩人は新しい体制のもとでの自分の立場を次のように総括していた。「……私は、最高権力者が眉をちょっと動かせば、たちまち押しつぶされてしまうぐらいのつまらぬ人間だが、誰ひとりそのことに文句を言わない……」[*26]。まぎれもなくショスタコーヴィチの印象も同じだった。誰ひとり文句を言わないどころか、多くの仲間たちが上から承認された人身攻撃に熱心に加わっている。ショスタコーヴィチは、以前の苦い経験から

「ノーベル賞スキャンダル」の日々をこう悲しげに観察していた。

少なくとも一九三六年と一九四八年の二度、ショスタコーヴィチは友人と自分の崇拝者たちの裏切りにあった。一九五八年にパステルナークは同じ裏切りを経験した。以前の仲間たちがかさにかかって、パステルナークを「卑劣な裏切り者」と非難したのである。文学大学の学生たちは「とっとと消え失せろ、裏切り者」というプラカードを掲げながら反パステルナークのデモに出かけ、彼の自宅の窓ガラスを割るとまで宣言した。当局がショスタコーヴィチに「形式主義者」であると明らかにしたとき、「怒り狂った人々」が別荘の窓ガラスを割ったときのことを彼は忘れることはできなかった。

さらにパステルナークへの個人攻撃のあとショスタコーヴィチは、自分にとっても病的といえるある結論に達した。少なくとも当時のソヴィエトの現状にあって、西側での承認などというのはうたかたのようなものである、と。パステルナークが『ドクトル・ジバゴ』を執筆しているとき、ソヴィエトの読者も、西側の読者も考慮していなかった。あの当時、自分の手稿を西側へ実際に引き渡すなどといった発想そのものがすでに革命的なことだった。

「私たちと西側との心理的（精神的）壁は厚くぴったり閉じられていたが、パステルナークは一撃で穴をあけた」[*27]と、後にヴェニヤミン・カヴェーリンが断言した。

しかし、事態を見守る多くの人々の目に、この試みの成功はより問題をはらんでいるように見えた。最終的に当局はパステルナークに正式な引退と自作の否定を強いたからである。パステルナークは、一九六〇年の五月末の亡くなる一日前まで、「世界で認められたことと、同時に祖国ではまったく知られていないという二重性」に苦しんでいると息子に訴えていた。言い伝えによると、彼は当時悔しげに「俗悪が勝利した、ここでもあちらでも」と述べたとされる。[*28]

ソヴィエト連邦においても、海外においても何人かの知識人は、西側が「パステルナーク事件」を政治的目的に利用し、パステルナーク事件を文化分野での騒々しい冷戦の一幕に仕立てたとの印象を持った。肺ガンによるパステルナークの死さえも、パステルナークの近親者や友人たちは、「ノーベル賞事件」後の彼の苦しい経験に直接結びつけた。彼の死が政治的事件として解釈されたのはこの文脈である。

ソヴィエト政権は、パステルナークの葬儀を（かつて皇帝がプーシキンの葬儀を握りつぶしたように）もみくちゃにし、握りつぶそうとした。当局に抵抗したのは、若者グループと何人かの作家たちで、彼らはこの葬儀に反体制的な性格を与えようとしていた。

この意味で彼らを少なからず後押ししたのが、西側のメディアである。パステルナークの墓の周辺には約二千人の人々と撮影カメラと写真カメラのシャッター音をかき鳴らす西側の記者たちが大勢集まった。そしてKGBも自分たちの必要性からその様子を撮影していた。こうしてこの葬儀は、一大政治ショーに変わった。スターリン以後のショスタコーヴィチの多くの重要な作品にこの事件のこだまを聴き取ることができる。

パステルナークとショスタコーヴィチの創作活動が長年にわたって呼応関係にあったことは、これまで研究者によってあまり指摘されてこなかったし、強調もされてこなかったが、それは私からすると疑う余地のないものである。二人ともプーシキンの伝統を引きついでいるとみなしていたし、（ショスタコーヴィチについては多くの点でムソルグスキーを通じてだったが）、その伝統は最終的に二つの反体制のかたち、すなわち「芸術家―権力」「芸術家―人民」へとつながった。反体制の二人は真のロシアの知識人だったし、耐えがたい圧力のもとで仕事をし、しばしば肩を並べて道を歩んだ。二人にとって法則「カエサルのものは、カエサルに（神のものは神に返しなさい）」は、人生の真実だった（ショスタコーヴィチのモスクワのアパートにある本棚にティツィアーノの《貢ぎ銭》の絵葉書が置かれていたのはそれなりの理由があった)。

しかし、二人にとってはじめは創作上生き残りをかけた共通の戦略からパステルナークは脱け出し、人生最後に彼はまったく新たな行路に出ることになった。

この当時、この行路で彼は俗に言う「部厚い大気圏で燃え尽きてしまった」のである。この圧倒的かつ誇り高い自己破壊の光景にショスタコーヴィチは戦《おのの》いた。パステルナークの死と葬儀に対するショスタコーヴィチのすみやかな、そして矛盾するコメントは、その後すぐにショスタコーヴィチがサーシャ・チョールヌイ——二十世紀初頭に活躍した作曲家お好みのリベラル派ユーモア詩人——の詩に付けた歌曲集『諷刺』のなかの『子孫』に聴くことができる。

『子孫』では、世紀をこえて多くの苦しみを味わってきた、忍耐強いロシア人の昔からのむなしい繰り言が嘲笑される。「きつい……だが子どもたちは私たちより気楽に暮らすさ」子孫のために耐え、苦労するなど、なんとばかげたこととシニカルな詩人は叫んでいる。「私は少し光がほしい、自分のために、生きているあいだに」。

ショスタコーヴィチの円熟期の作品でよくあるように、彼の音楽的解釈においてこのメッセージは深い二面性をもっていた。作品には、「明るい将来」とこのすばらしき共産主義の未来の達成には犠牲(3)が不可欠であると謳うソヴィエトの公的スローガンに対する辛辣な嘲笑を見てとることができる。しかしその音楽には同時に、パステルナークの早すぎた死に対する反応として生まれたきわめて個人的なモチーフも内包されていた。本当のところ、これは割にあわないのではないか? 将来の世代が君の犠牲を評価してくれるのか?

私は、破壊された神々の廃墟の上の
オオミミズクのようだ
まだ生まれぬ子孫のなかには
味方も敵も私には見えない

ショスタコーヴィチの友人たちのみるところ、彼の性格は運命論者的な傾向が強かった。この運命論的傾向は、ショスタコーヴィチの世界観のもつポピュリスト的な原則と相反するものだった。作曲家に個有のこの矛盾にまつわる記述を、ショスタコーヴィチは、彼の想像力を揺るがしたフョードル・チュッチェフ——総じて彼は自分のお気に入りの詩人には属していなかったが——の詩に見出したのだった。「奮い立て、友よ、闘え、一心に、戦さは対等ならずとも、希望なき闘いでも」。

アレクサンドル・ブロークは、このチュッチェフの詩に「古代ギリシャの、キリスト教以前の宿命の感覚」を見出した。ショスタコーヴィチは、こうした高尚な文体や言葉には明らかに不信感を感じていて、十九世紀の詩人のロマン主義的な立場をロシア民衆の覚めた奥深い知恵を借りて説明することを好んだ（作曲家にとってきわめて重要な宿命的なニュアンスを帯びていた）。「小鳥のような弱い存在は、ほんの些細なことからでも命をおとす」。

これはあたかもプーシキンの作品『ボリス・ゴドゥノフ』の僭称者すなわち、やけっぱちで、威勢のよい、シニカルな人物が語っているようである。

プーシキンはあきらかに、何かしらこの人物に似た性格が自分にもあるように感じ、それゆえ彼はこの性格を鮮やかにかつ色彩豊かに描き出したのだった。同じようなモチーフはショスタコーヴィチの伝記にも見てとることができる。

ショスタコーヴィチが隠遁生活者や、世捨て人であったことは一度としてなかった、彼には社会活動家としての思いが強くあった。彼のポピュリズムと社会活動への強い意欲は互いに結びついており、社会活動があるところでは、それにともなう旅行や代表としての役割や、講演などがあり、避けがたく僭称者である自分を意識せざるをえなかった。演壇に一度でも立ったことのある人なら、このことに同意してくれると思う。

ショスタコーヴィチの人生においてある時期からこの代表者としての（つまり僭称者としての）要素が生じ、それが強まったり、弱まったりしていた。彼はつねに作曲以外の何かをしたかった。作曲家同盟を整備したり、同僚を支援したり、知人や見知らぬ人を苦境から救い出したりする仕事である。

すでに一九三二年八月にショスタコーヴィチは（当時まだ二十六歳にもなっていなかったが）、設立されたばかりの作曲家同盟レニングラード支部の理事になっていた。それ以降彼はつねに、この作曲家同盟に関わる実務的問題や創作上の問題に引き込まれていた。この分野でのショスタコーヴィチの活動の絶頂期は、フルシチョフによって承認され、一九六〇年のロシア連邦作曲家同盟の設立大会で作曲家同盟の第一書記に選出されたときである。

これはもう大変な仕事だった。ショスタコーヴィチは、五百人あまりの作曲家や音楽学者の生活の安定に責任を持たされていた。彼は生涯、責任感の強い、几帳面な男であり、同僚たちの職業上の問題、すなわち、音楽の演奏や楽譜の出版、社会的な保障といった問題にきわめて真剣に取り組んできた。

このことにさらに付け加えておかなくてはならないのは、一九四七年からショスタコーヴィチは、レニングラード市選出の代議員になっていることである（最初は、ロシア連邦最高会議の代議員として選出され、のちに、ソヴィエト最高会議の代議員になった）。代議員というこの立場もまた、実入りのいい楽な仕事ではなかった。むろん、国の現実的な政策の策定に関わりをもつことはいっさいなかったが、仕事はかなり大量にあった。ショスタコーヴィチは、引きも切らず押し寄せてくる請願者と、特別に日を設けて定期的に面談してきた。ある証言者の回想によると、代議員となったショスタコーヴィチのもとを訪ねてくる面会者の列は、彼の執務室のドアから通りまで、いや、その先まで延々と続いていたという。

このようなことは、実際的に音楽とは何の関係もなかった。ショスタコーヴィチのもとに愁訴や懇願をもちかけてきたのは、傷ついた人々、屈辱を受けた人々、体に障害を負った人々たちだった。作曲家である彼は、気も滅入るような家庭内でのもめ事に耳を傾け、天井が抜けた話や、トイレが壊れたといった話を聞き、不足している薬品を入手することや、年金が受け取れるように手配すると約束するのだった。

彼は、何度も、不当に裁かれた人たちの弁護に立った――上級の機関に粘り強く手紙を書き、電話をかけたりした。ショスタコーヴィチの名前のおかげでいくつもの重要な扉が開かれた。人々が嘗めている膨大な不幸や苦しみが作曲家に襲いかかっていった。ショスタコーヴィチがこれらをどのように凌ぐことができたのか――彼自身の神経がむき出しの苦しみにかき乱されることもしばしばだった――、理性を、良識を、作曲意欲を失わず済んだのだろうか？

作曲家は、みずからを、病人を癒し、飢えたる者たちにパンを与えるイエス・キリストのごとく感じることもあったのではないか（ショスタコーヴィチに固有のキリスト・コンプレックスを思い出そう）。あるいは、そこには、プーシキンが『ボリス・ゴドゥノフ』で描いた僭称者の面影すら現われていたのではないか？　あるいは、その複雑で、基本配分や化学分析に屈することのない比率で、その双方の面影が混じり合っていたかもしれない。自分の行動のもつ混乱、錯綜、モチーフの矛盾といった点で、作曲家はしばしまぎれもなくドストエフスキーやチェーホフの小説の主人公たちを思い起こさせた。

知られるように、ショスタコーヴィチが最も好きだったチェーホフの作品が、『六号室』と『黒衣の僧』である（それらのモチーフに従って彼はオペラの作曲をもくろんだことがあるほどである）。チェーホフはこれらの物語で、運命によって狂気とすれすれの境界に導かれていく人々の姿を描き出している――そして彼らは、この、微妙な境界をまたぎこし、読者を次のような信念へと導くのである。すなわち、世界全体とは、精神病棟であり、六号室だと。

『六号室』において、医師のラーギンが病人を診察するさまは、辛い日々に、果てしもない請願者に応対する代議員ショスタコーヴィチと変わるところがない。「今日、三十人の患者を診察すれば、明日は、きっと三十五人が押し寄せてくる、そして明後日は、四十人だ、こうして毎日、毎年同じことの繰り返し、ところが、街の死亡率は減らず、患者の足が絶えることはない。押しかけてくる四十人の患者を朝から昼までのあいだに真面目な助けを施すのは物理的に不可能だ、ということは、否応なく虚偽が生まれてくる」（『六号室』）。

ここには、むろん、こうした自虐が正当かどうかということとはかかわりなく、僭称行為の承認のような響きがある（チェーホフはこの自虐という問題については、いつもどおり両義的な態度を取った）。だが、私たちにとっては、『六号室』のもう一つ別のモチーフもそれに劣らず重要である。それは思うに、シヨスタコーヴィチにとっても重要だった。ラーギンは、若い友人で理想主義者と論争する。彼は――まるで、サーシャ・チョールヌイが嘲ったスタイルで――、いつしか、未来において、「新しい生活の曙光が輝くだろう」を証明しようとする。ラーギンはそれに対してきびしく反論する。「時がくれば、監獄や精神病棟は廃止され、あなたのおっしゃるとおり、確かに真実が勝利することになるかもしれません、でも、それで物事の本質が変わるというものではありません、自然の法則は相変わらずそのままのかたちで残るでしょうね。人々は、やはり、いまと同じように病気にもかかれば、年老いて、死んでいくことでしょう。どんなに壮麗な曙があなたがたの人生を照らし出そうと、結局のところ人間は棺桶に釘を打ちこまれ、穴のなかに投げ入れられるんです」(『六号室』)。

チェーホフがこの作品を書いたのは、彼がまだ三十二歳のときだった。当時、すなわち一八九二年、リベラル派知識人の偶像的存在であった批評家のニコライ・ミハイロフスキーは、『六号室』を評して次のように書いた。「何もかもが読者の神経のすみずみにまで強烈に脈打っているが、ある一定の思想や感覚に収まることなく、芸術的な満足をも与えてくれない[*29]」。

一義的な結論を不可能なものとしてしまうポピュリズムとペシミズムの奇怪な混ぜものがこの影響力ある批評家をチェーホフから遠ざけた。それからほとんど七十年を経て、当時五十四歳のショスタコーヴィチも、チェーホフと似たような立場に置かれていた。ペシミズムと宿命論が彼の人生においてはますます大きな場所を獲得するようになっていた。それは、明らかに、作曲家の健康の著しい悪化とも同様に関わりがあった。

一九五八年を皮切りに、ショスタコーヴィチは時を経るごとに病院で過ごす時間が多くなった。一九六〇年は、その意味で転換点とみなすことができる——比喩的な意味においても、この言葉のもつ直接的な意味においてもそうである。この年、息子マクシム・ショスタコーヴィチの婚礼の席でショスタコーヴィチはふいに足を踏み外して、骨折した。それ以来、両手と両足に、最終的にはついに解明されることなく終わった謎めいた衰弱が作曲家につきまとい、その生涯の終わりまで彼を苦しめることになる。
ショスタコーヴィチにとって運命的ともいえる一九六〇年！ すべてがこの、「恐怖の年（annus horribilis）」に集中して起こった。病気、体力と気力の減退、権力の誘惑である。その結果は、左右、どちらにとっても、文字どおり、思いがけないものだった。それはすなわち、これまで多くの人々から、ショスタコーヴィチの社会生活において最大の過ちと非難されるところの行為、つまり、一九六〇年の共産党入党である。

多くの点で謎めいているこの事件の実情は、今もって最終までは明らかにされていない。それも、通常はきわめて控えめで、打ち解けようとしないショスタコーヴィチが、このエピソードをかぎりなくドラマティックな色合いに染め上げようとしていたにもかかわらずそうなのだ。

この事件について、私たちは、ショスタコーヴィチが語った二人の友人イサーク・グリークマンとレフ・レベジンスキーの言葉から次のようなことを知っている。すなわち彼としては何としても入党を避けたかったが、結局のところ、当局の容赦ない圧力に屈せざるをえなかったと友人たちに語っているのである。友人たちの書いているところによると、ショスタコーヴィチはそれまで見たこともないようなヒステリー症状にかられ、ウォッカを飲み、大声で泣くなど、辛い心理的挫折か自殺かの瀬戸際にあるドストエフスキーの登場人物さながらの印象を呼びおこしたものらしい。[*30]

実際のところ、事情はどうだったのか、それを確定しようにも、おそらくうまくいかないだろう。共産党のアーカイヴの関連資料がすべて公開されたとしても事情は変わらない。というのも、ここではあまりの多くのことが、——書きとめられたか、あるいは声に発されたかにせよ、——それに対応する言説よりもむしろあえて口にされなかった部分に帰着してしまうからである（これは——音楽における休止のようなものである。それらはきわめて雄弁ながら、その意味を解読することは、なかなか容易なことではない）。

しかし、私たちは、その注釈といってもよい、驚嘆すべき資料を手にしている。それこそは、一九六〇年七月に書かれたショスタコーヴィチの弦楽四重奏曲第八番で、これは、作曲家の最も成功した作品の一つとみることができる作品である（同様に、総じて、弦楽四重奏曲ジャンルにおけるピークの一つともみなしうる）。

共産党入党の悲劇的なエピソードのあとで、運命論者ショスタコーヴィチは、ある友人とのやりとりのなかで、「運命から身を守ることはできない」というプーシキンの一句を引用してみせた。この言葉は、弦楽四重奏曲第八番のエピグラフに置くことができるものだが、そこでは、つい先頃のパステルナークの死との関連でショスタコーヴィチが行なったコメントの遠いこだまを聞き取ることができる。

この弦楽四重奏曲は、自分自身のためのレクイエムであり、これは、ロシア音楽にもすでに前例があった。たとえば、チャイコフスキーの交響曲第六番を思い起こすだけでも十分だろう。ショスタコーヴィチは、チャイコフスキーよりもおおっぴらにその構想に注釈を施し、とりわけ娘のガリーナに向かって、「自分の思い出」に捧げる弦楽四重奏曲を書いたと明らかにしてみせた。[*31]

最も特徴的なのは、同様の理念を抱くショスタコーヴィチの音楽がすでに以前にも現われていたということである。それは他でもない、作曲家にとって宿命的ともいうべき一九四八年のことで、このとき、彼は、逮捕と拷問の恐怖にさらされていた。しかし当時、このレクイエム風の音楽を、作曲者は安全を期して第三者の耳目から隠すことができた。それらを、アレクサンドル・ファジェーエフの人気小説に基づく映画『若き親衛隊』の付帯音楽に紛れ込ませていたのだ。

この映画は（小説と同様）、直近の出来事であるドイツ軍による占領下の時代に若い地下工作人（みずからを「若き親衛隊」と呼んでいた）たちのグループの英雄的な勲功と彼らがたどった悲劇的運命を物語ったものである。ナチス・ドイツ軍は、若き親衛隊を捕らえては射殺していた。これに該当する場面で、ショスタコーヴィチは、「英雄たちの死」と題する、胸をかきむしるような葬送行進曲を書くチャンスを与えられた。

スターリンははじめ、この『若き親衛隊』の映画が気に入らなかったが、改作ののち、指導者として彼は怒りを慈悲に変え、スターリン賞第一席をこの映画に与えたのだった（といっても音楽に対してではない）。ここで考えなくてはならない。すなわちもしも十数年後、ショスタコーヴィチがここからこの葬送行進曲「英雄たちの死」を彼の最も自伝的な作品である弦楽四重奏曲第八番に挿入することがなかったなら、この曲を自伝的なものとして解釈しようなどという考えは誰の頭にもけっして浮かばなかっただろうということだ。

この驚くべき作品は、ほとんど自作の引用（さらにワーグナーの『神々の黄昏』とチャイコフスキーの交響曲第六番からの引用）から構成されている。ショスタコーヴィチは同じく弦楽四重奏曲第八番に当時人気のあった革命歌「苛酷な徒刑に苦しめられて」を利用した。その歌詞は一八七六年に詩人グリゴーリー・マチエットにより書かれ、当時、ロンドンのロシア移民の新聞に発表された。無名の作曲家が、この詩に音楽を付け、それが後に国民的な葬送行進曲となったのである。

この葬送行進曲は、ショスタコーヴィチが生まれた一九〇六年に革命的なクロンシュタットの水兵たちによって歌われた。言い伝えによると、この歌を若き親衛隊員たちは処刑の前に歌ったとされている。弦楽四重奏曲第八番では、自伝的な「英雄の死」からのモチーフが直接、革命歌「苛酷な徒刑に苦しめられて」に移行している、すなわちここでは、音楽的にも、個人的にも連想が明白になっている。

ショスタコーヴィチは、弦楽四重奏曲第八番で使用されたある書簡のなかで列挙して、交響曲第一番、交響曲第八番、交響曲第十番、ピアノ三重奏曲、チェロ協奏曲第一番とオペラ『ムツェンスク郡のマクベス夫人』に言及した。すなわちこれは、音楽による真の自伝である。ところがショスタコーヴィチは、映画『若き親衛隊』の音楽からの重要な引用をこのリストに入れていない。意識的なものか、忘れたのか、いまとなってはもう知る由もない。

帝政ロシアの牢獄で死んだ学生パーヴェル・チェルヌィショフを悼む詩「苛酷な徒刑に苦しめられて」には、次のような一節がある。

きみと同様――ぼくらは、きっと
新しい人々のための土くれとなれるのみ
新しい、来るべき、勇敢な日々の
厳しい予言となれるのみ

この詩は、当時のショスタコーヴィチが、いかに来るべき世代の幸せのための自己犠牲という考えに取り憑かれていたかを理解する助けとなる。作曲家はせわしなくこの考えをいろいろな側面から音楽的に展開させていった。ときにアイロニカルに（サーシャ・チョールヌイの詩に付けた歌曲集）、そしてときに悲劇的に（弦楽四重奏曲第八番）。緊張に満ちたこの思考の糧となったのは、パステルナークの死であり、チェーホフの中編小説『六号室』であり、プーシキンの詩だった。

その結果として、ユニークな作品が生まれた——それは音楽的な自伝であると同時に音楽的な自己追悼であって、自作からの引用は、作曲家がこれまで歩んできた道の主なる道標となっている。ショスタコーヴィチ自身が辛辣に注釈してみせたように、それは「なかなかみごとなごった煮だった」。作者にとって問題は、弦楽四重奏曲という枠のなかでこの異種の素材が互いに調和しあわないのではないかという点にあった。作曲家は、作品を統合するテーマとして、すでに私たちにもお馴染みのモチーフD－E s－C－H（みずからの音楽的モノグラム）を導入することでそれを解決した。このモノグラムがここでは——時として出口のない、悲劇的な、そして時に、静かで透明な、さらには神経質かつパラノイア的とも思える音楽をとおして——聴き手を、著者の地獄めぐりに導くヴェルギリウスの機能を果たしているのだ。

作曲家は、たった三日間という、熱に浮かされたようなテンポで、弦楽四重奏曲第八番を書き上げたが、そのテンポはまさに、ロシア的な、言ってみれば、語り手が聴衆の前でおのれの血まみれの魂をさらけ出してみせるドストエフスキー流の熱烈な告白の印象を呼びおこす。だが、この作品のもつ即興風の外観は偽りである。その、絶妙ともいえる五楽章形式はみごとに同心円的かつシンメトリックな成り立ちをもっているからである。

みずからの作曲上の成功をめったなことでは自賛することのなかったショスタコーヴィチだが、今度ばかりは抑制がきかず、友人宛ての手紙でその禁を破った。もっとも彼は、彼にとってより特徴的な自己アイロニーの陰にその満足を隠そうとしていた。彼は次のように書いている。「この四重奏曲のもついつわりの悲劇性というのは、こういう点にある。すなわち、私は、この曲を作曲しながら、ビールを半ダース飲んだ後の尿ぐらい涙を流しました。家に帰るなり、二度ばかりこれを演奏しようとしたのですが、またしても涙が出てきました。しかし、そこではもう、たんにそのいつわりの悲劇性のためばかりか、この作品のもつ形式上のみごとなまとまりのせいでそうなったのです」[*32]。

思うに、一九六〇年の十月二日に、この弦楽四重奏曲第八番の初演にやってきたレニングラードの聴衆たちのうち、この曲のもつ構成上の「みごとなまとまり」を理解した人はほんの数えるほどしかいなかっただろう。と同時に、このとき多くの聴衆が、いうなれば、ショスタコーヴィチの暗示、すなわち彼がこの作品の最後から二番目の第四楽章で行なった、「苛酷な徒刑に苦しめられて」の歌と、流刑囚のシベリアへの旅（それは一度ならず、作曲家が空想した旅でもあるが）を描く『ムツェンスク郡のマクベス夫人』の場面の旋律との対比といったことを読み解くことができたとは思わない。聴衆はたんに、この音楽のもつ巨大な情念の波にすっぽり呑み込まれてしまったのだ――私はこの初演に立ち会っているので、このことははっきりと証言できる。

思い出すのだが、何人かプロの音楽家たちもまた茫然自失してしまった。ショスタコーヴィチのこの音楽は、彼らの「空間的な規範」を破壊してしまったからだ。彼らの多くは、この弦楽四重奏曲のもつ自伝的性格を嗅ぎ取ってはいたが、それをどう解釈してよいものかわからなかった。当時、十六歳の高校生だった私は、この弦楽四重奏曲第八番初演のコンサート評をレニングラードの新聞『スメーナ（後継者）』に書いた[*33]。これは、その場で書いた批評で、出来はけっしてよいものではなかったが、真摯につづったメモであり、年上の仲間たちが真剣な分析を行なってくれるのを期待していた。だが、彼らはなぜか、こうした告白的な音楽を書くことは、礼儀に反するといった気がしたらしかった。

同じ一九六〇年に出たショスタコーヴィチに関する好意的な著作のなかでは、作曲家のモノグラムテーマとの関連でとくに次のような断りが付せられている。「これが作曲家の意図であって、偶然の一致であるという証拠はない」[*34]と。また、ショスタコーヴィチの死後に刊行されたマリーナ・サビーニナの本格的な研究においてさえ、この同じモチーフについて次のように言われている。「彼の「自伝的な」意味を過大に考えてはいけないという点で、どうやら、すべての著者は一致しているようである」[*35]。ああ、音楽学者というのは時としてどこまで用心深いのだろうか（事実、これはソ連だけの話ではない）。

音楽においては本来的に複雑で込み入ったものとなる意味論的解釈の問題だが、「潜在的な内容」に富むショスタコーヴィチの作品にとってこれはとくに重要である。ショスタコーヴィチの音楽は、もっぱら言語的な注釈に頼ることはないながら、心理学的、政治的かつ社会的な文脈にそれが置かれるとなると、やはり本質的な威力を発揮する。

ちなみにショスタコーヴィチはこのことをひじょうによく理解していた。彼はまた、根絶しがたい「内向きの」カースト精神とスノッビズムの傾向に支配される職業的な音楽環境にあって、ますます増大する彼の伝達的志向が、日々強化されていく数々の疑念に出くわしていることも理解していた。ショスタコーヴィチと祖国の聴衆との関係にきわめて大きな危機が熟しつつあった。

この危機は、部分的には、客観的な理由によって説明できるだろう。シリアスな現代音楽に対してかつては相対的にまとまりをもっていたソ連の聴衆も、六〇年代には細分化しはじめた。数は少ないながら影響力のある彼らにとって魅力的なものとなったのが、タブーとされるがゆえにとくに誘惑的な、当時の西欧で確立された前衛音楽の優れた作品群である。

聴衆のうちのこの部分からすると、弦楽四重奏曲に「苛酷な徒刑に苦しめられて」の歌をさしはさむなどというのは、悪趣味以外の何ものでもなかった。聴衆の別の部分が同時代の芸術に求めていたのは、何よりも、ソヴィエト権力に対する対立的な気分の表現だったからだ。これらの人々が恥辱と感じたのは、作曲家がこの弦楽四重奏曲第八番に寄せた、広く喧伝された「ファシズムと戦争の犠牲者たちの記憶に」と題する献辞である。

この献辞によってショスタコーヴィチは、深刻な戦術上のミスをおかしたのだった。彼は、この献辞の助けがあれば、自分の新しい作品のもつ隠された本質を当局の目から覆い隠すことができると睨んでいた。本質において、これは、ショスタコーヴィチがすでに一九三〇年代に適用した当局との鬼ごっこの戦術の延長だった。

この「イソップ語」の戦術は一度ならず功を奏し、ショスタコーヴィチは、とくに必要もない料理のつまみか何かのように、自分の音楽についての公的なコメントを利用するチャンスを与えられてきた。当局はそれをつまみはするけれども、聴衆はそれに気づかず、とくに目も向けることもしない。だが、ある時期から、この手法が不発に終わるようになった。

他でもない、聴衆のなかで最も敏感な人たち、すなわち、かつてショスタコーヴィチの音楽のたくみに覆い隠された文脈に注意を凝らして聴き入っていた人たちが、いまこそ、作曲家がみずからの立場を以前よりもはるかに明瞭に打ち出すことを求めていたのだ。彼らからすると、当局が戦後もプロパガンダ目的で巧妙に利用し続けた反ファシズムのテーマは、もはやアクチュアルなものではなかったのである。

ショスタコーヴィチが弦楽四重奏曲第八番に寄せた献辞「ファシズムと戦争の犠牲者たちの記憶に」は、作曲家の意思とは裏腹に、当局ではなく聴衆たちを誤解に導いていった。そのため、ショスタコーヴィチの最も告白的な作品が多くの人々にとってわけのわからない作品となった。

ショスタコーヴィチにとって、これは大きな打撃だった。ショスタコーヴィチが自分の音楽における言葉の役割だけでなく、音楽に対する作者の注釈がもつ意義について思いをめぐらすようになったのはまさにこの時期のことと考えていい(4)。

ここで改めて思い出しておきたいのは、社会的かつ文化的な文脈である。スターリンの没後、ソヴィエト連邦では重大な転換が起こった。その深層において、国家システムはまだスターリン主義的なシステムを残存させていたが、社会的言説においては、長い年月を経てはじめて、独立した声が聞かれるようになった。中心となる問題は、スターリン主義の遺産にどう向きあうかという問題であった。この遺産に対して、共感を抱くのか、それとも敵対的立場を取るのかが人々の政治的立場を決定していた。

とりわけイデオロギーと文化の領域において、文字どおり個々の国家的方策は、スターリン路線への接近か、ないしはスターリン路線との隔絶として評価された。これは、フルシチョフ体制にとっても、かつまた、一九六四年、無血クーデタの結果、フルシチョフに取って代わった特権階級のお気に入りにして、すこぶる楽天的なレオニード・ブレジネフの支配のもとでも変わらなかった。

このドラマティックなプロセスにおける道しるべと呼ぶことができるのは、アレクサンドル・ソルジェニーツィンの『イワン・デニーソヴィチの一日』（一九六二年）の刊行であり、詩人ヨシフ・ブロツキー（一九六四年）、作家アンドレイ・シニャフスキーとユーリー・ダニエル（一九六六年）に対する裁判であり、同様にまた、アカデミー会員のアンドレイ・サハロフ「進歩と、平和共存と、知的自由をめぐる考察」の地下出版《サミズダート》による出版である（一九六八年）。ショスタコーヴィチは、この反スターリン主義運動に名を連ねることになるが、その行為は矛盾に満ちてはいたものの、それなりに意義深いものだった。反スターリン化に彼がどう貢献したか、そしてこの時代に作曲家が、複雑きわまる創作上かつ社会的な道を歩みながら経験したもろもろの紆余曲折を描写したり分析したりすることは、この書物の、けっして長いとは言えないエピローグの枠を超えるものである。

とはいえここで、この時期のショスタコーヴィチの最も重要な反スターリン主義的な創作上の身振りについて言及することが不可欠である。これは、まず第一に、一大センセーションを巻き起こした若い人気詩人エヴゲニー・エフトゥシェンコの詩に付けた、ソロのバス歌手、バス合唱と管弦楽のための交響曲第十三番（『バービー・ヤール』）である。

一九六一年九月十九日にモスクワの『文学新聞』に発表された詩『バービー・ヤール』は、国際的な一大センセーションとなった。ソヴィエト国内ではかねて久しく、国内に広がる反ユダヤ主義についてこれほど公然と声高に言及する勇気のあるものは誰一人としてなかった。フルシチョフ自身、この詩を罵倒したほどであった。この詩に音楽を付けることで、ショスタコーヴィチは、ソ連当局との公然たる対決に入ることになるが、そもそもその反ユダヤ主義的政策はスターリンにまで遡るものであった。

この交響曲の演奏をめぐって、極度にぴりぴりしたムードが漂いはじめた。それまで、ショスタコーヴィチに最も近い立場にあった指揮者のエヴゲニー・ムラヴィンスキーが（危険に満ちた一九三七年に、交響曲第五番の初演を敢えて引き受けた経緯があり、それ以来、数々のドラマティックな状況にあって再三作曲家を支えてきた）、今回ばかりは尻込みし（多くの人々がそう考えた）、そのこと自体が、状況の不安定を雄弁に物語っていた。代わってこの交響曲の初演を引き受けた指揮者のキリル・コンドラシンに対し、ソ連当局は、最後のぎりぎりの瞬間まで圧力をかけた。彼らはなりふり構わず、（上層部が危惧したように）当時、反対派勢力の巨大なデモンストレーションに変わっていたその初演を中止させようと試みたのだった。[*36]

ソヴィエトの聴衆はもとより、海外のジャーナリズムの関心は、主としてこの交響曲の第一楽章「バービー・ヤール」に集中した。それは当然のこととして理解できる。しかし仮に反スターリン主義をめぐる論争についていうなら（これこそは、まさに、私たちがここで興味を抱く晩年のショスタコーヴィチの音楽の一局面であるわけだが）、この問題はどのみち、交響曲全体に広く行きわたっており、とくに第四楽章「恐怖」においてそれが際立っていた。

「恐怖」に寄せる詩は、エフトゥシェンコが、事実上ショスタコーヴィチの参加を得て、彼のために特別に書き下ろしたものである。それゆえ、それらの詩には、ショスタコーヴィチ自身の立場がきわめて明瞭に表現されていたとみることができる。ここで問題となっているのは、スターリンが人々の心に植えつけた恐怖である。

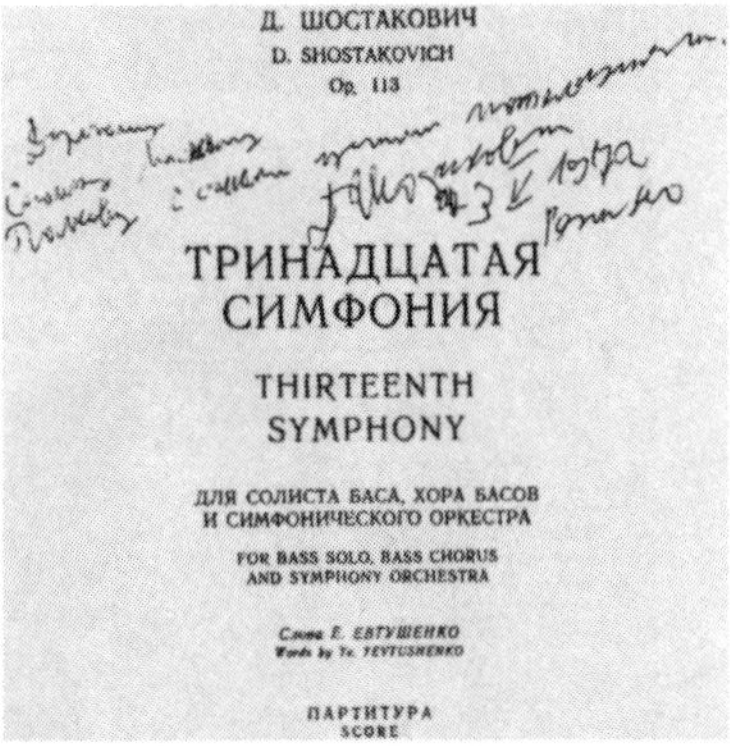

ショスタコーヴィチの交響曲第13番の楽譜。1963年の初演は権力側から怒りを買った。献辞に「ソロモン・モイセイヴィチ・ヴォルコフへ　ご多幸を祈って。D. ショスタコーヴィチ。1972年3月レピノにて」

わたしは覚えている、勝ち誇る嘘の屋敷で
権力にうつつをぬかす恐怖を。
恐怖は影のようにいたるところに滑りこみ
すべての階に忍びこんだ。

ショスタコーヴィチの音楽において恐怖は、ワーグナーの楽劇『ジークフリート』で洞窟のなかに身を潜める大蛇ファフナーのように身をくねらせる。そして、交響曲第十番の「スターリン風」スケルツォを思わせる跳ねるような響きによって、ショスタコーヴィチは、自分がこの日までどれほどの悪夢に苦しめられてきたかを告白する（密告のひそやかな恐怖／ドアのノックに対するひそやかな恐怖）。

一九六二年十二月、モスクワ音楽院の大ホールのステージから、オーケストラの伴奏によりバス歌手が歌うこのような曲を耳にするというのは、むろん大きな衝撃だった。非体制順応主義者である彫刻家のエルンスト・ネイズヴェスヌイは、私とのやりとりのなかでこう繰り返したものである。「あれは実に壮観でした！　何か信じがたいものの感覚がありました。何がおもしろかったかというと、交響曲が終わったときです。すぐには拍手が起こらず、異常ともいえるほど長い沈黙が訪れてきたのです。あまりにも長いので、ぼくは怖気づいてしまいました。何か陰謀でもあるのじゃないかとね。でも、そのあとで耳をつんざくような雷鳴のごとき拍手がどっと沸き起こったのです。「ブラボー！」の叫びと一緒にです[*37]」。

ネイズヴェスヌイは、また、初演に居合わせた党の特権階級《ノーメンクラトゥーラ》たちが、この謀反を目の当たりにしてどんな反応を見せたかも記憶していた。「会場には頭にパーマネントをかけた貴婦人をつき従えた黒いカブトムシみたいな連中がうじゃうじゃいましてね。ぼくはちょうどそういう連中の真後ろに座っていたんです。より感情的で、このコンサートの成功に素直に反応している奥方連中も――なにしろホール全体が立ち上がって、立ったまま拍手していましたから――立ち上がりました。とそこでふと目にしたんです。両手がさっと振り上げられました――黒い袖、白い袖口です――、すると役人たちはみな自分の奥方の腰に手を置き、彼女を有無を言わさず椅子に座らせたんです。それが、まるで信号機みたいに実行されたわけです。カフカの映画を見ているみたいでした！[*38]」

ロシアの知識人たちが、この交響曲を、スターリン主義の遺産との闘いという視点で理解していたことは、初演直後、ピアニストのマリヤ・ユージナがショスタコーヴィチに宛てて書いた熱狂的な手紙が物語っている。「いまは亡きパステルナーク、ザボロツキー、その他の友人たち、苦しみを受けたメイエルホリド、ミホエルス、カルサーヴィン、マンデリシターム、名もなき、何十万という「イワン・デニーソヴィチ」たち、パステルナークが言ったように、「生きながらにして苦しみを受けた人々」の名をすべて数え上げることはできませんが、この人々たちを代表して、ありがとうを言うことができます。あなたは、何もかもご存じです。あなたのなかで彼ら全員が生きているのです。この総譜の各ページのなかで私たちは燃え尽きるのです。あなたは、あなたの同時代人である私たちにそれをプレゼントしてくれたのでした――来るべき世代のために……」[*39]。

ショスタコーヴィチは、つねに、極端といえるほど社会の気分に敏感だった。交響曲第十三番の成功、エフトゥシェンコの社会的な詩の助けを得た反スターリン主義的メッセージは、ついに完全に一義的なかたちで鳴りわたり、音楽的内容の解読のための補助的手段として言葉がもつ効果、必要性についての作曲家の考えを裏打ちしてみせたかのようだった。

エフトゥシェンコとのやりとりのなかでショスタコーヴィチは、聴衆が、彼の弦楽四重奏曲第八番の「潜在的な内容」を読み解こうとしなかったことを嘆いた。作曲家が嘆いたのは、音楽学者たちが、「ヒトラー・ドイツに全重心を置いて私の音楽を解釈しはじめた」ことだった。彼が詩人に語ったところによると、交響曲第十三番はショスタコーヴィチに、「音楽の助けだけでなく、あなたの詩の助けも得て、自己表現する機会を与えてくれました。そこでは、誰ももう、まったく別の意味を私の音楽のせいにすることなどできないのです……」とのことだった[*40]。

この方向に従ってさらに先に歩を進めながら、ショスタコーヴィチは『ステパン・ラージンの処刑』

を書きあげた。ソロ歌手（またしてもバス）、合唱、そして管弦楽のための声楽付交響詩で、詩はまたしてもエフトゥシェンコだった（一九六四年）。そしてソプラノとバス、そして室内管弦楽団のための交響曲第十四番、こちらの詩は、フェデリコ・ガルシア・ロルカ、ギヨーム・アポリネール、ライナー・マリア・リルケ、さらには、かつてニコライ一世によって弾圧された十九世紀ロシアのロマン派詩人ウィリゲリム・キューヘリベッケルである（この作品が初演されたのが、一九六九年だった）。だが、交響曲第十三番が呼びおこした空前の反響は、残念ながら、繰り返されなかった。

これら二つの新作における反スターリン主義的な主張は、誰にも気づかれず、いわば受取人不明のかたちのままで終わった。当局も、不満を隠しつつ、特別なことは何ひとつ起こっていないかのようなふうを装った。交響曲十三番に手を焼いた当局は、彼の作品を禁止することによってかえってそこにオーラを添え、これ以上ショスタコーヴィチに宣伝のチャンスを与える理由はないと悟ったのだ。当局の作戦は功を奏し、作曲家に対するリベラル知識人たちの関心をうまく逸らすことができた。

注意すべき点は、ショスタコーヴィチ自身がそうした事情をすべて意識していたことである。一九六七年、彼はほとんど「ドストエフスキー的な」苦々しげな口調で、友人宛てに書いている。「ぼくは自分自身に失望しました。というか、ぼくは、きわめて平凡かつ凡庸な作曲家であることを確信しました。現在の六十歳という高みから「これまで歩んできた道」を振り返って言えることですが、ぼくには二度、宣伝の機会が与えられました（『ムツェンスク郡のマクベス夫人』と十三番の交響曲です）。きわめて効果的な宣伝でした。しかしながら、すべてが落ち着き、元の鞘に収まるなかで明らかになったのは、『ムツェンスク郡のマクベス夫人』も十三番の交響曲も、『鼻』で言われているところの反則コマだったということです[*41]」。

こうした自虐も（老化する作曲家の私的な発言では珍しくなかったが）、十四番の交響曲に対して左右から示された比較的控えめな反応の後であれば当然のことであった。しかるにこの十四番という作品は驚嘆すべき迫力をもち、おまけに、ソヴィエト的な通念にならえば、きわめてショッキングな内容をもつ作品だった。というのは、この交響曲の十一楽章すべてが、とにもかくにも死のイメージと結びついていたからである（この曲で、ショスタコーヴィチにとってモデルとなったのが、グスタフ・マーラーの『亡き子をしのぶ歌』と、ショスタコーヴィチが一九六二年にオーケストレーションを施したムソルグスキーの『死の歌と踊り』である）。

ショスタコーヴィチのこの作品は、ムソルグスキーのみならずマーラーとの比較にも耐えるもので、この二人の作品のもつ出口なしの感覚に、十四番の交響曲は、二十世紀後半になってはじめてもたらされた暴力的な死との遭遇という、新しい、ぞっとするような日常的感覚を加味している。

ここには、スターリンに対するショスタコーヴィチの直接的な呼びかけもある。交響曲の第八楽章（アポリネールによる揶揄的な食卓詩をともなう「コンスタンチノープルの太守に対するザポロジ・コサックの返答」）で、ショスタコーヴィチは、彼にとって固定観念《イデーフィクス》ともいうべき性格をもつ、死せる暴君との空想上の対話を引き継ぐことになった。交響曲第十番の「スターリン風」スケルツォを思わせる音楽のなかで作曲家はまたしてもスターリンのグロテスクな肖像を描いてみせる。

片目で、腐って、鼻なしのきさま、
きさまが生まれたとき、きさまのおっ母は
下痢で痙攣起こしてのたうち回っていたもんだ

小役人たちからすればこれはどうみてもやりすぎだったし、ソ連の非順応主義者からすれば、残念ながら、これでもまだ不十分だった。逆説的なかたちで、そのいずれの側にとっても、死のテーマに取りつかれたショスタコーヴィチの音楽が人々のお気に召すところとはならなかった。この無理解は、交響曲第十四番と関わりのある二つの事件において象徴的な意味を帯びるにいたった。

モスクワでこの交響曲のゲネリハが行なわれた際、初老の男が、体を揺らしながら会場から出ていきホワイエでぶっ倒れると、そのまま意識を取り戻すことなく心臓発作で死去した。この人物は、パーヴェル・アポストロフといい、かなり高い地位にある音楽官僚で、スターリン時代、ショスタコーヴィチを最も熱心に迫害した人物だった。交響曲第十四番最終楽章には、リルケの詩からとった「死は全能である……」の歌詞が不吉に鳴り響いていた。文化的なコンテクストにぴたりと符合することで、この交響曲のゲネリハで起こったスターリン官僚の死は、それがいかに偶然的なものであれ、否応なくある記号的な意味をはらむにいたった。モスクワの文化人たちが大騒ぎしたのは、まさしくこの死についてであって、第十四番の音楽ではなかったのである。

しかしこの、二人の声楽のソリストが、交響曲全体を総括するものとして恐るべき力で宣言したリルケの信条《モットー》こそが、演奏会場に居合わせたアレクサンドル・ソルジェニーツィンの断固たる拒否を呼び招いた。熱烈な信仰の持ち主であり、かつはまたラディカルな反体制知識人である彼の魂は、これほどにもペシミスティックで、なおかつソヴィエト権力との戦いが抱える喫緊の課題とはとうてい無縁な「死は全能である……」という結論に我慢することができなかった。一体全体これは何ごとなのか？　広く語られているところでは、実際に顔を合わせた際も、ソルジェニーツィンは、ショスタコーヴィチの無神論と認容しがたい社会的ペシミズムをたしなめたとされる。この事件によって、作家と、彼の『イワン・デニーソヴィチの一日』（ソルジェニーツィンの話によると、ショスタコーヴィチは、『マトリョーナの家』のオペラ化まで考えていたという）を非常に高く評価していたショスタコーヴィチの関係は複雑なものになった。

むろん、ショスタコーヴィチとソルジェニーツィンは、ロシア知識人という共通する階級に属しており、政治および個人のレベルでもあまりに多くのものを分かち合っていた。だが、ここで忘れてはならないことが一つある。――ことによると、それこそが、二人が互いに共通の言語を見出すことを困難にした決定的要因であるかもしれない。この時期のソルジェニーツィンは、ソヴィエト国家と対峙する反体制知識人として経験したいくたの凄まじい困難にもかかわらず、精神的には意気軒昂であり、体力的にも上り坂にあった。

この攻撃的で、なおかつメシア的な自己感覚を、ソルジェニーツィンはその自伝的な著作『仔牛が樫に角突いた』で次のように描いている。「こういったことを考え出し、実行しているのは、私ではない。自分はたんに、悪魔たちに向けられ、彼らを切り殺し追い払うべく呪いをかけられた剣にすぎないという思いに、私は時として励まされ、ときとして自信を与えられる！」[*42]

この時期のショスタコーヴィチが置かれていた精神および身体面の状態とのこれ以上のコントラストは想像することもできない。一九六六年、彼は、深刻な心臓発作に見舞われている。医師団は、最初の心臓発作と診断した。両手と両足はますます動きが悪くなり、作曲家はますます病院で過ごす時間が長くなった。医師団は、なんとかショスタコーヴィチの健康を回復させようと試みたが、――うまくはいかなかった――定期的に起こる健康上の障害に辛うじて手当を施すことができたにすぎない。

いまや、ショスタコーヴィチは、新しい作品に着手するたびに、はたして完成できるのか、という思いに取りつかれるようになった。右手が、視力が（これもまたすさまじい勢いで悪化しはじめていた）、心臓がだめになるのではないか？　医師たちは、アルコールやタバコを止めさせようとしたが、そのことでも、彼の苛立ちやパラノイアは募った。

晩年につくられたショスタコーヴィチの作品は、ますます、自分自身の死を悼むレクイエムへと変化していった。アレクサンドル・ブロークの詩に付けたエレジー風かつ告白的な歌曲集がそうであり、晩年の弦楽四重奏曲がそうである。わけても、最後の十五番の弦楽四重奏曲は、途絶えることのない哀悼の歌の形を取り、ゆったりとした葬送の音楽が三十五分間も続く。本質において、第十五番の最後の交響曲も同列に並ぶものだし、作曲家の死後に初演されたヴィオラ・ソナタも同じである。

ショスタコーヴィチは自分の作品の初演を聴き逃すことのないように心がけていたが、聴衆は、日に日に劣化していく彼の外貌を憐れみと恐怖の念を抱きながら見入っていた。ときとして、彼はもう人間というより、マネキン人形のように見えることさえあった。それは、もはや顔というよりも、凍りついて引きゆがんだ仮面であり、目は分厚い眼鏡レンズの奥深くに隠され、両手足の動きはまるでばらばらだった。

ショスタコーヴィチは、気が滅入るような体調に深く耐え、体の動きの一つひとつにとてつもなく労力が必要になると私に愚痴をこぼしたことがある。どうかすると、彼は、自分がガラスでできていて、少しでも不注意に体を回したりすれば、それこそバラバラに砕け散ってしまいそうな気がするのだった。

ショスタコーヴィチに近い人々は、彼がいまも胸に温めつづける創作上のアイデアの具体化はおろか、ごく単純な日常の身動き（たとえば、立ち上がったり、座ったり、手紙を書いたりすること等）を求めるのにもたいへんな労力を必要とするさまを目のあたりにしていた。彼らは、ショスタコーヴィチが、作曲を続けるため、もてるすべての精神力と体力を投げ出してしまったことを理解していた。彼らの理解では、ショスタコーヴィチは、何はさておき大作曲家であって、最も大事な課題とは、彼が新しい音楽を書けるようにすることだったのである。

残りのものすべてが、——そこには、あるときショスタコーヴィチが採り入れた署名の方法、すなわち、さまざまな種類の公文書に、それを事前に読むことすらせずしばしばサインをする方法も含まれていた——彼にはさほど重要事には思われなかった。結局のところ、さながらベルトコンベヤーで運ばれるかのごとき、退屈で顔のない演説や宣言はすべて、個人的には誰の害にもならなかったからである。

もっとも、すべての人間が、老化し、弱まっていくこの作曲家に対して慇懃であったわけではけっしてない。ソヴィエト権力に対してますます公然と反旗を翻す亡命者のサークルのなかで、ショスタコーヴィチに対する無言の苛立ちが熟していった。この苛立ちが炸裂し表沙汰となったのは、一九七三年、『プラウダ』に、広範囲にわたる反亡命者キャンペーンの一環として、非体制順応主義的運動の指導者の一人でアカデミー会員のアンドレイ・サハロフを批判する、作曲家、音楽学者十二人による書簡が発表されたときである。この手紙に署名した一人にショスタコーヴィチも名前が上がっていたのである。[*43]

この署名が、彼の意に反してなされたことは、何ら疑う余地はない。だが、反サハロフ・キャンペーンの書簡への署名を、ショスタコーヴィチは公に拒否しなかったことも事実として残った。彼として、これは重い、取り返しのつかない過ちだった。これよりもはるかに恐ろしい時代に、人民の敵として銃殺されたトゥハチェフスキー元帥を批判する声明文に署名しなかったショスタコーヴィチも、いまや活動的な反体制論者の目には、臆病でかつ心の折れた人間のように映った。

ドミートリー・ショスタコーヴィチとソロモン・ヴォルコフ、1974年モスクワにて。

何人かのとりわけ公正を重んじる市民たちは、それよりもさらにひどく、公衆の面前で作曲家に握手を求めることすら止めてしまった。リジヤ・チュコフスカヤはただちに地下出版で次のような声明文を流し、西側のメディアがこれを大々的に広めていった。「サハロフに反対する音楽家たちの公開書簡にショスタコーヴィチが署名したということ、これは天才と悪業は相容れるというプーシキンが出した問いが永久に解決されたことを物語る」と。[*44]

必ずしも正鵠を射たものではないにせよ、効果的かつ容赦ない言い回しだった。プーシキンは戯曲『モーツァルトとサリエリ』で、「天才と悪業、それは互いに相容れることのない別物だ」との警句をモーツァルトに語らせたが、これは、確信であって、問いかけではなかった。この仮説を突き崩すことでサリエリは（プーシキンによれば、サリエリはモーツァルトを毒殺する）、みずからを天才たちの輪から駆逐するのである。

プーシキンの考えは、この罪を犯すことでサリエリは、みずからが凡人であることを暴き立てた。なぜなら、真の天才は、殺人など犯すべくもないからだ、というものである。プーシキンのこの警句は、ショスタコーヴィチにとって馴染み深かったものらしく、彼はしばしばそれを引用してみせた。ショスタコーヴィチは反サハロフ・キャンペーンの公開状に署名したことを心から悔いていたが、その署名が彼を殺人者に仕立てるなどということはまずもってなかった。

とはいえ、このドラマティックな状況における異論者たちの正当な怒りはそれなりに説明のつくものであった。彼らにとっては、ショスタコーヴィチがかつて、文化界や科学界で活躍する他の人たち（そこには、たまたまアカデミー会員のサハロフも入っていたわけだが）とともに、ブレジネフに宛てて、ソ連国内でのスターリン主義の復活に反対するきわめて精力的な抗議文に署名した事実などはもはや遠い過去の話だった。[*45]同様に、作曲家が、驚嘆すべき不滅の音楽、すなわち親ソヴィエト的でもなければ、反ソヴィエト的でもなく、たんに外ソヴィエト的な音楽を書き続けているという事実も取るに足らぬことだった。なぜならその音楽は、老いや、枯渇や、死や、忘却、そして自然回帰をめぐる音楽であり、いってみれば、絶望と受容の音楽にすぎなかったからである。

異論者たちにとって、そうした音楽は無用だった。彼らは、永遠について考えたことなどなかったし、彼らの胸をかき乱していたのは、はるかに日常的な政治問題だったからである。そして彼らは、おそらく彼らなりに正しかった。

だが、ショスタコーヴィチは、自分の行動が人の攻撃を受けやすいことを自覚し、この点について反省はしていたものの、体制に対する積極的な政治的異論者の立場にすっかり同意することはやはり困難だった。晩年の彼の主張、すなわち、ソルジェニーツィンは、「クレムリン一党」との戦いに首など突っ込まず、作品を書かなくてはならないという考えはここに由来している。[*46]また、ソルジェニーツィンとサハロフに対する評価に、ときとして入り混じる内心の腹立ちや苦渋の思いもここに由来している。さらには、晩年の彼の音楽に表われる暗い、葬送風の哀歌的な響きの流れのなかに身を投じ、そこに溶解したいという願いもまたここに由来している。

当時、多くの人々は、このレクイエム風の音楽を自己逃避とみなしていた。ショスタコーヴィチにとってそれは、別世界への出口であり、死との対面を意味していた。ところが、さながら超越的な高みから自分の死体を見おろすかのごときこれら晩年の作品においてさえ、スターリンに対する敵意と憎しみが顔をのぞかせる。すでに朽ち果てて久しい、この共産主義の指導者は、ショスタコーヴィチの想像力においてほとんど神秘的な相貌をかち得て、圧政という大理石のシンボルと化そうとしていたのだった。

私がいま念頭に置いているのは、ショスタコーヴィチが一九七三年に書いた自由思想の詩人マリーナ・ツヴェターエワの詩による歌曲集である。この歌曲集のなかで、ショスタコーヴィチは、自分自身の葬儀を予言的に描き出している。ある日、八月六日、ショスタコーヴィチは、この歌曲集のなかの二つの作品を書きとめた。「詩人と皇帝」と「いや、太鼓は打った」の二作である（彼が死んだのは、それから二年後の八月九日のことなのだが、この偶然の一致には思わず身震いが出るほどである）。

ツヴェターエワの最初の詩では、プーシキンとニコライ一世の宿命的な対立が語られている。これは、ショスタコーヴィチにとっても、スターリンにとってもきわめて重要な対立であった。そして第二の詩では、プーシキンの埋葬の様子が語られる。

親しき友にも入る隙間のない
警護。頭も、足も、
右も、左も——縫い目に沿った大きな手——
憲兵どもの胸と面

ここで作曲家が、恐るべき慧眼でもって予言し、描き出しているのは、みずからの葬儀の雰囲気である。ニコライ一世の指図によって密かに、そそくさと執り行なわれたプーシキンの葬儀とは異なり、ショスタコーヴィチの葬儀は、きわめて公的な儀式だった。だが、その場にふさわしい荘厳さと裏腹に、居合わせた多くの人々は、そこで生じているある猥雑な感覚から免れることができなかった。その感覚は、いまは亡き作曲家を完全にわがものとし、取り返しがつかないかたちで彼を最終的に「ソヴィエト化」せんとする権力側のあまりにあからさまな期待から生じたものだった。

モスクワ音楽院の大ホールでは、ショスタコーヴィチの遺骸を納めた開かれた棺を、「儀仗兵」として立つ党の高官や国家の役人たちが隙間もなくぐるりと取り囲んでいた。私もそこにいたが、気が滅入るような光景だった。それはまさに、ツヴェターエワの詩に描かれた「憲兵どもの胸と顔」ではあったが、彼らが一様に着込んでいたのは、黒いダブルのスーツだった。

国よ、見るがいい、噂に逆らい、
君主が詩人に気づかう!
敬意をこめ、敬意をこめ、敬意をこめ、——最大の
敬意をこめ、敬意をこめて　——ぎりぎりの一線まで

ショスタコーヴィチのツヴェタ—エワ歌曲集では、歌い手は文字どおりこれらの言葉を大声で——絶望にかられ、挑みかかるような調子で発する。ショスタコーヴィチの葬儀が行なわれた一九七五年八月十四日、この音楽が私の頭のなかで、まるで擦り切れたレコードのように一から何度も反芻されるのだった。そう、もしもスターリンが作曲家よりも生き永らえたなら、彼はまさにそんなふうにショスタコ

ーヴィチの葬儀を執り行なったことだろう。だが、ショスタコーヴィチは幸い、暴君よりも二十二年の歳月を多く生きのびることができた。

それは、成功であり、功績だった――人生のみならず、創作上の。この功績を成し遂げるために、ショスタコーヴィチは並はずれたおのれの才能のすべてを求められたのだった。聖愚者としてのファナティックなエネルギーと伝道者的熱意、僭称者としての粘り強さと機転、年代記作者としての天賦の才である。それは、プーシキンとムソルグスキーによる『ボリス・ゴドゥノフ』の遺産から作曲家が得た仮面としての役割だった。ショスタコーヴィチはこの役割を最後まで演じきった。右の三つのうち、はたしてどの仮面をまといながら、彼はこの世を去っていったのだろうか？

ショスタコーヴィチの最初の二つの仮面は、彼の生命とともに消滅した。今後、その二つについて思い起こすのは文化史家だけだろう。残されたのは、三つめの仮面であり、この役割において、彼はみずからの最良の作品をもって新しい千年へと世紀をまたぎ越していった。

子孫たちは、ショスタコーヴィチの音楽において、彼にまつわる多くのことを学び知ることだろう。国民のすべてが、スターリン時代、そして彼が死んだ後の圧政者の影でどう生きてきたかについて。しかし、また、歴史の十字路に――何度となく――立った一人の孤独な知識人が何を感じ、何を思っていたかということも知ることだろう。大いなる恐怖について、大いなる怒りについて、愛について、憐れみについて。残酷な時代を創造的に生きのびる術について。ドミートリー・ショスタコーヴィチは他の誰にもましてこの術に長けていたのだった。

㊟

（1）これは円熟期のショスタコーヴィチの（交響曲第四番から始まっている）音楽におけるあまたある多層的な暗号化の例の一つである。ショスタコーヴィチの作品研究が進むにつれて謎がとかれた暗示の数は、むろんますます増えていくことだろう。ウィーンの大作曲家アルバン・ベルク（一八八五—一九三五年）の音楽的遺産の運命と比較しうるものだろう。私的な秘密が、弦楽四重奏曲とヴァイオリン協奏曲の『抒情組曲』の総譜に気まぐれにからみあっている。この秘密は詮索好きな音楽学者たちによって、ベルクの死後長年を経てようやく明らかにされた。

（2）アンナ・アフマートワは、この長編小説を「天才的な失敗」と呼んだ。それについて彼女がある時私に話してくれたのだが、その際彼女はこう言い添えた。すなわちこの小説でパステルナークが本当に成功したのは自然の描写だけであり性格描写はあいまいで、硬い、と。「私はこの人たちのモデルがわからない。すぐにわかるはずなのに」（一九六五年にコマローヴォで行なわれたアンナ・アフマートワとの対話）。

（3）当局がこのショスタコーヴィチの作品に立腹したのは理由があってのことで、そのためショスタコーヴィチは『諷刺』の名称にまやかしの副題『過去の数場面』を追加せざるをえなかった。

（4）ショスタコーヴィチが一九七〇年代前半に私に口述した『回想』は、ここに端を発している。

英語版出典註

序文

＊1 "Ob opere *Velikaia druzhba* V. Muradeli. Postanovlenie TsK VKP (b) ot 10 fevralia 1948," *Pravda,* 11 February 1948.（ジダーノフ『党と文化問題』大月書店、一九五四年に邦訳あり）

＊2 "Sumbur vmesto muzyki. Ob opere *Ledi Makbet Mtsenskogo uezda,*" Pravda, 28 January 1936.（井上頼豊『ショスタコーヴィッチ』音楽之友社、一九五七年に邦訳あり）

＊3 *American Record Guide,* September–October 2000, p. 212.

＊4 Richard Taruskin, *Defining Russia Musically: Historical and Hermeneutical Essays* (Princeton, 1997), p. 508. 一九八七年にタラスキンが初めて表明したこの愚かで攻撃的な定義は、高まる批判によって彼が誠意なく撤回するまで、何度か出版物のなかで繰り返された〔一九八七年初出はおそらく誤り。*The New Republic* (March 20, 1989) で最初に表明され、*New York Times* (6th November 1994) でも繰り返されていた。ヴォルコフ自身が第二章で述べるように、一九三六年一月までオペラ『ムツェンスク郡のマクベス夫人』が公的に称えられてきたことを踏まえており、ショスタコーヴィチの追悼文に対する皮肉にもなっている。ショスタコーヴィチをソ連体制に忠実な作曲家として定義するものではなかったが、アメリカ音楽界の『証言』の真贋論争のただなかで物議をかもした〕。

＊5 *Ibid.*, p. 509.

＊6 *National Post* (Toronto), 15 March 2000.

＊7 *New York Times,* 2 January 2000.

＊8 *New York Times,* 9 March 2000.

＊9 Laurel E. Fay, *Shostakovich: A Life* (Oxford, 2000), p. 269.（ローレル・E・ファーイ『ショスタコーヴィチ　ある生涯（叢

書・20世紀の芸術と文学)』藤岡啓介・佐々木千恵訳、アルファベータ、改訂新版、二〇〇五年)

＊10 *Testimony: The Memoirs of Dmitri Shostakovich*, as related to and edited by Solomon Volkov (New York, 1979), pp. xxv–xxvii.（ソロモン・ヴォルコフ『ショスタコーヴィチの証言』水野忠夫訳、中央公論社、一九八〇年）

＊11 *Rossiia/Russia*, 4 (1980), pp. 199–222.

プロローグ　皇帝と詩人

＊1 以下より引用。M. V. Nechkina, *Dekabristy* (Moscow, 1975), p. 134.

＊2 以下より引用。Georgii Chulkov, *Imperatory: psikhologicheskie portrety* (Moscow, 1995), p. 306.

＊3 *Pushkin, Pis'ma*, edited and with commentary by B. K. Modzalevsky, vol. 2 (Moscow/Leningrad, 1928), p. 181.

＊4 以下より引用。*A. S. Pushkin v vospominaniiakh sovremennikov*, 2 vols., vol. 1 (Moscow, 1974), p. 229.

＊5 Pushkin, *Pis'ma*, vol. 2, p. 183.

＊6 Dmitrii Volkogonov, *Triumf i tragediia. Politicheskii portret I.V. Stalina*, 2 vols., vol. 2, part 1 (Moscow, 1989), p. 191.（ドミートリー・ヴォルコゴーノフ『勝利と悲劇』下、生田真司訳、朝日新聞社、一九九二年、二三二頁）

＊7 一九八六年にニューヨークで行なわれたユーリー・リュビーモフと著者との対話。

＊8 以下より引用。Flora Litvinova, "Vspominaia Shostakovicha," *Znamia*, 1 (1996), p. 171.

＊9 一九八〇年にワシントンＤＣで行なわれたキリル・コンドラシンと著者との対話。

＊10 同右。

＊11 Yevgeny Gromov, *Stalin: vlast' i iskusstvo* (Moscow, 1998), p. 339.

＊12 Ibid., p. 342. 以下も参照。Volkogonov, *Triumf i tragediia*, vol. 1, part 2, p. 114.

＊13 以下を参照。Sergei Mikhalkov, Ot i do . . . (Moscow, 1998), p. 159; *Muzykal'naia zhizn'*, 21–2 (1993), p. 28.

＊14 一九九七年七月九日付アベル・スタルツェフ（Abel Startsev）の著者宛ての書簡。

＊15 一九八〇年にワシントンＤＣで行なわれたキリル・コンドラシンと著者との対話。

＊16 以下を参照。 S. M. Khentova, *V mire Shostakovicha* (Moscow, 1996), p. 107.
＊17 *Pis'ma k drugu. Dmitrii Shostakovich—Isaaku Glikmanu* (Moscow–St. Petersburg, 1993), p. 62.
＊18 Alexander Rodchenko, *Opyty dlia budushchego. Dnevniki. Stat'i. Pis'ma. Zapiski* (Moscow, 1996), p. 363.
＊19 G. P. Fedotov, *Sud'ba i grekhi Rossii. Izbrannye stat'i po filosofii russkoi istorii i kul'tury* vol. 2 (St. Petersburg, 1992), p. 91.
＊20 V. A. Sollogub, *Povesti. Vospominaniia* (Moscow, 1988), pp. 495–6.
＊21 A. N. Pypin, *Kharakteristiki literaturnykh mnenii ot dvadtsatykh do piatidesiatykh godov* (St. Petersburg, 1890), p. 213.
＊22 以下を参照。 N. K. Shilder, *Imperator Nikolai Pervyi. Ego zhizn' i tsarstvovanie*, vol. 1 (St. Petersburg, 1903), p. 705.
＊23 Konstantin Simonov, *Glazami cheloveka moego pokoleniia. Razmyshleniia o I. V. Staline* (Moscow, 1990), p. 111.
＊24 *Ibid.*
＊25 *Pervyi Vsesoiuznyi s"ezd sovetskikh pisatelei. Stenograficheskii otchet* (Moscow, 1934), p. 716.
＊26 以下より引用。 M. Lemke, *Nikolaevskie zhandarmy i literatura 1826–1855 godov* (St. Petersburg, 1908), p. 411.
＊27 N. Eidelman, *Pushkin. Iz biografii i tvorchestva, 1826–1837* (Moscow, 1989), p. 115.
＊28 Eidelman, *Pushkin*, pp. 125–6.
＊29 以下より引用。 *Novyi mir*, 6 (1994), pp. 198, 202.
＊30 以下より引用。 Lazar' Fleishman, *Boris Pasternak v dvadtsatye gody* (Munich, 1981), p. 170.
＊31 Andrei Platonov, *Masterskaia* (Moscow, 1977), p. 8.
＊32 以下より引用。 Yevgeny Yevtushenko, *Volchii passport* (Moscow, 1998), p. 522.
＊33 A. V. Lunacharsky, *V mire muzyki. Stat'i i rechi* (Moscow, 1958), p. 61.
＊34 このことについては以下を参照。 K. V. Chistov, *Russkie narodnye sotsial'no-utopicheskie legendy XVII–XIX vv.* (Moscow, 1967).
＊35 以下を参照。 Solomon Volkov, "O neizbezhnoi vstreche: Shostakovich i Dostoevskii," *Rossiia/Russia*, 4 (1980), pp. 199–222.
＊36 以下より引用。 A. Orlova, *Trudy i dni M. P. Musorgskogo. Letopis' zhizni i tvorchestva* (Moscow, 1963), p. 591.
＊37 *Glagol*, 4 (1991), p. 134.

＊38　*Ibid.*, p. 11.

＊39　以下より引用。Mikhail Zoshchenko, *Materialy k tvorcheskoi biografii*, vol. 1 (St. Petersburg, 1997), pp. 130–1.

＊40　このことについては以下を参照。Ol'ga Ivinskaya, *V plenu vremeni. Gody s Borisom Pasternakom* (Paris, 1978), p. 146.（オリガ・イヴィンスカヤ『パステルナーク　詩人の恋』工藤正廣訳、新潮社、一九八二年）

第一章　幻影と誘惑

＊1　Litvinova, pp. 173–4.

＊2　*Ibid.*, p. 174.

＊3　Osip Mandelstam, *Sochineniia*, 2 vols., vol. 2 (Moscow, 1990), p. 40.

＊4　L. Lebedinsky, *Sed'maia i Odinnadtsataia simfonii D. Shostakovicha* (Moscow, 1960), p. 24.

＊5　L. Lebedinsky, "O nekotorykh muzykal'nykh tsitatakh v proizvedeniiakh D. Shostakovicha," *Novyi mir*, 3 (1990), p. 263.

＊6　Lev Lebedinsky, "Bessistemnye zapisi"（ソロモン・ヴォルコフのアーカイヴに収められたタイプコピーからの引用）.

＊7　*Meierkhol'dovskii sbornik*, issue 1 (Moscow, 1992), p. 24.

＊8　*Ibid.*, p. 54.

＊9　Lydia Chukovskaya, *Zapiski ob Anne Akhmatovoi* vol. 2 (Paris, 1980), p. 215.

＊10　Marietta Shaginian, *O Shostakoviche* (Moscow, 1982), p. 178.

＊11　I. V. Stalin, *Sochineniia* vol. 6 (Moscow, 1952), pp. 54–5.（『スターリン全集』第六巻、一九五二年）

＊12　*N. G. Chernyshevskii v vospominaniiakh sovremennikov* (Moscow, 1982), p. 178.

＊13　以下より引用。*Pamiatniki mirovoi esteticheskoi mysli* vol. 4, part 1 (Moscow, 1969), p. 294.

＊14　*N. G. Chernyshevskii v vospominaniiakh sovremennikov*, 2 vols., vol. 1 (Saratov, 1958), pp. 152–3.

＊15　*V. I. Lenin o literature* (Moscow, 1971), p. 222.（『レーニン文学論』蔵原惟人・江川卓訳、青木文庫、一九五四年）

＊16　*Ibid.*, p. 225.

＊17　*Literaturnoe Nasledstvo*, vol. 80: *V. I. Lenin i A. V. Lunacharskii. Perepiska, doklady, dokumenty* (Moscow, 1971), p. 313.

＊18　Valerii Brusov, *Sobranie sochinenii*, 7 vols., vol. 6 (Moscow, 1975), pp. 110–11.

＊19　*Ibid.*, p. 111.

＊20　L. Mikheeva, *Zhizn' Dmitriia Shostakovicha* (Moscow, 1997), p. 20.

＊21　*Tynianovskii sbornik. Tret'i tynianovskie chteniia* (Riga, 1988), p. 299.

＊22　Alexander Blok, *Sobranie sochinenii*, 8 vols., vol. 6 (Moscow–Leningrad, 1963), pp. 16–17.

＊23　以下より引用。Dmitri Merezhkovsky, *Bol'naia Rossiia* (Leningrad, 1991), p. 226.

＊24　*Russkaia mysl'*, 14 April 1989.

＊25　Vladimir Mayakovsky, *Polnoe sobranie sochinenii*, 13 vols., vol. 12 (Moscow, 1959), p. 7.

＊26　*Literaturnoe Nasledstvo*, vol. 65: *Novoe o Mayakovskom* (Moscow, 1958), p. 573.

＊27　*Ibid.*, p. 210.

＊28　一九七五年にモスクワで行なわれたリーリャ・ブリークと著者との対話。

＊29　一九七五年にモスクワで行なわれたリタ・ライト＝コワリョーワと著者との対話。

＊30　Valentin Katayev, *Almaznyi moi venets* (Moscow, 1980), p. 103.

＊31　以下より引用。D. Shostakovich, *O vremeni i o sebe* (Moscow, 1980), p. 11.（『ショスタコーヴィッチ自伝――時代と自身を語る』ナウカ、一九八三年）

＊32　このことについては、たとえば以下を参照。A. Bogdanova, *Muzyka i vlast'* (Moscow, 1995).

＊33　以下より引用。*Vstrechi s proshlym*, issue 5 (Moscow, 1984), pp. 232–60.

＊34　*Ibid.*, p. 255.

＊35　Mikhail Zoshchenko, *Uvazhaemye grazhdane* (Moscow, 1991), p. 578.

＊36　以下より引用。*Dmitri Shostakovich v pis'makh i dokumentakh* (Moscow, 2000), p. 137.

＊37　*Ibid.*, p. 115.

＊38　Stalin, *Sochineniia,* vol. 12 (Moscow, 1952), p. 200.（『スターリン全集』第十二巻、一九五三年）

＊39　*Shostakovich v pis'makh i dokumentakh,* p. 115.

＊40　*Ibid.*

＊41　*Vlast' i khudozhestvennaia intelligentsiia. Dokumenty TsK RKP(b)-VKP(b), VChK-OGPU-NKVD o kul'turnoi politike. 1917–1953 gg.* Compiled by Andrei Artizov and Oleg Naumov (Moscow, 1999), pp. 6–7.

＊42　*Ibid.,* p. 6.

＊43　N. Punin, *Mir svetel liubov'iu. Dnevniki. Pis'ma* (Moscow, 2000), pp. 245–6.

＊44　*Shostakovich v pis'makh i dokumentakh,* p. 95.

＊45　*Ibid.,* p. 90.

＊46　以下より引用。Yevgeny Zamyatin, *Sochineniia* (Moscow, 1988), p. 411.

＊47　*Ibid.,* p. 562.

＊48　A.Gvozdev, *Teatral'naia kritika* (Leningrad, 1987), p. 226.

＊49　*Sovetskaia muzyka,* 6 (1983), p. 91.

＊50　*Krasnaia gazeta,* 2 September 1929, evening edition.

＊51　以下より引用。*Sovetskaia muzyka,* 10, (1986), p. 56.

＊52　Yuri Annenkov, *Dnevnik moikh vstrech. Tsikl tragedii,* vol. 1 (New York, 1966), p. 207.

＊53　Rodchenko, *Opyty dlia budushchego,* pp. 257–8.

＊54　Vitaly Shentalinsky, *Raby svobody. V literaturnykh arkhivakh KGB* (Moscow, 1995), p. 54.

第二章　一九三六年――原因と結果

＊1　以下より引用。Vitaly Shentalinsky, *Donos na Sokrata* (Moscow, 2001), p. 280.

＊2　Mikhail Bulgakov, *Dnevnik. Pis'ma, 1914–1940* (Moscow, 1997), p. 157.

＊3 *Ibid.*, p. 228.

＊4 *Ibid.*, p. 230.

＊5 *Ibid.*, pp. 232–3.

＊6 *Vlast' i khudozhestvennaia intelligentsiia*, p. 38.

＊7 *Ibid.*

＊8 *Ibid.*, p. 87.

＊9 *Ibid.*, p. 106.

＊10 *Ibid.*, p. 105.

＊11 Mikheeva, *Zhizn' Dmitriia Shostakovicha*, pp. 139–40.

＊12 Bulgakov, *Dnevnik. Pis'ma*, p. 251.

＊13 *Dnevnik Eleny Bulgakovoi* (Moscow, 1990), p. 167.

＊14 以下より引用。M. Chudakova, *Zhizneopisanie Mikhaila Bulgakova* (Moscow, 1988), p. 471.

＊15 *Ibid.*

＊16 *Teatr*, 12 (1988), p. 111.

＊17 Maxim Gorky, *Nesvoevremennye mysli. Zametki o revoliutsii i kul'ture* (Moscow, 1990), p. 149.

＊18 Zamyatin, *Sochineniia*, p. 354.

＊19 以下より引用。Arkady Vaksberg, *Gibel' Burevestnika. M. Gor'kii: poslednie dvadtsat' let* (Moscow, 1999), p. 253.

＊20 I.Gronsky, *Iz proshlogo . . .* (Moscow, 1991), p. 152.

＊21 K. Chukovsky, *Dnevnik. 1901–1929* (Moscow, 1991), p. 148.

＊22 Zamyatin, *Sochineniia*, p. 355.

＊23 以下より引用。Lazar' Fleishman, *Boris Pasternak v tridtsatye gody* (Jerusalem, 1984), p. 134.

＊24 Zamyatin, *Sochineniia*, p. 357.

＊25　Dmitri Volkogonov, *Sem' vozhdei. Galereiia liderov SSSR*, 2 vols., vol. 1 (Moscow, 1996), p. 265.（ドミートリー・ヴォルコゴーノフ『七人の首領——レーニンからゴルバチョフまで』上、生田真司訳、朝日新聞社、一九九七年、三一五頁）

＊26　*Ibid.*, p. 263.

＊27　*Literaturnaia gazeta*, 17 November 1932.

＊28　以下より引用。E. Pasternak, *Boris Pasternak. Biografiia* (Moscow, 1997), p. 402.

＊29　Boris Pasternak, *Perepiska s Ol'goi Freidenberg* (New York, 1981), p. 151.（B・パステルナーク＆O・フレイデンベルグ『愛と詩の手紙』江川卓・大西祥子訳、時事通信社、一九八七年）

＊30　以下より引用。Fleishman, *Pasternak v tridtsatye gody*, p. 221.

＊31　一九七五年にモスクワで行なわれたヴィクトル・シクロフスキーと著者との対話。

＊32　以下より引用。Ivinskaya, *V plenu vremeni*, p. 76.

＊33　以下より引用。Fleishman, *Pasternak v tridtsatye gody*, pp. 144–5.

＊34　Nadezhda Mandelstam, *Vospominaniia* (New York, 1970), p. 168.（ナジェージダ・マンデリシュターム『流刑の詩人　マンデリシュターム』木村浩・川崎隆司訳、新潮社、一九八〇年）

＊35　*Ibid.*, p. 35.

＊36　以下を参照。Emma Gershtein, *Memuary* (St. Petersburg, 1998), p. 337.

＊37　Nadezhda Mandelstam, *Vospominaniia*, p. 156.

＊38　以下を参照。N.Vil'mont, *O Borise Pasternake. Vospominaniia i mysli* (Moscow, 1989), p. 218.

＊39　Nadezhda Mandelstam, *Vospominaniia*, p. 156.

＊40　*Vlast' i khudozhestvennaia intelligentsiia*, p. 275.

＊41　*Ibid.*, p. 277.

＊42　*Ibid.*, p. 233.

＊43　一九七五年にモスクワで行なわれたリーリャ・ブリークと著者との対話。

＊44 *Pravda*, 5 December 1935.
＊45 以下を参照。 Fleishman, *Pasternak v tridtsatye gody*, p. 269.
＊46 Boris Pasternak, *Vozdushnye puti. Proza raznykh let* (Moscow, 1982), p. 458.
＊47 *Vlast' i khudozhestvennaia intelligentsiia*, p. 275.
＊48 Galina Serebryakova, *O drugikh i o sebe* (Moscow, 1971), pp. 309–10.
＊49 Grigory Maryamov, *Kremlevskii tsenzor: Stalin smotrit kino* (Moscow, 1992), p. 10.
＊50 *Izvestiia*, 24 September 1933.
＊51 Sergei Eisenstein, *Izbrannye proizvedeniia*, 6 vols., vol. 4 (Moscow, 1966), p. 564.
＊52 一九八五年にニューヨークで行なわれたベルタ・マリコと著者との対話。
＊53 Academician B.V. Asafiev, *Izbrannye trudy*, vol. 5 (Moscow, 1957), p. 118.
＊54 *Izvestiia*, 24 September 1933.
＊55 B.Asafiev (Igor Glebov), *Kriticheskie stat'i, ocherki i retsenzii. Iz naslediia kontsa desiatykh-nachala tridtsatykh godov* (Moscow–Leningrad, 1967), p. 242.
＊56 *Krasnaia gazeta*, 10 February 1934, evening edition.
＊57 *Ogonek*, 31 (1991), p. 24.
＊58 Alexander Fadeyev, *Pis'ma 1916–1956* (Moscow, 1973), p. 159.
＊59 *Komsomol'skaia pravda*, 20 January 1936.
＊60 以下より引用。 V. V. Perkhin, *Russkaia literaturnaia kritika 1930-kh godov. Kritika i obshchestvennoe soznanie epokhi* (St. Petersburg, 1997), p. 141.
＊61 Bulgakov, *Dnevnik. Pis'ma*, p. 624.
＊62 *Muzykal'naia akademiia*, 4 (1997), p. 71.
＊63 Khentova, *V mire Shostakovicha*, p. 121.

＊64　*Izvestiia,* 3 April 1935.

＊65　以下を参照。 Yuri Elagin, *Ukroshchenie iskusstv* (New Jersey, 1988), p. 185.（ユリー・イエラーギン『芸術家馴らし――スターリン政権下の芸術家の生活』遠藤慎吾訳、早川書房、一九五三年）

＊66　Bulgakov, *Dnevnik. Pis'ma,* p. 625.

＊67　Mikhail Vaiskopf, *Pisatel' Stalin* (Moscow, 2001), p. 35.

＊68　Dmitri Shepilov, *Neprimknuvshii* (Moscow, 2001), p. 244.

＊69　以下を参照。 A.A. Gromyko, *Pamiatnoe,* vol. 1 (Moscow, 1988), p. 204.

＊70　このエピソードについては以下を参照。 M. Goldshtein, *Zapiski muzykanta* (Frankfurt-am-Main, 1970), p. 28.

＊71　*Literaturnaia gazeta,* 10 March 1936.

＊72　「音楽ならざる荒唐無稽」に対するこの反応と次の反応は以下より引用。 *Vlast' i khudozhestvennaia intelligentsiia,* pp. 290–5.

＊73　*Ibid.,* p. 302.

＊74　*Ibid.,* p. 304.

＊75　*Ibid.,* p. 291.

＊76　以下より引用。 Viktor Fradkin, *Delo Kol'tsova* (Moscow, 2002), p. 228.

第三章　一九三六年――スフィンクスの目前で

＊1　*Pis'ma k drugu,* p. 315.

＊2　*Ibid.,* p. 316.

＊3　Vsevolod Ivanov, *Sobranie sochinenii,* 8 vols., vol. 8 (Moscow, 1978), p. 575.

＊4　以下を参照。 *Pravda,* 30 March 1936.

＊5　*Muzykal'naia akademiia,* 4 (1997), p. 73.

＊6　以下を参照。*Sovetskaiia muzyka*, 1 (1989), p. 22.

＊7　一九六五年にコマローヴォで行なわれたアンナ・アフマートワとの対話。

＊8　*Muzykal'naia akademiia*, 4 (1997), p. 72.

＊9　K. Chukovsky, *Dnevnik 1930–1969* (Moscow, 1994), p. 141.

＊10　Mikheeva, *Zhizn' Dmitriia Shostakovicha*, pp. 179–80.

＊11　以下より引用。Anna Akhmatova, *Requiem* (Moscow, 1989), pp. 108–9.（アンナ・アフマートヴァ『レクイエム』群像社、二〇一七年）

＊12　Punin, *Mir svetel liubov'iu*, p. 335.

＊13　*Vlast' i khudozhestvennaia intelligentsiia*, p. 291.

＊14　以下より引用。Khentova, *V mire Shostakovicha*, p. 133.

＊15　以下より引用。Fleishman, *Pasternak v tridtsatye gody*, pp. 388–9.

＊16　ユーリー・オレーシャのこの発言と次の発言は以下より引用。*Ogonek*, 31 (1991), p. 23.

＊17　以下を参照。*Vlast' i khudozhestvennaia intelligentsiia*, p. 289.

＊18　以下より引用。Mikheeva, *Zhizn' Dmitriia Shostakovicha*, p. 188.

＊19　P. A. Vyazemsky, *Sochineniia*, 2 vols., vol. 2 (Moscow, 1982), p. 211.

＊20　*Pis'ma k drugu*, p. 299.

＊21　*Ibid.*, p. 9

＊22　Erwin Sinkó, *Roman eines Romans. Moskauer Tagebuch* (Köln, 1969), p. 315.

＊23　*Ibid.*, p. 326.

＊24　Grigory Kozintsev, *Sobranie sochinenii*, 5 vols., vol. 4 (Leningrad, 1984), p. 253.

＊25　一九七六年にモスクワで行なわれたセルゲイ・ユトケーヴィチと著者との対話。

＊26　M. Bleiman, *O kino—svidetel'skie pokazaniia* (Moscow, 1973), p. 138.

＊27　以下より引用。Khrisanf Khersonsky, *Stranitsy iunosti kino. Zapiski kritika* (Moscow, 1965), p. 265.

＊28　*Vlast' i khudozhestvennaia intelligentsiia*, p. 260.

＊29　以下より引用。*Rodina*, 2 (2002), p. 96.

＊30　Lydia Ginzburg, *O starom i novom. Stat'i i ocherki* (Leningrad, 1982), p. 364.

＊31　*Pis'ma k drugu*, p. 278.

＊32　以下より引用。Gustav Mahler, *Pis'ma. Vospominaniia* (Moscow, 1964), p. 239.

＊33　Nikita Zabolotsky, *Zhizn' N.A. Zabolotskogo* (Moscow, 1998), pp. 256–7.

＊34　*Muzykal'naia akademiia*, 4 (1997), p. 74.

＊35　以下より引用。Sofia Khentova, *Zhizn' Shostakovicha—v illiustratsiiakh i slove* (Moscow, 1999), p. 62.

＊36　一九九八年にロサンゼルスで行なわれた作家の息子ヴャチェスラフ・イワーノフと著者との対話。

＊37　Gromov, *Stalin*, p. 94.

第四章　皇帝の慈悲

＊1　以下より引用。Fridrikh Ermler, *Dokumenty. Stat'i. Vospominaniia* (Leningrad, 1974), p. 307.

＊2　以下より引用。*Surovaia drama naroda: uchenye i publitsisty o prirode stalinizma* (Moscow, 1989), p. 494.

＊3　*Muzykal'naia akademiia*, 4 (1997), pp. 75–6.

＊4　*Tynianovskii sbornik. Tret'i tynianovskie chteniia*, p. 219.

＊5　Nikolai Ravich, *Portrety sovremennikov* (Moscow, 1977), p. 153.

＊6　Grigory Frid, *Dorogoi ranenoi pamiati. Vospominaniia* (Moscow, 1994), p. 175.

＊7　Ivinskaya, *V plenu vremeni*, p. 146.

＊8　Fleishman, *Pasternak v tridtsatye gody*. p. 423.

＊9　Nadezhda Mandelstam, *Vospominaniia*, p. 317.

＊10 以下より引用。L. V. Nikolaev, *Stat'i i vospominaniia sovremennikov. Pis'ma* (Leningrad, 1979), p. 257.

＊11 *Sovetskoe iskusstvo,* 4 October 1938.

＊12 *Sovetskoe iskusstvo,* 2 February 1938.

＊13 以下を参照。*Novyi mir,* 12 (1982), p. 133.

＊14 Yevgeny Shvarts, *Zhivu bespokoino . . . Iz dnevnikov* (Leningrad, 1990), p. 331.

＊15 V. N. Toporov, *Akhmatova i Blok (k probleme postroeniia poeticheskogo dialoga: "blokovskii" tekst Akhmatovoi)* (Berlin, 1981), pp. 7–8.

＊16 A. Glumov, *Nestertye stroki* (Moscow, 1977), p. 317.

＊17 以下より引用。D. D. Shostakovich, *Sbornik statei k 90-letiiu so dnia rozhdeniia* (St. Petersburg, 1996), p. 127.

＊18 Khentova, *V mire Shostakovicha,* p. 156.

＊19 V. V. Shcherbachev, *Stat'i. Materialy. Pis'ma* (Leningrad, 1985), p. 251.

＊20 A. A. Fadeyev, *Za tridtsat' let* (Moscow, 1957), p. 891.

＊21 以下より引用。S. Khentova, *Shostakovich. Zhizn' i tvorchestvo,* vol. 1 (Leningrad, 1985), p. 459.

＊22 *Izvestiia,* 28 December 1937.

＊23 以下を参照。Igor Stravinsky, *Poetics of Music in the Form of Six Lessons* (Cambridge, Mass., 1947), p. 115.（イーゴリ・ストラヴィンスキー『音楽の詩学』笠羽映子訳、未来社、二〇一二年）

＊24 Oleg Shishkin, *Bitva za* Gimalai.NKVD:magiia i shpionazh (Moscow, 2000), p. 372.

＊25 *Zvezda,* 7 (1987), p. 190.

＊26 *Pod znamenem marksizma,* 6 (1940), p. 54.

＊27 以下を参照。M. M. Bakhtin, *Tetralogiia* (Moscow, 1998), p. 391.

＊28 Maria Chegodaeva, *Dva lika vremeni* (Moscow, 2001), pp. 268–9.

＊29 以下より引用。E. Pasternak, *Boris Pasternak,* p. 534.

＊30 *Vospominaniia o Borise Pasternake* (Moscow, 1993), p. 388.

＊31　Osip Mandelstam, *Sochineniia,* vol. 2, p. 202.

＊32　*Ibid.,* p. 406.

＊33　Boris Kuzin, *Vospominaniia. Proizvedeniia. Perepiska. Nadezhda Mandelstam, 192 pis'ma k B. S. Kuzinu* (St. Petersburg, 1999), p. 532.

＊34　Solomon Volkov, *Dialogi s Iosifom Brodskim* (Moscow, 1998), p. 33.

＊35　*Ibid.,* p. 33.

＊36　ニューヨークで一九八二年に行なわれたヨシフ・ブロツキーと著者との対話。

＊37　Volkov, *Dialogi s Brodskim,* p. 249.

＊38　以下を参照。L. A. Gordon, E.V. Klopov, *Chto eto bylo?* (Moscow, 1989), p. 179.

＊39　Ilya Ehrenburg, *Liudi, gody, zhizn',* vol. 1 (Moscow, 1990), p. 46.（イリヤ・エレンブルグ『わが回想――人間、歳月、人生』木村浩訳、朝日新聞社、一九六二〜六八年）

＊40　*Vlast' i khudozhestvennaia intelligentsiia,* p. 150.

＊41　A. Matskin, *Po sledam ukhodiashchego veka* (Moscow, 1996), p. 174.

＊42　Shentalinsky, *Raby svobody,* p. 41.

＊43　以下より引用。*Sovetskaia muzyka,* 6 (1990), p. 60.

＊44　V. E.Meyerhold, *Stat'i. Pis'ma. Rechi. Besedy,* part 2, 1917–1939 (Moscow, 1968), p. 331.

＊45　V. E.Meyerhold, *Perepiska, 1896–1939* (Moscow, 1976), p. 348.

＊46　*Shostakovich: mezhdu mgnoveniem i vechnost'iu. Dokumenty, materialy, stat'i* (St. Petersburg, 2000), p. 122.

＊47　以下より引用。Chegodaeva, *Dva lika vremeni,* p. 305.

＊48　*Sovetskaia muzyka,* 7 (1982), p. 78.

＊49　*Sovetskaia muzyka,* 9 (1991), pp. 33–4.

＊50　以下より引用。E. Pasternak, *Boris Pasternak,* p. 546.

＊51 *Sovetskaia muzyka,* 9 (1991), pp. 27–8.

＊52 Shaginian, *O Shostakoviche,* p. 21.

＊53 *Istochnik,* 5 (1995), pp. 156–8.

＊54 コマローヴォで一九六五年に行なわれたアンナ・アフマートワと著者との対話。

＊55 以下より引用。 D. L. Babichenko, *Pisateli i tsenzory. Sovetskaia literatura 1940-kh godov pod politicheskim kontrolem TsK* (Moscow, 1994), p. 48.

＊56 B. Pasternak, *Biografiia v pis'makh.* (Moscow, 2000), pp. 266–7.

＊57 コマローヴォで一九六五年に行なわれたアンナ・アフマートワと著者との対話。 .

第五章　戦争——憂慮と大勝利

＊1 Pasternak, *Perepiska s Freidenberg,* p. 197.

＊2 O. Gladkova, *Galina Ustvol'skaia—muzyka kak navazhdenie* (St. Petersburg, 1999), p. 31.

＊3 S. Khentova, *Shostakovich. Zhizn' i tvorchestvo,* 2nd ed., expanded, vol. 1 (Moscow, 1996), p. 441.

＊4 以下を参照。 *111 simfonii: spravochnik-putevoditel'* (St. Petersburg, 2000), p. 618.

＊5 以下より引用。 *D. Shostakovich o vremeni i o sebe, 1926–1975* (Moscow, 1980), p. 96.

＊6 *Testimony,* p. 135.

＊7 *Novyi mir,* 3 (1990), p. 267.

＊8 *Znamia,* 12 (1996), p. 164.

＊9 *Novyi zhurnal,* 4 (1943), p. 371.

＊10 レニングラードで一九六九年に行なわれたエヴゲニー・ムラヴィンスキーと著者との対話。

＊11 Serebryakova, *O drugikh i o sebe,* p. 311.

＊12 *Novyi zhurnal,* 4 (1943), p. 372.

＊13 Ehrenburg, *Liudi, gody, zhizn'*, vol. 2, p. 242.

＊14 以下を参照。E. Pasternak, *Boris Pasternak*, p. 564.

＊15 Punin, *Mir svetel liubov'iu*, p. 347.

＊16 *Ibid.*, p. 344.

＊17 *Pravda*, 13 February 1942.

＊18 Alexander Fadeyev, *Materialy i issledovaniia* (Moscow, 1977), pp. 87, 93.

＊19 D. A. Tolstoi, *Dlia chego vse eto bylo. Vospominaniia* (St. Petersburg, 1995), p. 164.

＊20 D.Ortenberg, *Vremia ne vlastno. Pisateli na fronte* (Moscow, 1975), p. 54.

＊21 *Minuvshee*, issue 3 (Paris, 1987), pp. 20–21.

＊22 A. Fadeyev, *Leningrad v dni blokady* (Moscow, 1944), p. 40.

＊23 *Ibid.*

＊24 以下を参照。Leonid Girshovich, *Charodei so skripkami* (St. Petersburg, 1997), p. 437.

＊25 A.V.Korolkevich, *A muzy ne molchali* (Leningrad, 1965), p. 142.

＊26 *New York Herald Tribune*, 18 October 1942.

＊27 以下を参照。I. R. Shafarevich, *Sochineniia*, 3 vols., vol. 2 (Moscow, 1994), p. 442.

＊28 Ehrenburg, *Liudi, gody, zhizn'*, vol. 2, pp. 324–5. 英語の翻訳ではこの証言は誤ってショスタコーヴィチの交響曲第七番への言及だとされた。

＊29 K. Kh.Adzhemov, *Nezabyvaemoe. Vospominaniia. Ocherki i stat'i* (Moscow, 1972), p. 68.

＊30 *Vlast' i khudozhestvennaia intelligentsiia*, p. 289.

＊31 以下より引用。L. Mikheeva, *I. I. Sollertinsky. Zhizn' i nasledie* (Leningrad, 1988), p. 110.

＊32 以下より引用。Mikheeva, *Zhizn' Dmitriia Shostakovicha*, p. 254.

＊33 *Pis'ma k drugu*, p. 291.

＊34 この書簡は、ソロモン・ヴォルコフのアーカイヴに収められたタイプコピーからの引用。
＊35 Fadeyev, *Materialy i issledovaniia*, pp. 127–8.
＊36 一九八六年にニューヨークで行なわれたユーリー・リュビーモフと著者との対話。
＊37 以下より引用。Leonid Maksimenkov, *Sumbur vmesto muzyki. Stalinskaia kul'turnaia revoliutsiia 1936–1938* (Moscow, 1997), p. 296.
＊38 *Sovetskaia muzyka*, 1 (1968), p. 21.
＊39 *Sovetskaia muzyka*, 4 (1991), p. 108.
＊40 一九八五年にニューヨークで行なわれたベルタ・マリコとの対話。
＊41 D. A. Tolstoi, *Dlia chego vse eto bylo*, p. 103.
＊42 *Ibid*., p. 105.
＊43 *Vstrechi s proshlym*, issue 3 (Moscow, 1978), pp. 255–6.
＊44 S. S. Prokofiev and N.Ya.Myaskovsky, *Perepiska* (Moscow, 1977), p. 465.
＊45 以下より引用。Maryamov, *Kremlevskii tsenzor*, pp. 84–5.
＊46 *Vlast' i khudozhestvennaia intelligentsiia*, p. 487.
＊47 Sergei Eisenstein, *Memuary*, vol. 1 (Moscow, 1997), pp. 340–1.
＊48 *Ibid*., p. 352.
＊49 *Ibid*., p. 353.
＊50 一九七五年にモスクワで行なわれたグレゴーリー・アレクサンドロフと著者との対話での情報。
＊51 Maksimenkov, *Sumbur vmesto muzyki*, p. 252.
＊52 Shentalinsky, *Raby svobody*, p. 58.
＊53 S. M. Eisenstein, *Izbrannye stat'i* (Moscow, 1956), p. 388.
＊54 Eisenstein, *Memuary*, vol. 2, p. 399.

＊55　Maryamov, *Kremlevskii tsenzor,* p. 49.

＊56　Eisenstein, *Memuary,* vol. 1, p. 15.

＊57　以下より引用。Viktor Shklovsky, *Eisenstein* (Moscow, 1973), p. 413.

＊58　*Eisenstein v vospominaniiakh sovremennikov* (Moscow, 1974), p. 413.

＊59　Mikhail Romm, *Besedy o kino* (Moscow, 1964), pp. 90–1.

＊60　*Vlast' i khudozhestvennaia intelligentsiia,* p. 582.

＊61　*Ibid.* 以下も参照。Maryamov, *Kremlevskii tsenzor,* p. 74.

＊62　この「歴史的な接見」についての最初の記述は以下にある。N. K. Cherkasov, *Zapiski sovetskogo aktera* (Moscow, 1953), pp. 379–81. スターリンとの対話のより詳しい記述は以下を参照。Yu. Gerasimov, Zh. Skverchinskaya, *Cherkasov* (Moscow, 1977), pp. 274–8; Maryamov, *Kremlevskii tsenzor,* pp. 84–92; *Vlast' i khudozhestvennaia intelligentsiia,* pp. 612–19.

＊63　Maryamov, *Kremlevskii tsenzor,* p. 94.

＊64　*Vlast' i khudozhestvennaia intelligentsiia,* pp. 522–33.

＊65　*Sovetskaia muzyka,* 4 (1948), p. 15.

＊66　*Ibid.,* p. 16.

＊67　M.M. Bakhtin, *Literaturno-kriticheskie stat'i* (Moscow, 1986), pp. 513–14.

＊68　*Sovetskaia muzyka,* 9 (1976), pp. 17–18.

＊69　Maryamov, *Kremlevskii tsenzor,* p. 74.

第六章　一九四八年――「あらゆる場所に目を光らせ、敵を根絶せよ！」

＊1　Chukovskaya, *Zapiski ob Anne Akhmatovoi,* vol. 2, p. 26.

＊2　*Pravda,* 21 August 1946.

＊3　Ehrenburg, *Liudi, gody, zhizn',* vol. 3, p. 34.

＊4 Chukovskaya, *Zapiski ob Anne Akhmatovoi*, vol. 2, p. iii.

＊5 *"Literaturnyi front." Istoriia politicheskoi tsenzury 1932–1946 gg. Sbornik dokumentov* (Moscow, 1994), p. 203.

＊6 *Doklad t. Zhdanova o zhurnalakh "Zvezda" i "Leningrad"* (Moscow, 1946).（ジダーノフ『党と文化問題』除村吉太郎・蔵原惟人訳、国民文庫、大月書店、一九五四年）

＊7 G. V. Kostyrchenko, *Tainaia politika Stalina: vlast' i antisemitizm* (Moscow, 2001), pp. 651–2.

＊8 Solomon Volkov, *Istoriia kul'tury Sankt-Peterburga s osnovaniia do nashikh dnei* (Moscow, 2002), p. 571.

＊9 *Vestnik russkogo khristianskogo dvizheniia*, 156 (1989), p. 182.

＊10 Simonov, *Glazami cheloveka moego pokoleniia*, pp. 111–12.

＊11 *"I primknuvshii k nim Shepilov. Pravda o cheloveke, uchenom, voine, politike"* (Moscow, 1998), p. 137.

＊12 以下より引用。*Tak eto bylo: Tikhon Khrennikov o vremeni i o sebe.* (Moscow, 1994), appendix, p. 3.

＊13 *Ibid.*, p. 2.

＊14 *Tynianovskii sbornik. Tret'i tynianovskie chteniia*, p. 218.

＊15 以下を参照。*Tak eto bylo*, pp. 195–201.

＊16 以下を参照。*Soveshchanie deiatelei sovetskoi muzyki v TsK VKP(b)* (Moscow, 1948); *Muzykal'naia zhizn'*, pp. 13–14, 15–16 (1993).

＊17 以下より引用。Maksimenkov, *Sumbur vmesto muzyki*, p. 108.

＊18 *Tak eto bylo*, p. 125.

＊19 以下より引用。Ehrenburg, *Liudi, gody, zhizn'*, vol. 3, p. 378.

＊20 Shepilov, *Neprimknuvshii*, p. 106.

＊21 *Ibid.*, p. 105.

＊22 *Pis'ma k drugu*, p. 9.

＊23 一九七五年にモスクワで行なわれたアラム・ハチャトゥリヤーンと著者との対話。

＊24 *Muzykal'naia akademiia*, 4 (1997), p. 77.

＊25 *Rodina,* 2 (2002), p. 95.

＊26 *Muzykal'naia akademiia,* 4 (1997), p. 77.

＊27 以下を参照。Leonid Girshovich, *Prais* (St. Petersburg, 1998), p. 7.

＊28 M. Bakhtin, *Problemy poetiki Dostoevskogo* (Moscow, 1972), pp. 268–9.（ミハイル・バフチン『ドストエフスキーの詩学』望月哲男、鈴木淳一訳、ちくま学芸文庫、一九九五年）

＊29 以下より引用。*Vstrechi s proshlym,* issue 5 (Moscow, 1984), p. 249.

＊30 一九九六年にニューヨークで行なわれたアンドレイ・シニャフスキーと著者との対話。

＊31 *Pravda,* 11 February 1948.

＊32 このエピソードについては以下を参照。Vyacheslav Dombrovsky, *"Ee glaza, vospetye ne raz . . ."* (New Jersey, 2002), pp. 115–16.

＊33 *Sovetskaia muzyka,* 2 (1948), pp. 35, 45.

＊34 D. A. Tolstoi, *Dlia chego vse eto bylo,* p. 292.

＊35 以下より引用。A. Shebalina, *V. Ya. Shebalin. Gody zhizni i tvorchestva* (Moscow, 1990), p. 163.

＊36 *Sovetskaia muzyka,* 1 (1948), p. 117.

＊37 Mark Shcheglov, *Studencheskie tetradi* (Moscow, 1973), pp. 58–9.

＊38 *Ibid.,* p. 59.

＊39 Shvarts, *Zhivu bespokoino . . . ,* p. 331.

＊40 Khentova, *V mire Shostakovicha,* p. 176.

＊41 *Sovetskaia muzyka,* 3 (1948), p. 43.

＊42 Shostakovich, *Sbornik* statei k 90-letiiu so dnia rozhdeniia, p. 369.

＊43 Pis'ma k drugu, p. 77.

第七章　断末魔の痙攣と皇帝の死

＊1　このエピソードについては以下を参照。*Testimony*, pp. 147–8. 以下も参照。*Shostakovich v vospominaniakh syna Maksima, docheri Galiny i protoiereia Mikhaila Ardova* (Moscow, 2003), pp. 63-5.（ガリーナ・ショスタコーヴィチ、マキシム・ショスタコーヴィチ『わが父ショスタコーヴィチ——初めて語られる大作曲家の素顔』田中泰子監訳、音楽の友社、二〇〇三年）

＊2　以下を参照。*Istochnik*, 5 (1995), p. 159.

＊3　*Sovetskaia muzyka*, 4 (1991), p. 17. 以下も参照。A. Shebalina, *V.Ya. Shebalin*, p. 163.

＊4　Shvarts, *Zhivu bespokoino . . .*, p. 331.

＊5　*Novyi mir*, 12 (1982), p. 129.

＊6　*Testimony*, p. 246.

＊7　Ehrenburg, *Liudi, gody, zhizn'*, vol. 3, p. 115.

＊8　E. Pasternak, *Boris Pasternak*, p. 502.

＊9　このエピソードについては以下を参照。Nicolas Nabokov, *Bagazh: Memoirs of a Russian Cosmopolitan* (New York, 1975), pp. 237–8.

＊10　*Ibid.*, p. 237.

＊11　スターリンのこの考えについては以下を参照。G. M.Adibekov, *Kominform i poslevoennaia Europa, 1947–1956 gg.* (Moscow, 1994).

＊12　Ehrenburg, *Liudi, gody, zhizn'*, vol. 3, p. 214.

＊13　*Ibid.*, p. 176.

＊14　*Znamia*, 12 (1996), pp. 174–5.

＊15　James Lord, *Picasso and Dora: A Personal Memoir* (New York, 1993), pp. 16, 83, 88.

＊16　*Muzykal'naia akademiia*, 4 (1997), p. 225.

＊17　*Sovetskaia muzyka na pod'eme* (Moscow-Leningrad, 1950), p. 8.

＊18　*Pis'ma k drugu,* pp. 82–3.

＊19　Shepilov, *Neprimknuvshii,* p. 32.

＊20　一九八〇年にワシントンDCで行なわれたキリル・コンドラシンと著者との対話。

＊21　Lebedinsky, *Bessistemnye zapisi*（ソロモン・ヴォルコフのアーカイヴに収められたタイプコピーからの引用）.

＊22　*Ibid.*

＊23　とりわけ、多くの資料に基づくG.Kostyrchenkoの以下の作品を参照のこと。*V plenu u krasnogo faraona* (Moscow, 1994) および *Tainaia politika Stalina* (Moscow, 2001).

＊24　Stalin, *Sochineniia,* vol. 13, p. 28.（『スターリン全集』第十三巻、一九五三年）

＊25　*Izvestiia TsK KPSS,* 3 (1989), p. 179.

＊26　以下より引用。Kostyrchenko, *V plenu u krasnogo faraona*, p. 10.

＊27　*Shostakovich: mezhdu mgnoveniem i vechnost'iu,* p. 35.

＊28　Lebedinsky, *Bessistemnye zapisi* (typed copy of manuscript in the archive of Solomon Volkov).

＊29　以下より引用。*Shostakovich Reconsidered,* written and edited by Allan B. Ho and Dmitry Feofanov, with an Overture by Vladimir Ashkenazy (London, 1998), pp. 597–640.

＊30　とくにこのことについては以下を参照。Kostyrchenko, *Tainaia politika Stalina,* pp. 388–95.

＊31　Eisenstein, *Memuary,* vol. 1, p. 6.

＊32　以下より引用。Elizabeth Wilson, *Shostakovich: A Life Remembered* (London, 1994), p. 228.

＊33　*Istochnik,* 3 (1998), p. 120.

＊34　*Znamia,* 12 (1996), p. 171.

＊35　*Pravda,* 13 January 1953.

＊36　*Vlast' i khudozhestvennaia intelligentsiia,* p. 669.

＊37　Ehrenburg, *Liudi, gody, zhizn',* vol. 3, p. 229.

＊38 以下より引用。Volkov, *Istoriia kul'tury Sankt-Peterburga*, p. 74.
＊39 N. Udaltsova, *Zhizn' russkoi kubiskti. Dnevniki, stat'i, vospominaniia* (Moscow, 1994), p. 95.
＊40 Volkov, *Dialogi s Brodskim*, p. 31.
＊41 以下より引用。I. Nestyev, *Zhizn' Sergeiia Prokof'eva* (Moscow, 1973), p. 597; Lebedinsky, *Bessistemnye zapisi*（ソロモン・ヴォルコフのアーカイヴに収められたタイプコピーからの引用）.

エピローグ　スターリンの影に

＊1 Shepilov, *Neprimknuvshii*, p. 238.
＊2 Ehrenburg, *Liudi, gody, zhizn'*, vol. 3, p. 230.
＊3 一九九五年にニューヨークで行なわれたアナトーリー・ルィバコフと著者との対話。
＊4 以下より引用。Ivan Zhukov, Ruka sud'by. *Pravda I lozh' o Mikhaile Sholokhove I Aleksandre Fadeeve* (Moscow, 1994), p. 252.
＊5 Ehrenburg, *Liudi, gody, zhizn'*, vol. 3, p. 130.
＊6 Zhukov, *Ruka sud'by*, p. 253.
＊7 *Ibid.*, p. 254.
＊8 以下より引用。Mikhail Zoshchenko, *Uvazhaemye grazhdane* (Moscow, 1991), pp. 122, 125.
＊9 *Ibid.*, p. 120.
＊10 Chukovsky, *Dnevnik 1930–1969*, p. 153.
＊11 *Pis'ma k drugu*, p. 153.
＊12 以下を参照。Detlef Gojowy, *Dimitri Schostakowitsch* (Reinbek bei Hamburg, 1983), p. 66.
＊13 以下を参照。Shostakovich, *Sbornik statei k 90-letiiu so dnia rozhdeniia*, pp. 228–48.
＊14 G. Orlov, *Simfonii Shostakovicha* (Leningrad, 1961), p. 271.
＊15 *Sovetskaia muzyka*, 4 (1954), p. 15.

＊16 *Sovetskaia muzyka*, 4 (1957), p. 84.

＊17 N. Vilmont, *O Borise Pasternake. Vospominaniia i mysli* (Moscow, 1989), p. 15.

＊18 Pasternak, *Biografiia v pis'makh*, p. 311.

＊19 以下より引用。E. Pasternak, *Boris Pasternak*, p. 605.

＊20 Pasternak, *Biografiia v pis'makh*, p. 361.

＊21 *Pravda*, 26 October 1958.

＊22 *Literaturnaia gazeta*, 1 November 1958.

＊23 *Pravda*, 8 June 1958.

＊24 Nikita Khrushchev, *Vospominaniia. Izbrannye otryvki* (New York, 1979), p. 272.

＊25 E. Pasternak, *Boris Pasternak*, p. 712.

＊26 *Ibid.*, p. 710.

＊27 V. Kaverin, *Epilog. Memuary* (Moscow, 1989), p. 366.

＊28 E. Pasternak, *Boris Pasternak*, p. 727.

＊29 以下より引用。A. Turkov, *A. P. Chekhov i ego vremia* (Moscow, 1980), p. 225.

＊30 このことについては以下を参照。*Pis'ma k drugu*, pp. 160–1; *Lebedinsky, Bessistemnye zapisi* (typed copy of manuscript in the archive of Solomon Volkov).

＊31 *Shostakovich v vospominaniakh*, pp. 153-4.

＊32 *Pis'ma k drugu*, p. 159.

＊33 *Smena*, 7 October 1960.

＊34 L. Mazel, *Simfonii D.D. Shostakovicha. Putevoditel'* (Moscow, 1960), p. 122.

＊35 M. Sabinina, *Shostakovich-simfonist. Dramaturgiia, estetika, stil'* (Moscow, 1976), p. 295.

＊36 一九八〇年にワシントンＤＣで行なわれたキリル・コンドラシンと著者との対話。

＊37 一九八三年にニューヨークで行なわれたエルンスト・ネイズヴェスヌイと著者との対話。
＊38 *Ibid.*
＊39 Yudina, *Luchi Bozhestvennoi Liubvi*, p. 521.
＊40 Yevtushenko, *Volchii passport*, p. 438.
＊41 *Pis'ma k drugu*, pp. 225–6.
＊42 A. Solzhenitsyn, *Bodalsia telenok s dubom. Ocherki literaturnoi zhizni* (Paris, 1975), pp. 407–8.（アレクサンドル・ソルジェニーツィン『仔牛が樫の木に角突いた――ソルジェニーツィン自伝』染谷茂・原卓也訳、新潮社、一九七六年）
＊43 *Pravda*, 3 September 1973.
＊44 L. Chukovskaya, *Protsess iskliucheniia* (Moscow, 1990), p. 343.
＊45 このことについては以下を参照。L.Alexeyeva, *Istoriia inakomysliia v SSSR* (Vilnius/Moscow, 1992), p. 206.
＊46 Galina Vishnevskaya, *Galina. Istoriia zhizni* (Paris, 1985), p. 435.（ガリーナ・ヴィシネフスカヤ『ガリーナ自伝――ロシア物語』和田旦訳、みすず書房、一九八七年）

人名解説

歴代の国家元首

アレクサンドル二世（一八一八〜八一年）ロシア皇帝（在位一八五五〜八一年）。農奴解放などの措置により「大改革」を実行するが、〈人民の意志〉派に暗殺された。

スターリン（ヨシフ、一八七九〜一九五三年）政治家。グルジア（ジョージア）生まれ。一九三〇年代に独裁的政治体制を築く。急速な工業化と農業の全面集団化を実行する。

ニコライ一世（一七九六〜一八五五年）ロシア皇帝（在位一八二五〜五五年）。即位に際してデカブリスト反乱を鎮圧。一八二六年、秘密警察「皇帝官房第三課」を創設する。

ニコライ二世（一八六八〜一九一八年）ロマノフ王朝最後の皇帝（在位一八九四〜一九一七年）。対仏の同盟を強化し、シベリア鉄道を完成、極東への進出を図る。日露戦争で敗北。

フルシチョフ（ニキータ、一八九四〜一九七一年）政治家。一九五三年第一書記就任。一九五六年の第二十回党大会でスターリンを批判し「雪どけ」を演出。農業政策に失敗し、失脚した。

ブレジネフ（レオニード、一九〇六〜一九八二年）政治家。一九六四年のフルシチョフ失脚後に党中央委第一書記となり、一九七七年からソ連最高会議幹部会議長を兼務する。

レーニン（ウラジーミル、一八七〇〜一九二四年）革命家、政治家。ソ連共産党の創設者。ロシア十月革命を指導、世界で初めての社会主義国家を樹立した。著作『国家と革命』他。

政治家・革命家・軍人

エジョフ（ニコライ、一八九五〜一九四〇年）ソ連の政治家。政治警察・秘密警察であるＮＫＶＤ（内務人民委員会）の長を務め、スターリンによる大粛清（エジョフシチナとも呼ばれる）を実行。

ジダーノフ（アンドレイ、一八九六〜一九四八年）ソ連の政治家。共産党中央委員会書記としてスターリン文化政策の一翼を担い、前衛芸術批判（いわゆる「ジダーノフ批判」）を展開した。

トゥハチェフスキー（ミハイル、一八九三〜一九三七年）ソ連の軍人。ソ連邦元帥。赤軍の改革に尽力し、「赤いナポレオン」の異名をもつ。大テロルの犠牲となる。

トロツキー（レフ、一八七九〜一九四〇年）革命家、政治家。ソ連共産党指導者で、のち反スターリン主義の指導者。一九四〇年、亡命先のメキシコ市で暗殺された。著作『裏切られた革命』他。

ブハーリン（ニコライ、一八八八〜一九三八年）革命家、政治家。党機関紙『プラウダ』編集長。スターリンと対立し、失脚した。一九三七年に逮捕され、翌年処刑された。

ルナチャルスキー（アナトーリー、一八七五〜一九三三年）ロシアの革命家、政治家。ソ連初代教育人民委員（文部大臣）。芸術評論にも秀で、文筆家としても活躍した。

作曲家

アサーフィエフ（ボリス、一八八四〜一九四九年）音楽学者、作曲家。音楽評論家としても活躍し、絶大な影響力をもった。バレエ音楽『バフチサライの泉』、『パリの炎』他。

アレクサンドロフ（アレクサンドル、一八八三〜一九四六年）作曲家。ソ連国歌の作曲者またアレクサンドロフ・アンサンブルの創設でも知られ、モスクワ音楽院の教授の地位にあった。

ウストヴォーリスカヤ（ガリーナ、一九一九〜二〇〇六年）作曲家。ショスタコーヴィチの教え子で、非妥協的なモダニストとしての道を歩み、ソ連時代は概ね不遇をかこった。

カバレフスキー（ドミートリー、一九〇四〜八七年）作曲家。全ソヴィエト期をとおして社会主義リアリズムを奉じ、子どもの音楽教育にも献身した。組曲『道化師』他。

グリンカ（ミハイル、一八〇四〜五七年）作曲家。国民的名声を博した最初のロシア人作曲家。「近代ロシア音楽の父」と称される。オペラ『ルスランとリュドミラ』、『イワン・スサーニン（皇帝に捧げた命）』他。

シェバリーン（ヴィサリオン、一九〇二〜六三年）作曲家。伝統に根ざしながらモダンな感覚の表現に努めた。モスクワ音楽院教授としてフレンニコフ、デニーソフらを指導。

ジェルジンスキー（イワン、一九〇九〜七八年）作曲家。ショーロホフ原作のオペラ『静かなドン』でスターリンから贔屓され、社会主義リアリズム音楽のモデルとなる。

シャポーリン（ユーリー、一八八七〜一九六六年）ロシアやウクライナの民族音楽に依拠した保守的な作風ながら、優れた旋律の才で知られた。モスクワ音楽院作曲科教授の地位にあった。

シュニトケ（アルフレート、一九三四〜九八年）作曲家。ユダヤ系ドイツ人の血を引く。ショスタコーヴィチ、セリー音楽の影響を経て「多様式主義」に移行した。

スクリャービン（アレクサンドル、一八七二〜一九一五年）作曲家、ピアニスト。ショパンの影響下に出発したが、ニーチェの哲学、さらに神智学に傾倒。『法悦の詩』他。

ストラヴィンスキー（イーゴリ、一八八二〜一九七一年）作曲家。リムスキー＝コルサコフに師事。ロシア・バレエ団委嘱による『ペトルーシカ』や『春の祭典』などで、二十世紀の音楽に多大な影響を与えた。

チャイコフスキー（ピョートル、一八四〇〜九三年）作曲家。民族的素材と優れた手法の融合によって、多くの傑作を生む。『白鳥の湖』、交響曲第六番『悲愴』他。

ハチャトゥリャーン（アラム、一九〇三〜七八年）作曲家。アルメニア人。豊かな民族的な色彩とエネルギーに満ちた独特の作風で知られる。バレエ音楽『ガヤネー（ガイーヌ）』、『スパルタクス』他。

フレンニコフ（ティホン、一九一三〜二〇〇七年）作曲家。シェバリーンに学び、多くの作品を残したが、スターリン時代以降、作曲家同盟書記長を務め、しばしばショスタコーヴィチに敵対的立場をとった。

プロコーフィエフ（セルゲイ、一八九一〜一九五三年）作曲家。リムスキー・コルサコフらに師事。モダンな語法を駆使しつつ独自の抒情的世界を構築。バレエ音楽『ロミオとジュリエット』、『ピーターと狼』他。

ボグダーノフ＝ベレゾフスキー（ワレリアン、一九〇三〜七一年）作曲家・音楽学者・教育者。作曲活動を続けつつ、レニングラードを中心に批評家、教育者の道を歩む。
ポポーフ（ガヴリイル、一九〇四～七四年）作曲家。新ウィーン楽派の影響を受けて出発、大胆な作風で知られたが、当局との衝突、保守的傾向に陥った。交響曲第一番他。
ミャスコフスキー（ニコライ、一八八一～一九五〇年）作曲家。ソ連時代を代表する交響曲作家で、二十七曲の交響曲を残した。玉石混交だが、近年とみに再評価が進んでいる。
ムソルグスキー（モデスト、一八三九～八一年）作曲家。ロシア国民楽派の「五人組」の一人。全音音階や大胆な和声を用いた。オペラ『ボリス・ゴドゥノフ』『ホヴァーンシチナ』他。
ムラデリ（ワーノ、一九〇八～七〇年）作曲家。グルジアの出身。一九四八年、歌劇『大いなる友情』がスターリンらの期待を裏切り、「ジダーノフ批判」によって激しく糾弾される。
ラフマーニノフ（セルゲイ、一八七三～一九四三年）作曲家、ピアニスト。技巧的ながら哀感あふれる作品を数多く残した。一九一七年に亡命。「ピアノ協奏曲第二番」他。
リムスキー＝コルサコフ（ニコライ、一八四四～一九〇八年）作曲家。ロシア五人組の一人で、色彩感と民族色にあふれる管弦楽曲やオペラを多く残した。『シェヘラザード』他。
ルリエー（アルトゥール、一八九二～一九六六年）作曲家。一早く十二音技法や微分音にめざめ、ソヴィエト初期の音楽政策にも関与する。が、一九二二年に亡命。『大気のかたち』他。
ロースラヴェッツ（ニコライ、一八八一～一九四四年）作曲家。革命期に総合和音を駆使する前衛的作曲家として登場し、脚光を浴びたが、一九二〇年代末より激しい攻撃を受け、ほぼ全面的に活動を封じられた。

演奏家

オイストラフ（ダヴィード、一九〇八～七四年）ヴァイオリニスト。ユダヤ系出身。第二回全ソヴィエト・コンクールで優勝。ショスタコーヴィチのヴァイオリン協奏曲第一番を初演。
オボーリン（レフ、一九〇七～七四年）ピアニスト、教育者。第一回ショパン・コンクールの覇者。戦後は長くモスクワ音楽院で教鞭をとった。ショスタコーヴィチと親交があった。

ゴロワーノフ（ニコライ、一八九一〜一九五三年）指揮者。ソヴィエトの楽壇において確固たる地位を占め、スターリン時代末期は、ボリショイ劇場のトップの地位にあった。

コンドラシン（キリル、一九一四〜八一年）指揮者。モスクワ・フィルを率い、ショスタコーヴィチの交響曲第十三番を初演する。同全集を録音する。一九七八年にオランダに亡命。

サモスード（サムイル、一八八四〜一九六四年）指揮者。グルジア出身。レニングラード時代に『ムツェンスク郡のマクベス夫人』を初演、ボリショイ劇場の音楽監督を長く務めた。

マリコ（ニコライ、一八八三〜一九六一年）指揮者。ウクライナ出身。レニングラード・フィルの常任指揮者として、ショスタコーヴィチの初期の交響曲の初演を手がける。一九二九年に亡命。

ムラヴィンスキー（エヴゲニー、一九〇三〜八八年）名実ともに旧ソ連を代表する世界的指揮者。レニングラード・フィルを率い、ショスタコーヴィチの多くの交響曲を初演。

ユージナ（マリヤ、一八九九〜一九七〇年）ユダヤ系のピアニスト。スターリンに贔屓されたとされるが、正教徒であることを止めず、前衛的作品を演奏し、禁じられていた詩を舞台で朗読した。

リヒテル（スビャトスラフ、一九一五〜九七年）ピアニスト。ドイツ人を父にウクライナに生まれる。G・ネイガウスの門下生で、二十世紀最高のピアニストと目される。

ロストロポーヴィチ（ムスチスラフ、一九二七〜二〇〇七年）チェリスト。モスクワ音楽院でショスタコーヴィチに作曲を学ぶ。彼のチェロ協奏曲第一番を初演。七四年、亡命。

作家・詩人・文学者

アフマートワ（アンナ、一八八九〜一九六六年）詩人。新古典派ともいうべきアクメイズムを追求した。一九四六年、ジダーノフ批判に曝される。詩集『レクイエム』他。

アンドレーエフ（レオニード、一八七一〜一九一九年）作家。世紀転換期の知識人の苦悩をリアルに描き、世界的名声を得る。革命後まもなく亡命。『深淵』『七死刑囚物語』他。
エフトゥシェンコ（エヴゲニー、一九三三〜二〇一七年）詩人・小説家・映画監督。「雪どけ時代」を象徴する。大胆な詩風と率直な体制批判で人気を呼ぶ。『ブラーツク発電所』他。
エレンブルグ（イリヤ、一八九一〜一九六七年）詩人・作家。新聞の特派員としてパリで暮らした。戦後は旧ソ連政府の西欧へのスポークスマン的な役割を果たす。代表作『雪どけ』他。
キルサーノフ（セミョーン、一九〇六〜七二年）詩人。マヤコフスキーの弟子として知られ、未来派の詩人として出発。戦前戦後をとおして、高い評価を受けた。『五か年計画』他。
ゴーゴリ（ニコライ、一八〇九〜五二年）小説家・劇作家。『ジカーニカ近郷夜話』でデビュー。社会批判を含む華麗な文体を特徴とする。『鼻』『死せる魂』他。
ゴーリキー（マクシム、一八六八〜一九三六年）作家。革命前から市井の人々をテーマに人間愛豊かな作品で知られ、その後、「社会主義リアリズムの父」と称された。『どん底』他。
ザミャーチン（エヴゲニー、一八八四〜一九三七）小説家。芸術の自律を目ざした作家グループ「セラピオン兄弟」を率いて若い作家を育成。反ユートピア小説『われら』他。
シクロフスキー（ヴィクトル、一八九三〜一九八四年）批評家。革命前に、「詩的言語研究会」を結成し、形式主義（フォルマリズム）の理論的支柱の一人。『散文の理論』他。
シーモノフ（コンスタンチン、一九一五〜七九年）作家。独ソ戦の際、従軍記者として活躍し、戦後も旺盛に執筆活動を続け、数々の賞を授かる。『昼となく夜となく』他。
シャギニャーン（マリエッタ、一八八八〜八二年）作家・劇作家。象徴派の詩人として出発し、革命後、小説のジャンルに移った。SF小説でも知られる。『メスメンド』他。
ショーロホフ（ミハイル、一九〇五〜八四年）小説家。ドン地方の生まれ。社会主義リアリズムを代表し、長くソ連文壇の頂点にあった。『静かなドン』『開かれた処女地』他。
ゾーシチェンコ（ミハイル、一八九五〜一九五八年）小説家。ウクライナ出身。革命後まもなく同伴派の諷刺作家としてデビュー。ジダーノフ批判の犠牲となる。『日の出前』他。

ソルジェニーツィン（アレクサンドル、一九一八〜二〇〇八年）作家。一九七〇年ノーベル文学賞受賞。代表作『収容所群島』でソ連のラーゲリの歴史と実態をつぶさに描き出した。

チェーホフ（アントン、一八六〇〜一九〇四年）小説家・劇作家。医学生時代はユーモア短編を多く書いた。『かもめ』を始めとする戯曲でロシア近代リアリズム演劇を完成させる。

チーホノフ（ニコライ、一八九六〜一九七九年）詩人。ソ連時代をとおして活躍した正統派詩人。独ソ戦にも従軍し、ルポルタージュを残した。代表作「キーロフ、われらとともに」他。

チョールヌイ（サーシャ、一八八〇〜一九三二年）詩人・ジャーナリスト。富裕なユダヤ人家庭に生まれ、抒情詩や諷刺詩で一世を風靡した。一九二四年にパリに亡命。

ツヴェターエワ（マリーナ、一八九二〜一九四一年）詩人。詩集『夕べのアルバム』で文壇に登場。革命後はパリに拠点を移した。一九三九年に帰国後、自殺した。『終わりの詩』他。

ドストエフスキー（フョードル、一八二一〜八一年）作家。フーリエ主義にかぶれ、シベリア流刑を経験。人間の愛と苦悩を具さに描く。『罪と罰』『カラマーゾフの兄弟』他。

トルストイ（レフ、一八二八〜一九一〇年）作家。名門の血筋を引き、ロシア社会に大きな影響を与える。非暴力主義の哲学を説く。『戦争と平和』『アンナ・カレーニナ』他。

ドルマトフスキー（エヴゲニー、一九一五〜九四年）詩人。多くの革命詩のほか、ポピュラー音楽の作詞も手掛ける。長年にわたりショスタコーヴィチと協力関係にあった。

パステルナーク（ボリス、一八九〇〜一九六〇年）詩人・小説家。最初、作曲家を志すが挫折し、詩人に転向。哲学的思考と際立った抒情性を特色とする。長編『ドクトル・ジバゴ』他。

バフチン（ミハイル、一八九五〜一九七五年）文芸学者・美学者。「ポリフォニー」「カーニバル」のキー概念によって文学と文化分析を展開。『ドストエフスキーの創作の諸問題』他。

バーベリ（イサーク、一八九四〜一九四〇年）小説家。ユダヤ人。前衛的かつ緻密な文体で知られる。革命後の内戦期には第一騎兵隊に従軍、大テロルの犠牲となる。『騎兵隊』他。
ハルムス（ダニイル、一九〇五〜四二年）詩人・小説家・劇作家。前衛文学団体「オベリウー」の代表者の一人。不条理な詩や短編、戯曲を書く。逮捕され、獄死。『出来事』他。
ピリニャーク（ボリス、一八九四〜一九三八年）作家。革命後、同伴派の一人。前衛的作風で知られ、二度の来日経験がある。スパイ容疑で逮捕され、銃殺。『消えない月の物語』他。
ファジェーエフ（アレクサンドル、一九〇一〜五三年）作家。革命文学の旗手として期待されたが、スターリンの寵愛を受け、社会主義路線を堅持。スターリンの死後、自殺する。
プーシキン（アレクサンドル、一七九九〜一八三七年）詩人。ロシア国民文学の創始者。デカブリストの思想に共鳴し、ニコライ一世を脅かす。『エヴゲニー・オネーギン』他。
プラトーノフ（アンドレイ、一八九九〜一九五一年）作家。難解な文体を特色とし、ロシア革命の現実を批判的に考察した小説が高い評価を受ける。『土台穴』『チェヴェングール』他。
ブルガーコフ（ミハイル、一八九一〜一九四〇年）小説家、劇作家。ウクライナの生まれ。スターリンの寵愛を受ける。『巨匠とマルガリータ』は二十世紀ロシア文学の最高傑作とされる。
ブローク（アレクサンドル、一八八〇〜一九二一年）詩人。ロシア象徴主義を代表し、二十世紀の最も重要な詩人の一人とされる。革命後まもなく病死。『スキタイ人』『十二』他。
ベズィメンスキー（アレクサンドル、一八九八〜一九七三年）詩人・劇作家。前衛派詩人としてデビュー、革命後はプロレタリア派として活躍。ショスタコーヴィチと交響曲第二番でコラボレーションする。
ベルゴーリツ（オリガ、一九一〇〜一九七五年）詩人。独ソ戦中、レニングラードに留まり、ラジオ放送で市民を励ました。一九三〇年代には、投獄を経験している。
マヤコフスキー（ウラジーミル、一八九三〜一九三〇年）詩人。グルジア出身。ロシア未来派の芸術運動の推進者。十月革命後はソヴィエト政権の宣伝啓蒙に努める。
マンデリシターム（オーシプ、一八九一〜一九三八年）詩人。象徴主義の影響も受け、雑誌『アポロン』で活躍。明晰かつ深遠な詩風で知られたが、ウラジオストクの獄中で死亡。

レスコフ（ニコライ、一八三一～九五年）作家。自然主義を基本に、物語性の強い作風で知られ、ジャーナリストとしても活躍。『ムツェンスク郡のマクベス夫人』他。

レールモントフ（ミハイル、一八一四～四一年）詩人・小説家。プーシキンの決闘死に際して『詩人の死』の詩を書き、名声を得るが、カフカスに左遷。『現代の英雄』他。

美術家・演出家・映画監督

エイゼンシュテイン（セルゲイ、一八九八～一九四八年）映画監督。無声映画『戦艦ポチョムキン』でモンタージュ技法を確立。スターリンの寵愛を得た。『イワン雷帝』他。

エルムレル（フリードリヒ、一八九八～一九六七年）映画監督。長くレンフィルムを率いる。代表作『偉大な市民』では、ショスタコーヴィチが音楽を書いた。

コージンツェフ（グリゴーリー、一九〇五～一九七三年）映画監督・脚本家。前衛派の監督としてデビュー。公的路線とは一線を保つ。映画『ハムレット』『リア王』他。

スタニスラフスキー（コンスタンチン、一八六三～一九三八年）俳優・演出家、演劇理論家。一八九八年に劇作家で演出家のネミローヴィチ゠ダンチェンコと共同でモスクワ芸術座を創立した。

チアウレリ（ミハイル、一八九四～一九七四年）映画監督・台本作家。グルジア出身。スターリンの信任が厚く、公的路線を守る。『ベルリン陥落』はショスタコーヴィチが音楽を書いた。

ネミローヴィチ゠ダンチェンコ（ウラジーミル、一八五八～一九四三年）演出家。スタニスラフスキーとモスクワ芸術座を創立。『カテリーナ・イズマイロワ』のモスクワ初演に尽力する。

フィローノフ（パーヴェル、一八八三～一九四一年）画家。ロシア未来派の画家、革命後は芸術文化研究所に所属。豊かな色彩感あふれるモザイク的画面を制作した。

ミホエルス（ソロモン、一八九〇～一九四八年）俳優・演出家。ユダヤ人出身。名優として知られ、モスクワ・ユダヤ人劇場を主宰。スターリン時代末期に秘密警察によって謀殺された。

メイエルホリド（フセヴォロド、一八七四～一九四〇年）演出家。斬新な演出で古典劇の上演を行なうとともに、肉体訓練「ビオメハニカ」を実践する。大テロルの犠牲となった。

教師・友人・その他

グリークマン（イサーク、一九一一～二〇〇三年）文学者・演劇研究者。一時期、マールイ・オペラ劇場の文学部門の長の地位にあった。ショスタコーヴィチの親友で、書簡を交わしあった。

サハロフ（アンドレイ、一九二一～八九年）物理学者。ソ連の水爆開発に大きく寄与。その後、放射能汚染の重大性を憂慮し、核実験の中止を訴えた。一九七五年にノーベル平和賞を受賞した。

シテインベルグ（マクシミリアン、一八八三～一九四六年）作曲家・指揮者・教育者。ペトログラード音楽院の教授として後進の育成に当たる。ショスタコーヴィチはその愛弟子。

ソレルチンスキー（イワン、一九〇二～四四年）音楽学者。作曲家ショスタコーヴィチの道に多大な影響をもたらした親友、よき理解者。天才的な記憶力の持ち主であった。

訳者あとがき
文化史としてのショスタコーヴィチ

1

世界各国のコンサート会場におけるショスタコーヴィチの人気は今や瞠目すべきものがある。ブームの兆しはすでに前世紀末に見られたが、それを牽引したロシア出身の音楽家の情熱を支えていたのは、今は亡き「ユートピア」の国外に未知の遺産を伝導するという、いわばパイオニア的な使命感だった。そこにかい間見られたのは、たんにショスタコーヴィチの音楽のもつ非スターリン主義的側面を強調し、呪わしい時代の刻印を少しでも拭いとろうという防衛的な姿勢ばかりではなく、公的イデオロギーとの関係や、音楽の良し悪しといった基準から一歩踏み出し、歴史そのものの圧力と対峙することを強いられた彼の音楽の特異性を客観的事実として見直そうという姿勢だった。そうした努力の甲斐もあって、とくに生誕百年にあたる二〇〇六年以降、ショスタコーヴィチの評価は飛躍的に高まり、彼の作品の演奏は、たとえば、現代における指揮者の指揮の能力をはかる重要な試金石の一つとみなされるまでに至っている。しかし今やこのブームも、第二段階に入りつつあるというのが私の個人的な印象である。すなわち、歴史的再評価の段階から、よい意味における大衆化、世俗化の段階への移行である。コンサート会場を訪れる一般の聴衆はすでに彼の音楽を、その外的な背景ではなくみずからの親密な感覚をとおして受けとめつつあるように思える。

では、ショスタコーヴィチの音楽の隠された魅力とはひと言でどこにあるのだろうか。また、私たちは彼の音楽の何を魅力的と感じているのだろうか？

私自身が今抱いている印象を正直に述べるなら、第一に、彼の驚くほど先鋭的な音楽的ヴィジョンということに尽きる。それが、現代に生きる私たちの精神的状況と驚くべき共振を起こしているのである。人々が日常的に経験する喜びや悲しみ、病、事故といった不条理な運命の力、科学技術の進化によってもたらされるストレスと不安、世界各地でやむことのないテロや戦争。こうした日常生活から地球レヴエルにいたるさまざまな問題や事件に向き合わねばならない傷ついた人間の心を、ショスタコーヴィチの音楽は、じつに見事に表象し、その傷をあるときは過激に刺激し、同時に緩和しようとする。彼の音楽には、確実に人間の血が通っているという印象を受ける。

ところが、現実にショスタコーヴィチが生きた時代とは、私たちの日常的な感覚からは遠く隔たったソヴィエト社会主義といういわば異次元の時代だった。第一次世界大戦の不安な影に覆われた時代に少年時代を、ロシア革命から内戦へ移り変わる困窮の時代に青春前期を送り、そして二十代から晩年にいたる三十年間は、ソヴィエト社会に君臨したスターリン権力のもとで、抵抗と服従という二重生活を強いられたショスタコーヴィチ。この、凄まじいストレスに満ちた二重生活から生まれた音楽とは、端的に「叫び」に近い何かであり、音楽はかぎりなく人間的な言葉に転化しようとしていた。一方には、権力や検閲に屈しまいとするはげしい気迫で書かれた音楽がある。かと思えば、ソヴィエト体制やスターリンを賛美するかのごとき、プロパガンダ風の音楽がある。時としてその双方が入り混じって、抵抗とも服従との見きわめがたい、いや、その双方を足場としたかのような音楽さえある。端的に、抵抗が服従の仮面をかぶるのである。そうした根本的なジレンマを抱えた音楽だからこそ、今、この現代に生きる私たちの心のなかに圧倒的なリアリティをもって甦ることができたと考えていい。そしてそうしたショスタコーヴィチ音楽の複雑な内面性を、西側の社会に向かって初めて知らしめたのが、ほかのだれでもない、本書の著者ソロモン・ヴォルコフであり、その彼が今からおよそ四十年前に刊行した『ショスタコーヴィチの証言』（以下『証言』）だった。

2

本書『ショスタコーヴィチとスターリン』は、旧ソ連の生まれ、現在、アメリカを拠点に活躍する音楽批評家・ロシア文化史家であるヴォルコフの著書（Solomon Volkov, *Shostakovich and Stalin*, Alfred A. knopf, 2004）の全訳である。著者のヴォルコフは、一九四四年に両親の疎開先であるタジク共和国（現在のタジキスタン）北西部の都市レニナバード（現・ホジャント）に生まれ、終戦後、両親の帰郷に伴ってラトヴィア共和国の首都リガに移った。一九五八年にレニングラード音楽院付属の特別音楽学校に入学、続いて同音楽院に進学し、卒業後は、雑誌『ソヴィエト音楽』（ソ連作曲家同盟の機関誌）の編集員として種々のコンサート評や書評を書き、また、みずから室内オペラ実験スタジオを創設し、音楽プロデュースにも関わっている。このスタジオでは、ショスタコーヴィチの教え子で独ソ戦の最中に死去したヴェニヤミン・フレイシメンの未完のオペラ『ロスチャイルドのヴァイオリン』の初演に携わるなど功績を残したが、一九七六年にアメリカに亡命し、その後、現在にいたるまでニューヨークを本拠地として、著作活動に励んでいる。代表的な著作に、ショスタコーヴィチの序文付きの『レニングラードの若い作曲家たち』（一九七一）、世界的な真贋論争を呼んだ『証言』（一九七九）、『バランシンのチャイコフスキー』(一九八五、邦訳『チャイコフスキー　わが愛』)、『ネイサン・ミルスタインの回想』(一九九一、邦訳『ロシアから西欧へ――ミルスタイン回想録』)、『サンクト・ペテルブルグの文化史』(一九九七)、『ヨシフ・ブロツキーとの対話』(一九九八)、『二十世紀ロシア文化史』(二〇〇八)、『エヴゲニー・エフトゥシェンコとの対話(テレビ映画)』(二〇一三)、『ウラジーミル・スピヴァコフとの対話』(二〇一四)等がある。

さて、前述のように、ショスタコーヴィチをめぐる評価の歴史において、重大な節目となった事件にヴォルコフは主役として関わった。かつてソヴィエト体制の御用作曲家としての悪印象の強かったショスタコーヴィチに対し、そうした従来の視点を百八十度変えた著作『証言』(*Testimony: The Memoirs of Dmitri Shostakovich* as Related to and Edited by Solomon Volkov)の刊行である。まさにショスタコーヴィチ復権の立役者ともいうべきヴォルコフが、同書を世に問うたのが、亡命から三年後の一九七九年。一九七一年から七四年までの約三年間、ショスタコーヴィチとの交流を通じて行なった聞き書きとの触れ込みで刊行された。この著作には、従来の作曲家像を根本から覆すいくつもの新事実が記され、刊行と同時に驚天動地の衝撃が世界の音楽界に走った。たとえば、彼の代表作の一つで、いわゆるプロ(親)ソヴィエト的かつ社会主義賛美の音楽として受け入れられてきた交響曲第五番のフィナーレは、「強制された歓喜」と述べられていた。

ところが、発表と同時に、内外からこの著作の信憑性をめぐって疑義が呈されるにいたった。西側でその急先鋒に立ったのが、音楽学者のローレル・フェイだが、他方、ソ連国内でも、作曲家の息子で指揮者のマクシム・ショスタコーヴィチやイリーナ夫人から、証言は捏造されたものだとの批判が投げかけられた。そうした声は当時のソヴィエト音楽界にも広がり、ヴェニヤミン・バースネル、モイセイ・

ワインベルグ、ボリス・チーシェンコといったショスタコーヴィチの薫陶を受けた作曲家たちから猛反発の声があがった。ショスタコーヴィチは、ヴォルコフと親しかったわけではなく、『証言』が描写しているような辛辣な人格をもった作曲家ではなかったと彼らは主張した。

その後、真贋論争におけるヴォルコフ唯一の手がかりともいうべき作曲家による自筆のサインについて、作曲家を騙して得たものだとフェイが決定的な論証を行ない、議論は一応の決着を見ている。また、イリーナ未亡人による再三の要請にもかかわらず、ヴォルコフは今日にいたるまで、まだその元原稿であるタイプ原稿を提出していない。

この『証言』に対する関係者の態度は、二十五年後の本書への態度とも関わっているため、ここで言及しておきたい。一般的には、『証言』は音楽学者たちから端的に否定される一方で、演奏家たちからはこれに寄り添う発言が目立っていた。決定的な批判を行なったフェイや、本書の序文で揶揄されているリチャード・タラスキンが前者の象徴だとすれば、後者の典型としては、ピアニストで指揮者のアシュケナージや、指揮者のロジェストヴェンスキーを挙げることができる。彼らが、『証言』を支持したのは、あくまで、ヴォルコフの主張するショスタコーヴィチの体制批判的な側面であり、学問的な厳密さを念頭においた支持では必ずしもなかった。

それはともかく、『証言』の真贋をめぐる対立は、西側と東側の対立といった光景を呈してきた点も特筆すべきことであると思う。たとえば、当初は、『証言』に猛反発を見せた息子のマクシムも、西側に亡命した後は、ヴォルコフに対して好意的な態度をとり、本書のロシア語版の再版（二〇〇六）の際には（翻訳では割愛したが）姉のガリーナとともに序文を寄せている。本書に推薦文を寄せているのも演奏家が多く、ヴァイオリニストのウラジーミル・スピヴァコフは本書のロシア語版にエッセイを寄稿している（同じく本書では割愛した）。

また、『証言』を支持する人々のなかには、少なからず文学者が含まれていた。優れた文学史家で『プーシキン館』の著者であるアンドレイ・ビートフ、近年物故した「雪どけ時代」の詩人で、交響曲第十三番『バービー・ヤール』の詩を書いたエヴゲニー・エフトゥシェンコらである。

今日、『証言』に対してとるべき態度は、一つである。『証言』それ自体の真贋についてほぼ決着はつき、その信憑性は疑われるが、書かれている内容については、西側では知られていない事実が多々含まれ、また随所に優れた文学的洞察が垣間見られるとして限定的ではあるが、一定の評価を与える立場である。ショスタコーヴィチ再評価の歴史において『証言』が果たしたパイオニア的な役割はけっして無視することはできないだろう。

3

本書『ショスタコーヴィチとスターリン』は、『証言』からじつに約四半世紀を経て刊行された、ショスタコーヴィチをテーマにしたヴォルコフの二冊目の著作である。すでに述べたように、『証言』に対する批判にはほとんど反論してこなかったヴォルコフだが、本書では序文にあるように、『証言』から距離を置く立場をとり、同書からの引用を基本的に避けている。そしてやはり同じく序文で主張されているように、本書はショスタコーヴィチの評伝というよりは文化史の本である。数あるショスタコーヴィチやスターリンの文献のなかで本書が異彩を放つゆえんである。何よりも特筆すべき点は、ショスタコーヴィチにおける十月革命観やスターリン主義に対する態度を文献的な裏付けをもって克明につづっている点である。とくに公的な言説で覆われ尽くした作曲家の実像に迫る部分は、きわめて現代性に満ちており、それ自体きわめてスリリングな読みものとなっている。また、ショスタコーヴィチと時代をともにした作曲家、演奏家、詩人、作家たちとの関係を細部にわたって考察している点も、これまでのソヴィエト文化史に新たな光を投げかける記述として大いに評価することができる。

とくに読み応えのあるのが、全体の問題提起の部分となる「プロローグ」である。ここでヴォルコフは、彼の持論であるショスタコーヴィチ＝聖愚者論を縦糸として新たな作曲家像を描き出している。「聖愚者」というと、私たちは、しばしば聖人をイメージしがちだが、プーシキンとムソルグスキーによる時代を超えたコラボレーション『ボリス・ゴドゥノフ』から紡ぎだされた聖愚者像は、まさに権力に歯に衣着せぬ批判的言辞を弄し、なおかつ権力がけっして手を加えることのできない人物である。まさに権力と突かず離れずの態度を示しつつ無事ソヴィエト時代を生き抜いたショスタコーヴィチの生きざまを見事に言い当てるものではなかろうか。

本書ではほかに、これまであまり表だって語られることのなかったセルゲイ・プロコーフィエフとの生々しい確執、世界的演出家フセヴォロド・メイエルホリドとの隠された友情、また、ショスタコーヴィチの成功を羨む同時代の詩人、作家たちの態度など、興味のつきないエピソードが詳らかにされている。私がとくに興味を持ったのは、当局が、交響曲第五番をめぐる公的な評価を下すにあたって迷いに迷うエピソードであり、そこに現出した権力と創造的知識人とのあいだの確執と「公共の嘘」（タラスキン）の問題である。また、同じ第五番を「こけおどし」ととらえ、ウラジオストック近郊のラーゲリで死亡した詩人のオーシプ・マンデリシタームへの言及、「第七番」の成功ににわかに勇気づけられ、同等の大作に挑もうとするボリス・パステルナークの人間臭さ、独ソ戦後にはじまる反形式主義キャンペーンの内実、また、国内亡命者として長く不遇をかこったアンナ・アフマートワに対するスターリンの思いもかけぬ配慮、大戦中に最高の栄光を獲得した作曲家と裏腹に、同じ疎開地から程遠からぬ場所で自殺したツヴェターエワの運命への慚愧の思いなど、ロシア文学の立場からも無視できないディテールの数々に大きな興味をかき立てられた。私たちは、この著作を通して、ショスタコーヴィチ音楽の隠された背景を理解し、さらなる理解の深化に役立てることができるにちがいない。

さて、最後に本訳書の原書について説明しておきたい。英語版刊行と同時に、ロシアでもロシア語版が出版された（Соломон Волков, *Шостакович и Сталин: художник и царь*, Эксмо, 2004）。今回の翻訳においては、ロシア語の原文に依拠しつつ、随時英語版を参照するという方向をとった。というのも、英語版では、ロシア語版のもっている微妙なニュアンスを伝えきれておらず、また割愛されている部分も少なからず散見され、原資料からの引用を豊富に含む本書を英語から翻訳することは、学問的後退を招く危険性があるからである。ただし、ロシア語の序文については、それがあくまではロシア人を対象として記されていたるため、外国人を対象とした英語版を主軸として、ロシア語版から若干の補足を行なうことにした。

翻訳にあたっては、気鋭のロシア音楽研究者、ロシア文学者と協同作業を行なうことができた。今や日本を代表するショスタコーヴィチ研究者の一人である梅津紀雄さん、二十世紀の現代詩とりわけマリーナ・ツヴェターエワ研究の第一人者である前田和泉さん、そしてアンドレイ・プラトーノフ研究で地道な仕事を続けておられる古川哲さんである、二十世紀ソヴィエト文化秘史ないし裏面史ともいうべき側面をもつ本書にとってまさに理想的ともいえる三人のサポートを得ることができたことを心から喜んでいる。そして本書の刊行に至るまでには、多くの人のお世話になったことをここに記しておきたい。本書の索引作成にご協力いただいた森脇隆太さん、また刊行に大きな情熱を持たれていた編集者の宮田昌子さんもその一人である。しかしほかのだれをおいても感謝の辞を捧げるべきは、慶應義塾大学出版会編集部村上文さんである。村上さんの強いイニシアチヴと励ましがあって初めて本書の刊行はなったといっても過言ではない。ここに改めて感謝の思いを記そうと思う。

訳者を代表して　亀山　郁夫

二〇一八年一月

ショスタコーヴィチとスターリン

2018年4月14日　初版第1刷発行

著　者――――ソロモン・ヴォルコフ
訳　者――――亀山郁夫・梅津紀雄・前田和泉・古川哲
発行者――――古屋正博
発行所――――慶應義塾大学出版会株式会社
〒108-8346　東京都港区三田2-19-30
TEL〔編集部〕03-3451-0931
〔営業部〕03-3451-3584〈ご注文〉
〔　〃　〕03-3451-6926
FAX〔営業部〕03-3451-3122
振替　00190-8-155497
http://www.keio-up.co.jp/
装　丁――――岡部正裕（voids）
印刷・製本――中央精版印刷株式会社
カバー印刷――株式会社太平印刷社

Printed in Japan ISBN978-4-7664-2499-7

著者

ソロモン・ヴォルコフ

1944年、旧ソ連タジク共和国生まれ。アメリカを拠点として活躍する音楽学者・ロシア文化史家・ジャーナリスト。1959年、レニングラード音楽院付属特別音楽学校入学。レニングラード音楽院卒業後、雑誌『ソヴィエト音楽』の編集員を務める。1976年、アメリカに亡命。著作に『ショスタコーヴィチの証言』(中央公論社、1980年)、『チャイコフスキーわが愛』(新書館、1993年)、『ロシアから西欧へ——ミルスタイン回想録』(春秋社、2000年) など。

訳者

亀山郁夫(かめやま いくお)

名古屋外国語大学学長。東京大学大学院人文科学研究科博士課程単位取得退学。
著作に、『磔のロシア——スターリンと芸術家たち』(岩波現代文庫、2001年)、『熱狂とユーフォリア——スターリン学のための序章』(平凡社、2003年) など。

梅津紀雄(うめつ のりお)

工学院大学教育推進機構非常勤講師。東京大学大学院総合文化研究科博士課程満期退学。
著作に、『ショスタコーヴィチ——揺れる作曲家像と作品解釈』(東洋書店、2006年)、「芸術音楽から見たソ連——雪どけ期のショスタコーヴィチを中心に」(浅岡善治・中嶋毅責任編集『ロシア革命とソ連の世紀4人間と文化の革新』岩波書店、2017年) など。

前田和泉(まえだ いずみ)

東京外国語大学大学院准教授。東京大学大学院人文科学研究科博士課程修了。
著作に、『マリーナ・ツヴェターエワ』(未知谷、2006年)、訳書に、リュドミラ・ウリツカヤ『通訳ダニエル・シュタイン』(新潮社、2009年) など。

古川 哲(ふるかわ あきら)

東京外国語大学・共立女子大学非常勤講師。東京外国語大学大学院地域文化研究科博士後期課程修了。
著作に、「プラトーノフ『土台穴』における動物と人間のあいだ」(『総合文化研究』第14-15合併号、2011年)、「『エーテルの道』から『ジャン』へ—— 1920 〜 30年代のプラトーノフ作品にみられる人間と自然の関係における変化をめぐって」(『ロシア・東欧研究』第42号、2013年) など。

索引

ア行

アインシュタイン，アルベルト Einstein, Albert 422
アヴァンギャルド（前衛） avant-garde 17, 39, 58, 93–96, 103–104, 112, 114, 121–122, 124, 169, 226, 243, 267–268, 275, 316, 332, 424, 461
赤色テロル Red Terror 109
アグラーノフ，ヤーコフ Agranov, Yakov 131
アサーフィエフ，ボリス Asafiev, Boris 167–168, 235, 242, 276
アセーエフ，ニコライ Aseyev, Nikolai 347
アダモーヴィチ，ゲオルギー Adamovich, Georgi 215
アトヴミヤーン，レヴォン Atovmyan, Levon 176–177
アドモニ，イオガン Admoni, Johann 255
アフマートワ，アンナ Akhmatova, Anna xiv, 56, 74–75, 91, 154–155, 195, 208, 214, 254, 270, 282–284, 295, 297, 301, 309, 313, 353–357, 359, 363, 379, 418, 433, 443, 479
アポストロフ，パーヴェル Apostolov, Pavel 470
アポリネール，ギヨーム Apollinaire, Guillaume 73, 468–469
アラゴン，ルイ Aragon, Louis 158
アリトマン，ナタン Altman, Natan 93
アリルーエワ，ナジェージダ Alliluyeva, Nadezhda 145
アレクサンドル一世 Alexander I, Tsar 4
アレクサンドル二世 Alexander II, Tsar 78, 85, 319
アレクサンドル三世 Alexander III, Tsar 85
アレクサンドル・ネフスキー Alexander Nevsky 337
アレクサンドロフ，アレクサンドル・ヴァシリエヴィチ Alexandrov, Alexander Vasilyevich 10, 15
アンデルセン＝ネクセ，マーティン Andersen-Nexø, Martin 158
アンドレーエフ，レオニード Andreyev, Leonid 265
アンネンコフ，ユーリー Annenkov, Yuri 121, 155
イヴィンスカヤ，オリガ Ivinskaya, Olga 201, 441
イサコフスキー，ミハイル Isakovsky, Mikhail 10
イシューチン，ニコライ Ishutin, Nikolai 77–79
イヨネスコ，ウージェーヌ Ionesco, Eugene 111, 113
イワーノフ，フセヴォロド Ivanov, Vsevolod 135, 206, 239
イワン四世，雷帝 Ivan IV, Tsar “Terrible” xi, 18–19, 22, 41, 54, 57, 331–332, 339–344,
ヴァイスコプフ，ミハイル Vaiskopf, Mikhail 182
ヴァルザル，ソフィヤ Varzar, Sofya 238
ヴィシネフスキー，フセヴォロド Vishnevsky, Vsevolod 261

ウヴァーロフ，セルゲイ（伯爵）
Uvarov, Count Sergei　19
ヴヴェジェンスキー，アレクサンドル
Vvedensky, Alexander　212
ウェルズ，H. G.　Wells, H. G.　144
ヴェルチンスキー，アレクサンドル
Vertinsky, Alexander　202
ヴェルディ，ジュゼッペ　Verdi, Giuseppi　168, 185
ウォレス，ヘンリー　Wallace, Henry　401
ヴォロシーロフ，クリメント
Voroshilov, Kliment　9, 14, 202, 210–211, 230, 262
ウストヴォーリスカヤ，ガリーナ
Ustvolskaya, Galina　289
ウダリツォーワ，ナジェージダ
Udaltsova, Nadezhda　424
ヴャーゼムスキー，ピョートル（公爵）
Vyazemsky, Prince Petr　42, 46, 222
ヴラシク，ニコライ（将軍）　Vlasik, Gen. Nikolai　12
ウリヤーノフ家　Ulyanov family　79–80
エイゼンシュテイン，セルゲイ
Eisenstein, Sergei　69, 93, 167, 169, 190–191, 225, 230, 270, 272–273, 282, 323, 328, 330, 332–345, 347, 363, 394, 418, 428
エイヘンバウム，ボリス　Eikhenbaum, Boris　89
エジョフ，ニコライ　Yezhov, Nikolai　272–273, 298, 355
エセーニン，セルゲイ　Esenin, Sergei　201
エフィーモフ，ボリス　Efimov, Boris　99
エルプシュテイン，ボリス　Erbshtein, Boris　212
エフトゥシェンコ，エヴゲニー
Yevtushenko, Yevgeny　xiv, 40, 464–465, 467–468
エラーギン，ユーリー　Elagin, Yuri　181
エリ・レギスタン（ウレクリャーン）
El-Registan (Ureklyan)　10, 13
エリアスベルグ，カール　Eliasberg, Karl　304–306
エルムレル，フリードリヒ　Ermler, Fridrikh　226–228, 243–244
エレンブルグ，イリヤ　Ehrenburg, Ilya　99, 145, 211, 270, 272–273, 295, 298, 311, 354, 374, 393, 400–402, 406, 424, 428, 430, 432, 439
エンテリス，レオニード　Entelis, Leonid　262
オイストラフ，ダヴィード　Oistrakh, David　xiv, 98, 186, 250
オストロフスキー，アレクサンドル
Ostrovsky, Alexander　164
オデッツ，クリフォード　Odets, Clifford　403
オトレーピエフ，グリゴリー　Otrepyev, Grigory　42
オプリーチニナのテロル　Oprichnina Terror　331
オベリウー（「リアルな芸術の結社」）
OBERIU (Association of Real Art)　51–54, 58
オボーリン，レフ　Oborin, Lev　98–102, 124, 246, 250
オルジョニキーゼ，グリゴリー
Ordzhonikidze, Grigory　210
オレーシャ，ユーリー　Olesha, Yuri　170, 217–218, 241, 273

カ行

カヴェーリン，ヴェニヤミン　Kaverin,

Veniamin　447
カガノーヴィチ，ラーザリ　Kaganovich, Lazar　210
カターエフ，ワレンチン　Katayev, Valentin　96
カチャーロフ，ヴァシーリイ　Kachalov, Vassily　136
カフカ，フランツ　Kafka, Franz　111, 466
ガマレヤ，ニコライ　Gamaleia, Nikolai　419–420
カーメネフ，レフ　Kamenev, Lev　31, 36, 237, 414
カラコーゾフ，ドミートリー　Karakozov, Dmitri　78–79
カラムジン，ニコライ　Karamzin, Nikolai　41, 44–45, 62, 331
カリーニン，ミハイル　Kalinin, Mikhail　210
ガルシア・ロルカ，フェデリコ　García Lorca, Federico　468
ギッピウス，ジナイーダ　Hippius, Zinaida　91
キューヘリベッケル，ウィリゲリム　Kuchelbecker, Wilhelm　468
共産主義　communism　20, 23, 33–34, 86, 92, 94, 98, 103–104, 108, 115, 129, 134–135, 142–143, 222, 243, 306, 404–406, 410–411, 449, 476
キルサーノフ，セミョーン　Kirsanov, Semyon　120
キルショーン，ウラジーミル　Kirshon, Vladimir　271
ギレリス，エミール　Gilels, Emil　98, 186, 250
キーロフ，セルゲイ　Kirov, Sergei　117, 212–213, 215, 238, 243–244, 360
ギンズブルグ，リジヤ　Ginzburg, Lydia　216, 232, 247, 363
クジコ，P. A.　Kuzko, P. A.　346
クストージエフ，ボリス　Kustodiev, Boris　161–162
クズネツォフ，アレクセイ　Kuznetsov, Alexei　305
クーセヴィツキー，セルゲイ　Koussevitzky, Serge　307, 348
クヌシェヴィツキー，ヴィクトル　Knushevitsky, Victor　15–16
クラーシン，ボリス　Krasin, Boris　80
クラーシン，レオニード　Krasin, Leonid　80
グリヴェンコ，タチヤーナ　Glivenko, Tatyana　108, 111
グリークマン，イサーク　Glikman, Isaak　205, 222, 455
グリークマン，ガヴリイル　Glikman, Gavriil　xiv, 351
グリンカ，ミハイル　Glinka, Mikhail　12, 36, 39–40, 185, 352, 390, 410
グリンベルグ，モイセイ　Grinberg, Moisei　281
グルジエフ，ゲオルギー　Gurdjieff, George　257
クループスカヤ，ナジェージダ　Krupskaya, Nadezhda　83, 415
クレムリョフ，ユーリー　Kremlev, Yuli　438
クロンシュタットの反乱（1921年）　Kronstadt Uprising (1921)　109–110
グロンスキー，イワン　Gronsky, Ivan　206
クワドリ，ミハイル　Kvadri, Mikhail　110, 125
形式主義　formalism　36, 161, 179–181, 188, 193–197, 203, 205–206, 209, 236–237, 239, 243, 256, 260–261, 281,

323–324, 336, 367, 371–372, 374, 381–387, 389, 397, 402, 411, 418, 426, 447
ケネディ，ジョン・F　Kennedy, John F. 429
ゲラーシモフ，セルゲイ　Gerasimov, Sergei　401
ゲルギエフ，ワレリー　Gergiev, Valery xiv, 327
ケルジェンツェフ，プラトン Kerzhentsev, Platon　181, 218–223, 317
ゲルシテイン，エンマ　Gershtein, Emma 152
ゲルショーフ，ソロモン　Gershov, Solomon　212
ゲロヴァーニ，ミハイル　Gelovani, Mikhail　325
コワーリ，マリアン　Koval, Marian 348–349, 391
ココウーリナ，ナジェージダ Kokoulina, Nadezhda　89
ココーシキン，フョードル　Kokoshkin, Fyodor　89–91, 108, 141
ゴーゴリ，ニコライ　Gogol, Nikolai 30, 81, 87, 111–114, 130, 161, 241, 380, 413
コージンツェフ，グリゴーリー Kozintsev, Grigory　226–227, 243
コストリキン，マクシム　Kostrikin, Maxim　257, 285
コズロフスキー，アレクサンドル Kozlovsky, Alexander　110
コズロフスキー，イワン　Kozlovsky, Ivan 186
コズロフスキー，パーヴェル　Kozlovsky, Pavel　109
ゴドゥノフ，ボリス　Godunov, Boris 41–42, 57, 62, 155, 341
ゴーリキー，マクシム　Gorky, Maxim 23, 32, 81, 140–144, 146–147, 149, 157–159, 168, 171, 190, 198–200, 202–203, 206, 208–209, 223–224, 238–239, 257, 333, 368, 418
コリツォーフ，ミハイル　Koltsov, Mikhail　271–272
ゴリデンヴェイゼル，アレクサンドル Goldenveizer, Alexander　277, 280
ゴリドシテイン，ボリス（ブーシャ） Goldstein, Boris “Busya”　98, 187, 250
ゴリドシテイン，ミハイル　Goldshtein, Mikhail　202
コルニーロフ，ボリス　Kornilov, Boris 228–229, 231, 241
ゴルバチョフ，ミハイル　Gorbachev, Mikhail　355, 430
ゴロソフケル，ヤコフ　Golosovker, Yakov　346
ゴロディンスキー，ヴィクトル Gorodinsky, Victor　181
ゴロデツキー，セルゲイ　Gorodetsky, Sergei　195
ゴロワーノフ，ニコライ　Golovanov, Nikolai　312
コンスタンチノフスカヤ，エレーナ Konstantinovskaya, Elena　237
コンドラシン，キリル　Kondrashin, Kirill　xiv, 12, 327, 393, 464

サ行

ザゴルイコ，A.　Zagoruiko, A.　389
ザスラフスキー，ダヴィード　Zaslavsky, David　181, 202, 443
作曲家同盟　Composers' Union　232, 256, 327, 348, 361, 387, 391, 393, 408, 451
サハロフ，アンドレイ　Sakharov, Andrei

463, 473–475
ザハーロフ，ウラジーミル　Zakharov, Vladimir　370, 391
サビーニナ，マリーナ　Sabinina, Marina 461
ザボロツキー，ニコライ　Zabolotsky, Nikolai　58, 218, 236, 467
ザミャーチン，エヴゲニー　Zamyatin, Yevgeny　115–116, 118, 121, 129, 140–142, 144, 181
サモスード，サムイル　Samosud, Samuil 39–41, 139, 168, 278, 280
サヤーノフ，ヴィッサリオン　Sayanov, Vissarion　196
サルトゥイコーフ＝シチェドリン，ミハイル　Saltykov-Shchedrin, Mikhail　81
シヴェルニク，ニコライ　Shvernik, Nikolay　210
シェイクスピア，ウィリアム　Shakespeare, William　41–42, 61, 164, 275, 278–279, 312–316
シェバリーン，ヴィッサリオン　Shebalin, Vissarion　320, 367, 370, 376, 385, 397
シェピーロフ，ドミートリー　Shepilov, Dmitri　183, 189, 360–362, 364–365, 375, 394, 410, 425
ジェルジンスキー，イワン　Dzerzhinsky, Ivan　173, 175, 281, 361, 365
ジェルジンスキー，フェリクス　Dzerzhinsky, Felix　95
シェーンベルク，アルノルト　Schoenberg, Arnold　316, 404
シクロフスキー，ヴィクトル　Shklovsky, Viktor　xiv, 150, 196, 344, 400
ジダーノフ，アンドレイ　Zhdanov, Andrei　23, 70, 173, 181, 202, 210, 213, 229, 304–305, 343, 354–355, 359–361, 363–376, 379, 381–382, 385, 393–394, 417–419, 435, 443
シチェグロフ，マルク　Shcheglov, Mark 389–390
シチェルバコフ，アレクサンドル　Shcherbakov, Alexander　174
シテインベルグ，マクシミリアン　Steinberg, Maximilian　277
シテレンベルク，ダヴィード　Shterenberg, David　93
シニャフスキー，アンドレイ　Sinyavsky, Andrei　383, 463
ジノヴィエフ，グリゴーリー　Zinoviev, Grigory　31, 36, 237, 414
シベリウス，ジャン　Sibelius, Jean　312
シマノフスキ，カロル　Szymanowski, Karol　99
シーモノフ，コンスタンチン　Simonov, Konstantin　22, 402
シーモノフ，ルーベン　Simonov, Ruben 326
社会主義リアリズム　socialist realism 23, 149, 175, 201
シャガール，マルク　Chagall, Marc　422
シャギニャーン，マリエッタ　Shaginyan, Marietta　55–56, 74–75, 252, 279, 399
ジャクソン，ティモシー　Jackson, Timothy　xv, 417
ジャバーエフ，ジャンブラ　Dzhabayev, Dzhambul　276
シャポーシニコフ，ガヴリーラ　Shaposhnikov, Gavrila　78
シャポーシニコワ，ワルワーラ　Shaposhnikova, Varvara　78
シャポーリナ，リュボーフィ　Shaporina, Lubov　212, 255
シャポーリン，ユーリー　Shaporin, Yuri

214, 280, 282, 367, 374
シャリャーピン，フョードル　Chaliapin, Fyodor　89, 171
シキリャートフ，マトヴェイ　Shkiryatov, Matvei　373
シューキン，ボリス　Shchukin, Boris 326
ジューコフ，ゲオルギー　Zhukov, Georgy　346
ジュコフスキー，ゲルマン　Zhukovsky, Gherman　424
シュトックハウゼン，カールハインツ　Stockhausen, Karlheinz　58
シュトラウス，リヒャルト　Strauss, Richard　252
シュニトケ，アルフレート　Schnittke, Alfred　xiv, 233, 285, 351
シューブ，エスフィリ　Shub, Esther 172
シュミャツキー，ボリス　Shumyatsky, Boris　230–231, 240, 242
シュリギーン，レフ　Shulgin, Lev　104, 107
シュレジンジャー，アーサー　Schlesinger, Arthur　403
シュワルツ，エヴゲニー　Shvarts, Yevgeny　251, 254, 390
ショー，ジョージ・バーナード　Shaw, George Bernard　142
ショスタコーヴィチ，ガリーナ　Shostakovich, Galina　221, 228, 421, 455
ショスタコーヴィチ，ドミートリー　Shostakovich, Dmitri
『明るい小川』　Limpid Stream, The　36, 170, 189, 191–194, 208–209, 246
ヴァイオリン協奏曲第一番　First Violin Concerto　376–378, 383, 417, 436
ヴィオラ・ソナタ　Viola Sonata　472
『英国詩人の詩による六つのロマンス』　Six Songs to the Words of English Poets　293, 312
『革命の犠牲者に捧げる葬送行進曲』　“Funeral March in Memory of the Victims of the Revolution”　89, 91
弦楽四重奏曲第二番　Second String Quartet　119, 416
弦楽四重奏曲第八番　Eighth Quartet　456–462, 467
交響曲第一番　First Symphony　105–106, 110, 125, 315, 378, 398, 458
交響曲第二番　Second Symphony　105–106, 108, 111, 113, 120, 136, 233
交響曲第三番『メーデー』　Third Symphony “First of May”　108, 119–120, 233
交響曲第四番　Fourth Symphony　215, 222, 232–237, 242–243, 246, 251, 285, 375–376, 479
交響曲第五番　Fifth Symphony　246–247, 250–266, 275–276, 285, 287, 289, 294, 298, 313, 323, 379, 383, 398, 436, 438, 464
交響曲第六番　Sixth Symphony　276–277, 310
交響曲第七番　Seventh Symphony　287–300, 302, 304–306, 308–309, 313, 328, 330, 347, 351–352, 370, 379, 398, 438, 440
交響曲第八番　Eighth Symphony　309–313, 322–323, 370, 438, 458
交響曲第九番　Ninth Symphony　296, 347–350, 376
交響曲第十番　Tenth Symphony　235, 436–438, 442, 458, 465, 469
交響曲第十一番『1905 年』　Eleventh

Symphony "1905"　67, 69–70, 72–75
交響曲第十三番『バービー・ヤール』 Thirteenth Symphony "Babi Yar"　124, 237, 294, 464, 467–468
交響曲第十四番　Fourteenth Symphony　72, 468, 470
交響曲第十五番　Fifteenth Symphony　472
『呼応計画の歌（さわやかな朝がやってきた）』 "Song of the Counterplan, The (Morning Greets Us with Coolness, The)"　228–231
『子孫』　"Descendants"　449
『十月革命に捧ぐ』 Dedication to October　92, 104–105, 107, 111, 119–120, 136
『鼻』 Nose, The　39, 53, 106, 112–119, 136, 161, 164, 468
『反形式主義的ラヨーク』 Antiformalist Rayok　239, 381–384
ピアノ五重奏曲　Piano Quintet　174, 279–282, 328, 330, 352, 398
ピアノ三重奏曲第二番　Second Piano Trio　318–319, 321, 352, 378, 416, 458
ピアノ協奏曲第一番　First Piano Concerto　175, 416
『プーシキンの詩による四つのロマンス』　Four Romances　38
『ボリス・ゴドゥノフ』 Boris Godunov　49, 278, 350
『ムツェンスク郡のマクベス夫人』 Lady Macbeth of Mtsensk　ix–x, 36, 39, 161–162, 164–165, 168, 170–171, 173, 175–176, 178, 187, 192, 194, 201, 205–206, 209, 211, 221–222, 233, 241, 246, 281, 316, 328, 362–363, 366–368, 458, 460, 468
『森の歌』 Song of the Forests　408–410
『ユダヤの民族詩より』 From Jewish Folk Poetry　413, 417, 421, 436
『ロスチャイルドのヴァイオリン』 Rothschild's Violin　321
「わが創造的な答え」 "My Creative Answer"　259–261
『わが祖国の上に太陽は輝く』 Sun Shines Over Our Motherland, The　408
ショスタコーヴィチ，ニーナ　Shostakovich, Nina (née Varzar)　162, 221, 421
ショスタコーヴィチ，ボレスラフ　Shostakovich, Boleslav　78–79
ショスタコーヴィチ，マクシム　Shostakovich, Maxim　285, 421, 435, 454
ショスタコーヴィチ，マリヤ　Shostakovich, Maria　237
ショスタコーヴィチ，ドミートリー（父） Shostakovich, Dmitri (father)　78–79, 87, 96, 99
ショパン記念国際ピアノ・コンクール　Chopin Piano Competition, First International　97, 124
ショーロホフ，ミハイル　Sholokhov, Mikhail　173, 275, 281, 283
ジリャーエフ，ニコライ　Zhilyaev, Nikolai　247–249
シンガリョーフ，アンドレイ　Shingarev, Andrei　89–91, 141
シンコ，エルヴィン　Sinkó, Erwin　222–223
スヴェトロフ，ミハイル　Svetlov, Mikhail　10
スクリャービン，アレクサンドル　Scriabin, Aleksandr　106, 439
スコット，ウォルター　Scott, Walter　42
スターソフ，ウラジーミル　Stasov,

Vladimir 384
スタニスラフスキー，コンスタンチン Stanislavsky, Konstantin 32, 61, 83, 127, 190
スタリスキー，スレイマン Stalsky, Suleiman 276
スターリングラードの戦い Stalingrad, Battle of 8
スターリン賞 Stalin Prizes 173, 185, 191, 280–282, 300, 322–327, 330, 342, 366, 371–373, 397, 406, 421, 423, 426, 439, 455
スチェプーン，フョードル Stepun, Fedor 92
スティーヴンス，エドモンド Stevens, Edmund 335
ストコフスキー，レオポルド Stokowski, Leopold 307
ストックホルム・アピール Stockholm Declaration 405
ストラヴィンスキー，イーゴリ Stravinsky, Igor 58, 171, 235, 242, 257, 296–297, 299, 301, 307–308, 320, 404
スピヴァコフ，ウラジーミル Shcherbachev, Vladimir xiv, 382
スロニムスキー，セルゲイ Slonimsky, Sergei 350
聖愚者 holy fool xi–xiii, 46–48, 50–61, 121, 156, 201, 214, 216, 218–219, 240, 266, 268, 350, 373, 380, 383, 478
セリヴィンスキー，イリヤ Selvinsky, Ilya 347
セレブリャコーワ，ガリーナ Serebryakova, Galina 71–72, 162, 237, 294, 351
ゼンケーヴィチ，ミハイル Zenkevich, Mikhail 195–196
全ソ演奏家コンクール All-Union Music Performance Competitions 186
全ソ作家大会 All-Union Writers' Congress 143, 149, 153, 157–158, 175, 228
祖国戦争（1812年） War of 1812 19, 68, 287
ゾーシチェンコ，ミハイル Zoshchenko, Mikhail 54–55, 102, 207, 214, 270, 293, 301, 346–347, 353–357, 359, 363, 433–435, 437, 443
ソルジェニーツィン，アレクサンドル Solzhenitsyn, Aleksandr 67, 463, 470–471, 475
ソレルチンスキー，イワン Sollertinsky, Ivan 177, 197, 210, 290, 315–318, 320, 393
ソローキン，ピチリーム Sorokin, Pitirim 92
ソログープ，ウラジーミル（伯爵） Sollogub, Count Vladimir 19
ソログープ，フョードル Sologub, Fedor 91

タ行

第一次世界大戦 World War I 67
大テロル Great Terror 56, 75, 109, 251, 270, 272, 295, 309, 351, 355, 369, 423, 438
第二次世界大戦 World War II 67, 123, 229, 287, 347, 358, 360–361, 370, 402, 408, 416, 423, 441
ダウンズ，オーリン Downes, Olin 403
ダダイスト Dadaists 52, 59, 114
ダニエル，ユーリー Daniel, Yuli 463
ダルゴムイシスキー，アレクサンドル Dargomyzhsky, Aleksandr 36, 412
チアウレリ，ミハイル Chiaureli, Mikhail 401, 408
チェーホフ，アントン Chekhov, Anton

81–82, 87, 128, 142, 201, 321, 392, 453–454, 458
チェルカーソフ，ニコライ　Cherkasov, Nikolai　343–344
チェルヌイシェフスキー，ニコライ　Chernyshevsky, Nikolai　19, 77–78, 81
チェルヌィショフ，パーヴェル　Chernyshev, Pavel　458
チーホノフ，ニコライ　Tikhonov, Nikolai　10, 31
チャイコフスキー，ピョートル・イリイチ　Tchaikovsky, Peter Ilich　12, 36, 58, 111–112, 164, 185–186, 254–255, 274, 276–277, 304, 311, 316, 319, 360, 390, 410, 456–457
チャップリン，チャーリー　Chaplin, Charlie　349
チュコフスカヤ，リジヤ　Chukovskaya, Lydia　354, 474
チュコフスキー，エヴゲニー　Chukovsky, Yevgeny　67
チュコフスキー，コルネイ　Chukovsky, Kornei　62, 210–211, 346–347, 434
チュッチェフ，フョードル　Tyutchev, Fyodor　21, 450
チュッチェワ，アレクサンドラ　Tyutcheva, Alexandra　21
チュマンドリン，ミハイル　Chumandrin, Mikhail　118
チョールヌイ，サーシャ　Cherny, Sasha　449, 453, 458
ツヴェターエワ，マリーナ　Tsvetayeva, Marina　321–322, 324, 352, 417, 476–477
デカブリスト　Decembrists　3–5, 7–8, 22, 26, 41, 79, 147–148
デムチェンコ，マリヤ　Demchenko, Maria　210
デルジャノフスキー，ウラジーミル　Derzhanovsky, Vladimir　196
テレンチエフ，イーゴリ　Terentyev, Igor　114–115, 212
トゥイニャーノフ，ユーリー　Tynyanov, Yuri　340
ドヴジェンコ，アレクサンドル　Dovzhenko, Alexander　347
ドゥナエフスキー，イサーク　Dunaevsky, Isaak　256
トゥハチェフスキー，ミハイル　Tukhachevsky, Mikhail　124, 209–210, 248–249, 324, 473
トゥルゲーネフ，イワン　Turgenev, Ivan　81
トスカニーニ，アルトゥーロ　Toscanini, Arturo　170, 307
ドストエフスキー，フョードル　Dostoevsky, Fyodor　xi–xii, 43, 81, 100–101, 161, 201, 211, 316, 340, 343, 346, 380, 413, 453, 455, 459, 468
ドブロリューボフ，ニコライ　Dobrolubov, Nikolai　80, 164
トポロフ，ウラジーミル　Toporov, Vladimir　254
ドミートリエフ，ウラジーミル　Dmitriev, Vladimir　191–192
トムソン，ヴァージル　Thomson, Virgil　308
トラー，エルンスト　Toller, Ernst　104, 117
ドライサー，セオドア　Dreiser, Theodore　142
トラウベルグ，レオニード　Trauberg, Leonid　226–227, 243
トルストイ，アレクセイ　Tolstoi, Alexei　169, 256–260, 264, 275, 281, 283, 298–299, 301–302, 324, 329, 332–333,

351
トルストイ，ドミートリー　Tolstoi, Dmitri　301, 329, 388
トルストイ，レフ　Tolstoy, Leo　68, 81, 87, 201, 218, 246, 265
ドルマトフスキー，エヴゲニー　Dolmatovsky, Yevgeny　10
トロツキー，レフ　Trotsky, Leon　105, 118, 132–133, 335, 414
トロツキズム　Trotskyism　272–273
ドンブロフスキー，ヴャチェスラフ　Dombrovsky, Vyacheslav　80
ドンブロフスキ，ヤロスワフ　Dombrowski, Jaroslav　79

ナ行

ナジーロワ，エリミラ　Nazirova, Elmira　437
ナボコフ，ニコライ　Nabokov, Nicolas　403–405, 428
ナポレオン・ボナパルト　Napoleon Bonaparte　19, 68
ニコライ一世，皇帝　Nicholas I, Tsar　3–8, 11, 16, 18–29, 32–34, 42, 79, 85, 137–139, 148, 153, 160, 219–220, 223, 284, 331, 349, 424, 468, 476–477
ニコライ二世，皇帝　Nicholas II, Tsar　65, 85
ニコラーエフ，レオニード　Nikolayev, Leonid　57, 217
ネイズヴェスヌイ，エルンスト　Neizvestny, Ernst　466
ネクラーソフ，ニコライ　Nekrasov, Nikolai　81, 86–87, 90
ネミローヴィチ＝ダンチェンコ，ウラジーミル　Nemirovich-Danchenko, Vladimir　32, 83, 127, 138–139, 168–170, 224, 241, 258

ハ行

パヴレンコ，ピョートル　Pavlenko, Petr　401, 403
パウンド，エズラ　Pound, Ezra　408
パステルナーク，ボリス　Pasternak, Boris　xv, 33–34, 56–58, 69, 74, 120–121, 145–151, 153–157, 160, 201, 210–211, 232, 237, 249, 264–265, 268, 270, 272, 276, 278–279, 282–283, 288, 297, 309, 313–314, 321, 340–341, 352, 384, 392, 394, 398–399, 401–403, 439–449, 456, 458, 467, 479
ハチャトゥリャーン，アラム　Khachaturian, Aram　xiv, 10–11, 13–14, 220, 282, 367, 375–376, 385, 389, 397
バッハ，ヨハン・セバスティアン　Bach, Johann Sebastian　58, 60, 102, 279, 299, 379
バフチン，ミハイル　Bakhtin, Mikhail　211, 233, 263, 319, 349, 379–380, 393–394
バーベリ，イサーク　Babel, Isaac　122, 158, 223, 270, 272–274, 335–336
ハメット，ダシール　Hammett, Dashiell　403
バラトゥインスキー，エヴゲニー　Baratynsky, Yevgeny　274
バランシン，ジョージ　Balanchine, George　96, 221
バランチワーゼ，アンドレイ　Balanchivadze, Andrei　221
パリミン，リオドール　Palmin, Liodor　86
バーリン，アイザイア　Berlin, Isaiah　356–357
バルトーク・ベーラ　Bartók Béla　308
ハルムス，ダニイル　Kharms, Daniil

52–53, 59, 212
バーンズ，ロバート　Burns, Robert 251, 294, 312–313
バーンスタイン，レナード　Bernstein, Leonard　403
ピオトロフスキー，アドリアン　Piotrovsky, Adrian　231
ピカソ，パブロ　Picasso, Pablo　406–408, 428
ピーサレフ，ドミートリー　Pisarev, Dmitri　81, 87
ビゼー，ジョルジュ　Bizet, Georges　185
ビートフ，アンドレイ　Bitov, Andrei xv, 35
ヒトラー，アドルフ　Hitler, Adolf　8, 16, 30–31, 142, 190, 269, 288, 292, 295, 299–300, 306, 337–338, 346–347, 415–416, 467
ピョートル一世　Peter the Great, Tsar 18–19, 22, 25–26, 331
ピリニャーク，ボリス　Pilnyak, Boris 118
ヒンデミット，パウル　Hindemith, Paul 58, 104, 404
ファジェーエフ，アレクサンドル Fadeyev, Alexander　172–173, 256, 282, 300, 304, 322–323, 401, 403, 430–433, 456
プイピン，アレクサンドル　Pypin, Alexander　19
フィラートフ，ウラジーミル　Filatov, Vladimir　246
フィローノフ，パーヴェル　Filonov, Pavel　114, 310
フェージン，コンスタンチン　Fedin, Konstantin　345, 347
フェドートフ，ゲオルギー　Fedotov, Georgii　18
フォイヒトヴァンガー，リオン Feuchtwanger, Lion　144
プガチョフ，エメリヤン　Pugachev, Emelyan　25, 48
プガチョフの乱（1773年）　Pugachev rebellion (1773)　25
フック，シドニー　Hook, Sidney　403
プドフキン，フセヴォロド　Pudovkin, Vsevolod　93, 347
プーニン，ニコライ　Punin, Nikolai 93–94, 110, 214, 297–298
ブハーリン，ニコライ　Bukharin, Nikolai 23, 118, 120–121, 133, 146–147, 149–151, 156–159, 167, 171, 180, 208, 228
ブーブノフ，アンドレイ　Bubnov, Andrei　169
フメリョーフ，ニコライ　Khmelev, Nikolai　128, 138
フョードロヴナ，マリヤ　Fedrovna, Maria　3
『プラウダ』（新聞）　Pravda (newspaper) ix, 30, 40, 53–54, 56, 159–160, 165, 178, 180–184, 188–189, 192–200, 202, 206–210, 212, 217–218, 220, 223–224, 230–231, 233, 236–237, 244–245, 259–260, 263, 274, 281, 298–299, 317, 324, 353, 356, 365, 367, 385, 391, 394, 402, 404, 414, 440, 443, 445, 473
プラトーノフ，アンドレイ　Platonov, Andrei　34–35, 37, 195, 270–271, 283
フランク，セミョーン　Frank, Semen 92
フリエール，ヤーコフ　Flier, Yakov　98
ブリーク，オーシプ　Brik, Osip　93
ブリーク，リーリャ　Brik, Lili　xiv, 159
フリッド，グリゴーリー　Frid, Grigory 248–249

ブリュシコフ，ユーリー　Bryushkov, Yuri　124
ブリューソフ，ワレリー　Bryusov, Valery　84
ブルガーコフ，ミハイル　Bulgakov, Mikhail　8, 57, 127–140, 153–154, 175–176, 181–182, 270, 274, 325, 350, 398–399
フルシチョフ，ニキータ　Khrushchev, Nikita　14, 67, 71, 98, 358, 393, 429–434, 438–439, 443–446, 451, 463–464
ブルックナー，アントン　Bruckner, Anton　285
フレイシマン，ヴェニヤミン　Fleishman, Veniamin　321
フレイデンベルグ，オリガ　Freidenberg, Olga　147, 288
ブレジネフ，レオニード　Brezhnev, Leonid　463, 475
ブーレーズ，ピエール　Boulez, Pierre　58, 124
フレデリクス，フセヴォロド　Frederiks, Vsevolod　238, 250
フレデリクス，マリヤ　Frederiks, Maria　238, 250
フレンニコフ，チーホン　Khrennikov, Tikhon　361, 367, 370, 373, 387, 393, 413
ブローク，アレクサンドル　Blok, Alexander　90–91, 450, 472
プロコーフィエフ，セルゲイ　Prokofiev, Sergei　10, 13, 17, 167, 195–196, 278, 282, 307, 323–324, 326–330, 337–339, 341–342, 362–363, 367, 370, 372–374, 385–386, 389, 390, 393–394, 397, 426–427, 443
プロタザーノフ，ヤコフ　Protazanov, Yakov　246
ブロツキー，ヨシフ　Brodsky, Joseph　101, 267–269, 271, 340, 425, 463
プロレタリア演劇協会　Proletarian Theater Association　134
ベズィメンスキー，アレクサンドル　Bezymensky, Alexander　104–105, 107–108, 112, 120, 124
ベートーヴェン，ルートヴィヒ・ヴァン　Beethoven, Ludwig van　58, 102, 185, 234, 285, 304, 348, 379
ベードヌイ，デミヤン　Bedny, Demyan　10, 120
ベリヤ，ラヴレンチー　Beria, Lavrenty　342, 376–377, 431
ベリンスキー，ヴィッサリオン　Belinsky, Vissarion　62, 81
ベルク，アルバン　Berg, Alban　104, 116, 378, 479
ベルグゴーリツ，オリガ　Berggolts, Olga　241–242
ベルジャーエフ，ニコライ　Berdyaev, Nikolai　92
ヘルマン，リリアン　Hellman, Lillian　403
ベルリオーズ，エクトル　Berlioz, Hector　252, 311, 351
ベルリン，L. B.　Berlin, L. B.　356
ベンケンドルフ，アレクサンドル（伯爵）　Benckendorff, Count Alexander　4, 11, 24–25, 28
ポー，エドガー・アラン　Poe, Edgar Allan　248
ボグダーノフ＝ベレゾフスキー，ワレリアン　Bogdanov-Berezovsky, Valerian　166, 416
ポスクリョーブィシェフ，アレクサンドル　Poskrebyshev, Alexander　386–387,

394, 397, 401
ポポーフ, ガヴリイル　Popov, Gavriil　385
ボリシェヴィキ　Bolsheviks　7, 9, 13, 18, 23, 44, 75, 80, 86, 88–93, 98, 108–109, 115, 121, 124, 132, 135, 138, 140–142, 154, 169, 171–172, 213, 218, 243, 257, 306, 337, 372, 414
ボリショイ劇場　Bolshoi Theater　8, 10–12, 31, 36, 39–40, 82, 121, 170, 173, 175, 178–179, 189, 191, 208–209, 278, 326, 337, 361, 363–365, 369, 393, 396, 411, 415
ポリャコーフ, セルゲイ　Polyakov, Sergei　84
ホロヴィッツ, ウラジーミル　Horowitz, Vladimir　96
ボロディン, アレクサンドル　Borodin, Aleksandr　185

マ行

マクドナルド, ドワイト　Macdonald, Dwight　403
マッカーシー, メアリー　McCarthy, Mary　403
マツキン, アレクサンドル　Matskin, Alexander　272
マヤコフスキー, ウラジーミル　Mayakovsky, Vladimir　93–97, 103–107, 116, 120–124, 127, 129, 145–147, 149, 153, 157–160, 201, 276, 283, 333, 400
マーラー, グスタフ　Mahler, Gustav　232–234, 279, 285, 299, 308, 316, 328, 410, 420, 469
マリコ, ニコライ　Malko, Nikolai　103, 105, 315, 328
マリコ, ベルタ　Malko, Berthe　xiv, 328
マルクス, カール　Marx, Karl　25, 45, 77, 111, 359, 410–411, 414, 442
マルクス主義者　Marxists　25, 45, 77, 359
マルロー, アンドレ　Malraux, André　158, 198–200, 401
マレーヴィチ, カジミール　Malevich, Casimir　93
マレーツカヤ, ヴェーラ　Maretskaya, Vera　342
マレンコフ, ゲオルギー　Malenkov, Georgi　358, 431
マンデリシターム, オーシプ　Mandelstam, Osip　xiii, 68, 150–154, 232–233, 235
マンデリシターム, ナジェージダ　Mandelstam, Nadezhda　151–152, 154, 249, 254, 265–270, 276, 284, 309–310, 312, 340–341, 352, 403, 467
ミコヤン, アナスタス　Mikoyan, Anastas　14, 173, 210
ミハイロフ, マクシム　Mikhailov, Maxim　12, 364
ミハイロフスキー, ニコライ　Mikhailovsky, Nikolai　454
ミハルコフ, セルゲイ　Mikhalkov, Sergei　10, 13
ミヘーエワ, リュドミラ　Mikheyeva, Ludmila　290
ミホエルス, ソロモン　Mikhoels, Solomon　418–419, 422, 424, 467
ミャスコフスキー, ニコライ　Myaskovsky, Nikolai　197, 280, 282, 330, 367, 370, 385–386, 388, 394, 397
ミラー, アーサー　Miller, Arthur　403
ミリュコーワ, アントニーナ　Milyukova, Antonina　164
ムソルグスキー, モデスト　Mussorgsky, Modest　xii, 36, 39, 41, 43–44, 49–51,

61, 69, 112, 185, 214, 252, 277–279, 341, 381, 384, 390, 410, 413, 448, 469, 478
ムラヴィンスキー，エヴゲニー Mravinsky, Yevgeny 255, 293, 438, 464
ムラデリ，ワーノ Muradeli, Vano 361–369, 385, 388, 393
メイエルホリド，フセヴォロド Meyerhold, Vsevolod 72, 93, 106, 114, 122, 169, 191, 270, 272–275, 334–335, 338, 340, 467
メイラー，ノーマン Mailer, Norman 403
メリク＝パシャーエフ，アレクサンドル Melik-Pashaev, Alexander 175–176
メレシコフスキー，ドミートリー Merezhkovsky, Dmitri 91
モスクワ芸術座 Moscow Art Theater 83, 127–128, 130, 136, 138, 141
モーツァルト，ヴォルフガング・アマデウス Mozart, Wolfgang Amadeus 58, 60, 167–169, 216–217, 289, 391, 474
モロゾフ，パーヴリク Morozov, Pavlik 336
モロトフ，ヴャチェスラフ Molotov, Vyacheslav 14, 16, 173, 202, 210, 324, 343–344, 395, 431

ヤ行

ヤヴォルスキー，ボレスラフ Yavorsky, Boleslav 97, 105, 107, 111, 320
ヤルストフスキー，ボリス Yarustovsky, Boris 258–259
『夕刊モスクワ』（新聞） Vechernyaya Moskva (newspaper) 259–260
ユージナ，マリヤ Yudina, Maria 57–60, 62, 124
ユトケーヴィチ，セルゲイ Yutkevich, Sergei xiv, 226–228, 325
ユバチョーフ，ダニール Yuvachev, Daniil 52
ヨッフェ，アブラム Ioffe, Abram 246

ラ・ワ行

ラヴレニョーフ，ボリス Lavrenev, Boris 135
ラージン，ステパン Razin, Stepan 48, 467
ラビノーヴィチ，アレクサンドル Rabinovich, Alexander xiv, 197
ラフマーニノフ，セルゲイ Rachmaninoff, Sergei 36, 58, 308, 319
リヴォフ，アレクセイ Lvov, Alexei 11
リトヴィノワ，フローラ Litvinova, Flora 68, 292, 406, 420
リヒテル，スヴャトスラフ Richter, Sviatoslav 186
リムスキー＝コルサコフ，ニコライ Rimsky-Korsakov, Nikolai 36, 43, 51, 112, 185, 220, 278, 304
リュビーモフ，ユーリー Lyubimov, Yuri xiv, 8, 326
リルケ，ライナー・マリア Rilke, Rainer Maria 468, 470
ルカシェーヴィチ，クラヴジヤ Lukashevich, Klavdia 86–88
ルートヴィヒ，エミール Ludwig, Emil 144
ルナチャルスキー，アナトーリー Lunacharsky, Anatoli 44, 83, 88, 94
ルビンシテイン，ニコライ Rubinstein, Nikolai 318
ルリエー，アルトゥール Lourié, Arthur, 93, 293, 295, 351
レイゼン，マルク Reizen, Mark 411
レオニッゼ，ゲオルギー Leonidze, Georgi 440

レオーノフ，レオニード　Leonov, Leonid 347
レオンチエフ，ヤーコフ　Leontyev, Yakov 175
レシチェンコ，ピョートル　Leshchenko, Petr 202
レジニョーフ，アブラム　Lezhnev, Abram 195
レジニョーフ，イサーク　Lezhnev, Isaac 181
レスコフ，ニコライ　Leskov, Nikolai 113, 161–164, 171, 179, 211
レーニン，ウラジーミル　Lenin, Vladimir 7–8, 13, 20, 39, 75–77, 79, 81–84, 86, 92, 94, 98, 107, 109–111, 120–121, 129, 132, 135, 141, 147–148, 172, 224–225, 276–277, 324, 326–327, 333, 367, 407, 410–411, 415
レニングラード・フィル（ハーモニー）　Leningrad Philharmonic 103, 255–256, 258, 290, 304
レハール，フランツ　Lehár, Franz 293
レベジンスキー，レフ　Lebedinsky, Lev 69, 292, 370, 381, 411–412, 416, 455
レールモントフ，ミハイル　Lermontov, Mikhail 81, 87
レンフィルム・スタジオ　Lenfilm Studios 225–228, 230–231, 246
ロコソフスキー，コンスタンチン　Rokossovsky, Konstantin 346
ロシア・プロレタリア音楽家協会　Russian Association of Proletarian Musicians (RAPM) 118
ロシア・プロレタリア作家協会　Russian Association of Proletarian Writers (RAPP) 118, 143, 148
ロジンスキー，アルトゥール　Rodzinski, Artur 307
ロスキー，ニコライ　Lossky, Nikolai 91–92, 108
ロスキー，ボリス　Lossky, Boris 91–92, 108, 115
ロストフ，ニコライ　Rostov, Nikolenka 68
ロストロポーヴィチ，ムスチスラフ　Rostropovich, Mstislav xiv, 382
ロースラヴェツ，ニコライ　Roslavets, Nikolai 93
ロトチェンコ，アレクサンドル　Rodchenko, Alexander 17, 106, 122, 267
ロプホーフ，フョードル　Lopukhov, Fedor 191
ロマノフ朝　Romanov dynasty 85
ロラン，ロマン　Rolland, Romain 142, 144, 171, 199–200, 233, 269
ローリー，ウォルター　Raleigh, Sir Walter 312–313
ロンム，ミハイル　Romm, Mikhail 342
ワーグナー，リヒャルト　Wagner, Richard 168, 307, 312, 457, 465